中国社会科学院创新工程学术出版资助项目

新时期西藏乡村基层社会治理研究

武力 孙丹 王蕾等 著

中国社会科学出版社

图书在版编目（CIP）数据

新时期西藏乡村基层社会治理研究/武力等著. —北京：中国社会科学出版社，2020.7
ISBN 978-7-5203-6703-5

Ⅰ.①新… Ⅱ.①武… Ⅲ.①农村—社会管理—研究—西藏 Ⅳ.①C912.82

中国版本图书馆 CIP 数据核字（2020）第 105059 号

出 版 人	赵剑英
责任编辑	卢小生
责任校对	周晓东
责任印制	王　超

出　　版	中国社会科学出版社
社　　址	北京鼓楼西大街甲 158 号
邮　　编	100720
网　　址	http://www.csspw.cn
发 行 部	010-84083685
门 市 部	010-84029450
经　　销	新华书店及其他书店
印　　刷	北京明恒达印务有限公司
装　　订	廊坊市广阳区广增装订厂
版　　次	2020 年 7 月第 1 版
印　　次	2020 年 7 月第 1 次印刷
开　　本	710×1000 1/16
印　　张	25
插　　页	2
字　　数	412 千字
定　　价	130.00 元

凡购买中国社会科学出版社图书，如有质量问题请与本社营销中心联系调换
电话：010-84083683
版权所有　侵权必究

前　言

　　有关新中国成立以来少数民族地区的乡村（含社区）基层社会治理历史演变与现状的研究，一直是社会治理研究的薄弱环节，更是中华人民共和国史和中共党史研究的薄弱环节。

　　2011年，西藏自治区共有542个乡，5254个村民委员会，乡村人口234.42万，占西藏自治区总人口的77.29%。因此，西藏基层社会治理的重点还是在乡村。自2011年10月以来，西藏自治区党委，在总结开展"基层建设年"活动成功经验的基础上，结合全国开展的创先争优活动，做出了深入开展创先争优强基础惠民生活动（简称"强基惠民活动"）的重大决策部署。强基惠民活动，从各级党政机关、国有企事业单位、中央直属机关驻藏机构、武警和公安现役部队中选派了三批近七万名党员干部驻村，着重围绕建强基层组织、做好维稳工作、寻找致富门路、进行感恩教育、办实事解难事"五项任务"开展工作。第一批驻村工作从2011年10月至2012年11月结束。选派了2.1万余名党员干部进驻5451个行政村，其中自治区级驻村工作队600个，地市级驻村工作队1211个，县级驻村工作队3640个，重点围绕摸清基本情况、厘清基层发展思路、夯实和谐稳定根基、增强群众感党恩意识。安排了10亿元为民办实事和短平快项目资金，拨付给每个工作队10万元办实事经费。第二批驻村工作从2012年11月至2013年11月结束，增加了18个领导小组成员单位、7个驻村工作队，共选派了近2.2万名党员干部进驻5458个行政村，其中自治区级604个、地市级1200个、县级3654个，重点围绕学习宣讲党的十八大精神、落实"五项任务"等开展工作；安排为民办实事和短平快项目资金增加为12亿元，新增的2亿元用于超过500人的大村的办实事经费，每个大村增加5万元。第三批驻村工作2013年12月开始，增加了5个工作队，共派出5464个工作队。每批结束，都及时进行经验总结和召开表彰大会，以利于展开下一批工作。

自治区党委为强基惠民活动制定了"六个一"总体工作思路，即（1）贯穿一条主线，就是要以学习贯彻习近平总书记系列重要讲话和党的十八届三中全会精神为主线；（2）围绕一个中心，就是紧紧围绕经济建设这个中心，推进农村改革发展；（3）把握一个关键，就是要坚持稳定压倒一切，全力维护社会和谐稳定；（4）体现一个基点，就是要把为群众办实事做好事解难事作为驻村工作的突破口和落脚点；（5）健全一个机制，就是要着力加强以党支部为核心的村级组织建设，为基层"留下一支永远不走的工作队"，形成驻村工作的长效机制；（6）开展好一个活动，就是要参与帮助所驻村开展好党的群众路线教育实践活动，真正使党员受教育、群众得实惠。

三年的驻村工作，自治区党委全面摸清了全区基层的基本情况、厘清了发展思路、夯实了和谐稳定根基、增强了群众感党恩意识。自治区先后三年安排30多亿元资金拨付给每个工作队，用于为民办实事和短平快项目资金，极大地巩固了基层党组织和政权建设，激活了基层社会的活力和最广大农牧民的现代意识，增强了藏族群众对中国特色社会主义的认同、对中国共产党的认同、对中华民族和中华文化的认同、对伟大祖国的认同，极大地推动了基层乡村经济社会的全面发展，为党制定的在2020年全面建成小康社会奠定了坚实的物质和精神文化基础，为西藏地区的长治久安、和谐稳定、生态平衡、健康发展探索了一条行之有效的、示范性的路径。目前，这一工作思路已为包括新疆、河北等多个省区所成功地借鉴和实施，取得了良好的示范效应。

为了从理论与对策方面，对强基惠民活动与西藏经济社会发展及长治久安关系作一个多视角研究，总结经验，发现问题，提出改进对策，受中国社会科学院和西藏自治区委托，当代中国研究所于2013年年底成立了"西藏实行'强基惠民'重大举措的现实作用和长远历史影响研究"课题组。课题组于2014年4—5月、7月和8月，先后三次入藏调研，围绕强基惠民活动，对自治区7个地市、60多个县、100多个基层乡村进行了全方位的调研，掌握了西藏基层治理的大量第一手资料。同年12月，课题组向西藏自治区党委提交了17篇、22万字的调研报告，经过审核，5位西藏问题专家均对调研报告给予"优秀"的鉴定结论。在此期间，课题组还通过中国社会科学院信息报送渠道向中央提交了8篇、共计3万余字的对策分析报告，其中主报告得到中央有关领导批示，并获得中国社会科学院2014年度信息报送对策研究类成果二等奖。

  在上述调研报告基础上，课题组的部分成员在西藏自治区党委宣传部的支持下，决定继续深入研究该问题，并将研究视野拓展到西藏和平解放以来的历史阶段。本书围绕"基层社会治理"的主题，重点梳理了西藏和平解放以后至2014年自治区基层社会治理结构的演变，并以西藏新世纪的基层社会治理实践为观察视角，全面总结了在经济比较落后、宗教氛围浓厚、祖国重要边疆门户地区的西藏自治区，中国共产党进行基层社会治理的理论和实践，经验和教训，不仅为我们研究少数民族地区的基层社会治理提供了历史经验和现实对策，也为中华人民共和国史研究提供了重要的案例分析和理论支撑。

目　　录

第一章　西藏基层社会治理结构的演变（1951—2011年） …… 1

第一节　西藏和平解放前的基层社会治理结构 …… 2
一　清王朝对西藏的政策 …… 2
二　民国时期中央政府对西藏的政策 …… 4
三　近代以来帝国主义对西藏的侵略和中印领土问题 …… 6

第二节　和平解放后至民主改革前西藏社会的变化 …… 8
一　中央政府领导的加强和逐渐变革的政治环境 …… 9
二　取消旧中国遗留下来的西方列强在西藏享有的各种特权 …… 13
三　中央政府对西藏基础设施的投资 …… 14
四　西藏经济的初步发展 …… 15

第三节　民主改革至改革开放前西藏的变化和基层治理 …… 17
一　政治改革 …… 17
二　宗教改革：政教分离和寺庙民主管理的开始 …… 20
三　经济改革和发展 …… 22
四　中印发生冲突和中印边境自卫反击战的爆发 …… 26

第四节　改革开放初期西藏社会治理结构的变化 …… 27
一　从拨乱反正到中央第四次西藏工作座谈会前的西藏工作方针政策 …… 28
二　基层社会治理结构的变化 …… 29
三　宗教管理工作进一步深入 …… 32
四　经济改革和发展 …… 34

第五节　新世纪两次中央西藏工作座谈会与西藏基层治理的夯实 …… 39

一　中央第四次西藏工作座谈会以来的
　　　　西藏工作方针政策 ……………………………………… 39
　　二　中央第四次西藏工作座谈会后的西藏基层治理 ………… 40
　　三　中央支持力度的加大和西藏经济的快速发展 …………… 42
　　四　"3·14"事件及境外敌对势力渗透和破坏 ……………… 47
　　五　中央第五次西藏工作座谈会与西藏基层治理 …………… 48
　第六节　开展强基惠民前西藏基层治理面临的问题 …………… 52
　　一　基层治理与经济和社会发展不相适应 …………………… 52
　　二　基层治理亟须加强的几个方面 …………………………… 56

第二章　西藏的跨越式发展与乡村基层治理 ……………………… 59
　第一节　西藏跨越式发展必须更好地发挥政府的作用 ………… 59
　　一　西藏的发展历史证明必须更好地发挥政府的作用 ……… 60
　　二　西藏目前的条件决定了"全面建成小康社会"
　　　　是跨越式发展 …………………………………………… 64
　　三　基层党政组织建设是西藏实现跨越式
　　　　发展的"重中之重" ……………………………………… 66
　　四　强基惠民抓住了西藏治理能力现代化的要害 …………… 68
　　五　强基惠民作为一种提高基层治理能力现代化的
　　　　机制尚需完善 …………………………………………… 70
　第二节　西藏强基惠民驻村工作长效机制研究 ………………… 73
　　一　深入开展强基惠民驻村工作的时代背景和重要意义 …… 74
　　二　深入开展强基惠民驻村工作基本情况、主要
　　　　做法及成效 ……………………………………………… 77
　　三　深入开展强基惠民驻村工作的基本经验 ………………… 84
　　四　强基惠民驻村工作中面临的问题和困难 ………………… 88
　　五　强基惠民驻村工作长效机制和保障机制构建 …………… 92
　　六　切实加强领导和管理 ……………………………………… 99
　第三节　强基惠民与西藏跨越式发展研究 ……………………… 101
　　一　强基惠民开辟了推进农牧区跨越式发展的新途径 ……… 102
　　二　存在的主要问题 …………………………………………… 109
　　三　对策建议 …………………………………………………… 111

目录

第四节 西藏跨越式发展的历史进程与强基惠民作用研究 …… 113
- 一 强基惠民在西藏经济社会跨越式发展进程中承前启后 …… 115
- 二 强基惠民巩固党在西藏执政的基础 …… 121
- 三 强基惠民确保西藏全面建成小康社会 …… 126
- 四 强基惠民创造西藏实现"中国梦"的条件 …… 130

第五节 强基惠民与实现长治久安的治藏方略研究 …… 135
- 一 稳定、发展与安全，是中央治藏方略"三位一体"的政策价值取向 …… 135
- 二 西藏治理方略与强基惠民活动：顶层设计与地方经验相结合 …… 137
- 三 强基惠民活动：西藏稳定、发展与安全的"固本之举" …… 142
- 四 行"强基惠民之策"，收"长治久安之效" …… 147
- 五 对强基惠民活动的几点思考 …… 155

第六节 用新型城镇化推进西藏跨越式发展 …… 164
- 一 新型城镇化的一般要求与西藏城镇化的实践 …… 164
- 二 强基惠民活动对西藏新型城镇化的贡献 …… 166
- 三 关于强基惠民活动与西藏新型城镇化建设进一步结合的建议 …… 171
- 四 结语 …… 176

第三章 党政组织在乡村基层治理中的作用 …… 177

第一节 强基惠民与党的群众路线 …… 177
- 一 强基惠民活动是践行群众路线的重要载体和途径 …… 177
- 二 强基惠民活动使群众得实惠，干部受教育 …… 179
- 三 强基惠民活动对群众工作机制和方法的探索与发展 …… 181
- 四 强基惠民活动践行群众路线的经验与启示 …… 183
- 五 强基惠民活动在践行群众路线中存在的问题与对策 …… 186

第二节 强基惠民与加强基层党组织建设和基层政权建设 …… 189
- 一 在强基惠民活动中狠抓基层党组织建设 …… 189
- 二 在强基惠民活动中狠抓基层政权建设 …… 192

　　　　三　在强基惠民活动中加强基层党政建设的主要经验 …… 195
　　　　四　在强基惠民活动中加强基层党政建设面临的
　　　　　　困难与问题 …………………………………………… 196
　　　　五　关于在强基惠民活动中加强基层党政建设的
　　　　　　对策建议 ……………………………………………… 198
　　第三节　强基惠民活动与干部队伍建设 ………………………… 200
　　　　一　强基惠民活动是加强干部队伍建设的重大举措 ……… 200
　　　　二　强基惠民活动是对干部锻炼培养机制的探索和实践 … 203
　　　　三　强基惠民活动夯实了党在西藏执政的基层干部基础 … 206
　　　　四　强基惠民活动对加强干部队伍建设的经验和启示 …… 208
　　　　五　强基惠民活动在干部队伍建设中存在的问题与对策 … 210

第四章　全面建成小康社会与乡村基层治理 ………………………… 213
　　第一节　西藏强基惠民与全面建成农村小康社会 ……………… 213
　　　　一　强基惠民对西藏全面建成农村小康社会的
　　　　　　战略意义 ……………………………………………… 214
　　　　二　西藏全面建成小康社会的指标体系和进展 ………… 214
　　　　三　强基惠民促进西藏全面建成农村小康社会的
　　　　　　做法和成效 …………………………………………… 222
　　　　四　强基惠民促进西藏全面建成农村小康社会的
　　　　　　局限性 ………………………………………………… 226
　　　　五　强基惠民促进西藏全面建成农村小康社会的
　　　　　　对策建议 ……………………………………………… 227
　　第二节　强基惠民与乡村社会治理研究 ………………………… 228
　　　　一　和平解放以来西藏乡村社会治理演变 ……………… 228
　　　　二　在强基惠民活动中创新乡村社会治理模式 ………… 234
　　　　三　西藏创新乡村社会治理模式的经验与启示 ………… 237
　　　　四　西藏加强乡村社会治理面临的问题与困难 ………… 239
　　　　五　关于构建现代乡村社会治理长效机制的对策建议 …… 242
　　第三节　强基惠民与西藏农牧区跨越式发展 …………………… 247
　　　　一　西藏农牧区实现跨越式发展的内涵及战略意义 …… 247
　　　　二　对西藏农牧区跨越式发展的现状分析 ……………… 248

三	强基惠民促进西藏农牧区跨越式发展的做法和成效	251
四	强基惠民对于促进西藏农牧区跨越式发展的局限性	256
五	关于强基惠民促进西藏农牧区跨越式发展的对策建议	258

第四节 强基惠民与乡村公共品供给 259
- 一 维稳压力下的基层财政 259
- 二 强基惠民对乡村公共品和公共服务供给的影响 263
- 三 驻村工作的成效差异 270
- 四 结论与建议 273

第五节 强基惠民与科教文化帮扶研究 278
- 一 研究背景和基础 278
- 二 以部分村民问卷相关内容为依据的分析 281
- 三 在强基惠民活动中科教文化帮扶的得失和建议 287

第六节 强基惠民宗旨下的生态环境保护 296
- 一 作为生态安全屏障的西藏 296
- 二 近年来西藏的环境保护与治理 298
- 三 产业升级与生态补偿长效机制构建 300
- 四 强基惠民宗旨下的生态环境保护 310

第五章 国家安全屏障与乡村基层治理 315

第一节 强基惠民与国家安全屏障建设 315
- 一 当前影响西藏安全与稳定的国际和地区因素 315
- 二 边境地区强基惠民活动对保卫西藏安全的意义 319
- 三 从维护国家安全角度思考强基惠民活动的改进思路 322

第二节 西藏发展稳定的周边环境与国际通道 325
- 一 外部环境与西藏发展稳定 325
- 二 南亚国际通道建设与西藏的区位优势 331
- 三 西藏内外连通：现状、规划与前景 336
- 四 对策与建议 340

第六章 关于乡村基层治理情况的问卷调查 ……………… 343

第一节 驻村干部问卷分析 ……………………………… 343
一 驻村干部对驻村工作的认识与意见及建议 …………… 343
二 驻村干部对驻村基本情况的认识 …………………… 352
三 驻村工作取得的实际效果 …………………………… 355

第二节 村民问卷 ………………………………………… 356
一 村民家庭基本情况 …………………………………… 357
二 村民眼中的乡村公共品供给现状 …………………… 362
三 村民对驻村工作的看法 ……………………………… 368

附录　调查问卷 …………………………………………… 374

西藏实行强基惠民重大举措的现实作用和长远历史影响
研究（村民填写） …………………………………… 374

西藏实行强基惠民重大举措的现实作用和长远历史影响
研究（驻村干部填写） ……………………………… 379

后　记 ……………………………………………………… 385

第一章　西藏基层社会治理结构的演变（1951—2011年）[*]

西藏位于青藏高原西南部，平均海拔在4000米以上，疆域辽阔、地广人稀，自然和人文环境独特，具有重要的政治、经济和生态战略意义。1949年10月中华人民共和国成立，1951年西藏和平解放。在此后的60多年间，西藏历经了民主改革、区域自治、社会主义改造、改革开放等历史阶段，政治、经济、文化和社会发生了翻天覆地的变化，从旧中国的封建农奴制经过民主改革、社会主义过渡和改革开放三次历史性的跨越发展，形成了今天这种繁荣昌盛、团结和谐的社会主义小康社会。

由于西藏的人类生存和发展的自然条件严峻、原有经济基础薄弱和文化落后，加上宗教的影响，与沿海和中部的广大汉族为主的居住区相比，西藏基层社会治理结构更加复杂，其在和平解放后的演变也呈现出时间上不同步、内容上有差异，并富有民族特点。无论从历史还是现实来看，西藏的稳定在于基层的稳定，西藏的发展立足于基层的发展。正如习近平总书记2014年在中央民族工作会议上强调指出的，新中国成立60多年来，党的民族理论和方针政策是正确的，中国特色解决民族问题的道路是正确的，我国民族关系总体是和谐的，我国民族工作做的是成功的。因此，归纳总结西藏自治区在社会基层治理建立和管理的历史过程及经验，对进一步完善西藏基层治理体系，推进西藏跨越式发展和长治久安，确保实现到2020年西藏同全国一道全面建成小康社会，具有重要的理论意义和现实意义。

---

[*] 本章执笔人：王蕾。

第一节 西藏和平解放前的基层社会治理结构

西藏自古以来就是中国不可分割的一部分。自 13 世纪中叶，西藏地区归入中国元朝中央政府直接治理，历经元明清中央政权的兴替直至民国时期，一直是隶属于中央政权的行政管辖区域，与祖国内地形成了密不可分的整体。1644 年清朝取代明朝，清中央政府对西藏地方的管理进行了一系列的建制与发展，在西藏行使主权管辖的政治措施进一步制度化和规范化。与此同时，西藏政教合一的制度逐渐成熟。

一 清王朝对西藏的政策

（一）清王朝对西藏主权进行有效管理

从 1727 年开始到 1911 年，清朝向西藏派出驻藏大臣共 83 任，从未间断。驻藏大臣是清代中央政府派驻在西藏地方的行政长官，代表中央政府对西藏地方实施管理。驻藏大臣衙门的设立，标志着中央派遣官员常驻西藏并直接管理西藏事务的开始。

在主要法规上，1751 年清政府颁布《酌定西藏善后章程十三条》和西藏地方政府依据该章程订立《噶厦办事规则二十三条》；1793 年颁布《藏内善后章程二十九条》；1844 年再拟《裁禁积弊章程二十八条》等多项治藏法规，构成了清代西藏施政制度的重要原则及法律依据。这些法规规定，驻藏大臣地位与西藏最高统治者平等；对藏传佛教也有极大的监督权限；寺庙堪布、噶厦僧俗官员均由驻藏大臣任命选补；噶厦办理各项政务须禀告驻藏大臣；达木八旗归驻藏大臣统辖，西藏地方边防、驻军、通商、铸币、外国朝贡等事宜均由驻藏大臣统筹办理；驻藏大臣亦有权稽查地方财政收支，并督察司法、户口、差役等事项。这些法律文件从政治、经济、对外关系等各个方面体现清朝中央政府对西藏地方的管理。

19 世纪后半期，清王朝内忧外患，无暇顾及西藏，特别是 1888 年和 1904 年遭受英国的两次侵略后，部分大农奴主和帝国主义勾结，清朝对西藏地方的管理和主权受到严重威胁。

（二）清政府在西藏内部采取"多立头目，以分其势"的行政管理策略

1713 年，康熙皇帝正式册封第五世班禅罗桑益西为"班禅额尔德尼",并赐金册金印,称为班禅五世,从此确立班禅在格鲁派中的领袖地位。1751年,乾隆皇帝改革西藏地方行政管理体制,废除郡王制,授权七世达赖喇嘛格桑嘉措处理西藏地方的政教事务,正式建立噶厦地方政府,任命三俗一僧四噶伦具体负责处理西藏地方的一般性政教事务,确立统治系统严密的政教合一行政体制。清朝统治者出于控制西藏的目的,在达赖势力与班禅势力前、后藏两个政权之间寻找分而治之的平衡点,使各方势力不能不依附清廷并彼此牵制,不能擅权。西藏形成有前藏噶厦政权、后藏班禅领导的囊玛冈政权(后改为堪布会议厅),另外还有一些小的带有半独立性质的地区政治势力呼图克图控制区,如类吾齐、萨迦、察雅及昌都、拉加里地区。

(三)清政府对西藏宗教的管理

西藏宗教主要是藏传佛教,分为宁玛、萨迦、噶举、格鲁四大教派。在政教合一的旧西藏社会,藏传佛教作为封建农奴制社会上层建筑中的主导意识形态,对西藏基层社会具有深刻影响力。宗教上层和寺庙势力庞大,不仅是宗教机构,也是政治权力机构。据统计,1959年民主改革前,西藏大小活佛等上层僧侣约500人,掌握经济实权的僧侣约4000人(包括大小活佛),其中大部分可以参与地方各级基层行政管理。

清代中央政府注重强化对西藏宗教事务的认定、仲裁地位。藏传佛教格鲁派的两大活佛达赖和班禅,均采用独特的活佛转世制度。中央政府给予黄教两大领袖同样的礼遇,从五世达赖和五世班禅开始,历辈达赖、班禅均受中央政府册封,清朝赐金册金印,标志着对达赖、班禅合法性地位的肯定。1793年开始,清朝推行活佛转世的金瓶掣签制度。制度规定达赖班禅和内蒙古各部及甘青藏区大活佛的转世灵童要从清政府颁发的金瓶中掣签决定。其中达赖班禅的灵童签选必须由驻藏大臣监督,认定后立即上报中央政府,经获准方择吉日举行坐床典礼。

(四)清王朝对西藏封建农奴制经济的安定政策

1792年,清王朝规定,西藏地方土地的所有权归清中央王朝所有,西藏地方政府对其拥有占有权和分配权。清前期蠲免西藏地方的赋税,西藏地方所有的财政收入均由达赖喇嘛和班禅额尔德尼自行支配,中央政权以赏赐、俸禄等多种方式,对西藏地方予以大量的财政补贴,有权对西藏地方财政监督稽查。

在旧西藏的封建农奴制统治下,官家、贵族、寺院上层僧侣三大领主组成的农奴主阶级的人数约占人口的5%，是西藏的主要政治统治者，拥有众多的政治、经济特权，占有西藏几乎全部耕地、牧场和绝大部分牲畜。与农奴主阶级相对立的是农奴阶级，他们没有土地，人身依附于农奴主，分为差巴、堆穷和朗生三种人，占西藏人口的95%左右。其中，"差巴"和"堆穷"占西藏人口的90%。"差巴"世代束缚在农奴主差地上，无偿为其种地，向农奴主支差役，同领主建立人身依附关系；"堆穷"没有或已经丧失了生产资料和人身自由，没有永久土地使用权，在一定的范围内有另投领主的自由度，但相对"差巴"社会地位更低。另有约5%的"朗生"作为领主或代理人的世代家奴，没有任何生产资料，也没有丝毫人身自由，只是"会说话的工具"，农奴主可以任意将他们租让、抵押、赠送、出卖。

二 民国时期中央政府对西藏的政策

1911年秋爆发的辛亥革命推翻了清王朝的统治，中国两千余年的封建帝制结束，建立起资产阶级共和制的中华民国，开始了从传统帝制向现代国家的转型。中央政府经历了从南京临时政府到北京政府，再到南京国民政府的更替，1928年东北易帜后，南京国民政府在名义上成为全国统一的中央政府。

（一）民国时期中央政府对西藏主权的维护

中华民国历届中央政府都在维护国家领土完整的前提下，行使对西藏的领土主权。1912年南京临时政府临时大总统孙中山将中华民国定位为合汉族、满族、蒙古族、回族、藏族等多民族为一体的共和国。其后的历届中央政府继承了孙中山的民族思想理论，赞成"五族共和"。辛亥革命后，西藏局势动乱，袁世凯要求用和平方式维持中央对西藏的主权。1912年10月28日，为解决十三世达赖避乱于印度的问题，中央政府恢复达赖喇嘛封号。英帝国主义则趁乱利用一些少数民族上层分子，大肆进行分裂活动，驻兵于西藏，西藏与中央政府的关系遭到严重破坏。1928年，南京国民政府重申西藏是中国不可分割的一部分。

南京国民政府继承了孙中山先生的民族主义思想，提出了"五族联邦制"的构想，并在此基础上，根据当时蒙藏等边疆民族地区情况，采取"柔性政策之羁縻"，从政治、经济、文教等方面制定了一系列政策。由于南京国民政府的阶级本质所限，对外不敢旗帜鲜明地反对帝国主义，所以对内也违背了"国内各民族一律平等"的根本原则。

民国时期中央政府治理西藏的主要途径，仍然是通过派遣官员入藏来加强联系和管理，因为西藏已经形成了宗教领袖班禅、达赖共治的局面，因此重点放在加强十三世达赖喇嘛和九世班禅额尔德尼两位宗教领袖与中央政府的从属关系和联系上。

（二）民国时期中央政府对西藏宗教的管理

民国时期中央政府延续了清王朝对西藏宗教事务管理的历史传统，掌握寻找"转世灵童"、确定、册封的权力，历世达赖、班禅只有得到中央政府的认可才具有合法性。虽然历经曲折，总体上达赖、班禅都表现出对中央政府的向心，服从南京国民政府调处，达赖多次发表"愿迎班禅回藏"的声明。十三世达赖圆寂后，中央政府派官员入藏致祭，在南京国民政府的领导下，蒙藏委员会会同西藏地方寻找"转世灵童"。1940年2月22日，国民政府代表主持了十四世达赖喇嘛的坐床典礼，给予认可及册封。

1923年，九世班禅出走祖国内地。1927年国民政府成立后，班禅率先派代表到南京祝贺，经国民政府允准，于1929年2月20日成立了班禅驻南京办事处，国民政府支持和派人护送班禅返藏。1937年12月1日，九世班禅圆寂。1941年，开始寻找转世灵童，1949年8月，国民政府特派专使关吉玉主持十世班禅的坐床典礼。

（三）和平解放前西藏社会治理结构的经济基础

在和平解放前，西藏经济长期停滞不前，百业凋零，没有现代工业，只有牧业和少量农业、手工业，处于十分落后的自然经济状态，农牧业是两大主要生产部门。西藏农业历史悠久，分为高原农业与低地农业两大类。青稞、小麦、豌豆、马铃薯、荞麦、油菜等是高原农业的主要农作物，具有耐寒、耐旱等特点。低地农业主要分布在藏东南低海拔地区，主要农作物有稻谷、玉米、鸡爪谷及各种蔬菜，区域特色明显。西藏是中国五大牧区之一，靠天养畜，自给自足是西藏传统农牧业的基本方式。西藏在和平解放前几乎没有任何现代意义上的工业，连一根火柴、一枚铁钉都不能生产。民族手工业也很落后，普遍属于个体方式生产，生产规模较小，技术条件简陋，手工艺人社会地位很低。这些经济特性决定了西藏社会经济缺乏交换和流动，只有少量人口居住点，难以发育出功能完备的城镇。拉萨、日喀则、昌都、泽当、亚东、帕里、那曲、萨迦等少数小城镇人口规模都不大，拉萨城区不足3平方公里，人口不过3万多人，其他规模大的地方也不过几千人。在城镇职能上，仅边境上的一些小镇具有一定的商贸流通职能。

在交通设施上，西藏高原冰川雪峰，气候多变，和平解放前，交通运输艰险万状，极端原始落后，在120多万平方公里的土地上没有一条公路，运输全靠人背畜驮。由内地运往西藏的茶叶、瓷器、绸缎和日用工业品等物资，都是从四川雅安、青海西宁和云南大理，通过崎岖山路，依靠牦牛驮运。取道陆路从雅安或西宁到拉萨往返一次需要一年之久，沿途险阻重重。西藏同祖国内地和西藏各地之间的商品流通及生产技术、文化知识的交流极为不便，这是造成西藏长期落后的重要原因。从内地去西藏最便捷的道路是取道印度，耗时约3周能到达，但这条线受英印政府的控制。西藏与印度有着传统的陆路贸易，亚东曾是中印两国之间最大的商埠，20世纪初，这里的交易额最高时达到上亿银元，占当时中印边境贸易总额的80%以上。

封建农奴制度建立在封闭落后的农牧业生产方式上，严重束缚了西藏生产力的发展，阻碍了社会进步。人口是经济发展的基础条件之一，藏族是中国的古老民族之一，长期以来，人口自然增长率十分低下。根据学者的研究，从1265年元朝中央特派官员入藏进行第一次西藏人口清查，到西藏和平解放的680多年里，西藏的人口一直在100万左右。落后而残酷的封建农奴制度使生产力水平始终保持原始状态，难以创造出更多的物质财富来养活更多的人口，在西藏和平解放时，1951年据调查组统计为97万人，人均预期寿命仅为35.5岁。

三　近代以来帝国主义对西藏的侵略和中印领土问题

18世纪，随着东印度公司的建立，英国征服印度后，向北扩张将西藏纳入其势力范围的蓄谋已久。1840年的鸦片战争打开了侵略中国的大门，帝国主义对西藏发起多次侵略活动。1846年，英国以拉达克属于克什米尔为由，占领了原属于中国西藏的拉达克地区。1888年英军进至亚东。这是英国第一次武装侵略西藏，遭到藏军和民兵奋勇抵抗。1893年，清政府在英国的压力下，与英方签订了开亚东为商埠的续约。1903年，英军又武装进攻西藏，占领了江孜。1904年8月，英军进抵拉萨。英方强迫西藏地方政府签订了不平等的《拉萨条约》，这是英国第二次武装侵略西藏。1906年，英国与清廷签订了《北京条约》，确认了《拉萨条约》的基本内容，开辟西藏亚东、江孜、噶大克为商埠，英印人员在该三地享有治外法权。此后,英国还获得在亚东、江孜驻扎军队和在亚东至江孜间建立邮电、驿站等特权,西藏地区沦为了半殖民地。1907年8月,英俄帝国签订《西藏协定》,第一次在国际文件中把中国对西藏地方的主权篡改为"宗主权"。1911年10月,辛亥革命爆发,推翻了清王朝,建立了中华民国。驻藏川军发生内乱,拉萨局势失控。帝国主义转而在西藏培植亲帝分裂势力,在政治上策划"西藏独立",在经济上通过印藏贸易给予巨大实惠,扶植了依附英国人的买办贵族,使之成为西藏分裂主义势力的代表。1913年10月,在印度北部的西姆拉举行中英藏会议。在西姆拉会议期间,英方代表麦克马洪私下与西藏地方代表在一张地图上画了一条所谓的中印边界线,图谋永久侵吞中国西藏地区的门隅、珞渝、下察隅等9万多平方公里的领土。这就是"麦克马洪线"。1914年7月,中国政府代表奉命拒绝在《西姆拉条约》上签字,并发表声明,概不承认任何此类条约或文件,同时将立场照会英国政府,西姆拉会议遂以破产而告终。

"麦克马洪线"是英国侵略政策的产物,是英国和西藏地方代表背着中国中央政府代表在会外用秘密换文产生的。西藏历来都是中国的一部分,本身并无缔约权力,因此,"麦克马洪线"对中国并无约束,中国历届政府从未承认过,因而是非法的、无效的。1936年,英国迫使西藏地方当局同意其在拉萨设立常驻机构"英国驻拉萨代表处",这一机构成为培植西藏亲英势力、进行"西藏独立"活动的新的策源地。1947年,英帝国主义策划邀请西藏派代表参加在印度新德里召开的"泛亚洲会议",在会场上悬挂的亚洲各国国旗中竟有西藏的"雪山狮子"旗;所挂的地图把西藏置于中国疆界之外。经中国代表团强烈抗议,会议组织者不得不改正。1949年7月,西藏地方政府借口"防止共产党混迹西藏",下令将国民政府驻藏办事处人员及相关人员驱赶出西藏,制造了"驱汉事件"。

印度是与中国毗邻的南亚大国。中印领土问题是两国间一个长期存在的历史遗留问题。中印边界全长约2000公里,但从来没有正式划定过边界线。中国、印度两国对边界的划分存在争端。中印边界分东、中、西三段。东段指不丹以东至中国、印度、缅甸三国交界处的边界;中段指从西段的东南端到中国、印度、尼泊尔三国交界处止的中国西藏阿里地区同印度喜马偕尔邦和北方接壤的边界;西段指中国的新疆和西藏同克什米尔印度占领区的拉达克接壤的边界。争议地区涉及 12.5 万平方公里的土地，最大的争议地区是约 9 万平方公里的东段地区，包括"麦克马洪线"以南至东段传统习惯线之间的地区。中段有约 2000 平方公里的争议地区，西段争议地区约为 33000 平方公里，主要在阿克赛钦地区。印方始终坚持《西姆拉条约》为依据，"麦克马洪线"是合法的，阿克赛钦地区属于印度。但实际上，1914 年参加西姆拉会议的中国代表拒绝在《西姆拉条约》上正式签字，并向会议声明，凡英国和西藏本日或他日所签订的条约或类似的文件，中国政府一概不能承认。由此可见，《西姆拉条约》及其附图上所标明的有一段同所谓"麦克马洪线"相同的红线，根本没有任何法律效力，这个条约即使是英国政府和西藏地方政府也都未正式批准。

综上所述，清王朝和民国中央政府对西藏的经营，采取的都是在维护国家统一和领土完整的前提下，由西藏行使高度地方自治权，保持中华民族多元一体的政策，对基层社会的有效控制主要通过政教合一的宗教领袖来完成。由于西藏政治情况复杂多变，基层社会结构经过宗教的黏合具有特殊稳固性，中央政府虽然一直维系了名义上的统治权，但并未也无能力对西藏的基层社会进行深入的管理建制，很少具体过问或直接干预地方行政事务，未能自上而下地形成完整、实际、有效的基层社会治理体系。在各派的势力范围之内，农奴主们运用西藏古老的成文法或习惯法，上至地方政府、各大寺庙，下至各庄园、各宗（县衙门）都设有法庭、监狱，与此相配套，也建有军队、警察等专制机器。

第二节　和平解放后至民主改革前西藏社会的变化

1951 年，中国人民解放军进驻西藏。中央人民政府与西藏地方政府签订《关于和平解放西藏办法的协议》（简称《十七条协议》），双方同意西藏实现和平解放，人民解放军全面进驻西藏，并将藏军改编成国防武装的一部分。中华人民共和国中央人民政府收回了对西藏的实际管理权力。这对于西藏来说，是一个伟大的历史性转折。出于对西藏历史、社会复杂情况和因地制宜的实际考量，在《十七条协议》签订的当天，毛泽东就强调指出："一切工作必须慎重稳进。"

西藏和平解放后，党在西藏地区的总体策略和施政方针都体现了"慎重稳进"四字，对西藏内部问题温和处理，宽大让步，耐心等待。《十七条协议》第四条规定：对于西藏的现行政治制度，中央不予变更。达赖喇嘛的固有地位及职权，中央亦不予变更。各级官员照常供职。在这期间，西藏基层社会治理的经济基础并未发生变化，生产生活方式也没有实质性的改变。因此，当时西藏社会仍然是延续了几个世纪政教合一的封建农奴制度，处在农奴主庄园制生产关系阶段，社会基层也依然由历史长期形成的三大领主控制、管理，人民群众处于受压迫、剥削和毫无政治权力可言的地位。

一 中央政府领导的加强和逐渐变革的政治环境

《十七条协议》第十一条规定，有关西藏的各项改革事宜，中央不加强迫。西藏地方政府应自动进行改革，人民提出改革要求时，得采取与西藏领导人员协商的方法解决之。1955年，西藏自治区筹备委员会成立。1956年，中央政府设立西藏自治区，并将原金沙江以西地区并入西藏，这为西藏建立新型基层治理结构奠定了基本的政治前提和政权前提，西藏的基层治理方式开始发生变化。

（一）开辟基层工作，培养能做民族工作的干部

和平解放前，西藏没有党的地方组织，也没有党员和党的干部。在西藏党的基层组织建立过程中，十分重视民族干部培养。为了尽快培养民族干部，适应工作需要，全区办起了社教班、训练班、识字班，并采取社会招收，院校培训等各种形式，迅速壮大藏族干部队伍。

1951年9月，人民解放军先遣支队进驻拉萨，受到西藏地方政府和市民的热烈欢迎。人民解放军依照协议规定，陆续和平进驻拉萨和其他国防要地。1952年2月10日成立了西藏军区。进藏部队在党团组织建设中起到了先遣队的作用。解放西藏的任务部署之后，经中央批准，首先组建了中共西藏工作委员会，随后组建了昌都工作委员会、西北西藏工作委员会。进藏部队自觉地接受西藏工委的领导，开辟各地工作，成为西藏党的基层工作的重要力量。各地区开始建立党的组织和其他工作机构，大批汉族党的干部进入基层，其中以部队抽调的大批干部战士为主。1952年，许多地区相继组建了分工委，进藏部队军队机关集体或抽调大批人员转业到拉萨市委、昌都、丁青、波密、江孜和阿里分工委等，日

喀则、黑河（后改名为那曲）分工委也多为转业人员。在此基础上，在西藏各地逐渐建立了县委、区委。这些党的领导机关，成为西藏解放后党开辟基层工作的核心，这些转业干部，也成为各地党的基层组织的骨干力量，奠定了基层治理中党的工作格局和工作基础。

群众是少数民族的主体，也是革命和建设的依靠力量。在党和政府的领导和支持下，青年团（共青团的前身——作者注）、爱国青年文化联谊会、爱国妇女联谊会等群众组织都先后建立起来并开展活动。1952年5月4日，青年团西藏工委成立的同日，拉萨市爱国青年文化联谊会筹备委员会成立。1953年1月31日，召开了成立大会。之后，日喀则、江孜、昌都、阿里等地也成立了爱国青年联谊会。联谊会除团结藏族青年开展政治文化学习、演出歌舞节目外，还组织西藏各地的青年参观团到内地参观学习。1956年9月，西藏爱国青年联谊会成立，全区有会员6000多人，并积极发展青年团组织。同时，联谊会还在拉萨、日喀则、江孜、帕里、亚东等地慰问各族各界青年，宣传新中国的民族大团结，增进西藏各族青年对祖国的亲密情感，促进爱国青年联谊会在各地的发展，扩大青年团在西藏青年中的影响。

在和平解放前，西藏妇女尤其是下层妇女，被完全剥夺了参政议政、接受文化教育和劳动休息的权利。1952年2月，中央派驻西藏的机构中就设立了中共西藏工委妇联。1953年3月8日，成立拉萨市爱国妇女联谊会筹备委员会，西藏妇女开始有了自己的组织。1954年3月8日，拉萨市爱国妇女联谊会和西藏爱国妇女联谊会正式成立。1956年11月，在拉萨成立了西藏爱国妇女联谊会筹备委员会，成为党联系妇女群众的桥梁和纽带。

（二）做好影响基层群众的工作

西藏以藏族为主体（另有门巴族、珞巴族、回族、纳西族、僜人、夏尔巴人等十几个民族成分），由于历史遗留的种种原因，各民族与汉民族之间的民族隔阂比较深。西藏远在祖国西南一角，交通不便，通信落后，群众普遍对中国共产党和革命缺乏认识，再加上许多别有用心的人在藏区散布关于中国共产党的种种谣言，什么"共产党要消灭宗教""吃糌粑的和不吃糌粑的不是一家人"等，普通群众不免心生抗拒和疑虑。

1951年5月，毛泽东在修改《人民日报》社论时，亲自加进了一段话："一切进入西藏地区的部队人员和地方工作人员必须恪守民族政策和宗教政策，必须恪守和平解放西藏办法的协议，必须严守纪律，必须实行公平的即完全按照等价交换原则进行的贸易，必须防止和纠正大民族主义倾向，而以自己的衷心尊重西藏民族和为西藏人民服务的实践，来消除这个历史上留下来的很大的民族隔阂，取得西藏地方政府和西藏人民的衷心信任。"

进藏人民解放军和干部坚决贯彻执行党中央、中央军委的战略决策和指示，不直接发动群众，只进行影响群众工作，未开展普遍建立基层党组织的有关工作。一方面了解熟悉当地情况，模范地执行党的民族政策和纪律；另一方面进行反帝爱国、党的宗教民族政策、民族团结的宣传，利用群众喜闻乐见的形式如演出、放电影等，向群众介绍伟大祖国、中国共产党和人民解放军的真实情况。1953年，独立支队文工团到江孜、墨竹工卡等地为部队和修路民工演出，他们自编自演的藏语话剧《重建光明》，表现了进藏部队为藏族群众治病，军民紧密团结的故事，在群众中反响良好。在日常工作生活中，遇到少数藏胞做出丢石头、吐唾沫等不友好举动时，进藏人民解放军和干部忍辱负重，做到打不还手，骂不还口，获得了大多数藏族群众理解和尊重。

进藏部队和干部不仅是战斗队，也是生产队和工作队，积极为群众办好事，让他们得到实惠。在救灾、免费治病、办学校、搞救济、修桥铺路等实际工作中，不怕困难，不讲价钱，有效地增进了与各民族人民间的彼此信任，群众从认识身边解放军和干部开始，认定共产党确实是一心为西藏人民做奉献、谋利益的，开始从内心坚定地跟着共产党走。

在旧西藏政教合一的农奴制度下，农奴们不仅没有人身自由，还有可能面临断手、剁足、剜目、割舌等肉刑，连基本的生存权利都得不到保障。悲惨的社会地位决定了农奴的自我意识十分淡薄，普遍认为，主人对农奴的歧视和迫害理所当然。广大农牧民群众对宗教的精神寄托带有盲目性和迫切性，执着地将希望寄托在来生，平静地接受现实。在当时的条件下，基于西藏在社会变革运动过程中的特殊性、艰巨性和复杂性，进藏部队和干部不能直接采取发动群众的方法。虽然大多数干部与当地群众语言不通，他们还是利用各种机会，抽出时间帮助盖房子、修水渠、淘粪打柴。在日常相处的细微之处，通过微不足道的生活小事让劳动群众感受到人与人之间真诚的平等互助，尊重友爱的文明新风，特别是在封闭的乡村社会中树立了榜样，启发了群众，建立了信任，这为民主改革后基层党组织的建立和普选权的推行奠定了良好的基础，产生了深远影响。

（三）注重统战工作

藏传佛教在西藏历史久远，信教群众广泛，深刻地影响着藏民族独特社会生活习俗和精神状态的形成。西藏和平解放时，有僧尼十余万，占藏族人口的1/10。西藏和平解放后，党的政策以开展民族、宗教上层人士统战工作为主，依靠与西藏上层的合作，达到在西藏确立主权的目的。1952年8月，中共中央指示西藏工委："你们今后一个较长时期的工作，应以上层统一战线，首先是争取和团结达赖和班禅及其上层集团的大多数，以及争取时间解决生产自给和交通运输问题为主要任务。"当时的统战对象是西藏工作中贯彻执行《协议》、反对帝国主义、维护祖国统一、加强民族团结的重要依靠力量。工委和分工委（市委）领导同志、军区领导对西藏地方政府僧俗官员、各地区、宗（县）的官员、上层喇嘛和地方头人等广大统一战线成员采取拜访、交往、联欢等方式广泛交友，联络感情，增进了解。在潜移默化中，不仅化解了各种怀疑、观望情绪，传统的奴隶制社会体制和宗教至上的僧院制度也开始受到影响。

进藏干部注重统战对象的感受，与他们充分协商西藏工作，尊重、了解他们的意见建议，争取他们的赞同和支持。当时，对于民众提出的实行民主改革，也有一部分中上层人士表示对西藏旧社会制度作全面改革，但遭到顽固势力的反对。1956年9月4日，中央对西藏民主改革工作出重要指示，张经武于1957年11月从北京返回拉萨，执行中央"六年不改"方针，纠正工作中过高、过快、过急的做法和偏差，并对政府工作人员进行相应的收缩和精简工作。

为了稳定西藏的政治局势，进藏部队和干部严格遵守和执行宗教政策，对宗教和寺院集团采取尊重西藏惯例的态度，受到了西藏人民的拥护和称赞。西藏人口绝大多数为藏族，藏传佛教在西藏影响很深，有其群众性和长期性。西藏解放时期的藏传佛教高层集团是旧西藏三大领主之一。20世纪50年代，党中央慎重提出"实行宗教信仰自由政策；尊重西藏人民的宗教信仰和风俗习惯的政策"，尊重藏民族风俗习惯和宗教信仰。1951年10月18日至11月2日，作为中央人民政府驻西藏代表，张经武分别给拉萨噶丹、色拉、哲蚌三大寺和上下密院、藏医院发放布施，其中在色拉寺发放布施4700余份。但是，在统战方针下，在基层也遇到了难以处理的问题。如对贵族殴打农奴，按照旧西藏的传统是天经地义的，外人不应加以干涉，但绝对的不干涉又会阻断与基层群众的合作基础，失去了争取群众的可能，也难以建立与农奴积极分子之间的信任感。

二 取消旧中国遗留下来的西方列强在西藏享有的各种特权

西藏解放之初，面临帝国主义通过一系列不平等条约造成在西藏地区既有特权的现实。英印帝国主义在西藏的控制力较大，如英国于19世纪末20世纪初以武力入侵西藏后，攫取在拉萨设立英国代表处；在江孜、亚东、噶大克派驻商务代表；在江孜、亚东驻扎武装卫队等特权。1947年印度独立后，印度政府继承了英国在西藏的这些特权，尼泊尔在英帝国主义的挑动下，于19世纪中叶再次武装入侵西藏，也在西藏攫取了一些特权。摆脱帝国主义侵略成了西藏社会进步的历史必然和西藏人民的迫切愿望。

《十七条协议》第十四条规定："中央人民政府统一处理西藏地区的一切涉外事宜，并在平等、互利和互相尊重领土主权的基础上，与邻邦和平相处，建立和发展公平的通商贸易关系。"《十七条协议》的基本精神就是驱逐帝国主义侵略势力出西藏，由中央政府管理国防和外事。中央采取积极稳妥的步骤，收回了西藏地方政府的非法外交权。党和国家反复争取以政治方法解决法外事务。1952年9月6日，中央人民政府驻西藏代表外事帮办办公室在拉萨成立，在外交部的领导下，统一处理西藏地区的法外事务。1954年4月，中印两国政府签订了《关于中国西藏地方同印度之间的通商和交通协定》，规定中印两国政府互设商务代理处、互设贸易市场以及两国香客朝圣事宜的有关办法。中国政府同意印度政府在亚东、江孜、噶大克3地设立商务代理处，不享受治外法权。双方又互换照会，规定印度在6个月内全部撤除印度驻在亚东、江孜的武装卫队，并将亚东、江孜两处英印商务代理处和与租界同性质的边贸市场，连同驻扎在那里的外国武装、海关权全部取消，印度政府在西藏地方经营的邮政、电报、电话及12个驿站等折价交给中国。

取缔帝国主义列强在西藏享有的包括经济特权在内的种种特权，清除殖民主义势力的遗迹，为西藏的基层治理排除了外来干扰，增强了西藏人民的中华民族认同感和国家认同感。中央人民政府对西藏能够进行正常的施政和管理。民族平等、团结、互助政策得以在西藏逐步贯彻实行。

三 中央政府对西藏基础设施的投资

西藏的社会经济发展与内地相比极为缓慢,广大农牧民群众的物质生活水平比较低下,更兼地理位置独特、空气稀薄,氧气含量比平原地区约少1/3。这些都是西藏交通、电力等基础设施极端落后的原因。西藏和平解放后,党中央高度重视西藏的基础设施建设,1952—1958年,中央对西藏财政补助为35666.7万元,其中基本建设投资为11355.9万元。

旧西藏境内没有一条公路,西藏人民群众饱受简陋原始的道路运输之苦。西藏的道路多为人畜通行的羊肠便道,藤桥溜索、羊皮小舟、人背畜驮成为人民生活和经济往来的主要运输方式。险峻的地势,随处可见的高山雪域阻隔了西藏与外界的联系。这种交通运输条件严重阻碍了西藏社会从自然经济向商品经济的发展。

西藏的交通运输问题得到了党中央和中央人民政府的关怀和重视,进藏解放军和地方工作人员积极修桥修路。从1950年4月开始,经过11万军民的艰苦修建,1954年12月,康藏、青藏这两条世界屋脊公路同时通车拉萨,在拉萨市举行了隆重的通车典礼。毛泽东题词:"庆祝康藏、青藏两公路的通车,巩固各民族人民的团结,建设祖国。"1956年后,川藏、青藏公路修通,西藏地方与内地交通大为方便,中央进藏人员与解放军日用生活品基本可以自给。

机场建设也从无到有。在修筑川藏公路的同时,部队与民工一道修建了甘孜机场。从1956年起,又先后修建了当雄、贡嘎、日喀则、邦达四个机场,结束了旧西藏没有飞机场的历史,为飞机通航西藏创造了条件。

交通运输是国民生产分配各个环节的联系部分,西藏要想发展,必须先要与祖国内地建立更紧密的联系。公路通车与飞机通航成为西藏社会和经济发展的命脉,为封闭落后的西藏社会打开了新的窗口,对人民生活的提高和国防巩固、基层治理的深入起到了巨大的作用。

水利电力利用方面有所突破。西藏高原江河纵横,湖泊密布,冰川连绵,水利资源十分丰富,有着发展水电事业的有利条件。但是,和平解放前西藏仅有一座夺底小型电站,装机125千瓦,专供布达拉宫和少数贵族家庭使用,因管理不善、设备老化而瘫痪。西藏和平解放后,为满足西藏生产发展和军民生活需要,中央政府修建了拉萨的夺底新电站、纳金电站和一大批小型水电站。1956年,在周恩来总理的亲切关怀下,建成660千瓦的夺底新电站，解决了布达拉宫、罗布林卡及拉萨各机关和居民群众的照明问题。1957年，西藏军区决定开凿纳金山角，利用拉萨河水再建一个大型水电站，电站装机7500千瓦（6×1250千瓦）。1965年建成投运供应拉萨居民，结束了酥油灯、菜油灯、松脂照明的历史，被誉为"拉萨河畔夜明珠"。

四 西藏经济的初步发展

（一）农牧业的初步发展

和平解放之初，西藏基本上是单一的农牧业经济结构，封建庄园是基本的经济组织形式。农业生产采用原始的耕作方式，牧业生产基本采取自然游牧方式。农牧品种单一退化，劳动工具得不到改进。1951年，西藏地区生产总值仅有1.29亿元。

《十七条协议》提出，逐步发展西藏的农牧工商业，改善人民生活。进藏解放军和地方工作人员通过开荒生产等为西藏各族人民的生产发展做出了科技示范，逐步将先进的生产技术工具和优良品种推广到西藏各地，促进了西藏农垦事业的发展。为响应中央对进藏部队"进军西藏、不吃地方、屯垦戍边、寓兵于民"的要求，1952年7月1日，农业科研的试验场所拉萨市七一农场创建。8月1日，八一农场在拉萨市西郊洛堆林卡创建。开荒区范围东起今堆龙德庆县，西至德吉路，北抵二环路拉鲁湿地，南临拉萨河。经过进藏部队2100多人的奋战，仅用17天，垦荒面积达到2300多亩，这是西藏正式创建的第一个军垦农场。八一农场的解放军官兵在乱石丛生的荒地上辛勤开垦耕作，还通过使用新农具、引进诸多蔬果新品种等，形成农业新技术的示范效应。解放军种植的蔬菜产量，创下当时西藏蔬菜产量的历史最高水平。1953年的秋收时节，拉萨的贵族和群众纷纷涌进八一农场参观，赞叹眼前的奇迹。农场生产的粮食、蔬菜、畜产品等，在满足驻藏部队自给需求的同时，一部分进入了拉萨的群众家，从此改变拉萨地区的蔬菜供应品种单一、数量稀少的状况。此后，逐渐成为20世纪六七十年代拉萨市民菜篮子供应的来源之一。

西藏的城镇历史上普遍规模较小，数量较少，发展缓慢。解放军入藏后，一些新兴城镇开始快速建设，如林芝地区八一镇所在地原名"拉日嘎"，从前只是几个零星的村落。1951年和平解放西藏时，人民解放军开始在此驻军建设，命名为"八一新村"。1960年之后，从开垦荒地开始，官兵们白手起家，艰苦创业，一座崭新的高原城镇逐渐崛起，成为林芝地区政治经济及文化中心。城镇的增加和规模扩大为西藏的商品流通向广度和深度发展提供了必要条件。

为了解决刚刚从农奴制下解放出来的西藏农牧民的生产生活问题，人民银行在西藏率先向农奴发放大量无息农牧业贷款。1952年5月，进藏部队先遣支队政治部代理银行在西藏第一次发放无息农贷30亿元（旧币），到1956年年初，共发放农贷138.6万多银元。中央政府还发放了大量无息贷种贷粮和无偿的先进农具，这为农牧业的初期发展提供了必要的条件。

（二）调整原有经济结构，逐步建立现代工业

西藏和平解放时，西藏的经济结构以农牧业为主体，民族手工业生产普遍属于个体方式，生产规模小，技术条件简陋。要调整西藏原有的经济结构，就必须建立工业经济力量。1953年拉萨地毯厂建立，拉开了西藏民族手工业规模化生产的序幕。1954年康藏公路和青藏公路通车后，大批工程技术人员从内地被选派进藏帮助建设，发展西藏地方工业。1955年后，拉萨、昌都、格尔木等地先后建立起了汽车修配厂和拉萨木材厂、石灰厂、地毯厂等。1956年6月，日喀则第一个火力发电厂建成发电。1957年，藏北硼砂开始开发，藏北黑河硼砂厂开工生产。西藏军区后勤部建立了被服厂、皮毛加工厂、铁木加工厂等，这些厂矿虽然规模较小，但奠定了西藏现代工业发展的基础，有着开创性的标志意义。

综上所述，1951年解放军进驻西藏，西藏的政权、宗教意识形态、社会制度并未发生变更，各级官员照常供职。西藏地方统治者仍通过政教合一的封建农奴制管理西藏地方事务，中央政府未实现对基层社会的直接统治，低下的生产力水平导致经济长期停滞发展也未有改变。在这样的经济基础上不能产生先进的生产关系，调整工作只是具有示范和移植的作用。但是，进藏部队和援藏干部的大批进入，不可避免地影响到西藏传统基层社会方方面面，尤其是对群众思想观念产生震荡。如给修路工人发放工资的制度对延续了几百年的乌拉徭役制的合理性形成动摇，西藏儿童免费上学打破了传统的寺庙教育体制，农奴出身的积极分子的培训使用和担任基层干部更是冲击了原有的社会等级秩序。一些戏剧、电影等现代文化艺术形式也使基层老百姓开阔了眼界，人权意识初步觉醒。

第三节 民主改革至改革开放前西藏的变化和基层治理

1959年3月10日，西藏上层农奴主集团撕毁《十七条协议》，打着"反对汉人"的旗号发动武装叛乱。人民解放军在广大农奴的支持和配合下剿灭了大部分叛乱武装分子，粉碎了分裂祖国的阴谋，十四世达赖喇嘛等人叛逃印度。印度政府给予这些政治流亡者以贵宾待遇，明目张胆地干预中国内政。叛乱的平息为西藏初步建立社会主义制度下的基层治理创造了有利条件和安定环境，加速了民主改革的到来。民主改革后，在西藏延续了几个世纪的政教合一的神权统治被推翻。1975年，西藏社会主义改造经过近十年时间基本完成。1976年粉碎"四人帮"后，特别是1978年党的十一届三中全会召开，西藏各级党政组织大力拨乱反正，积极开展各项生产建设事业，西藏进入全面开创社会主义建设新时期。

一 政治改革

（一）1959年的民主改革

西藏和平解放后，以十四世达赖喇嘛为首的上层农奴主集团认为《十七条协议》改变了政教合一的农奴制，一直蓄意破坏，阴谋策划反叛行动。西藏工委和军区在领导西藏各族人民彻底平息叛乱的同时，放手发动群众，按照中央的指示，对西藏旧社会制度开始了大刀阔斧的民主改革。民主改革首先在拉萨、山南地区农村和参加了叛乱的寺庙里进行，随后在陆续平叛的城镇、牧区、边境地区进行。

1959年3月28日，国务院总理周恩来签署国务院令，宣布解散西藏地方政府，由西藏自治区筹备委员会行使西藏地方政府职权，民主改革分阶段、有步骤地进行。第一步是开展反对叛乱、反对乌拉差役制度、反对人身依附制度和减租减息运动。在农村，对于参加叛乱领主的土地实行"谁种谁收"的政策；对于未叛乱领主的土地，实行"二八减租"（领主得二，佃户得八）。第二步是解放家奴，废除人身依附。在牧区，对于参加叛乱牧主的牲畜，由原放牧的牧民放牧，收入归放牧的牧民所有；对于未参加叛乱牧主的牲畜，仍归牧主所有，但减少牧主的剥削，增加牧民收入。由民主改革的具体内容可见，这是西藏历史上划时代的伟大变革，中国共产党的政策符合西藏人民的根本利益。改革彻底废除了封建农奴制，取而代之的是农牧民个体经济所有制。百万农奴翻了身，获得了人身自由，在政治、经济和社会生活等各方面获得了解放，西藏社会面貌从此焕然一新，基层治理结构从此步入新的轨道。

（二）党组织、群众团体的建立与发展

党的基层组织是党在社会基层组织中的战斗堡垒，基层组织抓好了，党的建设才能上下贯通，各项任务才能落到实处、收到实效。西藏地方民族、宗教问题突出，在西藏进行党团、群众团体的组织建设具有特殊重要的意义。

民主改革开始后，地方各级党组织陆续建立，党的组织建设工作覆盖面增大。比较典型的如西藏山南地区乃东县昌珠镇的克松村。克松村是西藏民主改革第一村，民主改革前，是西藏大农奴主索康·旺青格勒的庄园。在共产党的领导下，1959年7月5日，西藏克松村的433名农民成立了西藏第一个农民协会，12月2日，克松村建立了西藏第一个农村党支部"克松村党支部"，拥有尼玛次仁等7名当地藏族贫苦农奴和奴隶出身的党员，这是中国共产党西藏基层党组织发展的标志。

民主改革改变了农奴的身份意识。工作队和群众同吃、同住、同劳动、同商量，昔日的农奴和奴隶破天荒第一次有了"差巴""朗生"之外的身份认知。"公民""选举"等崭新的现代政治词汇进入了他们的思想和生活，激发出极大的政治热情，毅然决然地跟党走。在克松村党支部的榜样号召下，党在其他完成民主改革的农区加快了建立基层组织的步伐。当地工委普遍吸收了一些农奴出身的积极分子加入共产党，为建立党的基层组织奠定了基础。据统计，到1961年11月，西藏农村共发展了692名党员，建立了123个基层党支部。

1960年6月，西藏自治区第一次妇女代表大会召开，正式成立西藏自治区妇女联合会，阿沛·才旦卓嘎当选为第一届妇联主任，宣告西藏妇女有了自己的群众性组织。

（三）初步建立人民民主政权，建立人民民主的社会主义制度

民主改革前，三大领主通过《十六法典》和《十三法典》等法律形式将人分成三等九级，明确规定人与人在法律地位上的不平等。西藏共有世袭贵族197家，大贵族25家，还有少部分新生贵族。西藏地方政府高级俗官主要从这些家族中产生，其他官吏也从世袭贵族和官家、中小

贵族家庭中产生。民主改革后，西藏人民与全国各族人民一样，享有了国家宪法和法律规定的所有权利。他们依法直接选举县、区、乡、镇人民代表大会代表，并由这些代表选举出席全国和自治区、市人民代表大会的代表，依法通过各级人民代表大会行使参与管理国家和地方事务的权力。翻身解放的西藏各族人民成为有尊严、有人权的公民，对建立基层人民政权充满希冀与热情。

西藏各族人民参政的规模不断扩大，参政意识逐渐增强。基层民主也蓬勃发展，特别是农牧民参政的积极性空前高涨。到1960年年底，西藏成立了1009个乡级政权、283个区级政权、78个县（包括县级区）和8个专区（市）建立了人民政权。国家陆续投入巨资建设西藏，县委和县政府所在地修建了机关住房、学校、医院、银行、邮电所、贸易公司、粮站等。人民民主政权的建立为西藏人民行使当家做主的权利提供了有力的政治保障，实现了西藏社会制度从政教合一的封建农奴制度向人民民主的社会主义制度的历史性跨越，西藏人民从此进入了当家做主的新时代。1961年，西藏各地开始实行普选，彻底打碎了封建农奴制的枷锁。这是农奴和奴隶有史以来第一次行使民主权利，获得普选权。选举产生了基层各级权力机关和政府。值得一提的是，从60年代初西藏自治区第一次基层人民代表选举开始，历次换届选举中，妇女参选比例均在90%以上。

1965年8月，西藏乡、县选举工作完成，有1359个乡、镇进行了基层选举，有567个乡、镇召开了人民代表会议。西藏约92%的地方建立了以翻身农奴和奴隶为主的乡人民政权，54个县召开了第一届人民代表会议，选出了正副县长，建立了县人民委员会。1965年9月，西藏自治区第一届人民代表大会召开，西藏自治区正式宣告成立，标志着民族区域自治制度在西藏全面确立，西藏进入了社会主义改造的新时期。出席大会的301名代表中，藏族和其他少数民族代表占80%以上，西藏上层爱国人士和宗教界人士占11%以上，藏族代表中绝大多数是翻身农奴和奴隶。随着民族区域自治制度和人民代表大会制度的确立，西藏基层政治生活领域逐渐形成了自主、平等、民主和参与的基本特征。1959年成立的西藏政协也不断发展，保证西藏各阶层、各界人士都能参政议政，行使民主权利，帮助政府进行决策。

"文化大革命"时期，在全国形势的影响下，西藏基层社会无政府主义思潮发展，社会秩序混乱。1969年3月起，西藏昌都地区、拉萨市郊县、日喀则地区、那曲地区等地相继发生反革命暴乱事件。1969年6月，以强巴旦增、赤烈曲珍等为首的极少数僧尼，有组织、有预谋地制造了一起以争夺基层政权为目的的反革命杀人事件，唆使数百名不明真相的群众围攻县机关，64名军政干部和群众被杀害。昌都边坝县反革命分子组建"西藏四水六岗边坝县卫教志愿军"，杀害干部群众21人。驻藏部队迅速处理了反革命杀人事件，但由于情况复杂，在执行政策时受到"左"的思想影响，也误伤了一些干部和群众。

（四）积极培养西藏地方干部

建立人民民主政权，必须要有党的干部基础。对于西藏这样解放不久、面临稳定和发展问题的少数民族地区，干部基础工作是否牢固事关重大。毛泽东曾经指出："要彻底解决民族问题，完全孤立民族反动派，没有大批少数民族出身的共产党干部，是不可能的。"废除封建农奴制度后，昔日的农奴和奴隶不仅获得了人身自由，而且享有了平等参与管理国家事务和自主管理本地区和本民族事务的政治权利，成长为党的干部。和平解放后的短短几年时间，西藏大部分地区就拥有了一支干部骨干队伍，初步形成党组织主导的基层治理模式。到1960年年底，藏族和其他少数民族干部达到1万多人，其中，藏族干部成长迅速，乡级干部全是藏族，区级干部90%以上是藏族，300多名藏族干部担任了县以上领导职务，特别是4400多名翻身农奴和奴隶成长为了基层干部。中共西藏工委和18军、西藏军区党委也抽调大批干部转业到地方工作，配合地方进行建党建政工作。部队通过边工作边学习、举办训练班、建立藏族干部学校、送学内地等切实可行、因地制宜的办法，培养了一大批少数民族干部，并向地方输送。这些干部普遍政治觉悟高，对党忠诚，大多数具有一定的文化基础，受过系统的军政训练，打过大仗硬仗，在群众中有威信，是党的宝贵财富和西藏地方工作的骨干力量，其中不少人成长为西藏自治区、军区领导干部或地、师级干部。此外，部队还与地方一道，吸收培养了一批门巴、珞巴等民族的干部。

二 宗教改革：政教分离和寺庙民主管理的开始

西藏的寺庙是藏传佛教的重要载体，也是政教合一的封建农奴制度的重要支柱。据统计，民主改革前，西藏共有寺庙2676座，僧众114925人，其中大小活佛等上层僧侣约500人，掌握经济实权的僧侣共4000余人。寺庙占有全区耕地的36.8%，约121万平方米，还占有牧区大量牲畜和牧场。哲蚌、色拉和甘丹三大寺僧人人数一度超过1.6万人，共占有庄园321个、土地14.7万多平方米、牧场450个、牲畜11万头，占有农牧奴6万多人。

民主改革中，党的政策是一方面恢复宗教的本来面目，将藏传佛教与封建农奴制度分离，实行"政治统一，信教自由，政教分离"的方针，废除寺庙在经济、政治上的一切封建特权，废除寺庙的封建占有、封建剥削、人身奴役以及寺庙内部的封建管理和等级制度，保障各教派在政治上一律平等；寺庙内的公共资金和财产实行民主管理，作为生产基金和供给寺内僧尼的生活与正常宗教活动之用；寺庙的僧尼按劳动力情况分得的土地，由寺庙管理委员会统一管理，组织生产；寺庙内收入不够正当开支时，由政府予以补助。另外，坚决贯彻宗教信仰自由政策，规定切实保护宗教信仰自由和爱国守法的寺庙，保护人民有当僧尼的自由和僧尼还俗的自由，保护正常的宗教活动不受干涉，保护有历史意义的寺庙和文物古迹。

在叛乱中，有不少寺庙直接组织和支持武装叛乱。民主改革前，贫苦僧尼有111000余人，约占当时总人口的9%，他们隶属于不同的大小寺院，为各寺院宗教事务和正常的生活秩序服务，属于被压迫、被剥削的阶层。通过民主改革，对参加叛乱的寺庙的土地、耕畜等生产资料一律没收，对没有参加叛乱的寺庙的生产资料实行赎买政策，从根本上改变藏传佛教寺庙政教合一的性质，寺庙从此成为单纯进行宗教活动的场所。

如前所述，在旧西藏政教合一体制下，寺庙曾有过严密的管理体制。1959年，十世班禅大师倡议"宪法进寺庙""寺庙民主管理"。1963年，在他的主持下，西藏自治区筹备委员会第五十四次会议通过了《寺庙民主管理试行章程》，对藏传佛教寺庙的组织、机构制度等做出了详细规定。僧侣们逐渐成为寺庙真正的主人，拥有了参政议政的权利，生活条件也得到改善。该章程规定，在寺院中建立民主管理委员会对寺院进行民主管理。第十条明确规定寺庙民主管理委员会（组）由住持僧尼民主选举产生，在人民政府领导下，管理本寺庙的内部事务，寺庙所有的事情都要由民主管理委员会开会讨论决定。此后，西藏寺庙建立起了主要依靠原来的下层贫苦喇嘛组成，同时团结一批爱国的寺院上层人士加入的民主管理委员会。

达赖集团叛逃国外后，始终没有放弃"西藏独立"的主张和分裂国家的活动，在西方势力的支持下，在印度宣布成立"西藏独立国"，在印度、尼泊尔建立了叛乱武装基地，长期对我边境实施武装袭扰。20世纪70年代，达赖及其分裂集团在境外开通对西藏的藏语广播，制造和散布大量谣言，散布"藏独"言论，挑唆民族矛盾，破坏民族团结。印度政府给予这些政治流亡者以贵宾待遇，明目张胆地干预中国内政。

1966年的"文化大革命"也波及了西藏的宗教工作。在极"左"思潮的指导下，西藏和其他藏族地区的宗教活动场所及设施受到严重损坏，许多精美佛像、壁画被毁。西藏留寺僧尼不到1000人。寺庙管理工作主要强调生产和政治学习，忽视和限制宗教活动，基本上不进行佛学研究。到1976年，政府批准开放的寺庙有8座，留寺僧尼800多人。一些错误也曾得到纠正，如第四世班禅大师的灵塔遭破坏，1972年起由国家拨款恢复。

三 经济改革和发展

在经济方面，通过民主改革，西藏彻底废除了长期实行的封建农奴制，完成了民主革命的任务。随之而来的1965—1976年的社会主义改造，在"文化大革命"的大背景下进行，西藏最终与全国各族人民一道，在政治经济结构相统一的基础上，建立起社会主义制度。

（一）农奴和奴隶分得土地等基本生产资料，西藏完成了土地改革的任务

作为社会的基本劳动力，广大农奴和奴隶在封建农奴制下受尽极其残酷的经济剥削。他们被束缚在领主们的庄园里，从事高强度的劳动却不能保证起码的温饱，靠借高利贷勉强糊口。高利贷年利率高达20%—30%，高利贷者利滚利，名目繁多的"连保债"、"代还债"、"集体摊派债"等越滚越多，特别是祖祖辈辈欠下的"子孙债"永远还不完。这些债务发生的根本原因在于生产资料的所有制形式，农奴和奴隶没有土地等生产资料，也不拥有纯收入。民主改革是一场制度的改革，百万农奴彻底摆脱了盘剥，促进了经济的快速发展。

1959年9月21日，西藏自治区筹备委员会通过《关于废除封建农奴主土地所有制实行农民的土地所有制的决议》，决定把农奴主的土地和其他生产资料分配给农奴。参与叛乱的贵族们的财产被分给农奴。同时，

坚持对未叛农奴主多余的生产资料实行赎买政策，并对他们在政治上经济上进行了妥善安排。在农牧区，变农奴主所有制为农牧民所有制，发展农牧业生产互助组，完成了土地改革任务。农奴在土地改革中分田地、烧地契，有了自己的财产，大大激发了他们的生产积极性，社会生产力的发展获得了基本动力。

（二）农牧业的恢复和发展

1959年西藏民主改革时期，全区生产总值1.74亿元，人均GDP仅有142元。民主改革后，中央为西藏制定了"稳定发展"方针，力求稳定农牧民个体所有制和安定民心，促进农牧民休养生息。1961年，中央有鉴于民主改革过程中的一些过激思路，指示西藏五年不办合作社，连试点也不许搞，稳定发展即稳定农牧民个体经济，发展农牧业经济，大力组织互帮互助，解决生产过程中具体困难，调动农牧民生产积极性。西藏工委根据中央的稳定发展的方针，具体制定了《农业二十六条》《牧业三十条》《边境政策十条》，当时总称"六十条"，大大激励了广大农牧民的生产积极性，生产有了很大发展。从1959年民主改革到1965年自治区成立的6年间，西藏地区经济总量快速增加，达到3.27亿元，年均增长11.1%，西藏经济发展进入快车道。

西藏农牧业的恢复和发展在财力、物力、人力等方面获得了一系列优惠政策和全国支援。民主改革后，人民政府发放了大量的低利和无息的农业贷款，进一步促进了农牧业生产的发展，巩固了集体经济。从1960年起，农村牧区逐步建立了信用合作社。1965年，国务院决定对1962年以前的农贷做豁免处理，极大地支持了西藏农牧民的生产和生活。农牧业生产互助组的发展调动了农牧民生产的积极性。通过开展生产互助，迅速掀起了农牧业生产高潮，到1965年，全区工农业总产值达到3.38亿元，百万翻身农奴的生活有了显著的改善和提高。

传统农牧业仍然是西藏的主体产业，西藏的社会主义改造主要是对传统农牧业的改造。西藏仍然基本上处于自给自足的自然经济状态，许多地区还沿袭二牛抬杠、牦牛踩场脱粒的古老方法，有的地方尚有刀耕火种的原始生产方式。20世纪60年代，西藏军区成立了生产部和生产建设部队，开垦耕地，经营澎波、林周、浪卡子、江孜、雪巴、米林、察隅等农场和一批牧场，在品种的筛选、杂交、推广等方面做出显著的成绩，对西藏农业发展起到了生产、科研和示范等作用，并为西藏财政做出了重要贡献。

1971年，集农林牧水电等专业于一体的西藏农牧学院建立，培养了大批西藏经济建设人才，到1975年年底，在全区1929个乡（不含阿里地区），共建立1921个人民公社。至此，西藏基本上完成了对农牧业的社会主义改造，把农牧民个体所有制转变成农牧民集体经济，广大农牧民走上了合作化的道路。

1973—1978年，中央对西藏农牧业增加了大量财政投入，农牧业生产条件有了改善，品种引进改良方面获得很大成功，耕作制度也得到改进，农牧业生产较快发展。1977年，全区粮食首次突破5亿公斤大关。1973年和1978年召开了全区第三次和第四次牧区工作会议，确定了牧区"以牧为主，多种经营"的方针，调整了一些牧区工作政策，落实社员自留畜，提出了调整牧业生产结构和畜牧群结构。

（三）现代工业起步，逐步建立和发展成一个初具规模的现代工业体系

西藏没有经历小农经济的充分发育，也没有经历近代化的历程，较容易取得后发优势。民主改革后，西藏经济结构中第二产业比重上升，经济发展由传统农业社会向现代工业化社会过渡。西藏的现代工业最开始是由军区生产部和部队举办的小型工业。这些小型工业实行军事化管理，主要目的是解决部分军需，改善部队干部群众的生活，也兼顾民需。在地方党委的统一领导下，按照国家总体规划和全国"一盘棋"的计划安排投资兴办了汽车修配厂、军械修配厂、农具修理厂、砖瓦厂、石灰厂、木材厂、云母矿、煤矿等一大批工矿企业。其中皮革厂和毛纺厂比较充分地利用了丰富的畜产品资源。皮革厂先后在拉萨、那曲、日喀则、昌都、阿里等地区建立。拉萨皮革厂成为西藏最大的皮革加工生产企业。随着农牧技术的发展，引进支援的农牧机具不能满足农牧民对工具改良的需求，很多地方政府组织当地铁、木、石技术人员，成立了铁工厂、铁木组，制造大量步犁、手推车、骡车、耱耙、空心锄、梳毛机、纺毛机、镰刀、背头、打场石滚、风车、撅斗、麦筛、扬场锨等，当时粗略估计大小农牧器具数百万件。1963年，西藏成立了综合农具厂，开始研制并生产较先进的新式步犁等农牧机具及其配件，还能够修理农机工具。

与此同时，在全国各行各业的支援下，西藏地方也兴办了一批工矿企业。1960年年初，国家在西藏建立了第一座化工厂，生产规模为年产

硼砂10万吨，1960年生产硼砂14万吨。到1965年，全区已建成电力、煤炭、机械修理、化工、建材、森工、轻工等行业中小型工厂80个。这些现代工业企业白手起家，从无到有，从小到大，结束了旧西藏现代工业空白的历史，第二产业在经济结构中的比重上升。

具有西藏特色的产品在国内外市场打开了销路，如林芝毛纺厂生产的氆氇、呢绒、地毯纱等远销各地。1966年，纺织工业部决定让上海毛麻公司维纶粗疏毛纺织厂连同其全部人员和设备迁入林芝八一镇。当时的林芝毛纺厂是西藏最大的毛纺企业，由拉萨市商业局统购统销，负责调拨羊毛，销售产品。毛纺厂拥有1800名工人，分成5个车间。毛纺厂经过严格有序的科学规划，配备相对现代化的机器设备，增加了林芝毛纺厂的现代化工业程度。1978年，林芝毛纺厂毛毯产量达到44700条。这些工业产品受到西藏各族人民的欢迎。一是轻工业产品丰富了当地市场，林芝毛纺厂生产的"高原牌"毛毯供不应求，是人们回内地探亲时必带的礼物。二是通过安排退伍战士、招工等渠道吸收了当地适龄劳动力进入工厂，解决了群众的实际问题。

（四）继续改善人民群众的生产、生活条件

在中央和自治区人民政府的统一安排下，民主改革后国家尽量满足西藏继续改善群众生产生活条件的需要。在稳定发展时期，国家直接用于西藏农田水利、文教卫生、抚恤救济等方面的支出，比群众缴纳的税款多6倍以上。西藏的基础设施进一步完善，先后修建了新藏、拉（八井）亚、中尼、拉（萨）错（那）、林（芝）泽（当）等重要公路以及其他支线公路。

1960年修建的拉（八井）亚公路将自治区首府与重要农牧业区、边境城镇紧密联系在一起，使拉萨、亚东间的距离比原绕经羊八井、日喀则大为缩短。1964年，西藏已有61个县和266个区通了公路。1967年5月，中尼公路全线通车。20世纪70年代以前，西藏全区仅有极少部分城镇铺有黑色或水泥路面，包括青藏、川藏公路在内的主要干线公路均为砂石路面。恶劣的路况严重影响了运输效率。1973年，西藏开始勘测设计青藏公路沥青路面工程。1974年工程全面开工，经过西藏交通厅、青海交通厅和武警交通第一总队近4万名职工和指战员近12年的艰苦奋斗，1985年12月，格尔木至拉萨，全程1156公里的青藏公路改建成柏油路面。这是世界上海拔最高、里程最长的二级柏油公路。1973年10月，滇藏公路全线通车，同时还修建了一些方便群众生产生活的支线。到1976年，全区公路总长1.58万公里，公路通车里程比1965年增加8.5%。西藏建成了以拉萨为中心的公路网，全区97%的县和75%的区通了公路。

1966年8月，雅鲁藏布江上第一座现代化大型公路桥曲水大桥通车，1972年又建成岗嘎大桥。1965年3月北京—成都—拉萨正式通航，在"世界屋脊"上开辟了空中走廊。之后又先后开辟了成都—拉萨、重庆—拉萨等国内航线和拉萨—加德满都国际航线，航线里程达10000多公里。

1973年，总后勤部组织修建西藏格尔木至拉萨的专门输油管线。1977年5月，格拉输油管线建成。1977年10月，建成了这条跨越世界屋脊、具有战略意义的输油管道，大大扭转了西藏长期靠汽车运送油料的状况，缓解了石油产品的供求矛盾。

在水利电力事业上，1959—1969年，全区修建了千亩以上灌溉渠道25条，万亩以上灌溉渠道4条，水库4座。1975年9月羊八井地热电站发电成功。各种水利设施、水文站（点）、气象站先后建立。

四 中印发生冲突和中印边境自卫反击战的爆发

由于印度在中印边境上采取"前进政策"，步步进逼，越过实际控制线，1959年8月25日，在东段马及墩南端发生了新中国成立后中印边界的第一次武装冲突。10月25日，在西段又发生了空喀山口事件。1962年中印边境发生大规模武装冲突，中国方面在忍无可忍的情况下，10月20日，中印边境自卫反击战爆发。中国边防部队收复了印军越过1959年11月7日实际控制线所侵占的中国领土，并进入了"麦克马洪线"以南的中国领土。为谋求边界问题和平解决，中国边防部队单方面停火，在自卫反击中主动后撤。1962年中印边境冲突后，中印两国相继撤销了原边贸市场的海关等机构，此后双方逐渐均采取务实和灵活的政策，印方的态度从中印边界问题不容谈判转向边界问题不应影响两国友好关系。

综上所述，民主改革废除了西藏的农奴制，生产资料所有制的变革为改变严重畸形的社会经济结构和发展经济、改善民生扫除了障碍，大大解放了西藏的生产力，西藏经济开始出现了前所未有的快速增长。民主改革后，中央政府与西藏地方的新型政治经济关系建立，逐渐形成现代意义上的中央政府与地方政府的关系，各族人民通过人民代表大会这一根本制度和中国共产党领导的多党合作、政治协商制度，民族区域自治制度和基层群众自治制度参与管理国家事务，有效地管理西藏地方事务。1965年9月西藏自治区的成立,标志着中国共产党领导的新民主主义的政权经过民主改革后在西藏巩固地确立起来。西藏的基层治理也由此发生了实质性的转变,实现了政府权力机构设置深入基层,直接面对农牧民进行有效管理的治理结构。西藏社会主义改造基本上是在全国计划经济体制的背景下完成的。1965年以后,社会主义计划经济体制在西藏全面建立,1975年社会主义改造基本完成,西藏广大农牧民群众完成了从封建农奴制社会进入社会主义社会的历史性转变,随后进入社会主义建设阶段。人民公社直接从事生产和分配管理,成为基层治理结构的基本单位。

1978年,西藏自治区GDP为6.65亿元,比1965年的3.27亿元增长了一倍多;三次产业比重也分别从1965年的70.95%、6.73%和22.32%上升为50.68%、27.67%和21.65%;城镇居民可支配收入为575元,农村居民可支配收入为174元,高于同期全国平均水平(1978年全国城镇居民可支配收入为343元,农村居民可支配收入为134元);医院、卫生院数量也从1965年的86个增加到519个,床位由1570个增加到4198个,卫生技术人员由2424人增加到5780人。

表1-1　　　　1951—1978年西藏地区国内生产总值增长情况　　　单位:亿元

年份	地区生产总值						人均地区
------	总值	第一产业	第二产业			第三产业	生产总值(元)
				工业	建筑业		
1951	1.29	1.26	0.001			0.001	0.03	114
1959	1.74	1.28	0.22	0.15	0.07	0.24	142
1965	3.27	2.32	0.22	0.09	0.13	0.73	241
1978	6.65	3.37	1.84	0.61	1.23	1.44	375

资料来源:西藏自治区统计局、国家统计局西藏调查总队:《西藏统计年鉴》(2015),中国统计出版社2015年版,第21页。

第四节　改革开放初期西藏社会治理结构的变化

党的十一届三中全会以后,国家进入改革开放新时期,西藏也步入全新的发展轨道，工作的重点转移到了经济建设上。1980年和1984年，党中央就西藏经济社会发展问题先后召开了两次西藏工作座谈会。内地改革的初步成效为西藏的开放战略提供了强大支持，在内地改革开放实施近6年后，1984年中央召开第二次西藏工作座谈会。座谈会决定对西藏农村进一步实行休养生息的特殊优惠政策，即在农区实行"土地归户使用，自主经营，长期不变"，在牧区实行"牲畜归户，私有私养，自主经营，长期不变"。同年，西藏正式宣布实行对内、对外开放的政策。

从改革开放到1987年，由于中央对西藏实行休养生息经济政策，施行一系列特殊优惠政策和灵活措施，西藏政治经济局势平稳，驶上了发展的快车道。1987年以后，国内外的分裂主义分子为实现"西藏独立"，在西方反华势力的支持下，在拉萨一再掀起骚乱。1987年9月，拉萨街头发生了1959年以来第一次公开的民族分裂活动。1989年3月，拉萨再次出现严重骚乱，破坏了西藏的稳定，中央果断采取措施。人民解放军根据国务院的戒严令在中央军委、成都军区的指挥下，进入拉萨市区执行戒严任务，迅速控制了局势，西藏人民的宁静生活得以恢复。

一 从拨乱反正到中央第四次西藏工作座谈会前的西藏工作方针政策

党的十一届三中全会以后，中央专门召开了四次西藏工作座谈会。1980年，第一次西藏工作座谈会根据十一届三中全会精神，从指导思想上拨乱反正，确立了中央对西藏的援助和特殊政策，并形成《西藏工作座谈会纪要》。第一次西藏工作座谈会是继西藏和平解放、民主改革之后，实现西藏历史转折的一次重要会议。会后，西藏开始拨乱反正的历程。同年，在拉萨召开"西藏自治区党委扩大会议"，第一次提出"为建设一个团结、富裕、文明的新西藏而奋斗"的战略目标；发展经济，实行休养生息，在西藏实行"土地归户使用，自主经营长期不变"、"牲畜归户，私有私养，自主经营长期不变"的政策，对农牧民的生产经营活动免征一切税收；仍在服刑的376名"西藏叛乱"分子全部释放，戴帽监督改造的600人一律摘帽，清退过去被查抄的财产。

第一次中央西藏工作座谈会后，西藏经济特别是农牧区经济有了较大的恢复和改观，但与全国相比仍有较大差距。1984年，中央召开第二次西藏工作座谈会。党中央制定了"土地归户使用，自主经营，长期不变"、"牲畜归户，私有私养，自主经营，长期不变"等一系列有利于西藏经济发展的特殊优惠政策。同时，全国性的援藏工程开始，北京、上海、天津、江苏、浙江、四川、广东、山东、福建9省市和水电部，农、牧、渔业部、国家建材局等有关部门帮助西藏建设43个近期迫切需要的中小型工程项目。涉及10个行业，总投资4.8亿元，总建筑面积23.6万平方米。

1994年7月，中央召开第三次西藏工作座谈会。会议全面分析了西藏经济社会发展的特殊困难和有利条件，提出了加快西藏发展、维护社会稳定的方针、政策和措施，确定了西藏发展的任务和目标，做出了全国支援西藏的战略决策，中央有关部委和15个省市对口支援西藏，确定援建62个重点建设项目，以支援西藏的经济建设。

中央第三次西藏工作座谈会之后，内地省市和中央各部委按照"分片负责、对口支援、定期轮换"的援藏工作支援西藏，62项工程中，中央有关部门承担30项，各省市承担32项。援建侧重于能增强区域经济发展后劲的基础性项目，国家投资重点建设了交通、能源、通信、农牧业、社会事业等一批基础性骨干项目，于1995年陆续开工，2000年年底全部完成。西藏出现了一批前所未有的现代工业和交通设施，发挥出显著的经济社会效益。

从拨乱反正到中央第四次西藏工作座谈会前，党和国家开启了治藏工作的新篇章，一切从西藏实际出发，不断总结前一阶段的工作，下大力气加快社会主义现代化建设的步伐，使西藏人民尽快富裕起来。

二 基层社会治理结构的变化

（一）建强基层党组织和基层配套组织，为安定的社会环境保驾护航

西藏基层条件艰苦，社会发育程度很低，发展难度高。改革开放初期，面临基层组织力量不强、基础工作薄弱、干部基本能力参差不齐等实际情况。一些边远地区村级组织尚不健全，农村妇女党员少。如1978年年底，那曲地区仅有党委40余个，党支部400余个，党员总数仅有3000余名。改革开放后，党的组织体系进一步健全，基层党组织覆盖面和工作覆盖面进一步扩大。

西藏地区的人口密度很低，直到1990年全区平均仅为1.8人/平方公里，这给基层治理工作带来了难度。基层党组织所面临的情况复杂，农牧民党员中普遍存在党员信教的现象，宗教意识抬头。改革开放后，基层党建工作主要在于坚持从实际出发，党员队伍和干部队伍从小到大、

由弱到强，不断发展壮大。党的核心领导作用不断得到强化，为西藏的全面建设提供坚强组织保证和人才支持。农牧区党员队伍进一步发展壮大，党员队伍在数量上递增，党员队伍年龄、性别、文化等结构得以优化。在质量上，坚持标准、严格手续成为共识，注重吸收素质好、年纪轻、有文化的农牧民群众，落实实施"三培养"：把农牧民党员培养成致富能手、把致富能手培养成农牧民党员、把农牧民党员中的致富能手培养成村干部。这些致富能力强的党员干部能够带动农牧民致富，形成良性循环。党组织的凝聚力、战斗力、号召力和党员干部队伍的生机活力进一步增强，为推进跨越式发展和长治久安提供了坚强的组织保证。

在基层党员干部教育培训方面，各级党组织努力探索使党员长期受教育的教育机制，坚持把教育培训作为提高基层干部能力和素质的重要途径。各地区以各级党校为主阵地，加大党员干部教育培训工作力度。通过培训，农牧区党员干部的理想信念进一步坚定，党性修养得到提高，组织纪律性进一步增强，党员干部的精神面貌显著改观。广大党员干部在维护农牧区基层稳定、发展农牧区社会经济方面充分发挥了共产党员的先锋模范作用和基层干部的"主心骨"作用，建立了一支政治硬、能力强的农牧区党员干部队伍。

基层配套组织也日益完备，作用得到发挥。改革开放以来，进一步加强团委、妇联、工会等配套组织建设，支持配套组织在基层党组织的领导下积极开展工作，充分发挥组织在维护社会稳定、调动群众积极参与建设中的重要作用，从而在全区基层组织中建立起以党组织为领导核心，其他配套组织齐全，各司其职、相互配合，共同发挥作用的基层组织格局。如西藏妇联经过发展，拥有了比较健全的基层组织系统。在自治区政府、拉萨市政府及各地区政府中均设有妇女儿童工作委员会，负责协调有关部门做好妇女儿童权益保障工作。1993年，妇女参加换届选举的比例为91.6%，与男子参选比例相同。

（二）提升基层党组织在新形势下的执政能力，逐渐完善村民自治

西藏基层治理的一大特点是始终面对西藏分裂势力的存在和中印边界问题外部的干扰，一定程度地影响着西藏的发展。达赖喇嘛流亡海外，依靠西方反华势力，利用"宗教领袖"的外衣，四处奔走游说，欺骗国际舆论，有组织、有预谋、精心地策划了1987年拉萨骚乱、1989年拉萨骚乱，对西藏的基层治理产生了较大影响。在坚决抵制达赖渗透上，有

第一章 西藏基层社会治理结构的演变（1951—2011年）

一段时期表现软弱。一些寺庙势力妄图恢复昔日"政教合一"的封建特权，公然干预当地基层行政，极大地影响了生产生活秩序。有的地方甚至由于宗教的干预，使当地的基层政权处于瘫痪状态，难以开展工作。1989年，某寺庙召集乡党支部书记、村委会委员开会，公开向群众摊派牛羊，干预基层生产，在有的机关企业事业单位，干部职工党员存在公开参加宗教活动的现象，难以负起监督执法的任务。

基层党组织的执政能力是党的整个执政能力体系中的重要组成部分，对于西藏来说，基层党组织的执政能力更是关系到西藏经济社会发展稳定的大局。改革开放后，基层党组织的功能发生了变化，更加关心群众需要什么，狠抓班子自身建设，扎扎实实为群众办实事。基层党组织书记队伍建设和村（居）"两委"班子建设得到加强。充实了一大批政治立场坚定、坚决跟党走，在群众中威信高、能力强的村（居）"两委"班子成员。这些班子成员以自己的实际行动带动群众增收，使农牧民群众生产、生活条件得到很大改善，无形中团结了群众，坚定了群众跟党走的信心和决心。基层组织逐渐成为农牧区稳定发展的"主心骨"。

提升基层党组织的执政能力，重视汉族和其他少数民族干部提拔、任用工作十分重要。自治区重视培养使用长期在藏工作的进藏干部，充分发挥对口支援干部的重要作用，强调藏汉干部团结，克服了地方民族主义和大民族主义倾向，互相尊重，互相学习，取长补短。1980年4月，党中央考虑到西藏的特殊情况和总结过去的经验，在《关于转发〈西藏工作座谈会纪要〉的通知》中指出，"要大力培养藏族和其他少数民族干部，积极帮助他们把建设西藏的主要责任承担起来"。区党委按照《民族区域自治法》的规定，在各级党政机关配备了少数民族领导干部。1985年，在国有企业改革中，也提出培养和造就一批有社会主义觉悟、会经营管理、具有一定文化和技术水平的少数民族专业干部。到1991年，全区有藏族和其他少数民族干部3.7万余人，占全区干部总数的66.6%以上。基层民族干部的培养尤为迅速，到1998年，在区、地（市）、县（区）三级领导骨干中，藏族和其他少数民族干部分别由1981年的63.5%、40%、46.6%上升为78%、67%、62%。

但是，还存在基层群众的公民意识欠缺、政府的管理工作没有及时跟上等情况。1993年，在山南地区某县乡人大换届选举中，该乡在寺庙设的投票点因喇嘛投掷石块干预群众投票而被迫撤去。个别僧尼还散布开山激怒神灵的言论，公然禁止群众开山修渠，严重影响当地人民的生产生活。1993年，《西藏自治区实施〈中华人民共和国村民委员会组织法〉（试行）办法》颁布以后，西藏农村开始推行村民自治制度。1998年，《中华人民共和国村民委员会组织法》出台，全国农村村民自治制度进入了一个新的发展阶段。1999年10月，西藏自治区政府颁布《西藏自治区村务公开民主管理实施办法》，村民自治制度逐渐完善，西藏自治区农村已经成功地进行了三届村民委员会的换届选举。村民自治与民族区域自治制度相结合，推动西藏农村基层治理的发展，更能用好国家对农业、农村和农民的财政投入，使这些资金用到实处，充分发挥这些资金的效益，农民真正受益。实施村民自治制度以后，西藏农村基层党政组织出现了一些变化。村级组织更加注重基层服务，有文化、懂经营、会管理的新型能人受到尊重。按照村民自治的原则，根据农牧民的收入水平、承受能力和具体要求，村委会不搞强迫命令，赢得了农牧民的信任，在村落事务的管理中更加发挥主导作用。

三　宗教管理工作进一步深入

党的十一届三中全会以后，党的宗教信仰自由政策在西藏重新得到恢复落实，广大信教群众充分享有宗教信仰自由，统战工作对象增多，团结面广泛延伸。西藏统一战线已由过去的民族界、宗教界为主，发展成为党领导下由民族界、宗教界、经济界、知识界和国外藏胞中有识之士组成的政治联盟。

改革开放后，如何逐渐完善与社会主义社会的发展相适应的宗教管理体制，成为一个重要问题。在宗教场地修复和建设上，中央、自治区人民政府积极拨款，群众捐资，多方筹资开展了寺院维修活动。作为大多数群众信教的地区，为信教群众提供足够的宗教活动场所，符合党的宗教信仰自由政策。同时，西藏陆续恢复了各教派各类型宗教节日40余个。僧俗信教群众每年都组织和参加萨噶达瓦节、雪顿节等宗教传统活动。在寺庙管理上，从1985年开始，十世班禅在扎什伦布寺进行社会主义条件下寺庙管理试点工作。扎什伦布寺创建了寺庙民主管理委员会，成员由全体僧众民主选举，逐步制定了各项制度，在集体领导、分工负责的原则下，民主管理委员会各职能小组按照各自的职责范围和权限开展工作。1985年国家拨专款780万元、黄金217.7斤、白银2000斤、紫铜11277斤、水银1330斤，宝石、珍珠以及大量建材，由十世班禅大师主持修复五世、九世班禅遗体合葬灵塔祀殿。该灵塔高11.52米，祀殿高35.17米，总建筑面积1933平方米，于1988年12月竣工。1989年3月拉萨严重骚乱后，宗教自由政策并未改变，藏传佛教特有的活佛转世制度，作为全面落实宗教信仰自由政策的一项内容得以恢复。1992年，中央人民政府批准认定藏传佛教噶举派第十七世噶玛巴活佛。1990年，中央再次拨款6620万元、黄金1300多斤，为十世班禅大师修建金质灵塔和祀殿。

1989年3月拉萨严重骚乱暴露出来的宗教治理问题亟须解决。在贯彻党的宗教信仰自由政策的过程中，出现了片面强调宗教自由，寺庙发展过于迅猛，盲目无序，出现较大规模未经批准私下修建的宗教活动场所。一些寺庙中管理无绪，规章废弛。地方政府对寺庙管理软弱涣散，对寺庙事务不敢管、不愿管，听之任之。对偷运进西藏境内的达赖及其追随者撰写的大量包含政治谣言和蛊惑言论的宣传品，也任由在寺庙中散发传播。这样，当达赖集团分裂分子以少数寺庙作为据点进行活动，造成个别地方局势的不稳定时，基层政权就十分被动。基于基层社会出现的新情况，西藏开始探索有效的寺庙管理模式，依法加强对宗教事务的管理。先后制定了一系列针对性较强的管理措施，逐渐形成既要统战，也要依法管理的思路。如各寺庙私下乱收来源于当地农牧民子女为僧尼，年轻劳动力的减少影响了当地农牧民的生产和生活，针对这种现象实行严格的寺庙定员。

20世纪90年代，基层治理中对宗教因素的管理主要是把宗教信仰自由与维护法律、反对分裂、维护统一、造福社会、建设祖国紧密联系起来。在自治区的大多数寺庙中，虽然都建立了寺庙民主管理委员会，但管理力度不够。个别寺庙甚至已成为达赖分裂集团在境内的基地，制造各种事端。从加强寺庙管理这个角度来看，单纯依靠寺庙民主管理委员会制度管理寺庙，很不适应新形势下对寺庙管理的需要，况且，还有相当一部分寺庙的民主管理委员会制度不健全，有的寺庙的管理权并不是掌握在爱国爱教的宗教人员手中，不注重宗教修行，戒律松弛。严重骚乱事件后，自治区各级政府注重建立健全寺庙民主管理委员会或民主管理小组，使寺庙的领导权真正掌握在爱国守法的僧尼手中，严禁利用宗教进行危害祖国统一、破坏民族团结、干扰生产建设、干预司法教育和行政管理等行为的发生。绝不允许恢复已经废除的封建特权和封建剥削压迫制度。对问题严重的寺庙进行整顿。加强对活佛转世的指导，防止达赖集团控制寺庙。

由于旧西藏残存制度的影响，一些僧人自认为高人一等，是享有特权的特殊公民，可以置国家法律于不顾，日常生活也有不符合宗教仪礼之处。在基层治理上，普遍存在如何看待寺庙和地方政府关系的问题。寺庙内部管理与寺庙所在地政府对寺庙的管理有一定程度上的相互脱节现象，特别是有影响的大寺庙更是如此。这不仅容易被达赖集团利用，而且给西藏的基层治理带了不安定因素。少数不法僧尼利用寺庙管理上的空子，不守教规、寺规和国法，在社会上扰乱生事。在拉萨市各寺庙中，有僧尼参与骚乱游行和张贴反动标语的寺庙29座，涉及僧尼人数500余名，另有300余名僧尼潜逃境外。

1994年中央召开的第三次西藏工作座谈会上，党中央、国务院明确提出教育引导好藏传佛教进行自我改造，适应社会主义社会，在法律允许的范围内进行宗教活动，依法管理宗教，不允许利用宗教煽动群众闹事。从1996年起，自治区各级政府针对部分藏区存在的严重骚乱情况，向寺院派驻了工作组，目的是增强僧众的祖国观念、法律意识和公民意识，使藏传佛教与现代社会相适应。区政府在一些重点寺院设有寺管处，有的地区尝试把寺庙看作一个社会单位进行管理。全区寺庙的爱国主义教育活动增强了广大僧尼的祖国观念、政府观念、法律观念和公民意识。一些重点寺庙中开展的法制宣传教育，也使僧尼们了解了民族区域自治法、宗教法规政策、集会游行示威法、国家安全法和文物保护法等相关法律法规。

四 经济改革和发展

在经济发展方面，改革开放以后，党进一步加大对西藏的支持力度，制定了一系列优惠政策，做出了全国支援西藏的重大决策。以生产力的大幅度提高为标志，通过经济体制改革，西藏社会的跨越式发展确立了崭新的起点。

（一）进一步建设和改善基础建设，进行扶贫攻坚

西藏落后的能源、交通、通信等基础设施是制约经济发展的"瓶颈"，也是群众最关心、最现实的民生问题。西藏基础设施的完善获得了优惠的政策和规模空前的投资，巨大的改变各族人民群众看得见、摸得着，为他们带来了巨大的经济实惠。

改革开放后,西藏自治区在中央和各省市的支援下,形成了较大规模的基础设施集中建设和改善。1984年,中央第二次西藏工作座谈会宣布,中央决定举各省之力,帮助西藏建设43项当前迫切需要的工程项目。1985年9月,西藏自治区成立20周年前夕,北京、天津、上海、山东、福建、四川、浙江、江苏等9个省市援建的各项工程按时完工。这些工程主要包括能源、交通、建材、商业、文教、卫生、旅游、体育、市政公用等方面的基础性设施,其中的20项在拉萨,其余分布在日喀则、山南、那曲、昌都和阿里5个地区。工程总耗资4.77亿元,总建筑面积25万平方米。

1994年,中央在第三次西藏工作座谈会后,以中共中央8号文件转发了座谈会纪要,明确提出"抓紧做好进藏铁路建设前期准备工作",有关部门开始组织进藏铁路的论证等相关工作。在交通设施建设方面,因无铁路和水运,公路运输成为西藏主要的交通运输形式,全区各类等级的公路总长度为2.2万多公里。拉萨贡嘎机场和昌都邦达机场扩建后,西藏加紧实施自治区唯一国际陆路通道中尼公路的改建。区内与区外的经济文化联系日益便利,极大地改善了当地群众的生产生活条件,有力地促进了当地的经济发展,真正"修建一条公路,造福一方百姓"。

在水利建设方面,1978年,自治区人民政府正式批准《年楚河综合治理工程计划任务书》。1982年11月年楚河治理第一期工程基本完成,解决了年楚河沿河两岸群众汛期水患问题。江孜、白朗、日喀则3个县(市)粮食产量从1977年的3000万公斤提高到1985年的4850万公斤。在62项工程中,满拉水利枢纽工程投资最大、建设时间最长,山南沃卡三级水电站、朗久地热电站和一批县级水电站也改造和建成。到1997年时,西藏农业机械总动力达77.45万千瓦,农村用电量1929万千瓦/小时,农田有效灌溉面积156.74千公顷,西藏农牧业和现代工业获得了新的能源。在邮电通信事业方面,设备水平与其他省市(区)基本相同,拉萨至日喀则光缆、拉萨西郊长途电信枢纽等项目建成,完成了电话县县程控化,绝大多数县进入全国长途自动交换网。

西藏是全国唯一的省(区)级集中连片贫困地区,也是全国扶贫攻坚的重点地区。西藏自治区实施"八七"扶贫攻坚战期间,国家和自治区先后投入资金12.2亿元,实施459个扶贫开发建设项目,从重物质扶持逐步向扶志、扶智、扶勤上转移,推动了贫困地区的科技、教育、文化、卫生等社会事业全面进步，农牧民的生活得到改善。贫困地区适龄儿童入学率上升到77%，乡级卫生院的覆盖率达85%，缺医少药状况得到缓解。同时，注重农牧民技能培训，大力推广农牧业实用技术，先后培训农牧民群众12.8万人次，30%以上的农牧民掌握了一门到两门实用农科技术。2000年，全区农牧民人均纯收入1331元，基本实现了粮、油、肉自给。大多数群众温饱问题得到解决，部分农牧民已开始进入由温饱向小康迈进阶段。

（二）农村家庭联产承包责任制：农牧业的改革

改革开放开始时，第一产业及农牧区是西藏国民经济的主要支柱，容纳着全西藏250万人口中的80%，每年创造的物质财富总量占到西藏工农业总值的70%以上，但存在比重过大、产出效益低、生产经营方式落后、农牧民商品观念落后等问题。党中央对西藏实行休养生息的"宽、优、特"政策，农牧业现代化程度大幅提高。自治区贯彻中央精神，明确"一个解放，两个转变"（即解放思想，从封闭式经济向开放式经济转变，从供给型经济向经营型经济转变）、"两个长期不变"（在坚持土地、森林、草场公有制的前提下，牧区实行"牲畜归户，私有私养，自主经营，长期不变"，农区实行"土地归户使用，自主经营，长期不变"）的政策，以及免征农牧业税、实行轻税制、金融实行贷款投放不搞规模控制、优惠利率、创汇全归地方等。这些政策符合西藏农村经济发展的实际水平，西藏农牧民的收入有了明显的提高，极大地调动了农牧民群众的生产积极性。

1980年以后，西藏实行了农村联产承包责任制，改革极大地解放和发展了农村生产力。农牧业生产经营发生了很大的变化，家庭经济、个体工商户解放思想，改革创新，农村实现了大变化。国营农业经济也得到了发展。1988年，拉萨市八一农场采用家庭承包的方式实行责任包干到户，彻底改变了平均主义"大锅饭"的现象。同年，八一农场第一次实现扭亏为盈。20世纪90年代中期，八一农场在江苏援藏农垦干部的大力支援下，实行"专业化生产、区域化布局、社会化服务"的现代化农业理念。绿色食品基地开发项目先后投入600万元，扩建温室400多亩，高效日光温室30多亩。先后创建了"拉萨农垦音乐美食广场"、库容量为600吨的果蔬保鲜库和八一农贸市场。1998年10月实现管理体制上的深层次改革。

现代农业是农村建设和农业现代化的重要组成部分,改革开放后,西藏现代农业生产机械化装备和技术得到推广。以手扶拖拉机为主的新型农业机械和农用动力普遍代替了传统的牛力、人力。农业机械化、电气化、化学化、水利化、良种化及精耕细作化水平逐渐提高,给西藏传统农业注入了现代化活力。"靠天种地"的状况得到了明显改善,粮食连年获得丰收。随着农村改革和发展的逐步深入,西藏的农业生产进入了稳定发展时期。

(三) 工业和第三产业的发展

西藏工业历程短,基础弱,在计划经济体制下,过于注重"填补空白"之类形式上的发展,追求指标上的速度,利用行政手段推动产业结构的转化,忽视了客观经济规律。在工业结构上存在重视重工业的发展,忽视轻工业;重视现代化技术的引进,轻视传统技术改造的问题。改革开放后,中央注重西藏工业的发展。1980年中央召开第一次西藏工作座谈会后,人民银行根据会议精神及时调整贷款利率政策,对工商贷款实行优惠政策,对民族手工业贷款也实行3年内免息,对农村手工业贷款实行免息。

改革开放后,西藏工业迅速发展并初具规模,初步形成了具有西藏民族特色的并反映出西藏资源优势和需求特征的、门类较为齐全的工业体系,创立了一些国内外市场的知名品牌。如珠峰摩托、拉萨啤酒、矿泉水等。1998年,全区乡及乡以上工业企业474个,比1965年增加395个;全部工业总产值14.43亿元。主要工业产品产量大幅增长,1998年,水泥37万吨,比1960年增长739倍;铬矿石21.37万吨,比1967年增长10倍;中成药652吨,比1978年增长8倍;食用植物油1278吨,比1961年增长35倍。

西藏城市经济体制改革起步较晚,一批国有企业进行了各项改革,关、停、并、转了33个长期亏损的国有企业,进一步扩大了国有企业的自主权,企业内部进一步推行和完善了多种形式的层层承包的经济责任制。自治区全面推行厂长(经理)负责制和全面推行承包经营责任制,鼓励开放和技术升级。1992年,拉萨皮革厂得到德国政府500万马克的无偿援助,使制革、制鞋等技术与工艺达到20世纪80年代的国际先进水平,生产能力成倍增长,产品运往香港等地区和国家市场销售,反响良好。

1981年,以商贸、饮食、旅游为主的第三产业以2.42亿元的增加值超过了第二产业1.68亿元的增加值，1997年，第三产业又以30.85亿元的增加值超过了第一产业29.18亿元的增加值，成为三次产业中规模最大的产业。第三产业的发展提高了西藏产业整体水平和经济活动的商品化水平，使西藏经济和社会发展跨上了一个新的台阶。

（四）集体经济和个体经济共同发展，证券市场开始建立

由于历史和观念原因，西藏劳动者商品意识和市场观念较差，商品经济不够发达。1984年中央第二次西藏工作座谈会召开，自治区党委提出："应少搞国有经营的工商企业，主要发展个体和集体经济，大力扶持各种专业户，除国家调拨的商品外，西藏本地区的产品可以全部实行市场调节"，乡村集体经济在服务基层群众、发展基层经济工作中的作用日益凸显，为西藏打破封闭、扩大开放创造了良好的条件。1985年1月，自治区党委、人民政府提出"从实际出发，抓好增强企业活力"，采取更加放宽的政策、更加灵活多样的措施和经营方式。1992—1999年，个体和集体经济快速成长。党的十四大"以公有制为主体，个体经济、私营经济、外资经济为补充，多种经济成分长期共同发展"、十五大"以公有制为主体，多种所有制经济共同发展，是我国社会主义初级阶段的一项基本经济制度"、全国人大九届二次会议宪法修正案，确立了个体私营经济的法律地位。区党委、政府1994年根据中央第三次西藏工作座谈会精神，颁布了《关于加快个体私营经济发展的若干规定》，为西藏个体、集体经济的快速成长提供了政策保障。改革开放后，民族手工业得到发展，传统产地的各基层党组织努力做好经纪人，结对共建扶持集体经济，组建了各类经济合作组织和专业合作组织，实现盈利，有力地提升了基层的经济能力。

1993年，西藏自治区证券交易中心在拉萨成立，并与深圳、上海等证券交易市场联网运行，1995年，西藏第一股"西藏明珠"上市。拉萨证券营业部年交易额由1994年的1.6亿元人民币发展到1998年的17.3亿元人民币。证券行业作为一个新兴行业进入西藏，股民分布广泛，有企业界人士、个体经营者、工人、农牧民、教师和退休人员等各类人员。

截至2011年，西藏国民经济经过改革开放30多年来的发展，取得巨大成就，国内生产总值由1978年的6.65亿元增加到605.83亿元；三次产业的比重也从1978年的50.7∶27.7∶21.6上升为12.3∶34.5∶53.2；农村居民人均可支配收入也从1978年的174元提高到4885元，增长了27倍；

全区人均储蓄存款余额也从 1985 年的 80 元增长到 10566 元，增长了 131 倍；高等学校、中等专业学校、普通中学、小学的在校人数也分别从 1978 年的 2081 人、4640 人、17679 人、262600 人增加到 2013 年的 33562 人、17491 人、179209 人、294800 人；医院、卫生院的数量也从 1978 年的 519 个增加到 2013 年的 783 个，床位则由 1978 年的 4198 个增加到 2013 年的 11036 个，卫生技术人员则由 1978 年的 5780 人增加到 2013 年的 11036 人[①]。

综上所述，在取得上述经济和社会发展的巨大成就的同时，社会结构和基层治理也发生了变化。1984 年西藏正式宣布实行对内、对外开放的政策以后，在中国特色社会主义理论和民族政策指导下，基层社会治理结构随着市场导向的经济体制改革发生调整和变化，由人民公社管理转变为乡镇政府管理。农牧区基层政府的管理职责增加，成为基层社会治理的主导力量。社会基层治理目标和职能发生了根本性变化。社会稳定、经济发展、教育、税收等都成为政府的职能。在资源有限的前提下，行政中心、交通要冲、商贸中心等城镇的发展处于优先地位，党和政府对农牧区基层社会的控制有所弱化。市场的初步发育又与基层政府的过度行政化之间产生矛盾。同时，共产党员信仰的缺失和宗教的回潮，使得原有的基层党、政、经组织松散甚至解体，作用式微。

第五节　新世纪两次中央西藏工作座谈会与西藏基层治理的夯实

21 世纪以来，党中央先后召开两次西藏工作座谈会，认识到发展是解决西藏所有问题的基础和关键，将西藏工作提到事关全面建成小康社会全局、事关国家安全、事关中华民族的根本利益和长远发展的高度，重在夯实西藏的基层治理。

一　中央第四次西藏工作座谈会以来的西藏工作方针政策

2001 年 6 月，中央召开第四次西藏工作座谈会。中央对加强西藏工

---

① 西藏自治区统计局、国家统计局西藏调查总队：《西藏统计年鉴（2015）》，中国统计出版社 2015 年版，第 16—22 页。

作的指导思想是"一个中心、两件大事、三个确保",指出了西藏实现跨越式发展的条件。会议确定对西藏继续实行的优惠政策有50条,其中包括财政补贴、税收、电站投资、乡镇基层政权基础设施建设投资等多个领域。会议进一步加大对西藏建设资金投入和实行优惠政策的力度,继续加强对口支援。西藏的重点建设项目资金主要由国家来承担。对口支援西藏工作在现有的基础上再延续10年,进一步加大支持力度,将西藏尚未建立对口支援关系的29个县,以不同的方式全部纳入对口支援范围。

党中央高度重视西藏工作,中央第四次西藏工作座谈会以后,进一步坚持和完善新时期西藏工作的指导思想和方针政策。2005年在自治区成立40周年之际,中央召开政治局会议,专门研究中央西藏工作座谈会事宜,形成下发了《中共中央、国务院关于进一步做好西藏发展稳定工作的意见》,制定完善了一系列大政方针,进一步丰富和发展了新时期西藏工作的指导思想,明确了新世纪新阶段西藏经济社会发展的战略目标、具体任务和政策措施,为进一步做好西藏工作指明了前进方向。

二 中央第四次西藏工作座谈会后的西藏基层治理

进入21世纪,西藏处于全面建成小康社会、加快推进社会主义现代化的新的历史起点上。中央于2001年召开第四次西藏工作座谈会,主要研究西藏的发展议题,确定了国家投资的117个项目,总投入约312亿元,座谈会强调:西藏的发展和藏族同胞的命运,历来与祖国和中华民族的命运紧紧联系在一起。全党同志必须站在党和国家工作大局的战略高度,扎扎实实地做好新世纪的西藏工作。

(一) 强化基层班子的领导功能

中央第四次西藏工作座谈会之后,优化基层班子结构,强化领导功能成为夯实党的基层组织的重点工作。一是配齐乡村两级班子成员,并为每个乡镇,特别是偏远乡镇配备纪检、组织、宣传、统战、宗教工作专职干部。提高乡镇(街道)干部整体素质,更加趋于年轻化、知识化。在配齐的基础上设岗定责,保证"人人有事干、事事有人管",及时把不团结、不适应、不称职的个别乡镇干部调整下来。同时,教育干部抓好民主观念、市场观念和服务观念的学习,形成一支较高素质的基层领导班子队伍。2006年,昌都地区138个乡镇党委换届后,班子成员的年龄结构、文化结构、性别结构、民族结构较换届前有了进一步改善。二是选优配强。乡镇党委书记、村党支部书记队伍处在基层一线，都需要优秀干部，造就一支村党支部书记队伍是固本之基。大力推行村党支部书记与村委会主任"一肩挑"、班子成员交叉任职等，推进团支部书记、妇代会主任进班子或由班子成员兼任，村党支部领导核心地位进一步强化。同时，下派干部到村任职，收到了实实在在的效果，密切了党群、干群关系，受到群众的普遍欢迎。

（二）通过村民自治增强基层政权的活力

西藏地域辽阔，生产水平和农牧民的收入水平参差不齐，生活习惯和文化要求也各不相同。区党委通过引进人才、下派干部、定向培养和考录公务员等多种形式，察民情、顺民意、得民心。从2008年开始，西藏各地全面推开县直机关、乡镇包村工作，明确包村单位、包村干部的主要职责任务，包村干部包村开展工作时间都在4个月以上，帮助村级组织解决了一些实际问题，受到了群众的普遍欢迎。宣传党的政策，办实实在在的事情，树立党员干部的光辉形象，得到基层群众的尊重、喜爱。

以民主选举、民主决策、民主管理和民主监督为主要内容的村民自治制度得到了完善，在村民自治过程中，但凡村里重大事项或关系村民切身利益的问题，如劳务输出、耕地和草场管理、集体项目的承包方案等，均要经过全体村民会议或村民代表会议讨论，村民参与管理和决策的主人翁地位得到真正落实。2008年，西藏74个县（市、区）、683个乡镇的5746个村委会全部开展了村民自治。全区95%以上的村委会建立了村民会议、村民代表会议和村务公开制度，制定了村民自治章程和村规民约，基层政权的活力得以展现。

（三）进一步夯实基层治理的干部基础

西藏的实际情况是群众困难多、困难群众多，帮助困难群众、解决群众困难，必须密切党群、干群关系，促使党员干部走村串户，听民声、知民情、解民忧、办民事，重视发展农牧区经济、增加农牧民收入，也是基层党组织功能多元化的方法之一。2005年，那曲地区全面开展"千名干部下基层"活动，各驻乡镇工作组重点抓好了宣传教育、调查研究、理思路定规划、扶贫济困、办实事好事、结对子帮扶、加强基层建设等方面的工作，促使基层广大干部群众进一步提高了思想认识，使得农牧区基层和谐、稳定、健康发展的基础不断得到了巩固和加强。这些措施的实施,极大地改变了西藏基层党组织的面貌,使农牧民群众享受到了更多的实惠。

在自治区村"两委"换届工作中,通过选派地县机关干部到乡镇街道任职;选拔优秀大学生村官进入乡镇党委、政府班子;从地、县、乡机关选派干部到村任职等各种创新方式,把党的基层组织领导权牢牢掌握在那些坚决跟党走、自觉维护祖国统一和民族团结、在群众中有号召力、敢于做群众工作、能带领群众增收致富的人手中。如2008年,结合村(居)"两委"换届工作,自治区首次选派390余名县、乡机关干部到村担任党支部书记。乡、村两级领导干部带领农牧民群众调整经济结构、发展农牧业经济,脱贫致富奔小康的能力得到较大程度增强。

大力培养基层藏族和其他少数民族干部。2006年,通过公开考录途径,公开考录961名乡镇公务员、乡镇小学教师等,其中少数民族773人,占80.4%。在数量稳步增长的同时,不断提高少数民族干部的综合素质,特别是注重从农牧民中的致富带头人、技术能手、退伍军人、回乡初高中毕业生和外出务工经商且愿意回村工作的人员中选拔村干部。截至2010年年底,藏族等少数民族干部已达到7.7万人,占干部总数的70.03%,县乡两级中的民族干部更是达到81.6%,形成了一支以藏族干部为主体、藏汉等干部结合、各民族干部团结奋斗的干部队伍。注重吸收、培养西藏本土科技人才,青藏铁路修建期间,西藏自治区、铁道部等部门在各专门院校,共培养藏族铁路技术人员500多人。其中,很多人成为西藏第一代藏族铁路工人或管理人员。

(四)细化寺庙管理,建立藏传佛教寺庙正常秩序

西藏寺庙中普遍建立了民主管理委员会和民主管理小组,在民主管理委员会下建立了具体管理佛事、财务、学经的部门。寺院中普遍订立了爱国主义公约、日常管理章程和僧侣守则,从佛事到财务,都有规章制度。西藏还废除了各寺庙之间旧有的隶属关系,实行更加科学的属地管理。这些细化寺庙规章制度的举措有利于地方政府的管理。政府帮助一些寺庙建设了图书室、卫生所、敬老院、电影放映室,以丰富喇嘛们的知识,帮助他们了解党的方针政策。

三 中央支持力度的加大和西藏经济的快速发展

2001年,中央第四次西藏工作座谈会第一次明确提出了要促进西藏经济从加快发展到跨越式发展转变。同年,为缩小东西部地区的经济差

异,促进中华民族的共同富裕,国家实施西部大开发战略,倡导长江三角洲等经济发达地区支援西部地区。西部大开发的范围包括西藏自治区,给西藏地区经济、社会发展带来了发展契机和大好机遇。

(一) 基础设施建设向农牧区深化

西藏始终把基础设施建设,特别是农牧区的基础设施建设放在重要位置上,切实改善农牧民的生产生活条件。第四次西藏工作座谈会提出,基础设施薄弱是西藏经济发展的主要制约因素,必须加快铁路、公路、机场、电力、通信、水利等设施建设。着重解决制约西藏发展的"瓶颈"和突出困难,落实了117个建设项目和71个对口援藏项目,援藏领域得到进一步扩展。西藏第三次大规模建设开始,新开工项目上百个,总投资数百亿元,2005年,国务院下发《关于进一步做好西藏发展稳定工作的意见》对西藏工作给予了更加优惠的政策,确定了180个项目。在信息化建设方面,2004年,西藏实现"县县通光缆、乡乡通电话",2007年,实现"乡乡通传真",2010年12月又实现"村村通电话"。

国家实施西部大开发战略带来了西藏铁路、公路建设的巨大变化,西藏对外开放步伐加快。2002年1月,西藏高等级公路青藏公路羊八井至拉萨段改建工程全面完工。2006年3月,西藏林芝建成第三个支线民用旅游机场。2001年,青藏铁路开工建设,2006年全线建成通车,填补了西藏没有一寸铁路的空白,也成为打通中国陆路连接欧亚大陆桥的捷径。青藏铁路的巨额投资全部由中央政府独力承担,充分体现了国家对西部大开发的重视和对少数民族地区的关怀。青藏铁路进藏物资主要是建筑材料、粮食以及生产生活必需品,出藏物资主要是西藏特产、农副产品和少量矿产品(铬矿、硼矿、铁矿等)。青藏铁路的开通满足了西藏经济社会发展的要求,增强了当地企业的竞争力,增加了投资者的信心,对改善农牧民生产生活条件,促进资讯便捷,对旅游、餐饮、休闲娱乐等消费需求的增长也发挥了积极作用。

公路是农牧区与外界沟通的重要基础设施,自治区的公路布局持续完善,运输质量不断提高。到2009年年末,西藏共有668个乡镇、4222个行政村通了公路,实现80%的行政村通公路的目标。2009年,新增和改善用电人口11万人,有150多万名农牧民用上了电。群众看到了发展,看到了实惠,感觉到了党同群众一条心,更加自觉地同党一条心。2010年,西藏阿里昆莎机场正式通航,这是继拉萨贡嘎机场、昌都邦达机场、林芝米林机场后又一重要进出西藏空中通道,对西藏旅游业发展起到了明显的推动作用。2009年,西藏接待国内外游客556万人次,旅游收入达到52.4亿元,都比上年增长一倍多。

(二)大力开展社会主义新农村建设

自2006年社会主义新农村建设提出以来,西藏自治区加快建设"生产发展、生活宽裕、乡风文明、村容整洁、管理民主"的社会主义新农牧区,发展生产、致富奔小康是各族群众最关心、最直接、最现实的利益问题。2011年城镇居民人均可支配收入达16196元,其中,农牧民人均收入达4904元。西藏农牧民的经济收入和生活水平不断提高,2007年人均纯收入达到2788元,比1978年增长了16倍。随着西藏农牧民生活水平大幅提高,开始向小康生活迈进,消费结构开始多样化。冰箱、彩电、洗衣机、摩托车等多种耐用消费品的需求较大,不少群众还购买了汽车。

农牧民安居工程是西藏社会主义新农村建设的突破口,也是自治区党委、政府落实党的惠民政策的一项重要举措。安居工程之前,西藏农牧民大多数住的是人畜混住的土房,卫生条件差。2006年年初,西藏自治区决定实施以农房改造、游牧民定居和扶贫搬迁为重点的农牧民安居工程。资金来源以国家、自治区、地(市)、县四级政府和援藏配套资金为引导,农牧民群众通过自筹和银行贷款多方筹集建房所需资金。在充分尊重农牧民意愿,满足农牧民群众需求基础上,按照农牧民安居工程的不同类型,西藏制定了相应的补助标准,农房改造每户补助1万元,游牧民定居每户补助1.5万元,一般贫困户扶贫搬迁每户补助1.2万元,绝对贫困户扶贫搬迁每户补助2.5万元,地方重病区群众搬迁每户补助2.5万元,各地根据情况还出台了各自的补助标准。安居新房都是石木房或者是砖房,实现了人畜分离的人居环境,村容村貌焕然一新,党的惠民政策实实在在地惠及广大农牧民群众。

"十五"以后,自治区73个县均安排了人畜饮水解困工程,国家累计投入建设资金近5亿元。2005年,西藏启动农村饮水安全工程。2000—2009年,国家累计投入农村饮水建设资金11.13亿元,建成各类饮水工程13428处,解决了180.2万农牧民群众和1110.32万头(只、匹)牲畜的安全饮水困难问题,惠及全区73个县(市)。"十一五"期间,西藏农村饮水安全工程的实施累计解决了153.24万人的农村饮水安全问题，许多农牧民喝上了干净的自来水，农村流行疾病明显减少，群众身体素质明显提高，卫生意识增强。按照新农村建设的要求，农牧民农用电、村通公路、通信、广播电视、邮政等惠及农牧民的配套设施建设也进一步扎实推进。

（三）促进产业经济的发展

按照"提升一产、壮大二产、做强三产"的经济发展战略，扎实有力地推进社会稳定、全方位扩大对内对外开放，发展态势持续向好，经济发展成效显著，从2004年开始，西藏按照"优势区域、优势产业、优势资源、优先发展"的思路，按照资金来源渠道不变、使用性质不变、管理主体不变的原则，集中各涉农部门资金、技术力量，着手实施了农牧业特色产业开发项目。如2009年，西藏各级政府落实农牧业增产增效综合措施，开辟农牧民增收新渠道。特色农畜产品加工业、旅游业、藏医药业、高原绿色饮食业等特色产业迅速崛起，成为西藏经济实现又好又快发展的支撑点。

由于特殊的地理环境和脆弱的生态条件，西藏不可能完全复制内地传统工业的发展道路，党中央、国务院一贯重视西藏工作，赋予了西藏一系列的特殊优惠政策。西藏农牧业劳动力占比远远高于全国平均水平，但农牧业产值低，效率低，工业与农牧业逐渐建立产业之间的联系与沟通十分重要。

中央第四次西藏工作座谈会后，农业的发展开始具有延长产业链条的推动与拉动作用，推动了西藏产业经济的发展。西藏实施了特色种植、养殖、生物资源开发等八大类项目，初步形成了藏东北牦牛、藏中北草地型绵羊、藏东南林区林果和林下资源基地等八个产业带，到2007年，全区农林牧渔业总产值达79.83亿元。无公害蔬菜、优质青稞、藏猪、藏鸡等一批特色农牧业商品生产基地建设步伐加快，逐渐形成精深加工的规模优势，发挥持续的经济效益。自治区政府制定出台了支持农牧业特色产业发展的政策措施，建立了特色产业发展专项资金，促进形成农牧区特色产业的快速发展的局面，使农牧业经济结构调整逐步趋于合理，特色农牧业区域化布局、专业化生产、产业化开发、规模化经营的标准化进一步发展。随着农牧业特色产业的发展，西藏农村经济快速增长。面向自治区人民群众的农牧业特色产品的小型私营企业也受到鼓励。糌粑是藏族的主食，将青稞磨成粉制成，吃时可以用酥油或水加上糖调和。

日喀则地区白朗县以优质青稞闻名，许多当地村民办起糌粑精加工厂，并创立了品牌。日喀则乡镇企业协会为多家加工厂提供无息贷款，用于改造设备。

西藏的工业特色显现，初步形成了包括能源、轻工、纺织、机械、采矿、建材、化工、制药、食品加工、民族手工业、藏医药等20多个门类、富有西藏特色的工业产业体系，其中地质矿产业发展稳定，通过不断加大优势矿产资源的勘探开发，2007年，西藏共生产铬矿石12.86万吨，比2006年增长5.6%。

西部大开发战略实施以来，西藏第三产业呈现出高速发展的态势，在国民经济中所占比重不仅超出了第一、第二产业的总和，也远远高出了全国平均水平，已成为西藏第一大产业。现代商业、旅游、邮电、饮食服务、文化娱乐、信息技术等新兴产业迅猛发展，对基层治理发挥了积极作用。随着西藏地区经济持续高增长、市场经济体制的逐步完善，金融业作为现代经济的核心，逐步驶入发展的快车道。2006年乃堆拉边贸通道开关，边境贸易也保持了强劲的增长势头。

（四）市场化、信息化的发展更新了基层群众的生产方式和生产观念

新的经济体制要求微观主体面对市场，以市场为导向，不断提高参与市场竞争的能力，坚持建立社会主义市场经济体制的改革目标，使自身融入全国统一大市场。西藏工业化发展水平滞后，重工业比重过大，难以吸收大量的剩余劳动力就业，因此，壮大集体经济，提升服务群众的能力，成为基层治理工作的重要任务。面对乡集体经济普遍薄弱、财政收入有限的情况，西藏各级党委、各地区政府高度重视农民专业合作经济组织建设工作，大力扶持发展农民专业合作经济组织，探索建立"支部+协会"、"支部+协会+基地"等发展模式，引导广大村支部、产业化龙头企业、农牧民致富能手组建各类专业合作组织。全县各乡（镇）也注重引进援藏资金充实基层经济。通过支部的牵线搭桥和协调沟通，为农牧区经济社会发展提供资金保障。2008年，山南地区乃东县泽当居委会8组的益西卓嘎在山南地区与乃东县农牧局的大力支持下，组建了农民专业合作社，有10户农牧民加入，益西卓嘎成为合作社的法人代表。因为销路好、利润较高，经过三年的发展，合作社已有上百名会员。基层党组织大力创新集体经济的形式。林周县先后投资1300余万元，建立了种植养殖特色产业基地32个，积极推广"支部+基地"的产业发展

模式，不断提高集体经济的自我发展能力。松盘乡党委筹资121万元，建立了黑白花奶牛养殖、宗雪藏猪养殖等特色产业基地6个，卡孜乡党委筹资15万元建立了乡办养鸭基地。这些都为乡村集体经济的发展壮大，基层农牧民收入的提高打下了坚实基础。集体经济企业大多雇用当地群众，有利于整个乡、县农民收入的提高。

基层集体经济的繁荣发展除显著增加农牧民的收入外，对转变农牧民传统生产观念方面成效显著。将农牧民从满足于自产自销、淡薄的市场观念中解放出来。合作社产生的效益对农牧民的致富门路形成榜样，特别是有些传统产品做出了家喻户晓的品牌，规模上也需要雇用人手，这使得基层农牧民的市场意识明显提高。随着信息化建设的发展，西藏与外界的交流有了更为开放的平台，农牧民获得种植、养殖等信息更为迅捷。

四 "3·14"事件及境外敌对势力渗透和破坏

改革开放以来，西藏的阶层分化、人口流动、对外开放、宗教状况都发生了变化，这些变化基于经济实力、经济结构、对外经济、人民生活水平等方方面面。私有经济成分开始出现，区外来藏访问、考察、旅游、投资、合作活动活跃；一些西方国家和印度等从经费和政治上公开支持少数人的分裂活动，境外敌对势力渗透花样翻新，图谋西藏问题国际化。他们利用广播、视频等媒介传播"西藏独立"思想，进行思想渗透，进行反华政治宣传，流亡的达赖集团向藏区派遣指定宗教代理人，争夺寺庙的领导权，策划僧众闹事。同时，基层党组织软弱涣散，未对达赖集团的活动引起足够重视。

在复杂的国内外因素的共同作用下，2008年3月14日，西藏首府拉萨发生了暴乱事件，"藏独"分子打砸抢烧杀，造成了人民财产的重大损失，致死13名无辜群众，致伤群众300多人，重伤武警官兵和公安民警12人，焚烧学校、医院等建筑物30多座，以及100多户民宅和420多户商铺，焚毁80多辆警车和民用车辆，严重影响了社会的稳定。

"3·14"事件是一场分裂与反分裂、维护统一与破坏祖国统一的严重斗争，有着深刻的政治背景。痛定思痛，事件凸显出西藏基层治理中有待解决的一些深层次、结构性的问题，特别是各级政府对达赖集团"西藏独立""高度自治""大藏区"等阴谋的危害性重视不足，增强基层党组织反对分裂、维护稳定的战斗力上还应有所突破，应积极进行制度创新,创造性地治理乡村、寺庙,消除不安定因素。

"3·14"事件后,西藏的宗教工作继续深化,主要体现在创新性地处理好宗教因素与农村治理的关系。宗教因素对西藏各地群众的影响明显存在,十四世达赖意图把寺庙作为自己实现"西藏独立"的基地。面对复杂的情况,寺庙管理体制机制不断探索创新,整顿寺庙民主管理委员会班子软弱涣散的问题。如2007年,尼木县县委、县政府全面启动了村级组织负责和参与寺庙管理的工作,村委会主任兼任寺庙民主管理委员会主任。坚持把寺庙管理纳入村务管理范围,效果良好,不断进行完善和推广。自治区政府提出"划清正常宗教活动和利用宗教从事分裂活动的界限",首先保证西藏人民的宗教信仰自由和正常的宗教活动,满足信教群众的需求。据统计,2010年,西藏有寺庙1700多座、僧尼46000人,基本满足信教群众正常宗教活动的需要。但是,宗教活动必须纳入法制轨道,在宪法和法律允许的范围内进行。

同时,自治区针对一段时间以来,寺庙对僧尼的爱国主义和法制教育有所忽视的情况,进一步巩固和扩大寺庙爱国主义教育,增强僧尼爱国主义观念、祖国观念、法律观念、政府观念和公民意识。整肃寺庙纪律,坚决抵制达赖集团利用宗教进行政治和思想渗透,调整充实寺庙民主管理委员会,制定寺庙管理的规章制度,按照属地管理的原则加强各级政府对寺庙的依法管理,使寺庙的领导权真正掌握在爱国进步的宗教人士手中。2009年,拉萨市实施广播电视、电影、科技、卫生、文艺演出进寺庙试点工作,实现了当雄、尼木两县通电和不通电所有寺庙广播电视"舍舍通",为拉萨市实现先进文化进寺庙全覆盖工作奠定了良好的基础。

五 中央第五次西藏工作座谈会与西藏基层治理

达赖及其追随者一向不断制造分裂事端,加紧对西藏境内的渗透。要保持西藏局势的稳定,就必须坚定不移地开展反分裂斗争,做好城乡基层治理工作,不给达赖等敌对势力以可乘之机。西藏基层治理的关键,在于推进城乡基层社会管理和公共服务的体制机制创新,实现城乡治理的一体化。党中央及时调整西藏工作的政策和策略,2010年1月18—20日,中共中央、国务院召开的第五次西藏工作座谈会在北京举行。会议指出,西藏特点的发展路子,以经济建设为中心,以民族团结为保障,以改善民生为出发点和落脚点,紧紧抓住发展和稳定两件大事。这是党中央对西藏稳定和发展问题的正确判断和殷切期盼。西藏自治区政府积极贯彻落实座谈会精神和中央领导同志一系列重要指示，着力抓基层、打基础。整体来说，西藏局势持续稳定，国民经济高速增长，经济发展快速，社会经济跨越式发展。

（一）与时俱进地夯实党的基层组织

西藏80%的人口分布在农牧区，农牧区基层党组织建设直接关系到战斗堡垒作用的发挥，关系到基层和全区的稳定。经过"3·14"事件，自治区党委、政府进一步认识到与时俱进地夯实党的基层组织的重要性，确保党在基层的领导权在于将重心下移到农牧区，特别是不稳定因素较多、经济发展滞后的村，党的基层组织和党员的重要作用更加凸显。基层党委加强农牧区基层党组织建设，不是单纯地就党建抓党建，而是把基层党建工作置于西藏当前形势的大背景中加以认识和思考，深刻理解反对分裂、维护稳定、促进发展的重要意义，把基层党建工作放到全区工作大局中去谋划和部署，正确把握西藏基层党组织建设方向，夯实了反分裂斗争的组织基础。

"3·14"事件后，随着反分裂斗争形势的不断尖锐化、复杂化，党的基层组织战斗力、凝聚力的建设更为重要。西藏坚持提高基层党员干部素质，把党员的思想政治建设放在首位，深入开展爱国主义教育、社会主义法制教育、民族团结教育、马克思主义教育和中央关于新时期西藏工作指导思想和一系列方针政策的学习，为基层发展稳定奠定了坚实基础，使各项工作有思路、有方法、有步骤地进行。

自治区党委提出了对各级党政组织和广大党员干部的工作要求，要求划清群众有宗教信仰自由和共产党员不得信仰宗教的界限。明确教育广大党员，尊重信仰自由，不等于共产党员可以等同于普通群众，要始终明确共产党员不得信仰宗教是严肃的政治纪律。这是根本的政治是非问题。在反分裂、维稳定的教育中，以站稳立场、坚定信念为根本，督促基层党组织和党员干部严明党的纪律特别是政治纪律。教育引导基层党员干部深刻认识到达赖集团丝毫没有改变他们图谋分裂祖国的立场和行径，我们与达赖集团之间的斗争是一场你死我活的敌我斗争。对于少数对形势认识不足的党员干部，对症下药，敢于批评，教育和帮助他们勇于正视并认真纠正存在的问题。同时，向广大人民群众讲明反分裂斗争的性质，提出明确的要求，真正有效地发挥人民群众在稳定西藏局势中的作用，使基层党组织最大限度地发挥战斗堡垒作用。

（二）进一步增强基层党组织反分裂、维稳定的战斗力

建立健全基层维稳工作机制，必须依靠基层党组织和基层党员干部。在党员培养方面，村党支部注重将平时思想主动积极、有进取心的村民培养成入党积极分子，特别注重深入了解入党积极分子的基本情况，对培养对象进行有重点、有针对性的教育培养。如山南地区各县摸清本乡镇种养大户、科技示范户和工商业主等致富带头人基本情况，从中遴选出思想觉悟高、群众基础好的致富带头人，将其作为党员的培养对象，并制作致富能手档案卡。至 2010 年年底，自治区党员总数达到 20.8 万人，其中农牧民党员 9.8 万人，占全区党员总数的 46.8%。农村基层党组织和党员坚持把反对分裂、维护稳定摆在工作的首位，更加注重排查、调研、处理、解决各类安全隐患和矛盾纠纷，帮助群众深入了解党和国家的惠民政策，坚定爱党爱国爱社会主义的理想信念，督促指导群众要健康生活，教育青少年要热爱祖国、热爱家乡、热爱民族大团结等主题思想教育，为有效维护基层和谐稳定做出了积极贡献。如昌都地区农村基层党组织和广大党员带头揭批达赖分裂集团的反动本质，带头移风易俗，推动形成健康向上的社会风气。

（三）基层党组织紧扣发展稳定大局，功能更加多元

中央第五次西藏工作座谈会后，基层党组织不仅在维护地方稳定方面起到核心作用，在发展城镇化、带领群众致富方面也发挥了"领头羊"的作用，坚定了广大农牧民群众跟着共产党走的决心。抓基层，打基础，服务群众是根本。用看得见的身边实事，坚定基层村民跟党走才能过上更加美好生活的信心，使大家更加自觉地团结在基层党组织周围，共同发家致富。基层党组织功能的多元化首先从"两委"班子入手，加强基层组织建设，把致富能手吸收进"两委"班子，带领群众大力发展村集体经济，以村集体经济带动群众增收致富。根据实际情况，村委会在全村以户为单位开展了 12 星级评定，评定内容涵盖了热爱祖国、热爱家乡、综合治理等方面。星级评定与年终分红挂钩，引导村民自觉遵守各项规章制度，从而带动了经济的发展，增加了群众的收入。

西藏自治区不断加强和健全农牧区各级党组织建设，基层党组织机构的软硬件基础全面加强，工作水平全面提升。党的基层组织覆盖面持续扩大，延伸到各个领域、各个行业，着力向新领域覆盖、向新组织覆

盖、向新群体覆盖。同时，进一步加大党组织和党的工作在农牧区各个层面的覆盖密度，形成条块结合、覆盖各方的基层党建工作新格局。在全区5200多个行政村和192个社区居委会建立了党组织，实现了党组织在农村、社区的全覆盖和党的工作在西藏社会的全覆盖。截至2010年年底，全区共有基层党组织1.2万多个。同时积极探索把党组织建在产业链、行业协会和各种联合体上，或建在农（牧）民工党员相对集中的地方等。

（四）继续加强农牧区各类基础设施建设，提高教育普及水平

西藏的交通、电力等基础设施建设仍是发展的"瓶颈"制约，特别是边远农牧区和乡村公路缺乏。如到2009年年底，昌都地区5个乡、314个建制村都尚未通公路。同时，由于特殊地质结构和暴雪、强降雨等恶劣气候条件，造成公路抵御灾害能力也十分脆弱，公路等级和通行条件要满足地区经济社会跨越式发展需求还需要进一步建设。新能源的应用得到重视，太阳能资源已被广泛用于照明、通信、广播电视、烧水做饭、取暖等领域。

现代技术的发展逐渐将人们从家务劳动中解放出来，如西藏主食糌粑传统制作方法是将青稞用石磨磨碎，非常费时费力。糌粑加工业用发动机来带动石磨的运转，极大地解放了人力。经过和平解放后，特别是农奴制废除后几十年的休养生息，西藏人口的文化教育水平也大幅度提高，通信、信息更加畅通，物流更快，群众的思想观念更解放，文化需求提升。"十一五"期间，国家拨款为西藏购买了100多辆流动放映车，结束了农村放映队人背马驮的历史。国家和自治区共拨出近900万元专款，为自治区电影公司配备了专门的译制设备，将影片译成藏文。农村书屋的建立有利于进一步加强反对分裂、维护稳定的教育，巩固农牧区的思想文化阵地，缩小城乡文化差距，提高农牧民科学文化素质，使以藏族为主的西藏人口的人力资本得到了提高。2007年，西藏在11个县的20个行政村进行了农村书屋建设试点工作，向每个农家书屋配送图书343种，期刊34种，音像制品8种。2008年，西藏又建成农家书屋660个。能源的发展也使文化基础设施在基层社会中的需求加大。全面完成广播电视在行政村的"村村通"工程。调查显示，有70%以上党的方针政策，农牧民群众是通过广播、电视渠道得知的。群众业余文化生活丰富，观念也有所转变，有了纠纷不再都找寺院调解。

(五) 新型工业化、城镇化的发展

由于西藏本身地理、气候条件特殊,生态环境脆弱等先天限制,西藏的工业化、城镇化虽然发展很快,但与内地平均水平相比差距较大,与西部地区之间也存在差距。城镇化的发展也不平衡,拉萨市、日喀则市、昌都镇、八一镇、那曲镇、泽当镇、江孜镇、狮泉河镇已经进入新型现代化中小型城镇行列,但主要集中在自然条件相对较好的藏东峡谷地区和藏中南宽谷地带,地域密度差距较大,有的建制镇面积不到1平方公里。

工业化方面,在全国总体上已经进入工业化中期,东部一些省市已经基本实现工业化时,西藏才刚刚进入工业化初期的起步阶段,各产业之间以及产业内部各部门、各层次之间还存在诸多问题。就业人数第一产业比重偏大,第二、第三产业特别是第二产业比重偏小,没有充分发挥工业带动就业的强大作用。中央第五次西藏工作座谈会提出把西藏打造成重要的高原特色农产品基地的目标,产业结构不断得以优化。教育的普及也使科技创新和新技术的接受和实践更为便捷,推动了新型工业化。

第六节　开展强基惠民前西藏基层治理面临的问题

一　基层治理与经济和社会发展不相适应

改革开放以来中央召开了五次西藏工作座谈会,因地、因时制宜地做出科学决策,使西藏的基层治理取得了令人瞩目的成就。但是,在经济跨越式发展的宏观背景下,社会由单一公有制和计划经济基础上的全能型政府和单位制转变为多种经济成分共同发展;在市场化进程中,逐渐出现包括个体、私营、外资等的私有制经济,社会开始阶层分化,阶层之间的收入差距扩大;对外开放也给西藏带来了外部影响和冲击。在市场化条件下,基层组织出现涣散、社会阶层碎片化、人口流动、城镇化水平提高等经济基础和社会结构的变化,加上文化的多元化、传统宗教的复兴、境外敌对势力的渗透,都使得西藏基层治理的难度加大,传统的基层治理方式已不能很好地适应新形势下推动发展稳定的需要,具体表现在以下五个方面。

(一) 经济基础发生变化

地广人稀、市场狭小的客观环境造就了西藏发展的成本约束，短期内难以克服。长期以来，西藏财政的相当部分源于中央财政转移支付、中央对西藏的大量投资和内地较发达省市的支援，形成了以政府为主导的投资拉动型的经济增长模式。许多经济开发项目、扶贫项目、农牧区教育项目、广播电视普及项目等对西藏的社会经济发展注入了新的活力，随之也带来了西藏如何取得自我发展能力的新问题。中央第五次西藏工作座谈会后，基层治理向农牧区和农牧民深入，这些深层次、结构性的问题也就凸显出来，如收益回报低，区外资金不愿进入；第一产业生产力发展水平低、第二产业层次和技术含量低；城乡经济社会发展不平衡、企业市场竞争力弱；农牧区的市场机制建立困难、农牧民观念陈旧等，都不是短期能解决的问题。

此外，虽然国家对西藏城镇进行了大规模的重点建设，全国发达省市也进行了对口支援，但由于经济基础薄弱，基础设施建设滞后，西藏的城镇体系建设依然落后于全国平均水平。包括县城、建制镇、边贸口岸和未建制的独立工矿区在内的西藏地区小城镇，是做好基层政治、经济、文化、教育、信息工作的重要基础，全区绝大多数小城镇规模及功能弱小，不能满足基层治理结构的需要，对投资和资本形成的抑制作用也十分明显。

(二) 人口结构发生变化

改革开放后，西藏的人口流动、就业结构、城镇发展都发生了巨大的结构性变化。

第一，市场化和城镇化带来流动人口的大幅度增加。进出西藏交通运输成本逐渐降低，特别是2006年青藏铁路的开通和旅游业发展，带动了进入西藏的流动人口迅猛增加。西藏经济的发展，吸引了大批跨省的人口迁移西藏经商、务工、开办企业，这部分流动人口较为固定。据有关部门统计，1995年自治区暂住人口有12万余人，2000年有16万余人，2006年有21万余人，2008年有40万余人。这为西藏的改革发展带来了前所未有的强劲动力，也带来了安全隐患。流动人口的管理问题直接关系着西藏的稳定与发展，人口的大量流动导致人口常住地和户口所在地不一致，一些社会服务管理措施难以实施到位，传统的单纯依靠公安机关进行治安管理的工作模式已经不符合现实发展的需要。基层社会治安、劳动、就业等管理工作面临新的挑战。

第二，产业结构变化带来的人口就业结构变化。随着市场化的发展，西藏第二、第三产业的产值比重呈现持续上升态势，产业结构变动引起就业结构的改变。更多的人从农业劳动领域转化为非农业的商品生产和商品经济，特别是旅游业等第三产业的发展吸纳了大量社会就业。但是，西藏就业结构变化最显著的地区多为城镇、经济中心或者重要的经济发展带，偏远地区农牧民整体劳动技能偏低、转移就业难度大，这导致西藏的就业结构仍然呈现"一三二"的表征，表现出明显的稳定性和滞后性。

第三，城镇发展导致的人口集聚化。近年来，随着城镇化的发展，进入城镇的农牧民增多。有关数据显示，2013年西藏城镇化率为23.7%，林芝地区建成小城镇54个，城镇化率达到32%，数据虽然大大低于全国平均水平，但对于人口分散、地域广阔、城镇空间布局相对分散的西藏来说，已经形成了人口的集聚效应，使西藏各族人民更多分享现代文明发展带来的成果。

（三）信息化带来的变化

随着西藏对外开放步伐的加快，基础设施建设长足进步，工业化和信息化加速发展。在西藏各族群众通信基础设施改进，共享与世界同步的信息文明的同时，达赖等人的分裂主义言行对西藏局势造成的影响更难控制。2006年1月，达赖在时轮金刚法会期间表示，藏人要爱护动物，革除穿皮毛的陋习。没过多久，藏区很多地方便发生了焚毁皮毛事件。互联网时代的到来使西藏与外界的时空距离大大缩短，扩展了宗教的传播方式，使得境外分裂势力和信徒之间形成新的互动模式。达赖集团重视利用互联网、手机移动终端直接进行渗透、分裂活动，鼓动西藏群众参与其活动。达赖等人建立宣扬"西藏独立"的网站，制作"讲经"视频，夹杂着大量鼓吹"藏独"、分裂国家的言论，对我国的宗教政策、人权状况、国家政权进行攻击诽谤，丑化中国形象。在互联网普及和手机终端个人化的信息化背景下，达赖的分裂主义言论资讯快捷，很难控制。吸引、煽动境内群众出境听经朝拜，借机灌输"西藏独立"意识又成为他们的新手段。因此，维护持续稳定的工作更为艰巨。这就需要不断健全基层维稳防控的体制机制，特别是要以农牧区为重点，建强乡镇和村级政权、加强基层党建、创造性治理乡村社区。

(四)市场化转型带来的思想文化多样化、宗教的影响

"文化大革命"期间,西藏的宗教受到压制和破坏,改革开放后,全面恢复了党的宗教信仰自由政策。改革开放的多元化促进了西藏"宗教热",价值观教育在一段时期内缺位。同时,在宗教管理宽松的政策环境下,民族、宗教矛盾重新抬头,西藏原有的民族宗教问题国际化倾向发展,达赖等敌对势力利用宗教对我国进行渗透的势头越来越猛烈。同时,西藏社会30余年来的转型发展,对内对外经贸交往增多,经书、书刊、音像制品等宗教传播和宣传的原生教材,经过邮寄、携带、非法通关等方式,成批或零散地长期输送进入中国大陆成为可能,这也不可避免地带来思想文化多元化。一方面,基层农牧区,特别是偏远农牧区经济、科技、文化、教育还比较落后,精神文化生活贫乏、单调。另一方面,市场经济发育较好的地区,面临人际关系功利,社会竞争激烈,社会矛盾凸显等市场化中的问题,这都令一些人的精神生活空虚,情绪焦虑,心灵迷惘。在西藏本就深厚的信教土壤中,转向宗教寻求安慰和寄托并不奇怪。宗教信仰自由是我国政府的一贯政策,但政府部门必须负起科学管理的职责,不能放任自流,为境外宗教渗透提供可乘之机。

(五)境外敌对势力的渗透和破坏

在西藏,境外敌对势力的渗透和破坏仍有滋生的土壤,维护基层稳定的任务仍然艰巨,2008年发生的"3·14"西藏严重暴力犯罪事件就是明显的例子。宗教对人民群众的作用在短时间内不可能完全消失,旧西藏传统封建制度的思想残存在较长时期内还将存在,反分裂斗争形势依然复杂严峻。个别寺院成为策划闹事的基地,成为影响西藏社会稳定的隐患。达赖四处散布分裂言论,诋毁中国共产党的政策。把中央关心和全国人民支援西藏现代化建设诬蔑为"掠夺西藏资源"、"加强对西藏的控制"、对西藏进行"汉化",把发展科学教育文化诬称为"灭绝西藏文化"。同时,美国、印度等国明里暗里地支持达赖进行分裂破坏活动,在对待"藏独"势力上一贯采取双重标准,推动西藏问题国际化。特别是印度,由于历史和地缘的因素,始终认为"西藏独立"最符合其国家利益,从来没有放弃对达赖集团的支持。印度长期容留达赖集团利用其领土从事分裂中国的活动,通过扶植"藏独"势力,利用"西藏问题"制衡中国和干扰中国是印度安全政策的一贯做法。

正是由于西藏基层社会及其治理结构存在着这些问题，必须大力推进基层社会管理体制机制创新，对治理结构进行行之有效的统筹规划，提高基层社会的综合效益并有效促进协调发展。

二 基层治理亟须加强的几个方面

（一）群众宣传教育工作亟须加强

西藏自20世纪80年代末以来，拉萨地区共发生1987年10月、1988年3月、1989年3月、2008年3月四次较大规模的骚乱事件。这四次骚乱都是经达赖集团策划，勾结境内分裂势力引起的，过程都是先由一些不法僧尼挑头打着反动标语，呼喊"西藏独立""吃糌粑的赶走吃大米的""吃糌粑的站出来"等口号挑动民族情绪，煽动群众闹事。

许多群众对西藏社会历史和1959年解放军进藏以来西藏发展的脉络不了解，需要进行西藏历史教育。特别是西藏和平解放后，人口再生产为高出生、低死亡、高自然增长，出现了年轻型人口。这些人口未经历过农奴时代，容易受到达赖集团反动宣传的蒙蔽，要使他们了解西藏人民在残酷的封建农奴制度统治之下的悲惨生活，更需要多种形式的广泛宣传，以铁一般的历史事实形成新旧西藏的鲜明对比。群众从思想上深刻理解了在党的惠民富民的方针政策下，西藏经济文化发展和人民生活改善的真实情况，才能明白惠在何处，惠从何来，才能感党恩、听党话、跟党走。

同时，通过多层次、多形式、多角度地揭批达赖集团分裂祖国、搞"西藏独立"的反动本质。用通俗易懂的语言向群众介绍国家对西藏的优惠政策和西藏在党领导下的发展变化，引导群众明辨大是大非，反对分裂破坏，热爱祖国大家庭、维护民族大团结。在遇到达赖的反动宣传时，群众才能有准备、有分析、有头脑地应对，减少冲动情绪，不给达赖集团以任何可乘之机。只有把党的政策讲明白、讲清楚，提高基层群众"到底跟谁走"认识，统一思想，让他们从心底深处真正深刻认识到，达赖集团与国际反华势力相互勾结进行的渗透、颠覆和破坏活动对西藏的发展和人民安居乐业有害无益，才能维护社会稳定、实现西藏的长治久安。

（二）亟须培养一支基层经验丰富，实践能力强的干部队伍

西藏地理环境独特，复杂的区情需要干部既了解政策，也熟悉地方情况。干部在基层交到朋友，及时了解群众生活困难和思想动态十分重

要，能将党和政府无微不至的关怀与帮助带进家门，让群众充分感受到祖国大家庭的温暖，从而改变藏人和汉人对立的观念，自然消除抵触情绪。特别是汉族干部，要成为全面正确贯彻党的民族、宗教政策的窗口，加深汉藏民族的相互了解。只有基层的民族关系搞好了，有相互了解的思想基础，才能真正深入调解邻里纠纷、打架斗殴等影响社会稳定的矛盾纠纷和隐患，就有可能将群体性事件化解在萌芽阶段，使群众理顺情绪，心向政府，自觉维护国家统一和民族团结，维护民族、边境安全。

社会发育程度低是影响西藏发展的主要障碍因素之一。推动干部下基层，扑下身、沉下心、扎下根，与基层农牧民彼此尊重，谈心、拉家常、在一线解决身边事，有利于基层的社会进步。从基层工作的锻炼中培养干部、考察干部、选拔干部，使干部在基层扎实工作、砥砺意志、增长才干，通过实践切实认识到自己所肩负的历史使命和重要职责，把基层工作作为关系西藏和谐稳定全局的重要岗位。与群众有了直接交流，了解彼此所想、所思和所需，干部才更有能力办好事实事，老百姓才能更放心，感到党就在身边。基层社会的价值判断体系、财富观念、行为习惯和能力、心理意识等诸多导致发展速度缓慢的因素，也能日益改观。

（三）须进一步加强对宗教事务的管理

西藏是群众性信仰宗教的民族地区，从公元七世纪初传入开始，藏传佛教已在西藏流传了1400多年，形成了严密精深的教理教义和一整套宗教仪轨和定制，对基层社会的风俗习惯、思维方式等方方面面具有广泛深刻的影响。在寺庙管理上，寺庙规模不一、极为分散，达赖分裂势力往往将这些寺庙作为据点，打着藏传佛教"宗教领袖"的旗号，从事分裂和渗透活动，影响国家安定团结。十四世达赖将藏传佛教作为政治工具，曾公然鼓吹："控制一名活佛，就控制了一座寺庙；控制了一座寺庙，就控制了一片地区。"事实证明，达赖的言论具有宗教上的虚伪性和手法上的欺骗性，对僧尼造成的影响比较大，个别寺庙的少数不遵守寺规、教规的僧尼受分裂思想的影响，不顾国家的法令，充当在社会上骚乱闹事、扰乱社会秩序的急先锋和主力军。一些思想觉悟不高，对宗教盲目崇拜的群众也容易受到蒙蔽。在信教群众的宗教需求得到满足，宗教信仰自由得到充分尊重和保护的前提下，要进一步进行寺庙长效管理制度创新，及时发现和解决寺庙管理体制缺陷，增强党和政府对寺庙的控制力。

(四) 提高城镇化水平和自我发展的能力

西藏和平解放后积累起来的强大力量始终是挫败民族分裂活动的坚实基础。西藏经济总体发展快速，各地城镇面貌发生了重大变化，经济生态更多地表现为与内地发展、各地区、城乡间的不平衡。发展特色经济，增强区域经济可持续发展的动力，逐渐形成市场下的资源配置自我积累，最终培育自我发展的能力是转变经济增长方式，改变不平衡状态的题中应有之义。由于工业发展滞后，农牧区的相对落后和农牧民就业竞争力的相对低下，西藏近年来农牧民富余劳动力增多，就业压力增大，农牧民增收渠道狭窄，增收较为困难。如何引导西藏富余劳动力向第二、第三产业转移，使相对封闭的高原经济融入市场化进程中，在民生改善中增强群众爱国信心是一个问题。这种政府引导不同于计划经济和行政命令，而是采取强有力的宏观调控手段，引导各种资源合理配置适度积累。

在基层治理中帮助群众增收致富，也不能大包大揽。村（居）"两委"基层组织需要抓住致富的关节点，厘清发展路子，用好富民政策，包括扶持合作组织、开展劳务输出，大力发展种养殖、农牧产品加工、旅游文化、民族手工业等特色产业等，培育出一批新的经济增长点，增强农牧区自我发展能力。在农牧民致富奔小康的道路上，让党员和村组干部发挥引领和推动作用，把致富能手培养成党员，把党员培养成致富能手，把党员致富能手培养成村组干部，办出看得见、摸得着的实事好事。

第二章　西藏的跨越式发展与乡村基层治理

第一节　西藏跨越式发展必须更好地发挥政府的作用*

中国地域辽阔、人口众多，是一个多民族、发展不平衡的发展中社会主义大国。其中区域之间的发展不平衡是中国的重要国情，而少数民族区域自治则是一个基本制度。在经过改革开放以来35年的经济改革和高速发展后，目前中国已经进入工业化后期阶段，人均收入已经超过6500美元，进入中等收入偏高的行列，2014年年末，中国的城镇化率已经达到54.77%，并进入城镇化加速阶段。与此同时，中国的经济增长速度在经历了30多年的年均9.8%的高速增长期后，开始回落到7%左右的"新常态"；资源约束、生态环境脆弱、劳动力供给出现"刘易斯拐点"、收入差距太大等，都导致中国有可能陷入拉美、东南亚等国家所出现的"中等收入陷阱"。为此，中共十八大拉开了全面深化改革的大幕，特别是十八届三中全会以来，改革正有步骤、分类别地快速推进。在这个背景下，西藏作为中国西部边陲一个欠发达的少数民族自治区，如何实现跨越式发展和长治久安，确保在2020年全面建成小康社会，的确面临着许多困难，任务艰巨，需要审时度势，因地制宜，精心策划，做好顶层设计，拿出切实可行、行之有效的办法。同时还应该看到，目前西藏所面临的许多社会问题，从根本上说，仍然是发展中的问题，是在目前中

---

* 本节执笔人：武力。

国特定的发展阶段，经济、政治、社会、文化等的急剧转轨在西藏这个少数民族地区的反映，因此，如何顺利跨越这个发展阶段，是实现西藏长治久安的根本保证。

2014年，我们围绕已经开展三年的强基惠民活动进行调研，考察西藏社会经济跨越式发展的前景。通过调研，根据了解到的情况和思考，我们认为，就西藏的特殊情况和所处的发展阶段，目前最重要的问题是如何更好地发挥政府的作用，完成全面建成小康社会这个跨越式发展的任务，从而为西藏长治久安奠定根本可靠的基础。

一　西藏的发展历史证明必须更好地发挥政府的作用

按照世界发展要求和中国革命的规律，中国共产党领导的新民主主义革命和社会主义革命，实质上就是要实现跨越式发展，即将中国从一个经济落后的半殖民地、半封建社会转变到社会主义工业强国，实现中华民族的伟大复兴。这个目标在中国共产党的领导下，经过65年的艰苦奋斗，目前正在接近实现。实现这种跨越式发展最主要的动力，就是以中国共产党领导和实行社会主义为特征的政府主导型发展道路。如果从区域来看，这个发展道路最成功的典范则是西藏自治区。

在20世纪50年代前的数百年间，西藏一直处于比欧洲中世纪还要黑暗落后残酷的"政教合一"的封建农奴制社会。当1948年联合国大会发表《世界人权宣言》规定"任何人不得使为奴隶或奴役；一切形式的奴隶制度和奴隶买卖，均应予以禁止"的时候，在世界的东方、中国的西南边陲却依然盘踞着世界上最大的农奴制堡垒。曾担任过旧西藏地方政府噶伦的阿沛·阿旺晋美在回忆旧西藏时这样说过："记得在40年代，我同一些知心朋友曾多次交谈过西藏旧社会的危机，大家均认为照老样子下去，用不了多久，农奴死光了，贵族也活不成，整个社会就将毁灭。"

1951年西藏和平解放前，封建农奴制下的旧西藏百业凋零，民不聊生。史料记载，当时西藏没有一条公路，没有一所现代意义上的工厂和学校，农牧业基本上是靠天吃饭、靠天养畜。由于生产力极端低下、医疗条件极其落后、僧人比重过大，人口增长长期处于停滞状态。自18世纪中叶至20世纪中叶的两百年间，西藏人口增加不足10万。西藏和平解放之初的人均预期寿命仅为35.5岁，婴幼儿死亡率高达430‰，孕产妇死亡率达50‰。

第二章 西藏的跨越式发展与乡村基层治理

1951年和平解放时,西藏是从几乎没有现代工业的农奴制封建社会转入新民主主义社会,1954年修通了与内地相连接的康藏公路和青藏公路,有了现代交通;1959年实行"民主改革",废除了"政教合一"的封建农奴制,并从60年代开始向社会主义过渡。1965年,西藏自治区正式成立,西藏跨入了社会主义社会。

可以说,没有中国共产党和新中国的社会主义制度,没有政府这只"看得见之手"的作用,特别是中央政府的推动,西藏地区根本不可能实现这种跨越式的发展。这也是中国实行社会主义的优越性所在,即以比资本主义更快的速度、更好的效果来实现跨越式发展,是其他发展中大国所不具备的优势。针对西藏地处祖国边陲,交通困难、经济极端落后,1952—2013年,中央政府对西藏的各项财政补助达5446亿元,占西藏地方公共财政支出的95%。20世纪50年代,中央政府在中央财力十分有限的情况下,投入大量财力、物力和人力建成了川藏、青藏公路;1966年10月世界屋脊最大的航空港贡嘎机场建成通航。进入21世纪,随着国家的发展强大,中央政府又投巨资修建了青藏铁路和拉日铁路。由此,西藏结束了没有现代公路、航空和铁路的历史,实现了交通运输的跨越式发展。

改革开放以来,随着邓小平"两个大局"设想的实施和市场在资源配置方面的作用越来越大,沿海和中部地区的区位优势和有利条件得到发挥,市场经济所具有的"马太效应"导致了区域之间的发展水平差距拉大。西藏在地理条件、基础设施、劳动力结构和区位方面的不利因素,也使得西藏仅靠自己的力量来实现发展并赶上全国的平均速度几乎是不可能的。1980—1984年,中央先后两次召开西藏工作座谈会,西藏迈开了改革开放后两次大规模建设的步伐。第二次西藏工作座谈会决定,由国家投资4.8亿元、全国9个省市帮助西藏建设包括电站、旅馆、学校、医院、文化中心和中小型企业在内的43个西藏迫切需要的"交钥匙工程"。拉萨饭店、西藏人民会堂、西藏体育馆等一批重点工程相继落成。43项工程的完工基本满足了20世纪80年代西藏经济社会发展的需要,被西藏各族人民誉为雪域高原上的"43颗明珠"。与此同时,中央还超前发展西藏通信事业,投资建成了覆盖万里高原的700多座卫星地面站。

进入20世纪90年代后,西藏继续得到中央政府的支持,以保证在市场经济下能够实现跨越式发展。1994年召开的中央第三次西藏工作座谈会，除中央政府继续财政支持外，座谈会还做出"对口援藏、分片负责、定期轮换"的全国支援西藏的战略决策，确定了包括交通、能源、通信、农牧业、社会事业在内的62个重点建设项目，投资总额达23.8亿元。这些项目于1995年陆续开工，2000年年底全部建成投入使用。与此同时，承担对口支援任务的15个省市还无偿为西藏援建了576个建设项目，投资达22.4亿元；中央和国家有关部门援建了140个项目，投资达9.2亿元。整个90年代，国家对西藏总投资近300亿元，启动了农业、能源、交通、邮电等行业的一大批基础工程项目。这些工程项目的建成，使西藏发展的"造血"功能和可持续发展能力明显增强。

进入21世纪后，随着西部大开发战略的确定和全面建成小康社会目标的提出，中央政府加大了对西部经济落后地区的支持力度。2001年6月召开的中央第四次西藏工作座谈会强调：基础设施薄弱是西藏经济发展的主要制约因素，必须加快铁路、公路、机场、电力、通信、水利等设施建设。考虑到西藏的特殊情况，西藏的重点建设项目资金由国家来承担。国家投资和中央财政扶持，主要用于农牧业、基础建设、科技教育、基层政权相关设施建设以及生态环境保护和建设，着重解决制约西藏发展的"瓶颈"和突出困难。中央第四次西藏工作座谈会确定了国家直接投资的建设项目117个，总投资约312亿元；各省市对口支援建设项目71个，总投资约10.6亿元。

2010年1月18—20日，中央召开第五次西藏工作座谈会。会议进一步确立了援藏资金稳定增长机制，决定将中央援藏政策和对口支援西藏工作再延长10年至2020年，明确对口支援省市"年度援藏投资实物工作量，在现行体制下，按该省市上年度地方财政一般预算收入的1‰安排"。根据《"十二五"时期对口支援西藏经济社会发展总体规划》，17个对口援藏省市"十二五"期间共安排对口援藏项目1610个，总投资141.36亿元。在国务院确定的《"十二五"支持西藏经济社会发展建设项目规划》中，11家中央企业承担了其中的能源、通信、矿产等41个重要项目，投资总额793.26亿元，"十二五"计划完成投资433.8亿元。

党的十八大后，以习近平同志为总书记的党中央高瞻远瞩，对西藏的各项政策不断做出调整，只要西藏各族人民需要的，做到有求必应；只要对西藏发展稳定有用的，做到百分之百的支持。实际上，改革开放以来，中央政府的财政转移支付始终占西藏财政支出的90%以上。

第二章 西藏的跨越式发展与乡村基层治理

除资金和项目援藏外，中央、兄弟省市和大型国企还进行了智力援藏。20世纪60年代以来，从各地分配进藏的大学生达数千人，充实了西藏的党政干部、技术人才、科研人员队伍。1976年、1979年，国家计委从内地各省市大专院校挑选了1800余名大中专毕业生进藏工作。1983年年初，国家制定优惠政策，鼓励大中专毕业生支持边远地区建设。1982—1985年，数千名大学毕业生进藏工作，形成西藏建设史上前所未有的高潮。30年后的今天，他们中的很多人已经成为各级党政领导骨干和技术业务骨干。从1994年中央第三次西藏工作座谈会以来的20年里，全国共有18个省市、70个中央和国家机关部委、17家中央企业，先后选派7批近6000名援藏干部进藏工作。目前，西藏全部7个地（市）的74个县（市、区），自治区和地（市）主要直属部门都在受援范围之内。截至2013年，对口援藏资金累计达260亿元、项目7615个。其中，中央第五次西藏工作座谈会后落实援藏资金109.32亿元、项目2198个。

在中央和兄弟省市及国有企业援助下，西藏实现了1994—2013年的高速发展。据统计，2003年，全区生产总值达184亿元，按可比价格计算，比1993年增长2.2倍，年平均增长速度达到了12.5%，成为西藏和平解放以来国民经济发展最快的时期。随着经济总量的不断扩大，西藏的经济实力明显增强。2003年，西藏的人均GDP达到了6871元，在西部地区的位次也上升到了第5位。1994—2012年，西藏地区生产总值连续19年实现两位数以上增长，年均增速12.7%。2013年，西藏GDP又从2012年的701亿元增长到802亿元，增长12.5%；公共财政预算收入完成95亿元，增长10%，年度公共财政支出则突破1000亿元；农牧民人均纯收入6520元，增长14%，实现了连续13年的两位数增长；第二产业增加值287.23亿元；全社会固定资产投资完成910亿元，同比增长28%；城镇居民人均可支配收入20192元，增长11%；城镇登记失业率控制在2.5%以内。在教育方面，从2012年起全面启动城镇三年、农牧区两年学前免费教育，2012年秋季新增在园幼儿1.97万人。建立了城镇公办幼儿园免费教育和民办幼儿园定额补助制度，在全国率先实现了真正意义上的15年免费教育。在社会保障方面，已经建立起覆盖城乡居民的社会保障体系，并不断完善新型农村社会养老保险制度，实施免费意外保险，甚至建立了寺庙僧尼社会养老保险制度。

上述历史事实充分证明，新中国成立以来，西藏实现的跨越式发展，离不开政府的决定性作用。

二 西藏目前的条件决定了"全面建成小康社会"是跨越式发展

中国是一个发展不平衡的多民族国家。近代以来,东部沿海地区由于独特的区位优势,工业化进程较快;而中西部地区由于位居内地,发展较慢。少数民族广泛分布在中西部地区。区域均衡发展不仅涉及经济发展,还涉及国家安全、多民族团结。在优先重工业发展阶段,中国加大了对中西部投资,中西部地区工业基础薄弱的局面得到缓解。改革开放以来,为提高效率,推动经济高速增长,我国采取了区域非均衡发展,东部沿海地区取得了较快发展。20世纪90年代末以来,中国推动了西部大开发等区域政策,推动中西部地区、少数民族地区的发展。

但是,西藏特殊的地理条件、经济区位、人口数量以及藏族文化的特点,都使得其发展水平不仅落后于中国其他省市,而且关键在于这种发展水平实际上是靠中央财政转移支付和其他省市自治区和大型国有企业对口支援实现的。例如,中央财政转移支付占自治区财政总支出的90%以上,其基本建设投资也主要来自中央和其他省市自治区和大型国有企业对口援建,其本身的"造血"和自我发展能力不足,依靠市场机制来吸引区外资本和劳动力的动力也不足。这也使得在西藏未来的跨越式发展中,只能也必须继续发挥政府主导作用,而关键在于如何更好地发挥政府这种决定性作用。

2012年十八大提出到2020年全面建成小康社会的总体目标以后,不仅在经济、政治、文化、社会、生态方面提出了新要求,还在深化改革、城镇化、转变发展方式等方面提出了新任务、新要求。而这些对于西藏来说,如果没有中央的支持和更好发挥政府作用,从西藏的现有条件来看则几乎是不可能实现的。

第一,西藏特殊的地理条件和区位,使得它在中国区域经济发展布局和结构中处于劣势。西藏地处祖国西南边陲高原之上,远离中国经济最发达的沿海地区,不仅交通不便,运输成本极高,而且因空气稀薄含氧量低,区外劳动力很难适应,使得劳动力流动和实现区域间的优化配置成本很高。

第二,资源禀赋较差。西藏虽然地域辽阔,但是由于资源开发困难,可利用的资源并不丰富。以人力资源为例,西藏高寒缺氧,人类生存条件差,人口一直不多。尽管西藏和平解放以后,特别是1959年民主改革以来，中央政府大大改善了西藏人民的生活水平、医疗卫生和教育条件，使得西藏人口从1952年的115万增加到2014年的318万，但是劳动力仍然不足，特别是适应现代农牧业和第二、第三产业需要的优质劳动力严重不足。2014年年末，城镇人口仅为81.77万，占总人口的25.75%，其余人口分散在广阔的农牧区，人力资本提升困难。再从最重要的能源来看，西藏的煤炭、石油目前所知储量不多，而水能资源丰富，但是水能要转化为电能，需要大量投资，目前开发有限，西藏下一步发展即面临着能源供给"瓶颈"。由于地域辽阔、地理条件独特，交通运输条件投入产出比也很低，远远高于沿海地区。西藏全区平均海拔4000米以上，属于高寒地区，生态环境脆弱，不利于农作物生长，牧场载畜量也有限，农牧业的发展受到环境的制约，在数量上难以有大幅度的增长。西藏这种自我积累、发展能力低的状况，使得西藏经济的下一步发展，不可能重走沿海地区利用劳动力价格和资源价格"双低"优势的发展道路。

第三，地域辽阔，人口分散，缺乏规模经济、产业集聚优势，社会治理、公共服务成本太高。西藏现有318万人口，而土地面积却为120多万平方公里。与经济发达的东部沿海地区江苏省相比，人口是其（2013年年末人口为7939.5万）的3.9%，经济总量仅为其（2013年为59161.8亿元）的1.36%，而面积则是江苏的12倍。西藏不仅地域辽阔、人口分散，而且2014年城镇化率仅为25.75%，大大低于全国平均水平的54.77%。这样就使得西藏未来发展不仅基础设施投资大，产业发展缺乏聚集优势，而且生活设施和公共服务的成本也太高，没有规模效益。

第四，西藏生态脆弱，并属于国家规定的生态保护功能区，不可能再重走"先污染，后治理"的传统工业化和产业升级老路，一开始就必须实行节能环保的跨越式产业发展道路。西藏的生态环境的保护与建设一直受到中央政府的高度关注。在国务院1998年和2000年制定的《全国生态环境建设规划》和《全国生态环境保护纲要》中，青藏高原冻融区是全国八大生态建设区之一，中央提出了明确的建设任务和建设原则。2009年，国务院通过《西藏生态安全屏障保护与建设规划（2008—2030年）》，将西藏分为3个生态安全屏障区和10个亚区，提出了在西藏进行生态安全屏障保护与建设的近期与远期目标。2010年，国务院发布《全国主体功能区规划》，这一规划提出的25个国家重点生态功能区中有2个位于西藏，分别为"藏东南高原边缘森林生态功能区"和"藏西北羌塘高原荒漠生态功能区",面积分别为97750平方公里和494381平方公里,两者总面积接近西藏的50%。

根据西藏"十二五"规划和中央财政转移支付在西藏财政支出中所占的比重,以及兄弟省市和国有企业对西藏的对口援建项目计划,西藏实现全面建成小康社会目标的决定性因素仍然是政府。目前西藏发展所面临的最迫切问题,不是如何发挥市场的决定性作用,因为按照市场机制和规律,西藏并不具备吸引外部投资和扩大民间投资的条件。目前最主要的问题,是如何更好地发挥政府的作用,转变政府职能,充分运用好中央和兄弟省市、企业对西藏的援助资金和人才,以实现跨越式发展和长治久安。而要更好地发挥政府作用,那就必须及时有效地转变政府职能,尤其是转变基层政府的职能,使得西藏各级党政机构和人员从体制机制、思想认识和知识结构等各个方面,能够适应这种形势变化、任务要求。其中最重要的,则在党和政府的基层组织建设方面。

三 基层党政组织建设是西藏实现跨越式发展的"重中之重"

改革开放以来,随着经济主体的多元化和经济运行的市场化,在工业化、城镇化、全球化、民主化的同时,社会阶层也出现分化和多样化,这必然导致利益诉求的多样化和文化的多样性,原来建立在公有制和计划经济基础上的党政基层组织和治理结构也需要进行改革和调整。这个过程总体上呈现"放权让利"的趋势和基层社会自治的趋势,出现暂时的党政基层组织和人员涣散,基层政府职能越位、错位、缺位等现象是不可避免的。这些现象越是往下,越是在经济落后、对外开放程度低的地区,就越明显。就整个中国来说,主要表现在农村和小城镇。而当中国进入改革和发展新阶段后,特别是整个财政体制由"建设型财政"转入"公共服务型财政",并将城乡、区域的公共服务均等化作为目标以后,管好、用好政府之手,特别是发挥好基层干部的作用,就成为如何用好政府的财政资金,特别是中央财政转移支付的关键。

目前中国的经济发展已经进入由10%左右的高速增长期转入7%左右的中速增长期的"换挡期",形成了新常态;产业结构调整也进入消化产能过剩产业和淘汰"三高"企业的"阵痛期"。与此同时,收入分配体制和政策也由过去的增量改革为主进入存量改革为主的调整期,触动某些社会阶层和行业利益的改革势在必行,例如最近降低国有企业高管的薪酬;与此相适应,中国必须实行刺激小微企业活力、优化小微企业生存发展环境的政策，以在增速下降和产业结构调整背景下保证充分就业。

中国经济和社会正处于工业化、市场化、城镇化、信息化、民主化的急剧变迁过程，收入差距大、公共服务不均等、市场不规范，利益诉求多样化、思想文化多元化等，都导致社会进入矛盾多发期。因此，化解社会矛盾和维护稳定就成为基层政府的重要工作。在西藏、新疆等地区，还有反对境内外分裂势力和处理好民族关系的重要任务。

上述情况的变化，就要求必须及时转变政府职能，特别是基层政府的职能，非如此，中国就不可能跨越"中等收入陷阱"，实现2020年经济总量和人均收入两个"倍增"计划和全面建成小康社会的总体目标，这也是党的十八届三中全会强调党的建设和提出国家治理体系和治理能力现代化的原因。

对于西藏来说，由于面临的主要任务是必须实现跨越式发展，因此对于基层党的组织建设和政府职能转变来说，实际上是三重任务：一是继续承担着"建设型财政"的任务，政府需要承担起西藏发展过程中的基础设施和重点项目的建设任务，政府在经济建设和发展中必须继续发挥主导作用；二是承担起"服务型财政"的任务，改善财政支出结构，更公平、更有效地为城乡居民提供公共产品和服务；三是反对境内外分裂势力、解决好宗教问题和处理好民族关系，维护好社会稳定。边境安全、民族团结、社会稳定是西藏实现跨越式发展的前提，也是西藏为国家做出的贡献。

由于西藏1959年民主改革前的政治、经济、文化落后，人口主要集中在分散的传统农牧业中，加上受藏传佛教的影响，其基层社会组织基本上是"政教合一"的贵族统治，广大农奴不仅没有政治权力，甚至没有人身自由。1959年民主改革以后，废除了封建农奴制度，使得广大农奴翻身解放，实现了政治民主，然后在生产资料合作化的基础上建立起中国共产党领导的乡村基层政权组织，由于实行少数民族区域自治和尊重民族文化和宗教传统，藏传佛教在西藏的政治和社会生活中仍然具有重要的地位。改革开放以后，随着家庭经营的恢复和人民公社的解体，建立在集体经济基础上的"政社合一"的乡村基层党组织和政权组织走向涣散，而以家庭经营和私营经济为基础的阶层分化、劳动力市场化、城镇化和贫富分化，以及宗教的复兴和文化的多样性，使得西藏乡村基层组织越来越不能适应更好地发挥政府作用的要求，甚至不能起到维持正常社会秩序、提供基本公共产品的"保境安民"作用，更不用说在西藏实现跨越式发展中发挥主导作用了。这就是2011年西藏自治区党委实行强基惠民干部驻村活动时的乡村基层党和政权组织情况。

这种情况不改变，党的领导、国家治理能力现代化就会落空，中央的各项惠民政策和财政转移支付效果就要事倍功半。西藏的跨越式发展和长治久安目标也就难以如期实现。强基惠民活动既是针对这个目标开展的，也确实达到了强基础、惠民生的目的。

四 强基惠民抓住了西藏治理能力现代化的要害

西藏目前发展的关键问题是如何更好地发挥政府作用，而更好地发挥政府作用的关键在于乡村基层组织和干部队伍建设，它们既是宣传贯彻党和政府各项方针政策的最终执行者，也是直接面对群众、联系群众、教育群众、服务群众的主体。抓好这个环节，也就为更好地发挥政府作用提供了保障。强基惠民活动中的干部驻村正是要解决基层组织和干部队伍组织涣散、治理能力低，不能适应跨越式发展要求的问题。从三年来自治区实行强基惠民全覆盖的干部驻村举措的结果来看，确实达到了预期目的。

（一）这是继1959年民主改革后第一次大规模干部深入基层开展工作活动，大大加强了党政基层组织［村（居）"两委"］的活力

强基惠民是改革开放以来最大规模、最深入持久的宣传党的方针政策和教育群众活动。据调查，驻村工作队在走村入户、专题座谈、个别谈心、召开会议等工作中，以群众喜闻乐见的形式，广泛开展宣传教育活动，坚定各族群众跟党走的信心和决心。大大提高了群众对基层党政组织的信任度和支持度，从而也就提高了基层党政组织的执行力和战斗力。

（二）紧紧抓住基层党政组织建设，使中国共产党的执政根基更加牢固，治理能力大大提高

三年来，驻村工作队始终按照"留下一支永远不走的工作队"的要求，切实加强了以村党支部建设为核心的基层组织建设。一是各级驻村工作队正确处理和村（居）"两委"的关系，加强对村（居）"两委"工作的指导，逐步规范村（居）"两委"工作程序。二是加强对村（居）"两委"班子和大学生村官的培训力度，组织村党员干部学习党的理论知识、政策方针，教育引导农牧民党员增强政治敏锐性，坚定政治立场，

提高工作能力，充分发挥村党支部在改革发展稳定中的领导核心作用和农牧民党员干部的模范带头作用。三是加强基层党支部和党员队伍建设，深化和拓展"三培养"，积极培养和发展优秀农牧民，特别是青年人入党，为基层组织补充新鲜血液。四是协助村级组织建立健全村规民约，实行村务公开、党务公开和党风廉政建设等规章制度。

（三）显著提高了基层党政组织为民服务的能力和水平

中国共产党的根本宗旨是为人民服务，我们说更好发挥政府的作用，从根本上来说也是做到更好地为人民服务。对基层党政组织和干部来说，除了要转变思想认识外，关键就是提高服务人民的能力和水平。三年来，驻村工作队深入开展调查研究，紧贴村实情，帮助村谋划发展路子，拓宽致富途径，完善基础设施，发展特色经济，加强农牧民技能培训，推动农牧区经济社会发展。一是协助村（居）"两委"厘清发展思路，制定全面小康社会建设规划，确保小康社会建设有蓝图、有目标、有措施。二是切实落实为期三年的强基惠民活动专项计划，加强农牧区水、电、路等基础设施建设力度，极大地破解了农牧区发展的制约"瓶颈"。三是加强项目建设，以改善农牧民生产生活条件为落脚点和突破口，提高了基层组织办事能力。四是拓宽致富门路，开展实用技能培训，组织劳务输出。五是发展集体经济，建立合作经济组织。六是通过定期走访、联系群众制度，及时解决群众反映的热点、难点问题，提高了了解民情和解决问题的速度和效率。

（四）显著提高了基层党政组织和干部维护社会稳定、领导社会建设的能力

三年来，驻村工作队坚持把维护稳定作为第一责任和硬任务，认真落实中央部署和自治区党委、政府十个方面的维稳措施，确保了社会大局和谐稳定。一是组织开展反分裂斗争教育，深入揭批十四世达赖集团，让广大干部群众自觉与十四世达赖集团划清界限。二是加强维稳和隐患排查。坚持每月把所驻村逐家逐户走访一遍，每季度召开一次反映村情民意的群众代表会议，及时掌握群众思想动态，及时调处化解矛盾纠纷，把各类安全隐患消除在萌芽状态，有效防止了群体性事件的发生。三是加强维稳能力建设。工作队坚持抓早抓小抓快抓好，配合村（居）"两委"进一步明确工作责任、健全工作机制、细化工作措施，形成了群防群治的维稳格局。

（五）显著转变了基层党政干部的工作作风

强基惠民干部驻村是从落实"创先争优"和"群众路线教育实践活动"中开展起来的，这项举措的本身就是通过派遣大批党政机关和事业单位的干部深入基层，帮助村基层组织解决问题、巩固组织、办实事、惠民生。在这个过程中，干部作风得到转变。一是参加驻村工作队的近七万名干部通过每批一年时间，与村民同吃同住同工作，帮助他们解决各种问题，增强了与人民群众的感情，直接了解了民情、民意，提高了他们的责任意识、担当精神和办事能力，消除了身上的"骄娇二气"。二是本地的村（居）"两委"干部和乡镇干部，驻在村工作队的传帮带下，在强基惠民的各项活动中，也转变了工作作风和为人民服务的意识。调查反映，驻村工作队以开展群众路线教育实践活动为契机，带动村（居）"两委"干部践行党的群众路线，在自觉增强群众观念、转变工作作风，深挖思想根源、触动思想灵魂、增强服务意识、弘扬实干精神等方面都有明显进步。这种思想和作风的转变，是西藏更好发挥政府作用、实现全面建成小康社会目标的思想基础和队伍保障。

五　强基惠民作为一种提高基层治理能力现代化的机制尚需完善

自上而下地派遣工作队帮助下面开展运动或解决具体问题，是中国共产党在历史上形成的工作方法和经验，也是了解基层情况、贯彻"群众路线"的有效方法。西藏自治区党委根据西藏基层党政组织普遍弱化、社会治理和为民服务能力普遍较低，而维护稳定、惠及民生的任务又比较重的区情，将派遣"驻村工作队"作为强化基层党政组织治理能力和服务能力、落实政府的各项惠民政策和措施的一个方法，从调研结果来看，这种实际将政府之手延伸到村民自治单位的做法，无疑绩效还是比较明显的，反映出因地制宜，充分发挥政府作用这个优势的必要性。

但是，在强基惠民驻村工作取得巨大成效的同时，我们也应该看到，作为一个保障西藏实现跨越式发展和长治久安的有效措施，强基惠民驻村工作仍然需要加以改进和完善。

第一，强基惠民三年先后动用了近七万余名各级干部长期驻村工作，固然加强了基层工作，但是在中央严格控制党政机构和干部数量编制的现有情况下，这种规模巨大、人数众多的临时机构和人员，无疑会影响原有机构履行既定职责。据调查了解，三年来轮流下派近七万余名干部驻村工作，确实不同程度地影响了本单位的工作。因此，建议在今后巩固强基惠民驻村工作成果的过程中，应该处理好驻村工作与派遣干部单位工作的关系，提高效能。如果将这种派遣驻村工作队作为今后西藏强基惠民的一项制度和长期工作方法，更应该在巩固阶段的未来两年里，从体制机制上加强现有派遣制度和规模。为此，我们提出以下建议。

一是适当缩小派遣驻村干部规模，不再强调全覆盖，应该有重点地、有针对性地派遣驻村干部工作队，帮助那些在前三年里效果不突出、成果不巩固的村。从而减少现有派遣机关因派遣驻村干部而出现的人手不足、正常工作受到影响的困难。

二是适当缩短驻村工作干部的在村时间，除极少数情况较差、原有"两委"失去作用的村外，绝大多数村的驻村干部可以采取定期巡视、有事即到的办法，将日常工作和小事交给村（居）"两委"去做，以提高村（居）"两委"在没有工作队时的工作能力。应该相信：经过三年的强基惠民驻村工作，大多数原有村（居）"两委"的工作机制和干部工作能力得到了提高，可以让其放手开展工作。

三是根据西藏实现跨越式发展和边疆维稳的困难条件，请求中央适当增加西藏各级干部的编制人数，以弥补各单位派遣驻寺、驻村干部时疲于应付、捉襟见肘的困境。根据我们的估算，新增干部人数编制应以不超过现有干部编制（2012年12月统计数字为11.8万人）的10%为宜，且应该将这些新增加的干部编制，最好用于基层、驻寺和组建各级带有巡视和解决具体问题性质的驻村工作队，驻村工作队成员应相对稳定、熟悉基层情况、具备在基层工作的经验和能力。

第二，在强基惠民活动干部驻村措施实施过程中，出现了干部生活补贴"苦乐不均"、惠民项目"各显神通"的情况，惠民工程受益者"畸轻畸重"的情况。因此，我们建议：在总结三年工作经验教训的基础上，尽快拿出一个干部补贴、经费使用、项目立项的管理办法来，从体制机制上完善强基惠民举措。一是驻村干部的待遇和生活补贴全区统筹、分门别类地制定统一标准、财政部门统一拨付，与原单位和派驻地区经费脱钩。二是虽然各村的情况各异，村民的要求千差万别，同时派驻各村的干部能力和个人资源也差异很大，但是除日常工作外，凡是涉及政府投资的"惠民"项目，必须按照规模大小、轻重缓急，统一纳入自治区各级政府的规划中，根据投资规模大小和性质，设立不同的审批和管理权限，驻村干部不得自行其是，通过个人和单位的关系来干扰地方政府规划和正常工作。三是现驻在村工作队每年都是带有财政支出的工作经费的，换句话说，是自治区政府通过财政转移支付的方式，来扶持村（居）"两委"工作，这种区财政的直接"惠民"支出，绝大部分是来自中央财政的转移支付，因此为切实用好这笔经费，应该加强财务管理和审计。一方面，应该建立起自治区各级政府的专门审计机制（例如由组织部、纪委、审计和检察部门组成联合的定期、定向的巡回审计）；另一方面，建立和健全村民监督机制（例如完善村事务和财务公开制度、问责制度、村民举报制度等），以保证政府财政支出发挥最大效果。

第三，强基惠民活动中干部驻村，作为一个大规模、持续的工作方法，其初衷是落实"创优争先"和贯彻群众路线，在强基惠民的同时，也能够发挥增强干部对人民群众感情、改变干部作风、消除干部身上"骄娇二气"，建立起密切联系群众的长效机制，从而提高党的执政能力和国家治理能力的现代化。在实施过程中，确实达到了锻炼干部的目的。但是同时也遇到了如何解决驻村干部与原有乡镇党政部门和村（居）"两委"干部的工作关系的界限问题。虽然自治区党委和政府提出了"指导不领导，到位不越位，帮助不代替"的原则，和"留下一支永远不走的工作队"的要求，切实加强以村党支部建设为核心的基层组织建设。但是真正做到"指导不领导、到位不越位、参与不干预、帮办不包办"并不容易。在实际工作中，由于驻村干部的级别、地位和能力普遍高于乡镇干部，更不用说村（居）"两委"干部了，并且担任第一书记，又有"五项重点任务"和"抓常、抓细、抓长"的要求，因此在调查中发现，几乎凡是有所作为、成效突出的驻村干部，其替代作用也突出。因此，有必要在总结三年干部驻村工作经验教训的基础上，提出一整套驻村干部与当地干部［乡镇干部、村（居）"两委"干部］之间工作关系的实施细则，因为这种工作方法无论在历史上还是全国来说，都是首创，没有现成的经验可借鉴，也不能指望中央加以具体指导和规定。

第四，强基惠民干部驻村是根据西藏目前所处发展阶段和实际需求而产生的，并且达到了预期效果。但是，从长远来看，村毕竟是居民自治组织，因此在强基惠民活动巩固阶段干部驻村的同时，应该将未来干部配置重点放到乡镇一级，在干部总量不变或略有增加的前提下，调整干部结构，适当扩大乡镇基层干部编制，鼓励青年干部到基层工作，建立起基层干部的待遇、培训、选拔、监管、流动的良好体制机制，使乡镇一级政府能够真正担当起发展经济、稳定社会、服务民众的职能。对村（居）"两委"的干部工作，其重心则应放在就地选拔、培训和监管方面（大学生"村官"另当别论），主要在于巩固党的组织、健全村（居）"两委"工作机制，培养干部工作能力、监督其遵纪守法，而不是用政府之手接管其工作。

第五，在强基惠民活动中，进行了大量惠及民生、促进经济发展的项目建设，并帮助村民积极发展集体经济和合作经济。在巩固阶段，应注意充分吸取改革开放前发展农村集体经济和改革开放以来沿海地区发展集体企业以及合作经济的经验教训。建议将驻村工作队帮助建设的由政府投资或以政府投资为主的项目分为公共服务类资产（公益和非营利型）和生产经营类资产（营利型）分别管理，前者应加强政府监管，责任到人，财务公开，村民监督；而后者则应该产权明晰、自负盈亏，按照市场规律办事。至于合作经济，一定要遵循自愿互利、自主经营、股权明晰、进退自由的原则，乡镇政府和村（居）"两委"严格按照农村合作经济法去监管，不得越位，不要揠苗助长。

第二节　西藏强基惠民驻村工作长效机制研究[*]

西藏位于祖国的西南边陲，是重要的国家安全屏障和生态安全屏障，西藏的安全关系国家的安全，西藏的稳定关系国家的稳定。在新时期新阶段，西藏面临的改革发展稳定的任务繁重而艰巨，不仅要解决好人民群众日益增长的物质文化需要与落后的社会生产这一主要矛盾，还要面对十四世达赖分裂主义集团的干扰破坏这一特殊矛盾，能否实现西藏治理体系和治理能力现代化，顺利推进跨越式发展和长治久安，确实考验着全区各级党政组织的执政智慧和能力。2011年10月，区党委、政府坚决贯彻中央精神、立足西藏实际，高瞻远瞩、审时度势，做出了在全区所有行政村深入开展创先争优强基础惠民生活动（又简称强基惠民活动

---

[*] 本节执笔人：刘建祥、陈进、郑丽梅。

或驻村工作）这一重大决策部署。这是自治区党委从推进西藏跨越式发展和长治久安全局出发，着眼于加强基层组织建设、筑牢城乡发展稳定的社会根基、做好新形势下群众工作，在总结开展加强基层建设年活动成功经验的基础上，结合全国开展的创先争优活动而推出的一项重大创举。自活动开展以来，全区共组派了5464个工作队、7万余名干部进驻村，紧紧围绕建强基层组织、做好维稳工作、寻找致富门路、进行感恩教育、办实事解难事"五项任务"开展工作，实现了所有村全覆盖。通过三年来的努力，各驻村工作队充分发挥直接联系群众的优势，认真践行党的群众路线，深入群众、宣传群众、团结群众、服务群众，为基层和广大群众办了一大批好事实事，取得了经得起历史和实践检验的丰硕成果，得到中央领导的充分肯定，受到各族群众的衷心拥护。2014年年底，区党委、政府做出决定，再用两年时间巩固全区强基惠民活动成果，建立健全驻村工作长效机制，这为我们进一步提升驻村干部联系服务群众的能力和水平，创新西藏治理体系指明了前进的方向，注入了不竭的动力源泉。

一 深入开展强基惠民驻村工作的时代背景和重要意义

众所周知，西藏是重要的国家安全屏障，西藏的安全关系国家的安全，西藏的稳定关系国家的稳定。在这个大的背景下，西藏自治区党委从推进西藏跨越式发展和长治久安全局出发，着眼加强基层组织和政权建设、筑牢城乡发展稳定的社会根基、做好新形势下群众工作，做出了开展强基惠民驻村工作的重大决策部署，这不仅有利于从根本上巩固党在西藏农牧区的执政根基，而且对创新西藏社会治理体系、促进西藏长治久安具有重大的现实意义和深远的历史意义。

（一）时代背景

区党委从推进西藏跨越式发展和长治久安全局出发，着眼加强基层组织和政权建设、筑牢城乡发展稳定的社会根基、做好新形势下群众工作，做出了开展强基惠民驻村工作的重大决策部署，这不仅有利于从根本上巩固党在西藏农牧区的执政根基，而且对创新西藏社会治理体系、促进西藏长治久安具有重大的现实意义和深远的历史意义。

1. 深入开展驻村工作，是实现西藏长治久安的治本之策

西藏地处同十四世达赖集团、西方敌对势力长期斗争的第一线，地处反分裂、反渗透、反"自焚"、巩固边防国防的第一线。以美国为首的

第二章 西藏的跨越式发展与乡村基层治理

西方敌对势力对我继续推行西化、分化战略始终没有改变；美国加速"重返亚太"战略并利用十四世达赖对我牵制、遏制的一手更加明显；同时，因利益问题引发的社会矛盾不可忽视，由于一些地区出现虫草、草场和矿藏等资源纠纷，时而发生群体性事件；宗教势力向乡村渗透严重，削弱了基层组织和基层政权的力量，社会管理形势严峻。2008年3月14日，达赖集团悍然在拉萨制造了举世震惊的"3·14"严重暴力犯罪事件，给人民群众生命财产造成了极大损失。拉萨"3·14"事件发生前夕，已出现了一些骚乱闹事苗头，大有"山雨欲来风满楼"之势，已有不少群众街谈巷议，但非常遗憾的是，当时无人向有关部门提供情报信息。反思这种问题的成因，一个重要的原因就是基层组织软弱涣散，群众工作基础薄弱。因此，如何加强基层组织建设、做好新形势下的群众工作，是摆在西藏各级党政组织面前的一项重要而紧迫的课题。在这种情势下，区党委决定在2011年开展"全区基层建设年"活动，由自治区、地（市）、县（区）三级党政组织派出驻村工作队，深入到自然条件差、社情复杂、问题较多、群众基础较差的1000多个村开展各项工作，收到了良好的效果。2011年10月，为巩固扩大加强基层建设年活动成果，推动中央第五次西藏工作座谈会精神深入贯彻落实，自治区党委于2011年9月26日出台《中共西藏自治区委员会关于深入开展创先争优强基础惠民生活动的意见》（藏党发〔2011〕18号），在全区范围内深入开展"创先争优强基础惠民生"活动。深入开展驻村工作，就是要争取群众、争取阵地、争取民心，解决影响西藏全区基层和谐稳定和长治久安的突出矛盾和问题，逐步建立维护社会稳定的长效机制，从而构建起维护社会治安和社会稳定的钢铁长城和天罗地网。

2. 深入开展驻村工作，是推进西藏经济社会跨越式发展的重要举措

目前，西藏社会的主要矛盾，仍然是人民日益增长的物质文化需要同落后的社会生产之间的矛盾。由于历史、自然、社会等因素，西藏总体上属于欠发达地区，主要经济指标与全国平均水平的差距仍然较大，城镇居民人均可支配收入、农牧民人均纯收入相当于全国平均水平的73.5%、71.3%，按照国家新的扶贫标准，有83万贫困人口，占农牧区人口的34%。存在基础设施相对薄弱、公共服务滞后、市场开发条件较差、自我发展能力较弱等问题，加快发展、维护稳定任务十分繁重，推进跨越式发展和长治久安面临的形势依然严峻，到2020年与全国一道全

面建成小康社会，任务异常艰巨。

（二）重大意义

2011年，习近平同志在听取西藏自治区党委、政府工作汇报时指出："创先争优和加强基层建设年活动成效明显，实现了党组织在行政村和社区的全覆盖，党在西藏的执政基础更加牢固"，"要始终把服务群众、造福百姓作为自己工作的最大责任，始终密切联系群众，不断弘扬'老西藏精神'，坚持求真务实，真抓实干，多办打基础、利长远的事情，多干西藏各族群众能得到实实在在利益的事情。要坚持把抓落实的重心放在基层一线，深入实际、深入基层、深入群众，想问题、作决策、干工作都要充分体现民心民意。"2013年，俞正声同志在听取西藏自治区发展稳定工作情况汇报时指出："派出大批干部驻村，全区五分之一的干部在乡镇以下基层工作，密切了党群干群关系"，"要深化干部驻村工作，切实为群众办实事好事，特别是要建立党员干部经常性联系群众机制，避免'一阵风'、'走过场'。"这既是对西藏全区干部驻村工作的充分肯定，同时又对全区深入开展驻村工作提出新的更高要求。

1. 深入开展驻村工作，是西藏乡村社会治理模式的重大创新

长期以来，农牧区是全区社会治理体系建设最为薄弱的地方。由于基础差、底子薄、自然条件和交通状况恶劣、群众受教育程度普遍低下，加之相当比例的村（居）"两委"成员文化层次不高、年龄结构普遍偏大、掌握现代技术和管理理念不够，缺乏独立开展党务、村务工作的能力和水平，党的部分基层组织建设较为涣散，村（居）"两委"工作的主动性、积极性和创造性不高，"等、靠、要"思想严重；个别党员干部政治意识不强、纪律观念淡薄；少数党员干部群众观念淡漠、脱离群众，损害群众利益的不正之风时有出现；一些地方和部门还不同程度地存在官僚主义、形式主义、作风漂浮、效率低下等问题。全区上下在深入开展驻村工作活动中，以大力推进"西藏治理体系和国家治理能力现代化"为目标，努力构建西藏乡村治理体系，力求把建强基层组织、培育村委会及农牧业合作社等积极参与社会的自我管理与服务能力，作为推进乡村治理体系建设的重要途径，把切实维护好农牧民切身利益作为推进乡村治理体系建设的关键措施，进一步创新基层社会治理体制，改进社会治理方式，为全区社会治理体系的建设做出了重要贡献。因此，开展强基惠民驻村工作符合中央精神，切合西藏实际，顺应民心民意，是促进

西藏改革发展稳定的有力抓手，是广大干部联系服务群众的重要平台，是确保西藏与全国一道全面建成小康社会的重大举措，进一步加强和改善了乡村治理模式。

2. 深入开展驻村工作，是协调各方力量创新社会治理的生动实践

为充实基层力量，夯实党在城乡基层的执政基础，帮助村党支部书记提高领导能力，改进党的基层工作，自治区党委决定，从自治区、地（市）、县（区）、乡镇机关中选派干部到村（社区）担任党支部第一书记，帮助加强基层组织建设。第一书记协助村书记工作，充实了村支部的力量，加强了党对乡村社会的领导。三年来，各级驻村工作队在创新乡村治理模式中，把驻村、驻寺、村（居）"两委"、第一书记、大学生村官、治安、村民小组、"双联户"等各方力量联合起来，并加强对群团组织的领导，把群团工作纳入党的群众工作、执政工作和经济工作之中，有效发挥群团组织在联系群众、参与社会管理和公共服务中的积极作用。

三年来的实践充分证明，深入开展创先争优强基础惠民生活动，是自治区党委、政府根据中央要求、立足西藏实际做出的一项重大决策，是认真贯彻落实习近平总书记"治国必治边、治边先稳藏"重要战略思想的有力抓手，是贯彻落实俞正声同志"依法治藏、长期建藏、争取人心、夯实基础"重要指示精神的具体步骤，是推进西藏治理体系和治理能力现代化的重要探索和创新之举，是开展党的群众路线教育实践活动、密切党群干群关系、转变干部作风的生动实践，是实现西藏持续稳定、长期稳定、全面稳定的重要保障，是加强基层组织建设、促进农牧区经济发展、全面建成小康社会的重要举措。

二 深入开展强基惠民驻村工作基本情况、主要做法及成效

（一）基本情况

创先争优强基础惠民生活动开展三年来，从各级党政机关、国有企事业单位、中直驻藏机构、武警和公安现役部队中选派了三批近七万名党员干部驻守5464个村，实现了全覆盖。驻村干部紧紧围绕建强基层组织、做好维稳工作、寻找致富门路、进行感恩教育、办实事解难事"五项任务"，全面推进驻村工作。

1. 第一批驻村工作

第一批驻村工作从2011年10月开始至2012年11月结束。选派了2.1万余名党员干部进驻5451个行政村，其中自治区级驻村工作队600

个、地（市）级驻村工作队1211个、县级驻村工作队3640个，重点围绕摸清基本情况、厘清基层发展思路、夯实和谐稳定根基、增强群众感党恩意识、营造迎接党的十八大胜利召开浓厚氛围等开展工作；安排了10亿元为民办实事和短平快项目资金，拨付给每个工作队10万元办实事经费。其间，组织了全区驻村工作先进事迹报告会，出版了《驻村英雄谱》，举办了《驻村之歌》主题文艺晚会和摄影展，组织召开了动员大会、出发仪式和总结表彰大会，表彰了自治区级先进驻村工作队680个、先进驻村队员2733名、优秀组织单位260个。

2. 第二批驻村工作

第二批驻村工作从2012年11月开始至2013年11月结束。较第一批增加了18个领导小组成员单位、7个驻村工作队，共选派了近2.2万名党员干部进驻5458个行政村，其中自治区级驻村工作队604个、地（市）级驻村工作队1200个、县级驻村工作队3654个，重点围绕学习宣讲党的十八大精神、落实"五项任务"等开展工作；第二批驻村工作将为民办实事和短平快项目资金增加为12亿元，新增的2亿元用于超过500人大村的办实事经费，每个大村增加5万元。创新启动了"一帮一"活动，共有467个自治区级驻村工作队与地县两级工作队结成"一帮一"对子，实行互帮互助、共同提高。其间，先后举办了演讲比赛和经验交流会、第二批工作队队长培训班，组织召开了第二批总结表彰大会和出发仪式，表彰了自治区级先进驻村工作队678个、先进驻村队员2719名、优秀组织单位260个。同时，区党委决定第二批工作队全员参与第一批党的群众路线教育实践活动，第三批工作队参加第二批教育实践活动，这也是西藏的创新之举。

3. 第三批驻村工作

第三批驻村工作于2013年12月15日开始至今，较第二批增加了5个工作队，组派了5464个工作队进村驻点。重点围绕"六个一"开展工作［即贯穿一条主线，就是要以学习贯彻习近平总书记系列重要讲话和党的十八届三中全会为主线；围绕一个中心，就是紧紧围绕经济建设这个中心，推进农村改革发展；把握一个关键，就是要坚持稳定压倒一切，全力维护社会和谐稳定；体现一个基点，就是要把为群众办实事做好事解难事作为驻村工作的突破口和落脚点；健全一个机制，就是要着力加强以党支部为核心的村级组织建设，为基层"留下一支永远不走的工作队",形成驻村工作的长效机制;开展好一个活动,就是要参与帮助所驻村(居委会)开展好党的群众路线教育实践活动,真正使党员受教育、群众得实惠]。在第三批驻村工作中,进一步加大了领导干部驻村力度,明确要求区(中)直机关和企事业单位要选派一名厅级干部驻村并担任工作队总领队,选派处级干部担任队长、副队长;各地(市)和各县(市、区)要从四大班子中选派1/3地、县级干部驻村并担任队长;地(市)、县(市、区)机关要选派部分县级、科级干部担任队长、副队长;乡(镇)党政班子要有1/2领导干部驻村。第三批驻村工作开始之际,调整到那曲地区比如县的30个区(中)直单位驻村工作队,严格按照要求,及时进村驻点开展工作,各项工作顺利推进;同时,举办了第三批工作队队长培训班,组织召开了第三批动员大会和出发仪式,开展了全区强基础惠民生驻村大调研活动,目前正在筹备创先争优强基础惠民生活动成果展。

(二)主要做法及成效

通过三年来的努力,各驻村工作队充分发挥直接联系群众的优势,认真践行党的群众路线,深入群众、宣传群众、团结群众、服务群众,为基层和广大群众办了一大批好事实事,取得了经得起历史和实践检验的丰硕成果。

1. 开展宣传教育:夯实创新西藏治理体系的思想基础

各级驻村工作队普遍采取走村入户、专题座谈、个别访谈、召开会议等方式,倾听民声、了解民意、掌握民情,全面了解每个村民的基本信息、每个家庭的基本情况、群众生产生活中存在的困难等,使宣传教育工作有的放矢,以群众喜闻乐见的形式让群众入脑入心。一是组织开展"算富账、感党恩、要稳定、求发展"主题教育活动。组织基层群众召开感党恩教育群众大会约16.8万场次,组织政策宣讲7.82万场次,举办专题讲座约6万场次,群众宣传教育面达98.5%,发放宣传资料约290万份,组织群众开展新旧对比活动453.7万人次,使基层群众更加清楚了"谁在造福西藏、谁在祸害西藏",更加自觉地感党恩、听党话、跟党走。朗县松木材村群众生动地用村里从松油灯到水电灯、并网灯的变化来形容党的惠民政策好、新生活好。二是组织开展宣讲党的十八大、十八届三中全会精神、习近平总书记系列重要讲话精神活动。让工作队员充当"宣传员",准确、及时地传达了党的十八大描绘的宏伟蓝图,大力宣讲十八届三中全会提出的新部署、新措施、新亮点，做到家喻户晓、深入人心。三年来，共召开宣讲会29.2万余场次、发放资料376.72万余份、开办专栏8.6万期。三是大力宣传党的强农惠农富农政策和民族宗教政策。通过深入宣讲，使群众明白了"惠在何处、惠从何来"；组织开展爱国主义教育、法制宣传教育和民族团结进步教育，使广大群众树立了正确的社会主义核心价值观。通过三年来的不懈努力，基层各族群众的思想意识有了很大的提高，精神面貌焕然一新，极大地激发了建设社会主义新农村的热情，众志成城为实现全面小康而共同努力。四是深入开展党的群众路线教育实践活动。2013年下半年，第二批驻村工作队先行开展了党的群众路线教育实践活动；2014年以来，第三批驻村工作队在地（市）、县（市、区）两级党政组织的领导和各级活动办的指导下，深入开展第二批党的群众路线教育实践活动，自觉增强群众观念、转变工作作风，做到政策在一线落实、问题在一线解决、干部在一线锻炼、宗旨在一线践行，促进了驻村工作水平的全面提升。2014年5月30日，区党委书记陈全国在2014年第116期《要情汇报》"区党委办公厅驻村工作取得明显成效，党员干部结对认亲交朋友实现双覆盖"上批示："办公厅做法很好，要实现乡科级以上干部结队认亲全覆盖。"原林芝县八一镇唐地村驻村工作队队长丁天军深有感触地说："我们把驻在村当家乡，群众才会把我们当亲人。今后不管在什么岗位，一定要坚持群众路线，把群众的事当成自家的事来办，为老百姓办更多的好事实事，真正成为村情民意的'知情人'、群众信赖的'知心人'、发展稳定的'管用人'。"

2. 做好维稳工作：夯实创新西藏治理体系的社会基础

各级驻村工作队坚持把维护稳定作为第一责任，认真落实中央部署和自治区党委、政府十个方面的维稳措施，坚持抓早抓小抓快抓好，配合村（居）"两委"进一步明确工作责任、健全工作机制、细化工作措施，做到了维稳工作不留缝隙、没有盲区、无空白点，形成了群防群治的维稳格局，为全区社会大局和谐稳定做出了积极贡献。一是组织开展反分裂斗争教育。深入揭批十四世达赖集团，让广大干部群众认清十四世达赖集团背叛祖国、背叛民族、背叛宗教的反动本质和分裂图谋，引导各族群众将藏传佛教与十四世达赖区分开来、将十四世达赖与达赖的封号区分开来，自觉与十四世达赖集团划清界限。三年来，共召开揭批十四世达赖专题会10万余场次，维稳宣讲大会24.75万余场次。二是进行维稳隐患排查。坚持每月把所驻村（居委会）逐家逐户走访一遍，每季度召开一次反映村情民意的群众代表会议，及时掌握群众思想动态，及时发现苗头性、倾向性问题，及时调处化解矛盾纠纷，加强重点人员教育管理，严防漏管失控、引发事端，把各类安全隐患消除在萌芽状态。到目前，共化解各类社会矛盾纠纷5万余起，妥善解决群众上访近3万余人次、群众冲突等事件7000余件，加强维稳重点人员管控31.93万余人次，有效地防止了群体性事件的发生。三是加强维稳能力建设。通过调处化解矛盾纠纷、完善值班巡逻制度，工作队建立群防群治、协调联动、带班值班等维稳工作机制，有效地推动了基层维稳工作常态化，帮助建立健全农牧区维稳工作机制11.46万条。尤其是在敏感节点保证全员在岗、24小时值班，加大敏感时段维稳督察力度，确保了社会大局和谐稳定，实现了"三无""三不出"目标。

3. 建强基层组织：夯实创新西藏治理体系的组织基础

近几年来，自治区党委高度重视基层组织建设，要求始终把加强农牧区和城镇社区基层组织建设作为头等大事来抓，充分发挥基层党组织和党员服务群众、凝聚人心的作用，夯实了创新社会治理体系的组织基础。广大驻村工作队在建强基层组织方面下了不少功夫，出了不少实招，基层组织的创造力、凝聚力、战斗力明显增强，基层党员干部队伍的能力和水平有效提升，党在西藏城乡基层的执政基础更加牢固。各级驻村工作队着重抓好村基层班子建设、完善落实各项规章制度、组织好群众力量，发挥好驻村干部的"传帮带"作用，并以党的群众路线教育实践活动为契机，全程参与并协助指导所驻村党支部开展好教育实践活动，切实找准和整改"四风""两问题""一薄弱"方面存在的突出问题，力争使村组织建设和作风建设取得突破性进展，推动基层工作走上规范化、科学化、制度化轨道。一是驻村工作队重视对村（居）"两委"工作的指导。逐步规范村（居）"两委"工作程序，正确处理和村（居）"两委"的关系，真正做到"指导不领导、到位不越位、参与不干预、帮办不包办"，使基层组织的创造力、凝聚力和战斗力明显增强。其中林芝地区"三帮一带"［帮助村（居）"两委"树立威信、促进工作、提高能力，带动基层党员干部干事创业］工作法是比较成熟的成功经验，具有推广价值。二是采取多种形式加大对村（居）"两委"班子和大学生村官的培训力度。组织村党员学习党的政策方针，在更大层面提高他们的政治敏锐性，坚定他们的政治立场，帮助他们掌握政策、找准定位、发挥优势，在工作队的帮助下不断提升自身素质和工作水平，使他们积极参与村建设，在改革发展稳定中充分发挥村党支部的领导核心作用、村党员干部的模范带头作用。三是加强基层党支部和党员队伍建设。深化和拓展"三培养"，协助村级组织建立健全村规民约、村务公开、党务公开、村（居）"两委"班子成员基本职责、"三会一课"、党风廉政建设等规章制度，推动基层组织规范化运行。到 2015 年 8 月底，共发展农牧民党员 53592 名，帮助村级组织建立健全村规民约、党务、村务公开制度、党风廉政建设等规章制度 23 万余条。通过三年来的不懈努力，全区基层组织薄弱的状况得到扭转，基层组织的创造力、凝聚力、战斗力得到提升。

4. 寻找致富门路：夯实创新西藏治理体系的物质基础

各驻村工作队坚持把推动科学发展作为第一要务，深入开展调查研究，紧贴村实情，帮助村谋划发展路子，发展壮大集体经济，拓宽致富途径，实施短平快项目，完善基础设施建设，因地制宜发展特色经济，加强农牧民技能技术培训，提高就业创业能力。一是协助村（居）"两委"厘清发展思路。制定全面小康社会建设规划，确保小康社会建设有蓝图、有目标、有措施。三年来，共厘清发展思路 5.5 万余条，制定完善实施经济社会发展规划 4.8 万余项。二是协调各地（市）、各部门安排专项资金支持强基础惠民生活动。自治区交通、水利、扶贫、林业等部门筹资 359.27 亿元、启动了为期三年的"创先争优强基础惠民生农村公路通达攻坚工程""农村水利建设专项行动""扶贫农发直通车行动计划""创先争优强基础生态惠民行动计划""强基础惠民生光明工程行动计划"，极大地缓解了农牧区发展的"瓶颈"制约。三是大力实施强基础惠民生项目。三年来，以改善农牧民生产生活条件为落脚点和突破口，自治区财政共投入资金 55.88 亿元，建设了一大批与群众切身利益相关的项目；在统筹用好自治区资金的基础上，各地（市）、县（区）财政安排专项资金 9.98 亿元，直接用于促进农牧区经济社会发展，使农牧区的发展态势出现了巨大的变化。四是争取和落实短平快项目。各工作队发挥单位职能作用和自身优势，通过实施短平快项目，直接解决了农牧区经济发展自身的"造血能力"不足，缺乏发展后劲的问题。截至 2014 年 8 月底，驻村工作队共落实了 44857 个强基惠民项目，投入资金 29.06 亿元，还有企业和个人捐款资金 1.15 亿元，这些投资极大地拓宽了农牧民增收致富的渠道。五是积极帮助群众提高劳动技能、发展壮大集体经济。到目前，工作队组织开展实用技能培训9.2万余人次，组织劳务输出134.53万人次，增加群众现金收入16.06亿元；工作队帮助村发展集体经济组织、合作经济组织15016个。

5. 办实事解难事：夯实创新西藏治理体系的群众基础

各级驻村工作队坚持把为群众办实事、做好事、解难事作为驻村工作的突破口和落脚点，从群众最关心的热点难点问题抓起，从群众最希望做的事情做起，解决了一批影响和制约科学发展、群众反映强烈的突出问题，为群众办了一大批好事实事。一是落实为民办实事经费。及时将经费足额发放到工作队手上，同时组织专门的检查组，对工作队使用办实事经费情况进行监督检查，及时纠正经费使用不当、手续不全等问题，从严处理经费截留、挪用等情况，从而保证每一分钱都用在老百姓身上。三年来，共办实事好事73.94万余件、投入资金8.2亿余元。二是组织开展访贫问苦活动。以贫困户、低保户、"五保"户、残疾人等为重点，开展访贫问苦送温暖活动，共走访慰问"五保"户、贫困户、困难群众和"三老"人员123.31万余人次，发放慰问金3.56亿余元，将党和政府的温暖及时送到了各族群众的心坎上。三是组织开展送科技、送技术、送卫生、送信息、送服务活动。到目前，共计8万余次，投入资金约1亿元。通过开展"这些"活动，方便了群众就学、就医、就业等需求，调动了农牧民群众的生产积极性。

6. 加强干部队伍建设：夯实创新西藏治理体系的人才基础

一是选派优秀干部驻村。坚持高标准、严要求，对抽调满一年的工作人员进行轮换，同时从有关单位精选综合素质强、业务能力强、工作责任心强的优秀干部充实到办公室工作，保证了工作质量。

二是建立健全驻村干部管理制度。制定完善了《全区各级创先争优强基础惠民生活动领导小组办公室运转及工作人员管理办法》，有效规范了强基办工作人员行为，确保了活动效果。

三是深入开展党的群众路线教育实践活动。各级驻村工作队以先行开展群众路线教育实践活动为契机，自觉践行党的群众路线，自觉增强群众观念、转变工作作风，深挖思想根源、触动思想灵魂，增强服务意识、弘扬实干精神，坚定政治立场，驻村工作队员身上存在的"四风""两问题"得到有效的解决，促使驻村干部转变作风、强化素质、提高能力。

四是严格奖惩制度。对工作表现突出、在强基办工作满两年、符合干部提拔任用各项规定的优秀工作人员推荐原单位提拔重用；对工作不负责、态度不端正的工作人员及时调整。

驻在村工作中，广大驻村队员坚持把基层作为施展抱负、锻炼成长的重要平台，严格遵守政治纪律、组织纪律、工作纪律，虚心向群众学习，遇事和群众商量，拉近同群众的距离，树立了党员干部在人民群众中的良好形象，涌现出扎西平措、次登卓玛、其梅、李芬玉、王建、阿旺卓嘎、李江龙等可歌可泣的英模人物和一大批优秀党员干部。各级组织人事部门按照干部管理权限，加强对驻村干部的跟踪了解，掌握一批优秀驻村干部，对表现突出的进行优先提拔使用。截至2014年6月，全区共提拔使用驻村干部1178人，占工作队员总数的13.2%；其中地厅级53人，为提拔使用人数的0.8%；县处级干部68人，为提拔使用人数的17.9%；乡科级干部5360人，为提拔使用人数的81.3%；其中，汉族2488人，为提拔使用人数的37.7%；藏族3962人，为提拔使用人数的60.1%，其他少数民族141人，为提拔使用人数的2.2%；男4760人，为提拔使用人数的72.7%；女1831人，为提拔使用人数的27.3%；31—40岁3214人，为提拔使用人数的48.8%；41—50岁1132人，为提拔使用人数的17.2%；51岁以上148人，为提拔使用人数的2.2%。区（中）直单位1508人，为提拔使用人数的22.9%；七地市4943人，为提拔使用人数的75%；各级强基办140人，为提拔使用人数的2.1%。

三　深入开展强基惠民驻村工作的基本经验

我区开展的强基惠民驻村工作在全国是首创，没有现成的经验可循，是"摸着石头过河"的一项创举。回顾总结三年来的驻村工作，我们主要有以下六点经验体会。

（一）坚持统一领导、层层落实责任，是扎实推进强基惠民驻村工作的重要保证

为了组织开展好这项活动，自治区、各地（市）、县（市、区）和区（中）直各单位分别成立了创先争优强基础惠民生活动领导小组，负责组织、协调、指导、督促强基惠民驻村工作；各级领导小组下设办公室，承担领导小组的日常工作；自治区、地（市）、县（市、区）和区（中）直各单位共设立强基惠民办公室220余个，抽调工作人员1000余人，其

中纪检干部约占50%。三年来，在全区强基惠民驻村工作中始终加强党的领导，充分发挥自治区党委总揽全局、协调各方的核心领导作用，不断完善各项组织制度，并通过运用经济手段、行政手段和组织手段，坚决落实区党委决策部署，确保了驻村工作的扎实推进并取得有效成效。对这些，老百姓看在眼里，记在心里。比如，林芝地区工布江达县仲莎乡乡长杨平太说："过去召开乡人代会，各村都提困难，今年有的代表不再提困难，要求多搞些政策法律宣传，让我们感到很新鲜。"

（二）坚持强基固本、建强基层组织，是夯实党在西藏执政根基的创新之举

基层组织根植于基层最广泛的人民群众中，是我们党在西藏执政的基石。广大驻村干部清醒地认识到，建强基层组织是一项基础性、系统性工程，必须通过持之以恒、扎扎实实地做大量工作，不断夯实党在西藏的执政基础。要"留下一支永远不走的工作队"，关键要建好一个坚强的领导班子。只有加强基层干部队伍建设，真正建强基层组织，才能教育引导党员干部自觉践行党的群众路线，团结带领全区各族人民聚精会神搞建设、一心一意谋发展，加快增收致富奔小康的步伐。昌都地区各驻村工作队配合实施千名优秀干部加强村党组织建设工程，将选派的1044名村党支部书记和1142名党支部书记文书全部纳入村工作队，实行组织部和强基办双向管理、双向培养、统一使用，帮助所驻村推荐村级后备干部591人。山南地区曲松县各驻村工作队坚持把建强村党组织作为治本之策，以开展"无职党员设岗定责，有职党员履职尽责"等特色活动为契机，坚持"七个着力、三个落实"（即着力抓班子、着力壮队伍、着力促廉政、着力强帮扶、着力转作风、着力定岗位、着力树典型，落实"红星争创工程"活动、落实"十档、一柜、两账"要求、落实"一书、一队、一证"工作），扎实推进村级组织建设和党员队伍建设。通过深入开展强基惠民活动，一批讲政治、有本事、促和谐、守纪律、起表率的村委会班子已经或正在形成。这批村委会班子将是西藏长治久安的"压舱石"、西藏跨越式发展的"助推器"。

（三）坚持依靠群众，健全维稳机制，是打牢西藏基层社会稳定基础的必然要求

由于历史原因、现实因素和外部条件的交织叠加，影响西藏长治久安的各种问题依然存在，尤其是以十四世达赖为首的分裂势力顽固坚持

其反动立场,长期对西藏进行干扰、渗透和破坏,反分裂斗争的形势尖锐复杂。因此,西藏的稳定关系全国的稳定,稳定是推动发展的基本前提,稳定是新西藏繁荣发展的生命线。深入开展驻村工作,就是要争取群众、争取阵地、争取人心,解决影响我区基层和谐稳定和长治久安的突出矛盾和问题,逐步建立维护社会稳定的长效机制。三年来,各驻村工作队始终把维护稳定作为构建基层和谐社会的关键措施,不断创新乡村治理方式,通过村村摸底、建台账、"网格化"管理、创建"双联户"模式、完善值班巡逻制度等,建立健全社会治理机制,形成一整套基层社会治理体系,妥善化解和处理各类矛盾,使之尽可能地在村一级得到解决,进一步健全了维稳工作机制,夯实了基层发展稳定的基础。通过认真落实驻村工作队维稳工作职责及追究考核制度,使矛盾在一线化解,问题在一线解决,尽最大可能做到小事不拖大、矛盾不出村。如驻墨脱县亚东村工作队协助村(居)"两委"建立"村民说事室",让群众把心中的"郁闷"说出来,把邻里间的"小疙瘩"摆出来,把脑瓜里的"好点子"亮出来,实现了"一站式接待、一条龙办理、一揽子解决"和"小事不拖大、矛盾不出村",促进基层社会更加和谐稳定。拉萨市驻村工作队结合实际不断创新"自选动作",扎实开展"八看、一算账、一揭批、四增强"感党恩主题教育,突出抓好"四业"工程(即实施"以业育人、以业安人、以业管人、以业富人"工程),全面加强和创新社会管理,实行网格化服务管理模式全覆盖,大力推行"联户平安、联户增收"工作模式,取得了让群众满意的良好效果。

(四)坚持因地制宜、拓宽致富门路,是实现西藏经济社会跨越式发展的必由之路

目前,西藏总体上还属于欠发达地区,农牧区的发展尤为滞后,要实现到2020年与全国一道全面建成小康社会的目标,任务十分艰巨。因此,各驻村工作队始终把促进基层发展作为驻村工作的重要任务,坚持结合当地实际,深入基层和群众集中开展调研,帮助驻点村厘清发展思路,如区党委办公厅第三批驻村工作队积极协助村(居)"两委"制定全面建成小康社会建设规划,确保小康社会建设有蓝图、有目标、有措施,共制定完善经济社会发展规划50余项,完成调研报告3篇。驻村工作队利用人才优势,为驻在村的建设和发展出谋划策,制定中长期经济社会发展规划及全面建成小康社会规划;利用自身所长对村民进行技能、文

化培训，提高了群众就业创业能力；充分利用各方资源和优势，积极为驻在村争取短平快项目，加快了基础设施建设和产业建设，尤其是在发展当地特色产业和旅游业、促进农牧民增收方面，帮助驻村发展壮大特色产业和村级集体经济，进一步拓宽了群众增收致富的门路，促进了经济社会的跨越式发展。如驻林芝县章巴村工作队抢救濒临失传的民间说唱艺术"切巴博"，依托当地"农家乐"为群众创收40多万元；日喀则地区基隆县自强基惠民活动开展以来，村办集体经济发展迅速，全县41个行政村中34个行政村建有集体经济实体，村办集体经济实体达到45个，全县村办集体经济实体年收入450万元。日喀则地区纪委驻仁布县康雄乡工作队，共投资6000多万元建设了村文化室、人畜饮水工程、桥梁建设、道路维修、水渠、水塘等项目；区统计局驻聂拉木县亚来乡柯亚村工作队筹措资金45万元，帮助村民建立了牦牛奶牛养殖场（合作经济组织），现有牦牛125头，预计合作社成立后年纯收入可达10万—15万元，平均每户可增加现金收入2000元以上。

（五）坚持以人为本、保障改善民生，是党的群众路线在西藏基层的生动实践

在强基惠民驻村工作中，各驻村工作队结合党的群众路线教育实践活动，把保障和改善民生作为重要内容，把办实事、做好事、解难事作为突破口和落脚点，着力于水、电、路、讯、气等村基础设施建设，并提高卫生、医疗、文化、教育、科技、就业等方面的村公共服务水平，受到了各族群众的拥护和欢迎。在强基惠民活动中，通过每年办好利民惠民"十件实事"等一系列造福百姓、服务群众的政策措施，进一步增进了干部与群众的感情，基层党群干群关系更加融洽和谐。如山南地区发改委驻特布拉村工作队争取国家资金100万元，对村主道进行了硬化，修建了村民广场、配置了垃圾箱、种植适合当地特色的树种，同时引导农牧民群众养成不乱丢垃圾和主动维护羊湖及周边环境的良好习惯，使羊湖及周边的白色垃圾得到了有效的治理，村容村貌也得到了有效的改善。自治区扶贫开发办公室竭尽全力支持驻村工作队为群众办实事、做好事，把帮助驻在村做实事好事纳入年度工作计划之中，实行倾斜支持，前两批工作队共落实项目资金2216万元，实施项目39个，区扶贫办党组书记带头、每位党组成员带队，不定期地深入到所驻村进行慰问活动，与群众拉家常、话发展，到目前为止，党组领导带队累计开展实地慰问

调研20余次，为驻村工作队和群众送去慰问品折合现金11万余元。第三批驻村工作开展半年多来，区国资委系统37个驻村工作队共联系群众294户，投入资金164.62万元为群众办好事实事，实施申报基础建设项目20个，落实资金659.29万元。通过这些实实在在的老百姓看得见、摸得着、见效快的民生建设，群众收入大幅增加，民生状况显著改善，勤劳致富的氛围进一步形成，整个基层的发展后劲得到加强。惠民生，为基层跨越式发展直接注入了"强心剂"，进而为基层长治久安打下了坚实的社会基础。

（六）坚持为民宗旨、突出问题导向，是在基层一线转变干部作风的有效途径

在前三年的驻村工作中，已有近七万名党员干部下到5000多个村，与群众同吃同住同学习同劳动，做了不计其数雪中送炭、急人之困的实事好事，涌现出了一批时代英模和一大批扎根基层、服务群众的好干部，其中还有不少同志献出了宝贵的生命，牺牲在工作岗位上，树立了新时期我区党员干部亲民爱民、一心为民的良好形象。同时，我们也清醒地看到，个别党员干部宗旨意识不强、工作作风不实的问题依然存在。深入开展驻村工作，就是要着力解决党员干部特别是机关干部队伍中存在的种种不良风气，引导广大党员干部发扬"老西藏精神"，经受住各种风险和困难的考验，自觉抵制各种腐朽思想的侵蚀，有效解决驻村干部自身在"四风""两问题"和"一薄弱"方面存在的突出问题。从2014年6月开始到9月底，林芝地区在各驻村工作队中深入开展以"找差距、找思路、找措施，改思想、改作风、改面貌"为主要内容的"三找三改"活动，与党的群众路线教育实践活动一并开展。通过深入扎实地开展驻村工作，进一步丰富了驻村干部的基层工作经验、提高了驻村干部的能力素质。驻林芝县唐地村支部书记普布次仁说："有了驻村工作队就像党在身边一样。"朗县松木材村群众生动地用村里从松油灯到水电灯、并网灯的变化来形容党的惠民政策好、新生活好。可以说，下派机关干部到基层一线工作，是锻炼机关干部提升群众工作能力、转变工作作风的重要手段，必须作为一项重要制度坚持下去。

四 强基惠民驻村工作中面临的问题和困难

驻村工作开展三年来，西藏围绕"五项任务"方面取得了较为丰硕的成果，在强基惠民方面达到了一定程度的预期目的，但通过走访调研、

召开座谈会,以及对各地县驻村工作总结的分析发现,强基惠民驻村工作仍存在以下问题和困难。

(一) 开展驻村工作存在"一刀切"现象,工作开展不平衡

西藏驻村工作开展至今,由于各村之间发展基础和条件不一,面临的发展机遇不同,自然禀赋千差万别,致使村与村之间发展不平衡,如公路沿线村庄与艰苦偏远村庄之间的发展差距较大,边境一线村庄与城镇附近村庄之间的发展对比鲜明,西藏自治区虽每年安排大量专项资金支持全区村发展建设,但点多面广、投入有限的情况下,同样的资金项目对发展基础和条件存在差距的村却有着千差万别。此外,通过调研发现,部分单位和驻村工作队在围绕"五项任务"开展工作时,认为驻村工作主要成绩体现在比较直观的经济建设数据上,认为"只要争取项目了,工作就开展好了",从而把重点放在争取项目上,存在以偏概全的现象,主要表现在支持项目个数、投入资金量,带动就业人数及收入等方面,同时普遍存在"重惠民、轻强基"现象。

(二) 个别驻村工作队包办代替村(居)"两委"事务

强基惠民驻村工作伊始,其出发点之一是为了帮助建强农牧区基层组织,即协助当地党委、政府抓好以村党支部为核心的村级组织建设,发挥好党支部的战斗堡垒作用和村委会的职能作用。尽管驻村活动开展以来全区在"强基础"方面取得了一定成效,但也存在部分工作队对村(居)"两委"包办代替、越俎代庖的现象,滋生或加剧了村(居)"两委"的"等靠要"思想,一定程度上影响甚至削弱了村(居)"两委"的原有职能,有待在下一步驻村工作中进一步明确驻村工作队与村(居)"两委"的责任和分工。

(三) 基层组织自身建设存在薄弱环节

西藏基层组织主要分布于广大农牧区,根植于基层最广泛的农牧民群众中,是中国共产党在西藏执政的基石,但由于长期以来其自身建设存在"短板",给强基础惠民生工作带来了阻力和困难,主要体现在:一是村(居)"两委"在开展工作上存在一定程度的"等靠要"思想。据统计,经过三年驻村工作,西藏基层组织和政权建设在一定程度上得以加强,但至今仍有559个软弱涣散的基层组织,没有发挥其应有的模范带头作用和战斗堡垒作用;二是部分村(居)"两委"成员文化层次不高、年龄结构普遍偏大、掌握现代技术和管理理念不够,缺乏独立开展党务、

村务工作的能力和水平；三是在一些基层发展党员存在不按程序的问题，过于追求发展党员的数量而忽略了党员自身应有的质量，致使党员队伍良莠不齐。

（四）经济发展方法普遍单一、集体经济实力不足

集体经济属于社会主义公有制经济的重要组成部分，农牧区发展社会主义性质的集体经济，不仅能解决当地就业、增加农牧民收入，还能够为村（居）"两委"开展日常工作提供重要的物质保障，通过集体经济协作及分红的形式，更好地联系村（居）"两委"与民众，调动村民共同参与村建设和管理的主动性、积极性，不断增强村（居）凝聚力，同时通过集体经济盈利，可自行解决公益性岗位工作人员的加班补助。课题组通过对全区大部分驻村工作队三年来工作总结的分析，以及实地走访调研发现，各驻村工作队在帮助当地发展经济方面普遍存在方法单一的现象，在谋划产业发展、找准增收致富突破口方面的措施和办法不多，如牧区致富门路普遍集中于奶制品加工，公路沿线则主要在旅游服务业上下功夫，虽因地制宜但却受限于季节等因素。但就目前来看，西藏村级集体经济普遍存在实力较弱、发展后劲不足的现象，甚至一些村为了发展集体经济这一任务而纷纷成立各种合作社，使当地经济发展缓慢、村事业公用开支和村经济"造血能力"较弱等问题无法得到解决。

（五）争取项目、资金上存在困难和问题

由于派出单位和工作队员职能优势差异和掌握资源不同，使得工作开展尤其在争取项目和资金方面存在较大差距，尤其是县乡一级的驻村队员往往因为自身职能和社会资源的匮乏而没有能力为驻在村争取资金和项目，即便同一单位派出的不同批次工作队也因队长和队员自身资源的欠缺而无法争取项目和资金，致使当地各村群众在相互攀比的同时，也极易滋生对工作队的不满。同时，也存在一些项目建设没有遵循自治区整体规划或与当地规划联系不紧密、项目论证不够科学合理、项目管理程序不严格、项目建设不计较整体和长远效益等现象，致使项目重复建设，或项目的投入与产出不成正比，以至于造成不必要浪费。

（六）部分宣传教育活动流于形式

驻在村活动中广泛开展宣传教育活动，既是为了使党的重要会议精神和方针政策深入基层、深入人心，也是教育引导群众转变思想观念。但就目前来看，宣传教育活动仍存在不少困难，主要表现在：一是牧区

普遍存在自然条件差、人员居住分散等因素,走村入户开展集中性的宣传教育存在诸多困难,部分工作队存在"守村守摊"现象;二是需要进一步创新宣传教育方式和学习形式,提高教育活动的吸引力和感染力,避免流于形式;三是各类学习资料未能译成藏语,致使基层群众甚至村(居)"两委"班子成员无法自主阅读。

(七)部分驻村工作队在工作上缺乏连续性、在作风上缺乏求真务实的精神

三年来,绝大多数单位高度重视强基惠民驻村工作,本着择优配优原则,选派优秀干部前往基层开展驻村工作,但部分驻村工作队在工作上缺乏连续性、在作风上缺乏求真务实的精神,主要表现在:一是存在个别单位和工作队抱有临时观念、开展工作消极倦怠、短期行为的现象,造成前后驻村工作队思路不一致、工作衔接不好;二是部分驻村队员缺乏基层工作经验,组织群众、发动群众的能力有待进一步提高;三是个别驻村队员存在"慵懒散"、不作为、乱作为等漂浮作风,在群众中造成了不良影响。

(八)驻村工作保障机制有待进一步完善

驻在村大多地处高寒缺氧、交通不便、人迹罕至的偏远地区,加之基层卫生医疗条件极差,绝大多数驻村工作队员由于身体不适,在健康方面或多或少出现状况,甚至一些队员因无法得到及时治疗而失去生命。同时,一些工作队员因驻在村地势险峻、交通状况差等发生车祸而受伤甚至失去生命的事情也时有发生。此外,部分派驻单位在开展驻村工作方面还存在人手短缺、经费紧张、项目争取困难等问题。为使强基惠民驻村活动能持续有效地开展,与此相应的各项保障机制有待进一步制定和完善。

(九)驻村工作成效考核缺乏科学合理的统一标准

目前,由于西藏驻村工作成效考核缺乏科学合理的统一标准,致使完善的驻村工作成效考核机制至今未能出台。正如之前指出,西藏驻村工作目前存在"一刀切"和工作开展不平衡现象,如在促进当地经济发展、惠民生等方面,或一些村自身发展基础和条件良好,或强队配强村,或一些驻村工作队及队员确能结合当地实际,积极争取项目、改善当地生产生活条件,带动当地农牧民勤劳致富,驻村成效虽然一样,但付出的努力却不同,甚至有一些驻村工作队在完成规定动作方面积极努力,

但却成效甚微的现象。又如各驻村工作队围绕"五项任务"开展工作时，工作的侧重点因当地实际的不同而有所区别，或侧重于建强基层组织，或侧重于促进经济发展，或侧重于宣传教育，或侧重于维护当地社会稳定等，因工作重点、目标以及内容的不同，在成效考核上的标准也有所不同。

五　强基惠民驻村工作长效机制和保障机制构建

西藏开展强基惠民驻村活动，其出发点在于建强农牧区基层组织和尽快构建西藏乡村治理体系，最终实现到2020年与全国一道全面建成小康社会的目标，这必然要求进一步明确强基惠民驻村工作总体要求、目标和任务，创新驻村工作方式方法和驻村模式，建立健全强基惠民驻村工作组织领导体系，在上下联动协调、后勤保障、项目管理、工作指标评估考核、监督奖惩等方面制定和完善强基惠民驻村工作长效机制和保障机制，使驻村工作长效化、规范化和常态化。

（一）明确强基惠民驻村工作总体要求、目标和任务

长期有效地做好强基惠民驻村工作，首先明确驻村工作是为尽快构建西藏乡村治理体系，确保实现到2020年西藏与全国一道全面建成小康社会宏伟目标的重要举措，因此，强基惠民驻村工作除了协助当地党委、政府抓好以村党支部为核心的村级组织建设，还应从村的经济建设、政治建设、文化建设、社会建设、生态文明建设入手，帮助广大农牧区建强村基层组织、夯实乡（镇）一级基层政权，使全区村党支部完成基本蜕变以更好发挥其战斗堡垒作用，帮助引导村委会更好地发挥其基层社会自治组织职能作用，从而能够有效组织基层社会实现自我管理与服务，确保全区基层社会基本稳定，促进基层民众精神和价值观念向现代化转变，推动绝大多数农牧区经济持续发展、基层群众民生不断改善，以及绝大多数农牧民生活水平全面提高，进一步密切党群、干群关系，进而夯实和打牢中国共产党在西藏基层的群众基础和执政根基。

1. 目标任务

坚持以推进西藏治理体系和治理能力现代化为主题，以服务改革、服务发展、服务稳定、服务民生、服务群众、服务党员为目标，进一步创新以乡（镇）、村两级基层组织为重点的社会治理体系，积极构建联系服务群众、推动基层发展、维护基层稳定的长效机制，始终坚持"七个着力"，即着力建强基层组织、着力健全维稳机制、着力强化宣传教育、

第二章 西藏的跨越式发展与乡村基层治理

着力助推农村改革、着力推进精准扶贫、着力发展集体经济、着力联系服务群众和努力做到驻村工作"六个新",即基层党建要有新机制、宣传教育要有新内涵、推动经济社会发展要有新成效、维护社会稳定要有新实招、改善民生要有新举措和干部综合素质要有新提升。广大驻村干部都要有崇高的人生价值追求,从发展的全局、从稳定的全局、从整个西藏工作的大局出发,把推动科学发展作为第一要务,把维护稳定作为第一责任,全面了解掌握群众所需所盼,及时把党的富民惠民政策带给群众,自觉当好"六员",即方针政策宣传员、村情民意调研员、发展稳定服务员、矛盾纠纷调解员、上下沟通信息员和基层组织建设助推员,勇于担当、主动作为,攻坚克难、无私奉献,努力把驻村工作打造成西藏工作的一个品牌。

2. 坚持驻村工作布局保持基本稳定的原则

坚持驻村工作方向不变,所有村全覆盖不变,工作队直接驻到村不变的原则,区(中)直、地(市)直、县(区)级单位和企事业单位的原驻在村总体上保持稳定,不再做新的调整。

3. 科学合理安排驻村时间和人员

在每年3月维稳敏感时段、重要节点及农忙季节,全区各驻村工作队必须做到全员在岗。在其他时间段,各单位可根据实际情况,安排不少于两名队员驻村。每个工作队每年驻在村点上工作时间不少于9个月。具体驻村时间安排和人员调整,必须经过地(市)、县(区)强基办同意。

(二)建立健全强基惠民驻村工作组织领导体系

进一步健全强基惠民驻村工作组织领导体系,按照统一领导、分级负责的原则,进一步理顺强基惠民活动的领导责任机制。

1. 健全领导责任制

县委、县政府对本县辖区内的驻村工作负主体责任,组织领导全县驻村工作,不论是自治区单位派驻还是地(市)单位派驻的工作队,都要服从县委、县政府的统一领导和指挥;县委、县政府要进一步充实和强化县强基办人员力量,加强对全县驻村工作的监督、指导和服务。乡(镇)党委、政府对本乡(镇)辖区内的驻村工作负主体责任,派驻单位对本单位工作队的驻村工作负直接责任。各级党委、政府要切实负起领导责任,主要负责同志要负总责、亲自抓、经常抓,分管负责同志要专职专责、具体抓、全力抓，有效地发挥组织协调、督促指导作用。

2. 健全工作组织领导体制

各地强基办由当地党委、政府牵头，相关职能部门作为成员单位共同参与，派出单位与各县强基办积极配合，乡镇党委、驻村点干部群众广泛参与的工作格局，从而使各级强基惠民活动办更好地发挥组织、协调、指导和督促的作用。各派驻单位要一以贯之、持之以恒地抓好干部驻村工作，做到重视程度、组织力度、资金投入、工作标准"四不减"。

3. 健全监督检查机制

继续采取明察暗访等方式，加强对驻村工作的监督检查，规范督察内容，强化督察措施，确保督察实效。对不坚守岗位、任务完成不好、出现问题的干部，要严肃批评、追究责任，对群众满意度不高的，要限期整改并问责。全面落实各级强基惠民活动办的督导职责，充分依托和整合各级县（区）、乡镇（街道）党委督察部门的资源，以基层组织建设、维护社会稳定、"短平快"项目建设、为民办实事专项经费使用、致富带头人培养等内容为重点，采取定期与不定期督察、明察与暗访、抽查与普查、书面督察与现场督察相结合等形式，进一步规范督察行为，深化督察措施，提高督察实效。

4. 完善强基惠民驻村工作上下联动协调机制

进一步巩固西藏强基惠民驻村工作成果，必然要求各地各部门及各派出单位进一步完善上下联动、齐抓共管、协调联动的部门协作机制，使驻村工作形成合力并得以高效运作。建议以强基惠民驻村工作为主题，以建强基层组织、推动村经济发展、改善当地民生、引导群众思想改变、维护社会稳定等为重点，整合各方力量，将纪委、组织部、宣传部、发改委、扶贫办、民政、财政、住建、民宗、教育、卫生、社保、政法等部门协调起来，形成推进驻村工作的强大合力，一方面相关部门和单位密切配合，认真履行职能，统筹推进驻村工作；另一方面驻村工作队要认真学习贯彻党的十八届三中全会提出的"推进国家治理体系和治理能力现代化"的要求，建立健全工作体制机制，加强内部管理，不断强化联系服务群众的深度和广度，推动驻村工作规范化、常态化、长效化。

（三）建立健全驻村工作保障机制

西藏强基惠民驻村工作是确保西藏社会和谐稳定、推动跨越式发展和长治久安、实现到2020年和全国一道全面建成小康社会目标而采取的重要举措。为顺利完成这一举措，鼓励和带动驻村队员工作积极性，相应的后勤保障措施要先行，从人身安全、生命健康、经费等入手建立健全驻村工作后勤保障体系已成为必要。

1. 建立健全经费保障机制

整合用好为民办实事资金，每年年底前对下一年驻村拟建项目进行统计和分类，并向自治区相关单位报送申请计划，争取列入扶贫开发、以工代赈等专项资金的下一年度使用计划，最大限度地发挥专项资金的引导、示范和杠杆作用，尽量克服散小等现象。一是强基惠民专项资金只增不减。自治区从每年财政预算安排的12亿元强基惠民专项资金中，继续执行500人以上大村每年安排15万元为民办实事经费，500人以下小村每年安排10万元为民办实事经费的政策措施。二是按足额落实驻村工作队员生活补助。标准为二类地区每人每天50元，三类地区每人每天65元，四类地区每人每天80元。三是加强专项资金管理。任何单位和个人不得挪用为民办实事经费，资金用途必须按照相关管理规定，与村（居）"两委"协商，报销审核须由驻在村党支部书记和驻村工作队共同核实签字。四是畅通资金划拨使用渠道。由自治区财政按规定的标准划拨专项资金，由区（中）直各派驻单位和地市、县（区）财政部门管理，任何单位不得截留或挪用专项资金。五是积极提供其他财力和物力保障。各地（市）、各单位也要为驻村工作队提供财力或物力上力所能及的支持。

2. 建立健全制度保障机制

一要健全领导责任制。各级党委、政府要切实负起领导责任，主要领导负总责，分管领导具体抓。

二要健全监督检查机制。继续采取明察暗访等方式，加强对驻村工作的监督检查，规范督察内容，强化督察措施，确保督察实效。对不坚守岗位、任务完成不好、出现问题的干部，要严肃批评、追究责任，对群众满意度不高的，要限期整改并问责。

三要健全派驻单位关心支持驻村工作的相应制度。各派驻单位要进一步当好队员后盾，将驻村工作作为派驻单位日常工作的重要组成部分，单位负责人要定期到点指导，持之以恒地抓好驻村工作，做到重视程度、组织力度、资金投入、工作标准"四不减"。支持驻村干部为群众办实事、做好事、解难事，及时帮助解决个人和家庭遇到的实际困难，解除驻村干部的后顾之忧。要切实做好工作队的后勤保障，提供必要的装备和物资，妥善解决工作队交通问题。

四要健全医疗巡诊工作机制。由区、地市、县（区）三级医疗卫生部门抽调医务人员组成驻村工作医疗巡诊队，及时为驻村工作队提供医疗保障，重点服务在海拔4000米以上村的高寒边远地区的工作队员，并继续做好人身意外保险等工作。

（四）建立健全项目建设和管理机制

驻村工作队要通过围绕全面建成小康社会目标，带动政府资金、援藏资金、社会资金等各方面资金项目投入到村发展建设中，有助于增强村自我"造血"功能，进一步促进村发展。继续落实短平快项目，基本保证村村有项目；从群众最关心最亟待解决并关系切身利益的民生问题入手，统筹安排好基础设施建设项目，最大限度地发挥项目的整体效益。

1. 规范项目管理

为避免造成不必要的浪费，建议尽快完善项目建设和管理机制。在争取项目上，遵循自治区整体规划，避免项目重复建设，不上只有投入没有效益的项目，防止资金浪费；统筹规划实施民生项目，对全区所驻村已建、在建、拟建和计划建设的项目进行全面摸底调研，加大统计和分析工作力度，督促做好项目前期工作，按照轻重缓急原则，着眼长远，通盘考虑，将未来几年所有需要建设的、建设资金需求较大的、农牧民群众非常关心的生产生活基础设施项目进行归类、细化和打包，督促做好项目前期工作，尽可能列入自治区或地区"十三五"规划项目总盘子中。

2. 明确项目申报、审批和监督责任

一是自治区安排的短平快项目资金，继续用于关系民生急需的事项，并向偏远贫困地区以及前三年安排项目较少的村倾斜。短平快项目资金由区财政厅根据实际情况切块划拨给各地市，由各地市财政商发改委统筹安排具体项目。各级强基办不再负责安排项目，驻村工作队不再承担协调项目的任务，只负责与村（居）"两委"共同研究提出项目建议，逐级上报，并对项目建设和资金使用进行监督。

二是强基惠民项目竣工后，由县（区）发改委进行初验，地市发改委进行终验，自治区发改委进行抽验。

三是继续整合各地市、各部门资金,用于"短、平、快"项目,并以信贷和投工投劳方式解决资金短缺问题。

3. 确保项目资金真正投入到民生领域

自治区安排的短平快项目经费,继续用于关系民生急需的事项,并向偏远贫困地区以及前三年安排项目较少的村倾斜。依托驻村工作队协助带动基层组织实施好项目建设,从群众最关心最亟待解决并关系切身利益的通路、通电、通信、饮水、上学、看病等民生问题入手,统筹安排好基础设施建设项目,最大限度地发挥项目的整体效益。

4. 确保扶贫项目真正惠及贫困群众

各驻村工作队可根据建档立卡的基础工作,依据当地资源、气候和市场情况,帮助村里、乡里及县里,按照精准扶贫的要求选项、建设、监督,切实做到扶真贫、真扶贫。此外,各级强基办应定时组织相关职能部门、专业单位工作人员,对项目论证的科学性、可行性及有效性进行讨论,严把审批关,并随时对项目运行和后续管理进行监督。

(五)构建西藏乡村治理体系机制

驻村工作是西藏治理体系和治理能力现代化的一个重要组成部分。创新基层自我管理与服务是推进乡村治理体系建设的途径,维护好农牧民切身利益是推进乡村治理体系建设的关键。

1. 把深化驻村工作作为创新乡村治理模式的重要途径

由于基础差、底子薄、自然条件和交通状况较差、群众受教育程度普遍低下,加之相当比例的村(居)"两委"成员文化层次不高、年龄结构普遍偏大、掌握现代技术和管理理念不够,缺乏独立开展党务、村务工作的能力和水平,长期以来,农牧区是西藏社会治理体系建设最为薄弱的地方。全区上下在深入开展驻村工作过程中,以大力推进"西藏治理体系和国家治理能力现代化"为目标,努力构建西藏乡村治理体系,力求把建强基层组织、培育村委会及农牧业合作社等积极参与社会的自我管理与服务能力,作为推进乡村治理体系建设的重要途径,把切实维护好农牧民切身利益作为推进乡村治理体系建设的关键措施,进一步创新基层社会治理体制,改进社会治理方式,为全区社会治理体系的建设做出了重要贡献。

2. 探索建立西藏乡村治理体系

建议制定相应的乡村治理体系机制,以乡(镇)为单位,依托村

（居）"两委"，始终坚持党的领导，充分发挥基层党组织和党员服务群众、凝聚人心的作用，把党的政治、组织优势转化为管理、服务优势，同时把驻村、驻寺、村（居）"两委"、第一书记、大学生村官、治安、村民小组、基层群众等各方力量联合起来，注重动员组织社会力量共同参与，将网格化管理、深化"先进双联户"创建等结合起来，加强和改善乡村治理模式。

3. 通过发展集体经济增强基层民众凝聚力

通过改善民生以夯实群众基础和社会基础，通过教育宣传以及提高公共文化服务水平以引导基层群众改变思想观念，通过将基层党员、民兵、团员等先进力量吸纳到维稳队伍中以形成庞大、可靠的情报信息队伍，最大限度地发展和壮大基层维稳力量，进一步构建群防群治的维稳工作格局。

4. 健全联系服务群众机制

坚持驻村工作依靠群众、发动群众、相信群众、服务群众的方针不动摇，把群众工作作为一项长期性、持续性、根本性的工作持续抓好，筑牢工作队员的群众观念和群众立场。进一步健全派驻单位同对口帮扶村定期联系协调机制，协助对口帮扶村解决在发展经济、维护稳定等方面面临的突出问题和困难。进一步深化和拓展"三进、四同、三一"（进基层、进村、进农户，同吃住、同学习、同劳动、同提高，交一户农牧民朋友、做一件好事、写一篇民情日记）活动内容，真正将工作队员植根于群众当中。积极引导驻村工作队员切实解决好不符合群众利益要求、不符合群众意愿的思想观念、发展规划、方式方法、服务态度等方面的问题，积极构建有利于提高群众满意度、有利于密切干群关系的长效工作机制。继续实行工作队员对口联系机制，建立队员与联系户经常性的家访座谈机制，帮助群众转变"等、靠、要"等落后思想，转变单纯物资帮助的工作方式，积极实施分类帮扶措施，使群众全身心地投入到发展经济、维护稳定、增进团结上。

5. 积极探索强基惠民活动的规范化、科学化、制度化、常态化的长效机制

区党委决定用两年时间巩固驻村工作成果，我们一定要提高思想认识，进一步把思想和行动统一到区党委的决策部署上来，研究制定好《关于用两年时间巩固全区强基惠民活动成果建立健全驻村工作长效机制

的指导意见》，以高度的政治责任感和使命感，做好当前和今后一个时期的驻村工作，建立健全干部联系服务群众、推动基层发展、维护基层稳定的长效机制，进一步加强农牧区基层政权建设，不断提高乡村社会治理的质量，重点要加强乡镇政府依法对农牧区的管理建设，大力提升村干部基本素质，有效强化乡村社会治理能力，为西藏实现到2020年与全国一道全面建成小康社会宏伟目标奠定坚实的基础。

6. 健全工作队退出机制

在两年巩固期满后，驻在村各方面工作经综合评估基本达标的，经地（市）委批准并报自治区强基办审核后，转为单位长期联系点，对驻在村定期回访，帮助解决实际困难；对工作绩效差、群众不满意的，要适当延长驻村时间，做好补课工作，直到达标转为联系点为止。

六 切实加强领导和管理

按照中央关于"三严三实"的总要求，进一步加强对干部驻村工作的组织领导，严格驻村工作纪律，强化管理措施，进一步创新驻村工作模式和方法，切实增强驻村工作的主动性、能动性和实效性，力求做到宣传教育要有新内涵、推动发展要有新突破、维护稳定要有新实招、民生改善要有新举措、基层党建要有新机制、经济社会发展要有新成效、培养锻炼干部要有新提升。

（一）完善组织领导机制

一是明确各级党委、政府作为活动开展的责任主体。创先争优强基惠民活动是自治区党委、政府领导开展的一项全区性系统工程，加强领导是关键。各级党委主要负责同志是本地区本部门开展活动的第一责任人，同时明确一名班子成员专抓专管，其他成员也要协同抓好此项工作。

二是进一步调整充实各级强基办工作力量。各成员单位要择优选派得力干部到强基办工作，被抽调的干部在强基办工作一年以上视同有驻村工作经历，对表现优秀的干部在同等条件下要优先提拔使用。

三是对驻村工作队实行属地管理。要接受驻在县（区）、乡（镇）党委的统一领导，紧紧依靠村党支部、村委会开展驻村工作。

（二）完善考核奖惩机制

一是健全考核管理制度。建立健全驻村工作考核评价机制，制定完善考核办法，由单一考核改为双向考核，把村（居）"两委"纳入考核范围；把强基惠民活动考核纳入派驻单位党建工作和年度综合目标考核体系。由县强基办设立统一的考评机构，把驻村干部完成任务、工作实绩、群众评价、特色做法等进行系统考核、公正评定。

二是健全鉴定评价制度。驻村干部驻村结束后，由所在县（区）强基办做出驻村工作鉴定，由派出单位将驻村工作鉴定装入驻村干部个人档案，作为驻村队员提拔使用的重要依据；各级强基办要协调组织部门对第一、第二、第三批驻村干部进行跟踪考察，对坚守岗位、成绩突出、表现出色的工作队和驻村干部要加大表彰奖励力度，对优秀驻村干部要重用提拔，对特别优秀的驻村干部可破格提拔。

三是继续做好评选表彰工作。参照前三批的推荐评选办法，逐级对第四、第五批驻村工作中涌现出的先进驻村工作队、先进驻村工作队员、优秀组织单位进行推荐、评选和表彰。

（三）严明驻村工作纪律

一要严明政治纪律。广大驻村干部要自觉增强对中国特色社会主义的道路自信、理论自信、制度自信，坚定理想信念，坚决贯彻执行党的路线方针政策，始终在思想上、政治上、行动上同以习近平同志为总书记的党中央保持高度一致，特别是在反分裂斗争这个重大原则问题上，必须做到旗帜鲜明、立场坚定、认识统一、表里如一、态度坚决、步调一致。

二要严明组织纪律。各驻村工作队要在当地县（区）、乡镇党委的统一领导下，紧紧依靠村党支部开展工作，服从当地党委的管理。

三要严明工作纪律。驻村干部要吃住在村、工作在村，不能当"走读干部"，离开县（区）时要履行正常的审批手续，未经批准不得擅自离岗。

四要严明经济纪律。对专项资金专款专用，严密防范、严厉查处贪污挪用等违法违纪违规行为。对违反各项纪律的，当地纪委要及时约谈，对情节严重的要严肃追责。

五要严明生活纪律。认真落实中央八项规定精神和区党委"约法十章""九项要求"，落实"抓常抓细抓长"要求。干部驻村期间，要注意言行举止，禁止赌博、酗酒，不得不作为、乱作为和乱表态。

（四）树好舆论导向和用人导向

一是加大宣传力度。充分发挥各级各类新闻媒体的作用，采取开辟专题专栏、新闻报道、评论言论、专题访谈等形式，大力宣传驻村工作的新进展、新成效、新经验、新典型，牢牢掌握舆论引导的主动权，形成全社会关心重视、各方面齐抓共管、人人参与支持驻村工作的浓厚氛围。

二是树立先进典型。对一心为民、作风扎实的工作队和驻村干部要大张旗鼓地宣传，真正树立起联系群众、服务群众、勇于担当、真抓实干的榜样。

三是树好用人导向。坚持把驻村工作作为培养干部的重要平台、重要渠道、重要来源、重要阵地，把驻村工作经历作为提拔任用干部的必要条件，注重在驻村工作中锻炼干部、培养干部、发现干部、考验干部、选拔干部。

第三节　强基惠民与西藏跨越式发展研究[*]

现阶段，西藏农牧区基层的主要矛盾仍然是落后的社会生产与人民日益增长的物质文化需求之间的矛盾。西藏80%的人口在农牧区，45.7万贫困人口大多数也在农牧区。2013年，西藏农牧民人均纯收入只有全国平均水平的70%左右。推进农牧区基层实现跨越式发展，是确保西藏在2020年与全国一道实现全面建成小康社会的迫切需要；是贯彻中央确定的西藏工作指导思想，全面提高基层群众物质文化生活水平的迫切需要；是落实习近平总书记"治国必治边、治边先稳藏"的重要战略思想的迫切需要；也是打牢西藏实现持续稳定、长期稳定、全面稳定的物质基础的迫切需要。

西藏农牧区基层实现跨越式发展面临的制约因素：一是城乡发展不平衡，农牧区基层基础设施落后。二是产业化程度低，农牧业生产仍然沿袭传统的方式。三是偏远地区贫困人口多，脱贫任务重。四是基层干部眼界不广，观念保守，推动跨越式发展的办法不多。尤其是对国家的农村政策掌握不够，不能把一个村的发展与国家的发展联系起来，有优

---

　　* 本节执笔人：丁勇。

惠政策也不会使用。自强基惠民工作队入驻基层以来，针对基层存在的问题，实行一对一对接，制定发展规划，发展的思路进一步明确，发展面临的急、难、愁问题不断解决，发展的基础不断打牢，群众的生活显著改善，有力地推动了农牧区的跨越式发展。

一 强基惠民开辟了推进农牧区跨越式发展的新途径

（一）驻村工作队把基层经济社会发展与国民经济五年计划相衔接，制定发展规划，确保了发展的科学性持续性

西藏基层的发展，离不开大市场，更离不开国家和自治区的宏观经济政策。各驻村工作队通过实地调研，量体裁衣，为所在村制定经济社会发展规划。截至2014年3月，各工作队已制定完善实施经济社会发展规划1.2万余项。每个村庄都拥有自己的近期和长远发展规划，这在西藏新农村建设史上是第一次。这些规划，从农牧区的实际出发，符合经济发展规律，确保了发展的科学性。这些规划，遵循自然规律，坚持经济和资源、人和环境的协调发展，确保了发展的可持续性。把环境建设和经济建设通盘考虑，坚持经济建设不破坏生态环境的底线，保护西藏的蓝天白云、绿水青山，这在西藏新农村建设中是首创。这些规划，将一个村庄的发展，与本县、本地（市）、自治区的发展规划紧密联系起来，实现了宏观与微观统筹互动，城市与乡村的齐头并进，使农牧区的经济建设与西藏自治区的经济社会发展同步，为确保宏观经济发展目标的实现奠定了坚实的基础。这些规划，符合自治区的产业政策，将一个村庄的发展与西藏自治区的特色产业政策、生态文明建设政策、基础设施建设政策、文化发展政策、扶贫开发政策、改善民生政策等相衔接，使农牧区的发展最大限度地享受到各项优惠政策，为推动跨越式发展提供了政策条件。

一个好的发展规划，是基层群众打开富裕之门的钥匙。林芝县更张村驻村工作队在制定发展规划时，依据当地的资源优势，制定了特色产业发展规划，把种植天麻作为带领群众致富的重头戏。他们为村里争取到44万元的天麻种植项目，动员群众种植7亩天麻，其中群众种植5亩，村集体种植2亩。仅2013年村集体天麻收入就有50多万元，群众每户增收1万多元，村民不出村就能发家致富。

一个好的发展规划，为群众搭起了科学发展的桥梁。那曲地区驻村工作队结合草原生态补助政策，为村里制定了生态牧业发展规划。他们

第二章　西藏的跨越式发展与乡村基层治理

加大草场承包到户力度，草原总面积的80%和可利用面积的98%已承包到户。加大出栏力度，实现草畜平衡。制定三年减畜比例，层层签订减畜责任书，将指标落实到户，对完不成任务的按村规民约处罚。驻村工作队协调联系，拓宽牲畜销售渠道，提高了牧民出售牲畜的积极性。生态牧业发展规划的实施，促进了牧民增收，2012年牧民人均纯收入达到5719元，比2010年增长38.2%。群众的观念发生了转变，建设生态草原、发展生态牧业的积极性进一步增强。

一个好的发展规划，为群众送来了"金饭碗"。芒康县曲登乡登巴村驻村工作队，根据人多地少发展农业潜力不大，但村庄地处横断山脉、风景秀丽、旅游资源丰富的实际，为村里制定了旅游发展规划。他们争取到36万元资金，扶持5户农民办起了家庭旅馆，接待自驾游、骑自行车游、徒步游的旅客，群众当年的收入就有1万多元。在示范户的带动下，目前村里已有30多户农民办起了家庭旅馆，吃上了旅游饭，走上了致富路。有的村民说，以前我们守着山里的好风景四处打工，挣钱很辛苦，捧着"金饭碗"在要饭，现在工作队让我们端起了"金饭碗"。

一个个发展规划，让一个个特色产业崛起在西藏高原上，让农牧民通过自己的双手，开发本地资源，建设新农村，创造美好生活。驻村工作队不仅是规划的制定者，也是规划的组织实施者，他们引导农牧民立足当前，着眼长远，建设自己的小康生活。如果没有强基惠民驻村活动，那一份份充满创意又符合农牧民心声的规划，无论如何是制定不出来的。

（二）驻村工作队因地制宜，厘清发展思路，找到了发展的突破口

人无远虑，必有近忧。一个村庄的发展思路不明确，就不可能把全体村民的力量凝聚起来，为实现共同的目标而奋斗。西藏的绝大多数群众，渴望通过自己的双手发家致富，但受自身条件的制约，人在村庄中，看不到发展的优势和潜力，找不到好办法，形成不了好的思路，发展的突破口找不准，有力使不上。驻村工作队进入村庄后，深入调研，问需于民、问计于民、察民情、惜民力、激民勤，分析村庄的优势和劣势，扬长避短，帮助村民厘清发展思路，实施一村一品战略，强化村庄自身的"造血"功能，激发群众的致富热情，驻村两年多，各工作队帮助所在村厘清发展思路4万多条。

西藏农牧区发展的希望在特色产业。特色产业加快发展，就能实现以业富人、以业强村。各驻村工作队将发展思路与特色产业相结合，不

断丰富乡村的发展内容，提高发展质量。

昌都地区通过加快调整农牧业产业结构，以产业化、规模化、标准化为着力点，多种模式促发展，努力打造特色农牧业发展新的增长点和产业带；加大产业投入力度，整合8亿元特色产业发展资金，共衔接落实涉农项目57个，涉及资金27亿元。各驻村工作队在帮助基层厘清发展思路上，紧紧围绕昌都地区特色产业发展战略做文章。他们立足优势区域、优势资源、优势产业，将做强芒康红酒、八宿荞麦、洛隆糌粑、类乌齐牦牛肉、绿色无公害蔬菜五大优势加工业带到所在村，在各自的村庄建设三江流域河谷地带干鲜果品、特色林下资源加工出口、虫草交易和加工、藏药材生产加工等特色产业，建设葡萄、荞麦、优质青稞、绿色无公害蔬菜、干鲜果品、藏药材、畜牧业养殖等八大种植养殖基地，有效推进传统农牧业向现代农牧业转变。

驻芒康县工作队与有关部门一道着力打造芒康藏东珍宝"达美拥"干红葡萄酒品牌，保障原料供给，将建设1万亩葡萄种植基地。目前已建成7100亩，建成后年产葡萄达2500万斤，生产葡萄酒375万斤，年创产值6.75亿元。

驻八宿县工作队与相关部门以八宿县"拉鲁卡"荞麦酒为依托，通过"产—加—销"一条龙的发展模式，在八宿县建设荞麦生产及加工基地。截至目前，已建成荞麦深加工基地1个，修建厂房1000平方米、原料库房500平方米；购置荞麦脱皮机、粉碎机、面条生产成型设备一套，形成年产原料荞麦140万斤的生产能力，带动农牧民群众种植荞麦1.6万亩，年产荞麦360万斤，创产值2.7亿元。

驻村工作队积极配合相关部门以洛隆县"洛宗"糌粑产业为中心，充分利用耕地平整和集中连片的土地资源优势，筹集资金在洛隆、边坝、丁青、昌都等县建设优质青稞种植基地10万亩，年生产优质青稞3000万斤，采取"工厂+基地+农户"的生产经营模式，与种植户签订收购合同，辐射带动农牧民群众增收，年创产值1.2亿元。

驻村工作队积极配合昌都11个县蔬菜生产基地建设项目，新建高效日光温室800座，蔬菜种植面积达到3096.08亩，年增产蔬菜910万斤，项目区群众年增收2730万元，有效调控了物价，缓解了地区蔬菜供应的紧张局面。

驻索多西的工作队帮助扩大索多西辣椒种植规模，年种植面积1200

亩，产值 720 余万元；驻徐中乡的各工作队帮助群众种植徐中大蒜 400 亩，年产值达 500 万元。

昌都地区各驻村工作队帮助群众加快特色产业品牌建设，同时加大对藏东特色农畜产品的宣传、推介力度，打造了农牧业发展新亮点。

各驻村工作队帮助制定的发展思路，将区域发展战略与村庄的发展前景统一起来，它们既有国家、自治区、地区的发展背景，又来源村庄、集中了群众的智慧，接地气、通民心。实施起来有群众基础，给村庄带来的变化看得见、摸得着，让村民尝到了甜头，增强了发展的信心，深受群众欢迎。

（三）驻村工作队实施短平快项目，解决急、难、愁问题，发展的基础不断夯实

各驻村工作队把改善农牧民生产生活条件、推进跨越式发展作为一切工作的出发点和落脚点，坚持当前和长远相结合，以解决群众的急、难、愁问题为主攻方向，一个个发展的难题被攻克，一个个发展的"瓶颈"被突破，农牧区发展的基础进一步夯实。目前，全区共落实短平快项目 2.65 万个，到位资金 54.6 亿元，每个村都实施了短平快项目。为了配合短平快项目的实施，自治区协调各地、各部门启动了为期三年的"创先争优强基惠民农村公路通达工程"、"农村水利建设专项行动"、"创先争优强基础生态惠民计划"和"强基惠民光明工程行动计划"等工程。短平快项目的实施，解决了大多数乡村长期困扰发展的交通、水利、电力等基础设施问题，使乡村有了四通八达的路、旱涝保收的水利设施、生产生活必备的电能。乡村的环境得到改善，生活垃圾被集中处理，庭院得到美化，农牧区的人居环境更加优美，环境保护能力大幅提升，人们生产活动与生态环境的矛盾得到缓解。扶持带动了一批特色产业，增加了农牧民致富的本领，富裕幸福之路越走越宽广。民生问题不断被解决，贫困户有了稳定的收入来源，脱贫又返贫的现象大幅减少。2013 年，西藏自治区的贫困人口由 2010 年的 83.3 万人减少到 45.7 万人，减少了 37.6 万人。

驻山南地区琼结镇雪康居委会工作队，通过短平快项目成立了农民绵羊合作组织。该合作组织由 30 户农民组成，拥有绵羊 1000 多只，羊由每户轮流放一天，其他人则可以打工。一个人放牧解放了 29 个人，节约了劳动力。雪康居委会是半农半牧区，处于峡谷之中，人均土地只有 0.9 亩，山上牧草非常少，靠传统的农牧业不可能致富。县农牧局驻村工作

队队长次仁顿珠说,他们驻村后,就千方百计帮助居民寻找致富门路。本地没有资源优势,但紧临措美县的牧业乡。他们将30户农民饲养的羊集中起来,成立合作社,再从牧区买来尚未完全长大的羊,白天在山上放牧,晚上赶进温棚,喂经过搭配的饲料进行育肥,6个月便可出栏,每只羊可增收300元左右。一年每户可育肥60只羊,增收1.8万元左右。次仁顿珠说,一个短平快项目再加上适用的技术,就可以帮助群众走上致富路。

驻南木林县亚拉村工作队,在调研中了解到,村民素有制作藏式服装的传统,现在村中还有几户人在做藏式服装,每年的收入远比外出打工高出许多。经过市场调查,藏式服装的销路没有问题。他们前期投入2万多元,购买了缝纫机和制作服装的原材料,组织村民成立缝纫社,举办了第一期培训班。第一批藏式服装销售收入8500元,附近的牧区人很喜欢,供不应求。他们下一步要加大培训,让村里有缝纫基础的人都来学习,把藏式服装业做大做强,将产品销往那曲、申扎等更大的市场,让群众吃上技术饭。

细节决定成败。驻村工作队深入村庄,对村中的各种"细节"了如指掌,这是相关部门在机关中无法掌握的,也不是经过一次调研就全部能够得到的。由驻村工作队实施短平快项目,有这样几个优点:一是将项目建设与农牧民群众的迫切需要结合起来,把好事做到了群众的心坎上,群众需要什么就建设什么,避免了项目建设的盲目性。二是将项目建设与当地资源、劳动力、技能优势结合起来,投资少,见效快,群众收益多。三是克服了过去输血型投入的弊端,一个短平快项目,不仅解决了困难,增加了群众收入,还教给了群众技能,增强了当地发展的"造血"功能。四是将政府投入与群众投工投劳相结合,让群众参与项目建设,通过劳动获取报酬,对于群众克服"等、靠、要"思想具有积极作用。

(四)驻村工作队帮助干部群众解放思想,更新观念,为发展注入强大精神动力

西藏农牧区一些干部群众,由于自然地理方面的原因,长期生活在高山峡谷和偏远地区,交通不便,信息不灵,与外界交流少,思想观念保守,固守传统的生产生活方式,科技意识、市场经济意识淡薄。受宗教的消极影响,有的人不求今生求来世,发家致富的观念淡薄,"等、

第二章 西藏的跨越式发展与乡村基层治理

靠、要"思想严重。受陈规陋习影响，有的群众法制观念不强，习惯于按老办法处理问题，对现代文明生活缺乏热情。极少数人受十四世达赖集团反动思想渗透的影响，认不清十四世达赖的反动本质，存在信仰共产党与信仰十四世达赖并存的现象。思想封闭，不思进取，加之十四世达赖集团的思想渗透，是农牧区实现跨越式发展的一大障碍。

思想是行动的先导。各驻村工作队把更新群众的思想观念，破除陈规陋习，树立与社会主义市场经济相适应的观念，创造科学文明健康的新生活作为推进跨越式发展的强大动力，大力推进农牧区精神文明建设。他们用新农村建设的成就、党的富民惠民政策、新旧西藏对比、农牧民生活水平的提高等生动事实，开展感党恩教育，揭露十四世达赖集团散布的谎言，使基层群众增强了跟党走、创造美好生活的信心。这种教育是面对面开展的，是在为民办实事的过程中开展的，是直接针对群众的模糊认识开展的，鲜活生动，说服力强，效果显著。各驻村工作队有针对性地开展法制宣传教育，根据缺什么补什么的原则，引导农牧民群众树立公民意识、依法办事意识、遵纪守法光荣的意识，纠正只讲法律赋予的权利、不履行法律规定的义务的思想倾向，群众的法制意识明显提高。过去那种纠纷找寺庙、找活佛裁定的现象减少了，找政府、找法院的多了。依照旧习惯和家庭势力调解的现象少了，依照法律规定解决的多了。各驻村工作队积极开展送文化、科技、卫生、生态文明"四下乡"活动，帮助村中建立和完善了文化室、党员活动室，建立起了业余文化宣传队，让群众自我教育，寓教于乐，丰富了群众的精神世界，极大地改变了过去有事干活、无事进庙的现象。驻村工作中，有的地方在完成规定任务的同时，还增加了精神文明建设的内容。山南地区结合实际，增加了"十星模范村"创建和创业意识教育，将爱国、守法、敬业、致富等内容纳入创建活动，对每个"十星模范村"奖励10万元，引导群众克服"等、靠、要"思想，形成了村村谋发展、家家心致富、人人思创业的浓厚氛围。

驻村工作队将办实事与思想教育相结合，为跨越式发展提供精神动力，是强基惠民工作的一大亮点。我们在比如其达居委会调研时发现，他们将解决民生问题与解决群众的思想问题相结合，为发展奠定了坚实的思想基础。其达居委会党支部书记叫央珠，也是比如镇的副镇长。居委会有67户、237人。在央珠的组织下，58户成立了农牧民联合体，从事糌粑加工。当初只有48000元，现在联合体已发展到拥有固定资产1000多万元的经济实体，吸纳60多名居民就业。2013年实现利润250多万元。其达居委会的居民主要收入有两项：一是采虫草，二是在联合体中的就业和分红。为期两个月的虫草采集结束后，居民就在糌粑厂工作，每天工资60元，月收入1800元，仅在厂中工作一项就为每户增收2万多元。群众增收了，思想工作也要跟上。央珠对我们说，他们利用文化补习课、居民大会等形式开展教育，讲群众生活的变化，讲新西藏的变化，讲党的好政策，讲十四世达赖集团没有为西藏的群众办一件好事，讲糌粑厂是靠政府扶持才发展壮大起来的，大家对党的政策十分拥护。2013年比如闹事，其达居委会没有一人参加。

（五）把致富能手培养成党员，把党员培养成致富能手，把党员致富能手培养成干部，为基层留下了一支推动发展的干部队伍

一个致富能手能带动一个乃至几个家庭致富，一个能人甚至能够带动一个村走向富裕。党员和党员干部始终是带领群众致富的"领头雁"。各驻村工作队把"三培养"作为建强基层组织的关键环节，坚持标准，保证质量，把村庄中的能人凝聚在党的旗帜下，使基层党组织推动跨越式发展的能力不断提升。

申扎县下过乡那宗三村党支部书记是一位致富能手，在强基惠民活动中被培养成村干部，并被录用为公务员。在他的带领下，该村的牧民合作组织很有特色。全村的草场、牲畜、劳动力按比例入股，草场、牲畜各占股份的21.5%，劳动力占股份的57%，集体放牧，剩余劳动力从事其他工作。

目前，村里有奶制品、野葱、红土涂料加工厂各一个，年收入13.5万元；商店两个，年收入12万元；招待所一家，年收入1.5万元；短期育肥基地两个，年收入16万元；建筑施工队一个，年收入23万元。

他们采用计工分制，年底按工分分配。2013年全村人均收入12900多元。劳动力从事牧业和其他产业，进行统一生产和销售。老人、孩子在定居点生活，村里办起了幼儿园，由一名初中毕业生担任教师。据村党支部书记介绍，他们的总体思路是"一目标""五发展""六创新""七培养"。一目标是共同致富。五发展是科学发展牧业，改善结构；发展企业，加强经营管理；发展施工队；发展特色产业，主要是野葱加工、奶制品加工；发挥党员在致富中的先锋模范作用。六创新是销售创新，

走市场化路子；红土染料、奶制品加工创新；育人创新，办幼儿园；创新文化生活，成立业余演出队；三产创新，糌粑加工、汽车修理多种经营；养殖创新，建立温棚，让牲畜生长的环境空气清新、舒适。七培养是培养年轻人的驾驶技能；培养木匠的加工技能；培养画师的绘画技能；培养种植人才；培养施工队的技能；培养传统纺织技能；培养机动车维修技能。

这个合作组织，达到了劳动力的节约化利用。牧业上改变了一家一户的经营模式，由放牧能手集中放牧，将孩子从放牧中解放出来，入学率达100%。建立了生产加工销售一体化的队伍，实现了分工合作，优化了劳动力组合。采用计工分的方式，鼓励多劳多得，调动生产者的积极性。对于60岁以上的老人，以10分为基数，多一岁加一分，让他们在集体中分得财富，实现了老有所养。对于提供公共服务的人，计工分，有益于发展公益事业，让一部分人从事文化、教育、服务等活动，他们建立了由20人组成的业余文艺演出队，由5人组成的党员政策宣传队。

目前下过三村局势稳定，群众生活富足，创业的势头充足，实现了人人能就业，家家有收入，老人安享天年的目标。村中的各项事业有人管、有人干。群众说在这样的村中生活很幸福。下过三村这样的局面，得益于有一个能干的党支部书记。强基惠民活动开展的"三培养"工作，必将给西藏的农村牧区留下许许多多像下过三村党支部书记那样的能人，为新农村建设提供更多的领军人物。

二 存在的主要问题

（一）驻村工作队力量不平衡

在自治区、地（市）、县和乡镇派出的工作队中，自治区统一为每个工作队配备了10万元的为民办实事的资金，另外每个工作队也可申请50万元以内的短平快项目。但受工作队的视野、协调能力、派出单位实力等因素的制约，为民办实事的力度大不一样。一般来说，自治区单位派出的工作队，办实事的力度最大；地（市）单位派出的工作队办实事的力度次之；县里派出的工作队办实事的力度则小得多；乡镇派出的工作队绝大多数办实事的能力非常有限，只能依靠自治区统一安排的10万元资金和短平快项目。在自治区级单位派出的工作队中，视单位掌握资源的情况，办实事的能力也存在差别。像扶贫、发展改革委、财政、国资、交通等部门，为民办实事的力度最大，往往一个工作队能为一个村解决上千万元甚至几千万元的项目，老百姓得到很大的实惠。自治区派出的其他单位，尽管本单位掌握的资源不多，但熟悉政策，知道办事程序，也能为所在村申请到几十万元、上百万元乃至千万元的项目，群众得到的实惠也不少。群众是讲实惠的，在派出的工作队中，自治区单位派出的工作队最受群众欢迎，他们最能办实事。地（市）派出的工作队虽然办实事的力度不如自治区工作队，但也能为所在村解决一些具体问题，群众是欢迎的。县直单位派出的工作队，办实事虽不如自治区、地（市）的工作队，但带队的是部门领导，通过个人的努力，也能满足一些群众的要求，取得认可。乡镇派出的工作队，基本上没有落实项目资金的门路，群众对其中的许多工作队感到失望。四级工作队办实事的力度不一样，在群众心里也引起了攀比，有的基层干部甚至要求，自治区单位派出的工作队不能固定在一个村，要与乡镇派出的工作队调换驻村。

（二）存在越俎代庖的问题

我们在调研中了解到，绝大多数驻村工作队都坚持言传身教，把"培养一支永远不走的工作队"作为驻村工作的重要任务，提高了村委会的能力和水平。但也有一些工作队在工作中耐心不够，不注重发挥村（居）"两委"的作用，大包大揽。一是在制定发展规划上，没有与村（居）"两委"充分协商，也没有充分征求群众的意见。规划尽管很好，但没有变成村民（居）"两委"的意愿，除了工作队在推进外，党支部、村委会和村民并不热心，工作队走后，规划就被搁置起来，成为纸上谈兵的东西。二是在村财务和其他事务的管理上，工作队全部包下。在工作队的努力下，各项管理制度都健全，但村中无人熟悉。有的村甚至到了各项统计报表、惠民政策落实等具体事务都由工作队来做，一旦工作队撤离，村中仍然没有人懂得管理，连日常公文也没有人完成。三是在处理矛盾纠纷上，工作队不是出主意、想办法，帮助"两委"解决问题，而是绕开"两委"，直接进行处理，没有将处理问题的政策依据、法律标准、工作方法交给基层干部。工作走后，遇到纠纷，仍然按老办法行事，遇到处理不了的，还是让寺庙出面调解。针对这种情况，有的基层干部甚至极端地认为，还不如将工作队的补贴、车辆油料费用直接送到村里，人就不必到村中来了。

（三）项目上存在重建设轻管理使用的问题

强基惠民项目的实施，极大地改变了基层落后面貌，改善了农牧民群众的生产生活条件。但少数工作队建功立业心切，对建项目热情很高，千方百计争取项目和资金。在项目的管理和使用上，花费的心血不够，导致一些项目不能很好地发挥作用。如有的工作队为一个牧业村争取到了羊毛洗选项目，提高产品的附加值，价值100多万元的设备也到位了，但村中无人会使用这些设备，只好放在库房里。还有一个工作队为了帮助村民解决松茸易腐烂的问题，买来了烘干机，由于供电不正常，加之松茸的数量有限，烘干机也被闲置起来。有的工作队，为了提高所在村的文化品位，把村文化室建得很漂亮，图书、电脑、远程电教设备等都配齐了，但没有培养文化室的管理员，更无人会使用电脑、远程教育设备，现代化的产品成了摆设，发挥不了应有的效益。

(四) 部分工作队存在不会抓基层工作的问题

几万名驻村工作队员奋战在基层第一线，他们热爱驻村工作，全心全意为农牧民群众服务，为推进跨越式发展注入了强大动力。但也有极少数工作队员不会抓基层工作。表现在有的工作队派出单位没有高度重视驻村工作，在人员的选派上，没有派精兵强将，而是滥竽充数，有的单位甚至将司机、保安等人员作为驻村工作队员，他们对驻村工作所知不多，很难出色完成工作任务。有的驻村工作队，队员是刚毕业的大学生，理论知识丰富，但对西藏的基层情况不了解，无基层工作经验，面对新农村建设的复杂局面，一筹莫展，在工作上打不开局面，更谈不上创造性地开展工作。有的工作队员不懂当地群众的语言，无法和基层干部群众进行交流，调查研究、与群众谈心等工作开展不了。有的工作队员，对机关工作熟悉，但不会做群众工作。他们对群众的所思、所想、所盼、所愿不熟悉，也不会换位思考，存在人在基层但不能融入基层的情况。极少数队员责任心不强，找各种客观原因为自己开脱，没有积极主动为基层的发展创造条件，当一天和尚撞一天钟，存在人在基层心在城的问题。

三 对策建议

(一) 把驻村工作扎实开展下去

创先争优强基惠民驻村工作，完全符合西藏农牧区的实际，是西藏自治区党委、政府全心全意为基层群众服务的重大举措，是新形势下弘扬我们党密切联系人民群众优良作风的一大创造，是推进西藏实现跨越式发展和长治久安的治本之策，对于推进西藏农牧区基层实现跨越式发展发挥了不可替代的重要作用。驻村工作，架起了党和政府察民情、听民声、顺民意的桥梁；架起了为群众办实事、解难事的桥梁；架起了面对面做群众思想工作、打牢共同团结奋斗思想基础的桥梁；架起了化解社会矛盾、促进社会和谐的桥梁；架起了厘清发展思路、突破发展"瓶颈"的桥梁；架起了加强基层党组织建设、培养致富"领头雁"的桥梁。尽管活动中也存在这样那样的问题，但都是细枝末节的问题，也是可以克服的问题。不能因为这些问题而一叶障目，看不清整个活动的巨大成绩。强基惠民活动，深受群众欢迎，要在总结经验的基础上，更加扎实地开展下去。

（二）将实力强的工作队派往问题突出的基层

根据西藏乡村发展不平衡的情况，在工作队的派驻上，应讲究方式方法、突出重点。对于贫困落后、基层组织力量薄弱、发展问题突出、矛盾问题多的村，要派实力强的工作队入驻。要使工作队入驻后，能办事、会办事、办成事，尽快改变村庄的落后面貌，增强群众实现全面建成小康社会的信心。

（三）做好传帮带工作，每个工作队至少为驻在村培养两名发展能手

自治区已经将"培养一支永远不走的工作队"作为驻村工作的一项重要任务，但要有硬性指标，不能停留在一般要求上。建强村（居）"两委"班子是硬任务，培养发展能手也是硬任务。驻在村工作期间，每个驻村工作队至少要为村里培养两名发展能手，使他们成为引领村里发展的标杆。根据村庄的不同情况，在牧区，注重培养牧业合作组织的能手，把一家一户的力量组织起来，优化生产要素配置，共同闯市场。在农区，注重培养特色产业能手，形成一个村的特色产业品牌。在交通沿线和旅游资源丰富的地方，注重培养发展家庭旅游的能手，让农牧民吃上旅游饭。在没有资源优势的地方，注重培养组织劳务输出的能手，推动资源贫乏地区的群众实现异地就业。培养致富能手，要在村（居）"两委"班子成员中做文章。"两委"班子中确实没有培养潜力的，要在村民中发现人才进行培养。村民中也找不到合适人选的，可注重培养大学生村官。总之，要不拘一格培养发展能手，让村民有可学、可跟的榜样。

（四）把项目使用效率纳入考核内容

驻村工作队实施的项目，应该是解决群众急、难、愁问题的项目，或者是为长远发展打基础的项目，项目建成后，一定要在推动农村发展、

改善人民生活等方面发挥实实在在的作用。为了切实解决重建设轻管理使用的问题，要把项目发挥作用的情况纳入驻村工作考核内容，对项目建成后不能发挥作用的，要追究工作队长的责任。同时，在项目的申报中，要有项目的管理和使用的硬性规定，如果没有管理条件，则不立项。如果项目建成后没有发挥作用的条件，也不立项。

（五）严把关，每个工作队至少要有一名队长会做群众工作

驻村工作队员，直接与群众打交道，他们的作风、能力和水平，关系党和政府的形象。驻在村工作队员的选拔上，每个工作队至少要有一名会做群众工作的人，尤其是要选好队长。队长是驻村工作队的"主心骨"，队长强则工作队强，队长弱则工作队弱。很难想象一个对群众没有感情、不热爱驻村工作、对基层情况不熟悉的队长能够带领队员发挥好工作队的作用。在队长的选派上，一要政治上过硬。要有全心全意为人民群众服务的胸怀，做到权为民所用，情为民所系，利为民所谋。二要作风上过硬。要能吃苦，能够与群众同吃同住同劳动，真正和群众打成一片。三要在能力上过硬。要懂经济建设，在领导发展上能够开创新农村建设的新局面。要有维护稳定的本领，能够带领群众建设和谐新农村。要有做群众思想工作的本领，把群众的思想和力量统一到为全面建成小康社会的目标而努力奋斗上来。要加强对工作队队长的培训，教给做好基层工作的基本方法。对队长要严格要求，使之坚守驻村工作岗位，对擅自脱岗的，要依纪严肃处理。

第四节　西藏跨越式发展的历史进程与强基惠民作用研究[*]

跨越式发展是指还没有实现工业化的国家，通过移植信息化的成果来缩短工业化的进程，进而在实现信息化的同时迅速实现自己的现代化[①]。在临近21世纪时，党中央和国务院做出西部大开发的战略部署，

---

[*] 本节执笔人：王春焕、孙丹。
[①] 王太福、王代远、王清先：《西藏经济跨越式发展研究》，西藏人民出版社2004年版，第1页。

西部各省区在阐述各自的发展目标、途径与政策措施时，大多采用"跨越式发展"提法，但各省区情况不同，跨越式发展内涵也不同。西藏地区在总结自身发展过程时，也采用"跨越式发展"，认为西藏社会发展实现了两大跨越，即社会制度和经济社会的跨越。社会制度跨越是指废除了封建农奴制度，确立了社会主义制度。经济社会跨越是指西藏实现了由封闭贫穷落后到开放富裕文明的跨越，经济总量实现飞跃，基础设施建设极大加强，人民生活显著提高，医疗卫生条件极大改善，教育事业快速发展，优秀传统文化得到保护和发展，宗教信仰自由得到尊重和保护，生态环境保护良好。西藏的社会制度跨越已是完成时，而经济跨越式发展还在行进中。在 21 世纪初期，西藏的经济学专家探讨了西藏经济跨越式发展的具体内涵：基于西藏自治区在国内民族团结、政治稳定和国防安全等方面所处的重要战略地位，我们不能使西藏长期呈现贫困落后的经济面貌，而必须超越西藏自治区现有的薄弱经济基础以及建立在薄弱经济基础上的社会经济发展的自然演化过程，在国家和全国人民的大力支持下，按照非均衡的发展思想，积极提高人口素质、开发人力资源，大量引进和运用现代科学技术，以信息化带动工业化，同时解决农业产业化问题，缩短发展历程，以超常规的经济增长速度带动非均衡经济结构不断走向高级化，迅速摆脱现有非典型二元经济结构的种种阻碍，在全面建成小康社会的伟大号召之下，最终实现西藏经济高级经济形式的一元经济结构，走出一条具有西藏特色的现代化发展之路[1]。进入 21 世纪以来，中央连续召开两次西藏工作座谈会（2001 年、2010 年），动员全国的力量大力支援西藏建设，特别是采取各省市对口援助的方式大大促进了西藏经济社会的发展。自 1959 年以来，西藏经济社会一直处于跨越式发展中，1959 年，地区生产总值为 1.74 亿元，人均 GDP 为 142 元；1978 年，地区生产总值为 21.6 亿元，人均 GDP 为 1288 元；2011 年，西藏自治区地区生产总值（GDP）达到 605 亿元（在全国排第 31 名），人均 GDP 为 16903 元（在全国排第 27 名）；2014 年，西藏自治区地区生产总值达到 920.857 亿元；人均 GDP 为 29897.73 元，在全国排第 31 名。以上数据说明，从纵向来看，西藏经济社会发展跨度很大，可谓

---

[1] 王太福、王代远、王清先：《西藏经济跨越式发展研究》，西藏人民出版社 2004 年版，第 22 页。

是跨越上千年的发展；从横向来看，在全国依然处于落后地位。

2010年，中央召开第五次西藏工作座谈会，确定推进西藏跨越式发展和长治久安是西藏工作的主题，要求西藏与全国一道全面建成小康社会。西藏虽然取得了跨越式发展的伟大成就，但是广大农牧区基层社会仍然很落后，由于达赖集团的渗透，基层社会成为社会稳定较大的隐患区域。为了实现中央给西藏提出的新目标，从2010年开始，西藏自治区党委决定在全区以试点形式开展基层建设年活动；到2011年，又决定全覆盖地开展创先争优、强基础惠民生的驻村活动（简称强基惠民）。强基惠民活动的开展，在推进西藏经济社会跨越式发展中起到了承前启后的作用，有力地巩固了党在西藏执政的基层基础，为全面建成小康社会提供了重要保障，为西藏各族人民实现中国梦的奋斗目标创造了有利的条件。

一 强基惠民在西藏经济社会跨越式发展进程中承前启后

强基惠民作为党的一项建设活动，不仅加强了党的基层组织建设，而且也促进了西藏基层社会的各项建设，在西藏经济社会跨越式发展历史进程中具有承前启后的意义。

（一）从历史看，强基惠民把西藏经济社会跨越发展推向一个新阶段

强基惠民活动是西藏自治区在新时期加强党的建设的一项重要举措，有其特定的含义。但顾名思义，深入基层、加强基层组织和政权建设、惠及人民是中国共产党在西藏一贯的做法。《十七条协议》签订后，人民解放军进军西藏各地途中，在条件允许的情况下做了很多惠及人民的事情，如访问、修路、贸易、免费治病、创办学校、发放无息贷款、救灾，帮助群众挑水、扫地、打柴等，当时基层政权仍由地方政府控制，党在西藏基层社会无法建立组织，也无法发展农牧民党员，但是这些惠民做法深深影响了群众，使群众逐渐了解认识了解放军和共产党，为建立基层组织和政权奠定了群众基础。

组成各种工作组深入农牧区做群众工作是党的优良传统。1950年1月，中共西藏工委成立，在进藏沿途吸收几百名藏族同志加入党组织，成为进藏干部的组成部分，参与和平解放的各项工作。1959—1961年民主改革中，农区的"三反双减"（反叛乱、反乌拉差役、反奴役，减租减息）开始后，由藏族和汉族干部共同组成大批的民主改革工作组深入广大农村，按照政策规定，执行民主改革的阶级路线，组织发动群众。各

地工作组进村以后，从访贫问苦入手，首先与贫苦群众同吃、同住、同劳动，白天到田间帮助劳动，晚上宣传政策，深入发动群众，具体组织开展"三反双减"，划清依靠、团结、打击的对象，培养积极分子，开展诉苦斗争会，成立农民协会等。1959年下半年后，各地干部深入牧区，到牧民点和帐篷内，同牧民同吃、同住、同劳动、与牧民交心，宣传政策，发动群众，组织平叛保畜委员会，开展"三反两利"（反叛乱、反乌拉差役、反奴役，牧工牧主两利）运动。同时，一批藏汉族干部进入寺庙，首先以拉萨哲蚌寺、色拉寺、甘丹寺三大寺为试点，然后遍及全区寺庙，开展寺庙民主改革工作，工作组发动贫苦喇嘛，团结爱国的宗教界上层人士，开展"三反三算"（反对叛乱、反对奴役、反对封建特权，算政治迫害账、算阶级压迫账、算经济剥削账）运动。在工作组的组织领导下，顺利完成了农牧区和寺庙以及边境县的民主改革任务。在民主改革中，西藏农牧区党的组织陆续建立起来，1959年，山南地区乃东县克松村成立了以"朗生"、"堆穷"为主的西藏第一个村级农民协会，12月2日，民主改革工作组在克松村组织成立了西藏第一个农村基层党支部。到1960年11月，西藏建立农村党支部123个，发展农村党员692名，建立团支部252个，发展团员1967名[①]。民主改革后，藏、汉族干部又深入广大农牧区，组织完成了基层选举工作，建立了各级人民代表大会和人民委员会，各地党组织和团组织开展农牧区社会主义教育活动，提高群众觉悟。

1965年自治区成立后，各地的党组织按照中央的指示领导了农牧业、商业、民族手工业的社会主义改造，同时建立起"政社合一""一大二公"体制的人民公社，完成了社会主义制度的跨越。在西藏社会主义改造和人民公社建立时期，党的基层组织日益健全，到1975年8月，全区党支部比1965年增加一倍多，党员比1965年增加近两倍，94%以上的社（乡）建立了党支部[②]。党的十一届三中全会以后，西藏逐渐走上了改革开放道路，在基层政权建设方面，就是跟上全国的步伐，终结人民公社体制，开始改区为乡、并乡撤区工作，到2000年基本调整完毕。基层组

[①] 许广智主编：《西藏地方现代史》，西藏人民出版社2009年版，第205页。
[②] 孙宏年、倪邦贵主编：《西藏基层政权建设研究》，中国藏学出版社2010年版，第140页。

织和干部领导农牧民完成了农牧区经济体制的改革任务，在农牧区实行"土地归户使用，自主经营，长期不变""草场公有、承包到户、自主经营、长期不变"与"牲畜归户、私有私养、自主经营、长期不变"的政策。在基层行政区划和基层政权调整过程中，自治区很重视基层干部配备和培养工作，但是恰好在这一阶段，达赖集团对农牧区的渗透力度加大，使基层政权和组织出现一些问题。1990年西藏选派优秀干部深入农牧区开展社会主义教育运动，帮助村级发展，开展法制、历史以及揭批达赖集团分裂活动的教育等，目的在于加强基层组织和政权建设。1992年，自治区党委、政府在《关于加强以农牧区基层党支部为核心的乡（镇）、村组织配套建设的建议》中指出，在撤区并乡后一些地方的工作机制还未理顺，目前还有30%左右的乡（镇）、村配套机构尚未健全，有近20%的乡（镇）工作还处于应付状态。同时，基层干部的素质和能力不能适应改革开放后农牧区工作的需要，还出现了基层干部的贪污腐化问题。对此，1994年7月，自治区党委决定用三年时间把449个村级软弱涣散的党支部整顿好、建设好。1995年年初，自治区党委、政府领导带队，成立了59个工作组，派出约2900人次，着力加强基层组织建设，指导基层工作。"把那些忠于马列主义，坚持贯彻党的基本路线，旗帜鲜明反对分裂、维护祖国统一和民族团结、廉洁奉公的干部提拔到领导岗位上来。"[1] 2005年在开展先进性教育活动中，自治区选派万名干部下基层，进入村，帮助群众发展生产，解决困难。事实说明，在西藏加强基层组织和政权建设、发展惠及民生是社会制度实现跨越的基本前提和必然路径。

西藏每经历一次社会的重大变革与发展都离开党的领导，离不开党的基层组织和政权的强有力支撑。从和平解放以来，西藏始终坚持做到深入基层社会、深入群众中，党领导实现了经济社会的跨越发展。据统计，1959—2013年，西藏生产总值由1.74亿元增长到802亿元。到2013年，农牧民人均纯收入6520元[2]。2008年时，西藏基本实现了县县通公路，公路通车里程达到5.13万公里，比1959年的0.73万公里增加4.4万公里；基本实现了县县通光缆、乡乡通电话。固定及移动电话用户总

---

[1] 陈奎元：《西藏的脚步》，中共中央党校出版社1999年版，第8页。
[2] 洛桑江村：《2014年西藏自治区人民政府工作报告》，《西藏日报》2014年1月19日。

数达到 156.2 万户，电话普及率达到每百人 55 部①。到 2013 年大部分乡镇都通了公路、电话等。西藏教育事业健康发展，全区劳动人口人均受教育年限达 8.4 年。到 2013 年，农牧民子女高考招生比例增至 60%。农牧区医疗补助标准从年人均 300 元提高到 340 元，县乡医疗机构全部配备救护车、流动服务车②。科学技术应用于农牧业，科技贡献率达到 40%。60 多年来，党坚持强基惠民的做法推动了西藏经济社会的跨越发展。

进入 21 世纪，西藏的发展进步驶入历史快车道。2010 年 1 月，中央召开第五次西藏工作座谈会，会议提出西藏下一步发展的目标，即到 2015 年，保持经济跨越式发展势头，农牧民人均纯收入与全国平均水平的差距显著缩小，基本公共服务能力显著提高，生态环境进一步改善，基础设施建设取得重大进展，各民族团结和谐，社会持续稳定，全面建成小康社会的基础更加扎实；到 2020 年，农牧民人均纯收入接近全国平均水平，人民生活水平全面提升，基本公共服务能力接近全国平均水平，基础设施条件全面改善，生态安全屏障建设取得明显成效，自我发展能力明显增强，社会更加和谐稳定，确保实现全面建成小康社会的奋斗目标。这是中央对西藏推进跨越式发展提出的新要求，也是中央对西藏全面建成小康社会提出的新要求。从 2010 年开展的基层建设年活动和从 2011—2014 年开展的强基惠民活动，采取多种措施，促进农牧区的跨越式发展和长治久安，这些全部覆盖农牧区的重大举措，将农牧区推向最后通到全面建成小康社会的新阶段，也可以说是正在打通西藏农牧区全面建成小康社会的"最后一公里"，亦即把西藏经济社会的跨越发展推向了一个更加重要阶段。

（二）从现实看，强基惠民夯实了西藏经济社会跨越发展的根基

和平解放后的西藏经济社会处于很低的水平上，中央政府为西藏经济社会的发展提供了大量的扶持。西藏过去是一个自然经济社会，社会层次极不发育的边疆少数民族地区，经过多年发展仍然还是很不发达，是一个非典型二元经济结构特征十分突出的区域；西藏又是一个人口稀少、农牧区人口占很大比重，丰裕的自然资源禀赋短期难以利用，环境承载能力本身就脆弱的高原区域；西藏还是一个经历过上千年封建农奴

---

① 国务院新闻办：《西藏民主改革 50 年》（白皮书），2009 年 3 月 2 日。
② 洛桑江村：《2014 年西藏自治区人民政府工作报告》，《西藏日报》2014 年 1 月 19 日。

第二章 西藏的跨越式发展与乡村基层治理

制,文明进步的基础极其薄弱,宗教文化传统十分浓厚的地区;西藏也是一个商品经济极不发达,安于自给但长期不能自足,由计划经济体制向市场经济转型,在实行改革开放以后经济迅速发展的地区;更为重要的是,西藏同时是一个地处祖国边陲,长期面临境内外敌对势力、分裂主义分子的渗透破坏,固边稳边,反分裂斗争任务十分繁重的地区。可以说,在中国一个地区的发展中同时具备上述特征举国罕见[1]。西藏经济社会发展中的这六大特征在广大农牧区尤为突出。西藏经济社会跨越发展就是在努力消除这六大特征过程中推进的。中央根据西藏经济社会发展的特征,在改革开放后连续召开五次工作座谈会,特殊关心西藏,组织动员全国的力量支援西藏。西藏的发展与进步必须有中央的关心和全国人民的支持,但还必须有西藏各族人民的努力。

马克思主义认为,历史是由人民创造的,人民是推动历史前进的动力。西藏人民是推动西藏历史发展的动力。进入21世纪,贯彻中央对西藏提出的全面建成小康社会要求,最大的困难在农牧区,最重要的是农牧民群众必须行动起来,努力奋斗。改革开放以来,西藏农牧区完成了经济体制的改革任务,实行"土地归户使用,自主经营,长期不变""草场公有、承包到户、自主经营、长期不变"与"牲畜归户、私有私养、自主经营、长期不变"的政策,从一定程度上解放了生产力,农牧区生产发展,农牧民生活大有改善。但是,与全国相比,农牧区还很落后,村级基础设施较差,一些地方还未通水、通电、通广播电视,有些牧民常年居住在流动帐篷里,西藏新农村建设中开展安居工程建设,解决了一部分农牧民安居问题,但农牧民收入较低,到2011年时,西藏农牧民收入为4904元[2],落后于全国平均水平。由于交通阻塞,西藏农牧区比较封闭,农牧民普遍缺乏现代意识,陈旧观念盛行,跟不上现代文明的步伐。西藏实现跨越式发展的农牧业基础比较薄弱。

强基惠民活动开展以来,各个驻村工作队进入农牧区所有村,通过开展五项工作任务,密切联系广大农牧民群众,尽最大力量把他们的

---

[1] 孙勇:《努力建设团结、民主、富裕、文明、和谐的社会主义新西藏》,《西藏日报》2010年1月31日。

[2] 2011年全国农民收入为6977元,参见李涛《2011年全国农民人均纯收入创新高》,《农村百事通》2012年第7期。

主动性、积极性调动了起来。驻村队工作密切联系群众，做到了六个全覆盖：进驻所有村全覆盖；掌握每一个群众的情况，知情全覆盖；给每个群众做工作全覆盖；为每户群众着想，帮助致富保平安全覆盖；宣传教育到每家每户全覆盖；帮助每个村设想发展前景全覆盖。同时，驻村队做到了凡是贫困必扶持，帮助村村加强基础设施建设。驻村工作通过为群众办实事、解难事，把群众全部组织起来、动员起来，使全面建成小康社会的目标深入到每个群众心中。人民的力量是最伟大的力量，人民一经组织动员起来，在推动社会进步中就会成为一种强大的力量，西藏驻村工作就是这样，把广大农牧民群众的力量组织动员了起来，形成了思稳定、求发展、奔小康不可抗拒的力量，农牧民群众的力量成为进一步推进经济社会跨越式发展的深厚根基。

（三）从未来看，强基惠民推进了西藏与全国经济社会发展一体化进程

西藏和平解放完成了祖国大陆的统一，从此改变了西藏与全国发展阶段不一致的状况，尤其是经过民主改革和自治区成立、建立社会主义制度各个时期，西藏改革社会制度，建立社会主义的政治制度、经济制度和文化制度，基本完成了西藏社会各项制度与全国统一进程，逐步缩小与全国的距离，不断推进了全国经济、政治、文化一体化进程。改革开放以来，在中央关心、全国人民的支持下，西藏加快发展步伐，在改革中建立健全与全国接轨的体制机制，在政治建设、经济建设、社会建设、文化建设、生态建设方面努力追赶，与全国各地的发展共性越来越多。进入21世纪以来，随着改革的深化，全国进入经济社会发展多重转型叠加时期，工业化、市场化、城镇化、民主化、信息化同时推进，产业结构转型、经济体制转型、社会转型、政府转型、文化转型，西藏如何跟上全国的改革步伐面临着诸多挑战，西藏自治区必须创新经济发展方式和社会基层治理结构。西藏自治区党委决定采取强基惠民重大举措是一项顺应经济社会多重转型趋势，在深化改革方面与全国保持一体化进程的积极措施；否则，西藏就要在全面建成小康社会、实现社会主义现代化道路上落后于全国，拖住全国实现中华民族伟大复兴的后腿。

强基惠民活动开展以来，各个驻村队围绕经济社会发展"五化"、"五转型"要求开展工作。

第一，推动农牧产品和农牧区劳动力市场化。西藏农牧民商品意识、

市场意识淡漠，驻村队成员帮助村（居）"两委"班子推进农牧民生产合作组的发展，帮助联系农牧产品的销售，帮助寻找农牧产品的销路，有些还与生产厂家签订购销合同，促进牧民养牛、养羊，促进农民养猪、养鸡鸭，种植玉米、土豆、青稞等农作物等，使农牧民的产品有了直接的销路，以市场化带动农牧民生产积极性，增加农牧民收入；一些驻村队还组织农牧民劳务输出，参加附近的工程项目建设，增加了收入。

第二，推进村级管理民主化。在驻村队的指导下，村（居）"两委"班子建立定期开会议事和定期召开村民大会制度，共同协商村里事宜，使农牧民群众民主意识不断增强。

第三，加大农牧区信息化建设力度。西藏农牧区地广人稀，交通、通信不便，网络建设滞后，一些驻村队与公信部门取得联系，帮助一些村开通网络，帮助筹集资金购置电脑，有些驻村队联系有关部门向村里赠送电脑等设备，改善了村级不通网的状况。

第四，转变产业结构。驻村队进驻村后，关注市场变化，引导农牧民转变产业结构，如昌都地区引导农民种植药材，拉萨的曲水引导农民种植玛卡、烟叶等经济作物，林芝波密县引导农民种植天麻，有条件的很多村引导农民种植蔬菜、瓜果等经济作物，改变了原来农民只种植青稞、大豆、土豆等单调作物的状况。

第五，建设服务型村（居）"两委"班子。在驻村队的帮助下，村（居）"两委"班子素质逐渐提高，建立健全了村级管理制度，引导村（居）"两委"班子主动服务群众，每个村（居）"两委"成员定期走访农牧户，解决群众的问题，群众对村干部服务的满意度不断提高。

第六，促进农牧区文化建设。驻村队帮助村建设文化室，对已有文化室的村想办法配置适用农牧民的图书；对条件差的文化室想办法筹措资金改进场地设备等，也配备了一定数量的图书；还组织引导农牧民开展读书活动等，提高他们的文化素质。驻村队采取的这些措施，在一定程度上改善了西藏农牧民的生活方式，在经济体制、社会体制和文化体制方面与内地进一步接近，促进西藏农牧区与全国在诸多体制方面朝着一体化进程方向发展。

二 强基惠民巩固党在西藏执政的基础

西藏民主改革之后，党在西藏执政的社会基础是广大翻身农奴的支持；50多年来，党在西藏执政依靠的是西藏各族人民的支持。人民群众是党在西藏执政的基础，群众处在基层社会，群众需要组织起来，因而基层党组织、基层政权建设就非常重要。西藏开展强基惠民活动，紧紧抓住基层这个党在西藏执政的关键，采取多项举措，加强基层组织和基层政权，惠及群众，让群众得到实惠，有力地巩固了党在西藏执政的基础。

（一）强基惠民活动加强了基层党组织建设

强基惠民活动中强基础首先是加强基层组织建设。各驻村队采取各种措施和办法在建强组织方面下功夫。

第一，加强基层党支部建设，在驻村队的引导和帮助下，各村配齐村支部成员，全自治区配备第一书记和文书协助村书记工作，健全党支部规章制度，完善村"三会一课"制度，推动基层组织规范化运行；加强理论武装工作，组织党员在农闲或晚上学习，教育农牧区干部做到坚定理想信念、忠于党、忠于祖国、忠于职守；新建一些基层组织，增强党的影响力；有些地方还针对党组织受到达赖集团的渗透影响情况，更换了支部成员，把不坚定的党员清理出支部，纯洁了基层党组织，加强了支部的力量；有些地方加强村集体经济发展，为支部活动筹措一定资金。

第二，加强党员队伍建设，全区各地采取多种措施积极发展党员，全区发展农牧民党员46449名；组织党员开展学习不断提升素质，开展"培养新党员，教育老党员"活动，实施"党员素质提升"工程；加强培养党员工作，开展"三培养"活动，即把青年农民致富能手培养成党员，把党员致富能手培养成村干部，把村干部培养成党员带头人；开展"户户党员村"试点工作，力争每户培养一名党员；加强农牧民党员培训工作，除驻村队进行培训外，还把农牧民党员送到有关培训学校学习，提升农牧民党员素质；开展"佩党徽、亮身份、树形象、做表率"实践活动，引导广大农牧民党员佩戴党徽，悬挂党员示范户门牌和优秀共产党户门牌；实行党员承诺制度，开展党员入户联系普通群众工作。

第三，发挥党员模范带头作用，全区各地开展党员带头发展生产、维护稳定工作，党员带头担任社会管理中的网格员、"双联户"代表、联防队员、民生信息员等职务，实行党员无岗位责任制，开展如"红星"、"灯塔"示范岗活动等，通过各种载体发挥党员模范作用。通过三年来的不懈努力，驻村队引导帮助村党支部较好地发挥了领导核心作用，村党员干部较好地发挥了模范带头作用，进一步夯实了基层组织的基础，全区基层组织薄弱的状况得到扭转，基层组织的创造力、凝聚力、战斗力

第二章 西藏的跨越式发展与乡村基层治理

得到提升。

（二）强基惠民活动固牢了基层政权的基础

乡镇政府是我国的基层政权，村委就是基层政权的基础。驻村工作开展以来，一些地区开展"强乡兴村固本"工程，加强乡镇和村级建设。

第一，建强村（居）"两委"，除上述建强基层组织的工作外，驻村队协助村级组织建立健全村规民约、村务公开、党务公开、村（居）"两委"班子成员基本职责、党风廉政建设等规章制度25万余条，帮助"两委"制定村发展规划、建成小康社会规划等；帮助逐步规范村（居）"两委"工作程序，采取多种形式加大对村（居）"两委"班子和大学生村官的培训力度，提高他们的政治敏锐性，坚定他们的政治立场，帮助他们掌握政策、找准定位、发挥优势，在工作队的帮助下不断提升自身素质和工作水平。

第二，培养"两委"候选人，针对西藏村（居）"两委"干部年龄老化、文化程度低、办事能力弱等情况，驻村队帮助寻找和培养有发展潜力、年轻的"两委"候选人，改变村（居）"两委"成员的年龄、文化等结构，优化村（居）"两委"班子，使村工作后继有人。

第三，帮助乡镇和村委掌握基层情况，即掌握群众的思想动态、掌握群众的生活状况、掌握基层组织发挥作用的情况、掌握主动治理和强基固本情况、掌握群众致富门路情况、掌握党群干群关系情况、掌握矛盾纠纷隐患情况、掌握惠民政策落实情况，帮助村级健全了村情台账，在全区范围内摸清了基层社会的详细情况，为加强基层政权管理村提供了良好的条件。

第四，开展惠民生活动增强了党和政府在基层群众中的威信，驻村工作队始终坚持"把好事办实、把实事办好"的原则，与村（居）"两委"班子共商致富之策，帮助村制订规划、理思路，努力探索发展经济的长效机制；积极组织开展技能培训、劳务输出和结对帮扶，帮助解决就医、上学等实际困难，不断提高农牧民群众生产、创业、就业能力。以昌都地区为例，驻村工作队共组织农牧民到区内外劳务输出20余万人次，让农牧民增收24600万元；解决"三就"（就医、就业、就学）问题12000多个，解决"两保"（医保、社保）问题66000多个，解决"六通"（通电、通水、通路、通信、通邮、通广播电视）问题8943个；找准发展路子和制定、完善、实施经济社会发展规划8000余条；开展送科技、送技术、送信息、送卫生、送服务活动 14535 次；自治区工作队协调县、乡（镇）工作队落实"短、平、快"项目 36 个，资金 2745 万元。驻村队通过为广大农牧民办实事、解难事，使他们增强了对党的感情、对政府的信任，争取了广大农牧民的人心，增强了基层社会的和谐稳定。

（三）强基惠民活动培养了可靠的基层干部队伍

干部是做好工作的关键因素，党员干部是党在西藏执政的重要力量。驻村工作不仅培养了大批的优秀的驻村干部，而且也培养了一批优秀的农牧民干部。

第一，各级干部在驻村工作中得到锻炼，为期三年的驻村工作共选派 7 万多名干部进驻村工作，其中大约有 1/3 是乡镇一级的基层干部，广大驻村队员坚持把基层作为施展抱负、锻炼成长的重要平台，严格遵守政治纪律、组织纪律、工作纪律，虚心向群众学习，遇事和群众商量，拉近同群众的距离，树立了党员干部在人民群众中的良好形象；驻村干部普遍受到了基层锻炼，了解了基层社会，积累了人生的经验，提升了解决问题的能力，增进与农牧民群众的感情，在党的群众路线教育实践活动，驻村干部转变作风、强化素质，提高了各种能力。三年来，自治区党委坚持把驻村工作作为培养干部、锻炼干部、发现干部、用好干部的重要载体、重要平台、重要方式、重要途径，树立良好的选人用人导向。广大驻村干部坚守在基层一线，舍小家、顾大家，紧紧围绕"五项重点任务"，指导协助村（居）"两委"搞宣传、抓党建、谋发展、促稳定，积极帮助群众理思路、破难题、找门路、促增收，着力加强基层组织建设，着力解决影响基层和谐稳定和长治久安的突出矛盾和问题，改善群众生产生活条件，有力地促进了城乡基层发展、稳定、民生、党建各项工作，很好地发挥了党和政府联系人民群众的桥梁、纽带作用。

第二，培养了一批靠得住的优秀农牧民干部，全自治区每个村按 5—7 人标准配齐"两委"班子①，驻村队通过教育培训、指导帮助、一起工作等方式，带动每位农牧民干部做村务工作；帮助他们树立威信、推进工作、提高能力，干事创业；很多村干部深入群众中，了解群众情况，帮助解决困难和问题，帮助群众寻找致富门路，开展矛盾纠纷调处；村

---

① 一类村：1000 人以上为 7 人；二类村：500—1000 人为 6 人；三类村：500 人以下为 5 人。

干部改变作风，戒酒戒赌，树立良好形象，带领村民改变落后观念，消除一些陈规陋习，依法开展宗教和民俗活动，倡导文明生活方式；很多村干部旗帜鲜明，立场坚定，带头揭批达赖集团的分裂阴谋，坚决抵制分裂思想渗透，坚决维护社会稳定。三年来，通过驻村工作的开展，大批农牧民干部的整体素质有所提升，在他们的影响下，一些进步的青年纷纷加入党组织；在他们的带领下，农牧民参与村务管理的积极性增强，村干部依法管理村务，使村级管理逐渐得到规范。由于村级优秀干部和驻村队干部发挥了积极作用，广大农牧区社会稳定、生产发展、邻里和睦。经过基层培养和锻炼起来的这些优秀干部是党在西藏执政的中流砥柱。

（四）强基惠民活动改进了乡村社会治理状况

驻村干部全覆盖进驻村三年是西藏和平解放以来的第一次，不仅建强了基层组织和政权，而且创新了乡村社会治理模式，为稳定西藏乡村社会扎实了基础，也夯实了党在西藏执政的基层社会基础。

第一，驻村干部协助村（居）"两委"班子创新村管理，驻村干部协助村委摸清了基本情况，并做了电子台账记录，建立健全了村党务、村务各项管理制度和工作流程，使村级管理逐渐规范化、制度化、法制化。

第二，派驻村第一书记协助村书记工作、加强党对乡村社会的领导，从自治区、地（市）、县（市、区）、乡镇机关中选派干部到村（社区）担任党支部第一书记，帮助加强基层组织建设；截至2013年年底，全区选派第一书记5339名，覆盖全区97%的村（社区），其中拉萨市、山南地区、林芝地区、昌都地区等覆盖率达到100%；第一书记协助村书记工作，充实了村支部的力量，加强了党对乡村社会的领导；第一书记走访了农牧户，帮助群众解决了一些实际问题与困难，增强了党员干部的威信，提升了党在农牧区的影响力。

第三，建立干部承包制度、发挥政府主导乡村社会治理的作用，自治区党委、政府建立了干部逐级承包制度，采取省级干部包地区、地区级干部包县、县级干部包乡、乡级干部包村、部分乡级干部担任村干部的办法，西藏村村都有干部包管包治，这种形式的管理有力地发挥了政府在乡村社会治理中的主导作用。

第四，社会力量协同、多管齐下共同治理乡村社会，一是将网格化管理模式拓展到乡村和寺庙；二是在全区开展"先进双联户"创建评选活动，实现联户保平安、联户促增收；三是加强乡村寺庙僧尼教育服务管理，选派7000多名优秀干部进驻全区1787座寺庙；干部驻村和驻寺工作相衔接，网格化管理和"双联户"创建与评优相结合，各种力量协同配合，形成多管齐下共同治理乡村社会的强大合力。

第五，农牧民群众广泛参与、增强乡村社会自我治理能力。广大农牧民在西藏乡村社会治理中广泛参与，积极发挥治理主体作用，自发组建了联防队、护村队、护林队、民兵队等组织，在维护基层稳定等方面发挥了重要作用，增强了乡村社会自我治理能力。

第六，依法规范乡村社会秩序，西藏在乡村社会治理实践中注重发挥法治的作用，通过进行法制宣传教育，使广大农牧民逐渐提高法律素质，明确什么能为什么不能为，自觉遵守国家法律和村规民约。与此同时，西藏依法实行手机和网络实名制，开展网络和手机监管行动，加大网络管理力度，确保意识形态领域安全；依法解决社会矛盾纠纷，建立健全乡村社会矛盾纠纷调解机制，调解了农牧区的虫草、草场、矿藏等资源纠纷；建立乡村流动人口管理机制，寺庙管委会和僧尼原籍所在村建立管理协调机制，加强对休假返乡僧尼的管理；依法严厉打击破坏乡村社会秩序的非法活动，保障了乡村社会的正常秩序。

三　强基惠民确保西藏全面建成小康社会

西藏现有300多万人口，其中农牧民人口占80%，大部分人口在农牧区，因此，西藏全面建成小康社会的重点在农牧区。在强基惠民活动中，每个驻村队承担自治区部署的"五大任务"，总体来讲，就是要贯彻落实中央第五次西藏工作座谈会精神，加快农牧区建设步伐，实现与全国一道全面建成小康社会的目标。从这个意义上看，强基惠民活动就是要确保西藏全面建成小康社会。

（一）强基惠民活动为农牧区全面建成小康社会奠定了政治基础和社会基础

民主革命时期和社会主义建设初期，毛泽东提出过著名的论断："严重的问题是教育农民。"这是因为，作为一个农业大国，农民是中国人口的主体，工人、知识分子也多由于脱离农民身份不久而具有浓厚的小农意识。中国农民长期受到封建主义的压迫和束缚，大多没有文化，思想保守，小富即安，不思进取，因此，要使广大农民从思想上和行动上尽快进入社会主义，必须对农民进行社会主义教育。新中国的社会主义教育运动持续了很长时间，发挥了巨大作用。始于2011年、在西藏已持续三年，并且正在探讨和制定活动的长效机制和后续规划的强基惠民活动，在一定意义上正是在农牧区开展的社会主义教育运动。同时，强基惠民活动针对西藏的实际情况，结合西藏跨越式发展和长治久安的发展目标，与时俱进，赋予了更多新的时代内涵。

各驻村工作队担当起党的"喉舌"和"宣传员"作用，组织开展"万名干部进农家宣讲党的十八大精神"活动、宣讲党的十八届三中全会精神活动，共召开十八大宣讲会5万余场次，入户宣讲20.6万人次、发放资料132万余份、开办专栏1.8万期，还培训农牧民宣讲员，通过他们自己的亲身经历、用自己的语言现身说法，将十八大精神形象生动地传达给广大农牧民。十八届三中全会宣讲会1.67万余场次、入户6.89万余人次，入户率89.42%，发放资料39.46万余份，开辟专栏6545期。通过声势浩大、细致入微的宣讲，使千千万万的农牧民及时了解到党的十八大描绘的宏伟蓝图，十八届三中全会关于全面深化改革的指导思想和目标任务，以及西藏自治区为顺利成功实现跨越式发展和长治久安目标而采取的一系列具体实施情况。把党和国家的政策宣传到广大农牧民群众中，让农牧民群众更加明确了奋斗目标，极大地调动了农牧民群众全面建成小康社会的积极性，扎实了西藏农牧民奔小康的政治基础。

与此同时，每个驻村工作队都把维护稳定、发展经济、改善民生作为重要工作。驻村工作队坚持把维护基层社会稳定作为第一责任，首先帮助驻在村建立维稳工作机制，旗帜鲜明地防范和打击"藏独"分裂势力，排查不稳定因素隐患。通过100%入户询访，建立村民档案，突出抓好反分裂斗争思想教育、指导工作队加强维稳能力建设、调节化解矛盾纠纷、完善值班巡逻制度等，加大敏感时段维稳督察力度，对责任不落实、措施不到位，影响驻点村社会稳定的，按有关规定追究责任。截至2014年3月，全区驻村工作队共协助村（居）"两委"召开维稳宣讲会24万余场次，化解社会矛盾4万余起，妥善解决群众上访2.3万余人次，加强涉稳重点人员管控23.7万余人次，促进了基层维稳长效机制的建设。

建好筑牢基层组织是维护基层稳定、保障社会稳定的基石。强基惠民活动把建强基层组织作为强基固本之策，取得明显的成效。截至2014年3月，全区共发展积极分子17.2万余名，发展党员4.37万余名，确定"三培养"对象9.67万余名，建立完善规章制度21.46万余条，帮助村

（居）"两委"建章立制，村务公开。此外，通过帮助村厘清发展思路，建立合作经济组织，找项目、组织劳务输出等各种帮扶，为群众拓宽增收致富渠道，为群众办实事解难事。通过建立新旧西藏对比展览、演出等丰富多样的文化活动，对农牧民进行感党恩教育和文化宣传，帮助农牧民转变观念，凝聚了人心，增强各族群众对伟大祖国的自豪感。驻村工作队员与村民在生活上互相关心照顾，做知心朋友，通过送科技、送教育、送文化、送卫生、送医疗等，引领农牧民接受现代生活方式。这些举措，受到村民的欢迎，基层组织得到群众的信任和拥护，切实维护了西藏广大农牧区的政治稳定和社会稳定，全面地动员和发动了最广大、最基层的民众满怀热情地参与到小康社会的建设中来，夯实了农牧民群众实现小康社会目标的社会基础。

（二）强基惠民活动为农牧区全面建成小康社会厘清发展思路

要想与全国人民一道，在2020年全面建成小康社会，从决策者到执行者，都必须摸清家底，厘清发展思路，找准前进方向。强基惠民驻村工作队的一项重要任务就是摸清5464个村的基本情况。驻村工作队驻村后，100%的入户调研，为每家每户建立档案，对每户家庭的人口、年龄结构、党团员、住房、经济状况、牲畜结构、主副业、生产致富手段和制约因素等，进行全面详细的登记造册，驻村工作队通过制定《驻村工作方案》，确定"周报告、月小结、季交流、年总结"的工作计划，把了解社情民意的工作制度化、常态化。此外，各驻村工作队还要做工作日记和民情日记，对村民和各个家庭的变化都能及时发现，及时了解，及时帮扶，把困难、矛盾化解在基层。在民情、社情比较复杂的地区，对重点户、重点人员的摸排，在经济发展比较困难的地区，对贫困户、致富能力弱的户和人员也都有特别的记录，进行特别的帮扶。通过各种渠道，全面掌握驻在村的基本情况、查找存在的问题，分析制约当地经济社会发展的原因，挖掘当地的特色优势，探讨推动当地改革进步的思路和措施。这就不仅使得驻村工作队在驻在村的工作思路、工作重点比较清晰，也使得各级领导部门能够充分全面地掌握每个地区经济社会发展的不同情况、不同特征和不同需求，摸清了基层各方面的基本情况和基础数据，为全面制定政策提供了可靠翔实的依据。

驻村工作开展以来，各个驻村队重点加强了农牧区建设小康社会的工作。

第一，协助村（居）"两委"厘清发展思路，制定全面小康社会建设规划，确保小康社会建设有蓝图、有目标、有措施，三年来，共厘清发展思路5.4万余条。制定完善实施经济社会发展规划4.7万余项。

第二，协调各地（市）、各部门安排专项资金支持强基惠民活动，自治区交通、水利、扶贫、林业等部门筹资359.27亿元，启动了为期三年的"创先争优强基础惠民生农村公路通达攻坚工程""农村水利建设专项行动""扶贫农发直通车行动计划""创先争优强基础生态惠民行动计划""强基惠民光明工程行动计划"，从道路、水利、电力、扶贫等多方面采取特殊扶持，破除农牧区发展的"瓶颈"制约。

第三，以改善农牧民生产生活条件为落脚点和突破口，大力实施强基惠民项目，自治区财政共投入资金55.88亿元，建设了一大批与群众切身利益相关的项目；各地市财政安排专项资金5.74亿元，直接用于促进发展农牧区经济，农牧区的发展态势出现了巨大的变化。

第四，驻村队发挥单位职能作用和自身优势，争取和落实短平快项目，重点解决了农牧区经济发展自身的"造血能力"不足，缺乏发展后劲的问题。三年来，各地市驻村工作队共落实了12269个项目，落实资金34.63亿余元；拓宽了农牧民增收致富的渠道，开展实用技能培训8.5万余人次，组织劳务输出126.7万人次，增加现金收入15.1亿元；发展集体经济组织、合作经济组织1.4万个。通过上述措施，西藏农牧区加快了全面建成小康社会的步伐，拉萨市提出在2017年、林芝地区提出在2018年率先建成小康社会。

（三）强基惠民活动革新农牧民思想观念，提升精神文明

强基惠民活动的强度、力度都是西藏改革开放甚至是民主改革以来空前的。分三批近七万名各族干部在三年时间里深入到西藏120多万平方公里、5464个村工作、生活，与村民交往，为村民办事解难，这本身就是对世代居住在祖先土地上的农牧民一次现代化的熏陶和洗礼。他们给西藏农牧区带去了新思想、新观念、新方式、新风俗、新习惯、新生活，直接影响着农牧民传统的生产生活方式的改变。

驻村工作队对农牧民思想观念、生产生活方式的震动是巨大的。驻村工作队五项任务中的每一项，都不同于农牧区松散的组织结构，而都是现代国家治理意识和意志的体现。驻村工作队为驻在村带去的很多项目，也不同于带有自然经济特征的传统农牧业，而是符合西藏生态保护、

产业开发要求,与西藏跨越式发展和长治久安目标相适应的。除了在思想观念层面通过建立新旧西藏对比展览、演出等丰富多样的文化活动,对农牧民进行感党恩教育和文化宣传,增强各族群众对伟大祖国的自豪感,转变观念,凝聚人心,以社会主义现代化的共同理想和以法制宣传教育和现代化的生产方式对基层群众培育公民意识、进行现代化的启蒙,驻村工作队还特别通过送科技、送文化、送卫生、送医疗等,以现代生活方式影响和改变村民的思想意识。通过解决清洁饮水、垃圾填埋、使用清洁能源沼气、修建公共厕所、公共浴室等,安装路灯、体育健身器材,修建或更新文化室,改变传统生活方式中的不良习惯和陈规陋习,引领农牧民接受现代生活方式,提升精神文明。

驻村队与农牧民群众打成一片,深入每户人家访谈,有些地方还组织放电影,不断增强农牧民的开放观念。同时还引导改变生产观念,种植经济类农作物,提高牲畜出栏率,不断增强市场意识。一些驻村队还借助对口援藏关系,与有关对口省市取得联系,组织农牧民到内地接受技术培训,组织农牧民开展劳务输出,增强了农牧民走出去意识。驻村队全面落实"八到农家"工程,整治人居环境,建设小康示范村,使村容整洁,人居环境幽雅,改变了乡村面貌,增加了现代化气息。

四 强基惠民创造西藏实现"中国梦"的条件

邓小平于1987年在《立足民族平等,加快西藏发展》一文中,曾提出判断西藏发展与否的"两个怎样"标准,即"关键是看怎样对西藏人民有利,怎样才能使西藏很快发展起来,在中国四个现代化建设中走进前列。"这既是邓小平对怎样看待西藏发展提出的标准,也是邓小平对西藏未来的希望,亦即西藏要在中国现代化中走在前列。改革开放30多年来,西藏一直朝着这个方向不断努力。党的十五大提出中国实现"两个百年"的奋斗目标,十八大以后,习近平总书记将此精辟地概括为"中国梦",小康社会和社会主义现代化成为西藏各族人民追求奋斗的目标,现在距离实现"中国梦"目标仅有30多年,西藏在实现这一目标的征程上还有巨大的困难。从长远看,强基惠民重大措施不仅要解决现在农牧区的问题,而且要为实现"中国梦"创造好条件,有着长远而深刻的重要意义。

(一)凝聚西藏各族人民实现"中国梦"的巨大力量

实现中华民族伟大复兴的"中国梦",是国家的梦,民族的梦,也是每一个中国人的梦。在梦想的舞台上,上演着每一个人追赶时代的脚步、奋斗拼搏的艰辛和梦想成真的喜悦。没有哪个人的梦想能脱离他的民族、他的祖国和他的时代，而民族梦和祖国梦也必须依靠人民来实现。"中国梦的本质是国家富强、民族振兴、人民幸福"，个人的梦想依靠强国梦来实现，中国梦则是造福每一个人的中国梦。同心聚力，可以改天换地。要实现强国梦想，必须凝聚起全体中国人民的力量，凝聚起全国各族人民的力量。强基惠民活动把民族的梦想、国家的梦想和个人的梦想牢牢地凝结在一起，调动了各族儿女改变落后面貌、改变个人也是改变民族命运的积极性和主动性，从而焕发出巨大的生机和活力。

强基惠民活动开展以来，面对西方敌对势力和达赖集团不断加大对西藏进行反动思想渗透的新情况，狠抓群众思想教育工作，针锋相对地揭露达赖集团的"三性"（政治上的反动性、宗教上的虚伪性、手法上的欺骗性）分裂本质，努力提升社会主义核心价值体系的引领力，让广大干部群众认清达赖集团假和平真暴力、假自治真分裂、假对话真对抗的真面目，牢牢占领意识形态高地，坚定了基层群众感党恩、跟党走的信心和决心。

各驻村工作队充分发挥"党的政策宣传员"的作用，定期开展党的方针政策宣传教育，把学习宣传贯彻党的十八大精神作为首要政治任务，用群众听得懂的语言深入浅出地宣讲十八大精神，还培训农牧民宣讲员，通过他们自己的亲身经历现身说法，将十八大精神、"中国梦"的内容等形象生动地传达给广大农牧民。不断深化"算富账、感党恩、要稳定、求发展"主题教育活动，向群众发放领袖像80余万张、国旗59万余面。各驻村工作队还带下去由区强基惠民办统一制作的西藏新旧社会对比展板6000多套，在各村建立新旧社会对比室，组织基层群众召开感党恩教育群众大会8.99万场次，举办专题讲座5.2万场次，发放资料303万余份。利用每年3月"百万农奴解放纪念日"、9月"自治区民族团结月"等特别时刻，以及藏历新年等节庆时期，利用图片展览、文艺演出、传统文化等方式，展示西藏在和平解放、百万农奴翻身解放、改革开放各个历史时期的不同面貌，生动形象地展示西藏各族人民与全国人民一道共同团结奋斗，把一穷二白的祖国建设成为正在崛起，在国际上有一定影响力，经济社会繁荣，人民基本实现小康的新中国的光辉历程；生动形象地展示西藏各族人民在全国人民的无私援助下，与全国人民一道共同团结奋斗，把荒蛮、原始、落后的旧西藏建设成为与祖国共同发展进步，不断创造奇迹，不断在经济、社会、文化等领域实现跨越式发展的艰难历程，以及将在2020年与全国一道实现全面建成小康社会目标的美好前景，使基层群众极大地增强对伟大祖国的自豪感和向心力，使广大农牧民清醒地认识到"谁在造福西藏、谁在祸害西藏"；清醒地认识到只有各民族始终做到同心同德、同心同向、同心同行，共同团结奋斗，才能实现共同的繁荣与发展；清醒地认识到在发展中，汉族离不开少数民族、少数民族离不开汉族、各少数民族之间也相互离不开，极大地增强了西藏各族人民对伟大祖国的认同感、中华民族的认同感、中华文化的认同感、中国特色社会主义的认同感。

通过一系列的教育活动，极大地凝聚了农牧民为实现"中国梦"而奋斗的精神力量，使实现"中国梦"的奋斗目标成为农牧区的精神支撑，广大农牧民有了明确的奋斗目标和希望。

（二）缩短农牧区实现社会主义现代化的差距

西藏的发展进步，归根结底是包括地域辽阔的农牧区在内的发展进步，西藏的现代化，归根结底是包括数以百万计生产生活方式还比较落后的农牧民的现代化。西藏全区实现跨越式发展的薄弱环节在基层，全面建成小康社会的重点难点在村。只有积极有效地推进基层经济社会的跨越式发展，才能真正夯实全面建成小康社会的物质基础。强基惠民活动开展以来，紧紧抓住抓好发展这个第一要务，通过扎扎实实的工作和由点到面各类项目的实施，已经为实现跨越式发展目标点燃了村级经济发展的引擎，准备了上路前行的动力。

驻村工作三年来，组织了大量调研活动，要求工作队深入基层、深入群众，开展大走访、大调研、大谈心活动，帮助驻在村查找问题、摸清情况、厘清思路、共谋发展，努力做到把制约发展的问题找准，把符合实际的发展思路找对，引导和协助村（居）"两委"制定符合村情、各具特色的经济社会发展规划，形成促进驻在村经济发展、民生改善和社会稳定的有力举措，确保小康社会建设有蓝图、有目标、有措施，开创了数万驻村工作队员带领全区5464个行政村共谋发展、同奔小康的生动局面。活动开展以来，全区驻村队完成调研报告1.5万余篇，想方设法解决农牧区的问题，推进乡村现代化程度。如林芝地区，累计投入资金29.5亿多元，完成安居工程3.4万户，95%以上的农牧民住上了安全舒适的新房，"八到农家"工程全面实施，完成农村人居环境综合整治村

374个，建成小康示范村47个，行政村安全饮水通水率达到100%，行政村通电率达到92%，乡镇公路通达率达到96.29%，行政村公路通达率达到94.89%，广播、电视人口覆盖率分别达到94.7%、94%。一些驻村队还帮助农牧民购置拖拉机、脱粒机等现代生产工具，农业现代化设备不断增多，全区科技对农牧业的贡献率达到40%。这些基础性的、在某些地区甚至是从无到有的工作，涵盖了基础设施建设、改善生产生活条件、提高群众劳动技能、发展特色产业等，使5464个村、200多万农牧民切实感受到强基惠民带来的新变化，也把现代化发展理念和跨越式发展理念循序渐进地输入每个农牧民心中，向小康社会的目标迈出了坚实的一步，为自治区全面部署建设小康社会下一步的战略规划奠定了极为重要的物质基础。

（三）为实现"中国梦"建立起强大的内生动力机制

由于地理条件限制和历史文化传统的特殊性，西藏的经济社会发展水平不但一直落后于内地，而且自身发展的内生机制始终不健全，自我发展的内生动力始终不足。民主改革50多年来，西藏虽然实现了几次跨越式的发展，但是西藏的经济仍然是典型的外援型、输血型经济，制约着西藏的全面发展。随着国家发展战略的调整和完善，西藏跨越式发展的内涵也随之调整和完善，从经济扩展到社会、文化、生态的全方位的发展，最终实现与全国人民一道进入全面小康社会、实现社会主义现代化。这是一个更加艰巨而美好的目标。实现这一目标，仅仅依靠"输血"和外援是完不成的。"创先争优强基础惠民生活动"，是西藏自治区党委从推进西藏跨越式发展和长治久安全局出发，着眼于加强基层组织和政权建设、筑牢城乡发展稳定的社会根基、做好新形势下群众工作而实施的一项重大决策，为西藏建立起内生动力机制进行了意义非凡的探索。

加强乡村基层组织建设，绷紧维护稳定这根弦，形成加强基层建设和维稳工作的长效机制，为基层"留下一支永远不走的工作队"，为跨越式发展和长治久安提供了组织上的保障。立项目、促发展、增收入，为基层经济发展、脱贫致富厘清了思路、找准了路径。狠抓群众思想教育工作和科教文化普及工作。把社会主义核心价值观贯彻到每一项工作中。把国家和西藏发展的近期目标、中期规划和远景蓝图，一五一十地告诉每一个人，在每个人的心中种下梦想的种子，把广大农牧民的生命力、创造力引导到建设美好富裕的新西藏的奋斗中来。送科学、送技术、送卫生、送信息、送服务，缩短了广大农牧民特别是那些偏居一隅的乡民与现代生产和生活的距离，为实现跨越式发展和长治久安的梦想插上了能够飞翔的翅膀。

一些地方还根据当地实际情况，制定实施了特殊的措施。山南地区在强基惠民五项任务之外，结合山南实际提出创建"十星模范村"和"强化创业意识教育"两项任务。"十星"即爱党爱国星、民族团结星、勤劳致富星、特色经济星、管理民主星、重教尚文星、环境美化星、遵纪守法星、平安和谐星、先锋堡垒星。通过深入开展"十星模范村"创建活动，引导农牧民义务投工投劳参与村容村貌整治、生态环境美化和生产生活基础设施建设。而"强化创业意识教育"则是加强对农牧民强化创业意识教育，引导农牧民正确处理政府扶持与自我发展的关系、外部"输血"与自身"造血"的关系，克服"等、靠、要"思想，增强市场经济意识，积极创办参与农牧区专业合作经济组织，引进增收项目，提高就业技能，拓宽致富门路，切实增强了基层干部群众创业致富的信心和本领，从而激活了西藏经济社会发展的内生动力。

那曲地区也通过调研，根据驻在村的实际情况，实施独具特色的"一村一品""一村一业"的发展路子，农牧区汽修、茶馆、旅店、农家乐、小卖部、手工艺编织、大棚蔬菜、畜产品加工销售等一大批村级经济实体应运而生，逐步形成"一人带一户、一户带一片、一片带一村、一村带一乡"的格局。切实调动了农牧民发展生产、脱贫致富的积极性，为西藏的建设和发展造就和激活了千百万的生力军。

强基惠民活动的适时推出，极大地改变了西藏党员干部的思想观念，极大地推动了西藏经济社会的向前发展，极大地激发了基层社会的活力，必然极大地增强西藏地区跨越式发展的内生动力，成为输血型、外援型向造血型和内生型发展的转折点。从这一点来说，强基惠民活动必将对西藏的未来产生深远的影响。虽然转折刚刚开始，仍有很长的路要走，但是通过强基惠民活动，西藏已经走在这条路上了。只要通过全体西藏人民的努力奋斗和全国人民的无私援助，西藏各族群众必将能够享有更好的教育、更稳定的工作、更满意的收入、更可靠的社会保障、更高水平的医疗服务、更舒适的居住条件、更优美的环境，过上更加幸福美好的生活，"中国梦"的伟大目标就一定能够在雪域高原实现。

第五节　强基惠民与实现长治久安的治藏方略研究*

新中国成立后，在构建社会主义多民族现代国家进程中，对少数民族和民族地区的治理与促进其现代化，属于国家最高利益，也是全体人民的共同要求。从国家治理体系和治理能力现代化建设角度来分析，中国共产党自新中国成立以来就对少数民族和民族地区形成了一个制度与价值取向上的顶层设计，即通过民族区域自治，保证各民族共同团结奋斗与共同繁荣发展，最终实现各民族的真正平等和中华民族伟大复兴中国梦。

民族地区治理体系和治理能力现代化，决定着国家治理体系和治理能力现代化，而西藏工作无疑是国家治理体系和治理能力现代化的有机构成部分。西藏基于区情的特殊性，在治理方略上自然表现出西藏特点。中央政府与西藏地方政府在国家的顶层设计下，立足于西藏的特殊性，一条具有中国特色、西藏特点的治藏方略，在一步一个脚印中逐步显现并成熟起来。治藏方略的核心，一是稳定、发展与安全"三位一体"的政策价值取向；二是党的坚强领导同与西藏各族人民群众保持血肉联系的群众路线的高度统一。

强基惠民驻村工作，是西藏自治区党委、政府贯彻中央精神、立足西藏实际，着眼于推进新农村建设、加强城乡基层组织建设、维护基层社会稳定、推动经济跨越式发展、促进民族团结、保障和改善民生、做好新形势下群众工作、实现长治久安而做出的一项重大决策部署，是撬动和推进西藏稳定、发展与安全的永久支点，是实施治藏方略的具体抓手。

一　稳定、发展与安全，是中央治藏方略"三位一体"的政策价值取向

实质上，自和平解放以来，稳定、发展与安全因西藏所处的特殊的区内环境与国际环境以及地缘战略价值，而成为我国民族工作和政策的"三位一体"的价值取向，成为少数民族事业在西藏的三个基本问题。从毛

---

* 本节执笔人：贺新元。

泽东同志的"西藏人口少，但战略地位很重要"，到江泽民同志在第三、第四次西藏工作座谈会上提出的"西藏的稳定，涉及国家的稳定；西藏的发展，涉及国家的发展；西藏的安全，涉及全国的安全""西藏的发展稳定和安全，事关西部大开发战略的实施，事关民族团结和社会稳定，事关祖国统一和安全，也事关我们的国家形象和国际斗争"等论述，再到以胡锦涛同志进一步明确提出的旨在推进西藏跨越式发展和长治久安的"一个中心、两件大事、四个确保"西藏工作指导思想；从中央第五次西藏工作座谈会将西藏定位为"使西藏成为重要的国家安全屏障"，到2011年7月国家副主席习近平同志在参加西藏和平解放60周年庆典活动时，明确提出"五个坚定不移"的要求（即坚定不移地用中央第五次西藏工作座谈会精神统一思想和行动，坚定不移地推进西藏的跨越式发展，坚定不移地保障和改善西藏各族人民的生活，坚定不移地维护西藏的社会稳定，坚定不移地抓好党的建设），再到2013年3月9日，习近平总书记在参加十二届全国人大一次会议西藏代表团审议时提出的"治国必治边、治边先稳藏"的重要战略思想，和4月俞正声同志在中央西藏工作协调小组会议上强调的"依法治藏、长期建藏、争取人心、加强基层"，无不是从国家战略眼光来思考西藏的稳定、发展与安全问题。

　　解决西藏稳定、发展与安全三大基本问题所形成的政策组合和能力是一个有机系统，这个系统的构成就是西藏治理体系和治理能力。这一体系和能力具有系统性、整体性和协同性。系统性，是指围绕西藏稳定、发展与安全的"三位一体"治理目标，从中央层面的顶层设计到西藏地方的基层实践所形成的一种系统化；整体性，是指立足于党和国家的全局大局，服务于"三位一体"治理目标，在改革开放中使国家利益与西藏地方利益保持高度一致，使西藏各民族人民群众共享改革开放的伟大成就；协同性，是指党和国家相关部门、各兄弟省市与西藏自治区共同形成密切的协同工作机制，通过中央关心、全国支援的援藏工作机制，把西藏稳定、发展与安全纳入国家各方面工作、社会各个领域，并使它们形成一种共治合力。

　　这一体系还是一个具有帕累托改进状态的大系统。西藏治理体系和治理能力是在服务于稳定、发展与安全"三位一体"的政策价值取向或治理目标过程中逐步构建与提升的。西藏稳定、发展与安全"三位一体"的价值取向或治理目标在治藏方略的完善或治理体系和能力的不断提高下，不同的历史时期，至少会使一个价值取向或治理目标变得更好，同时另外的价值取向或治理目标没有因此而变得更坏更糟；即便在其中一个价值取向或治理目标出现问题时，其他两个并没有随之也变坏变糟。

第五次西藏工作座谈会，对西藏很长一段时期的矛盾进行了准确定位，区分为人民日益增长的物质文化需要同落后的社会生产之间的社会主要矛盾和各族人民同以达赖集团为代表的分裂势力之间的特殊矛盾。对西藏现阶段矛盾的历史定位成为西藏推进经济跨越式发展和社会长治久安的现实依据。自然，西藏治理着眼点和着力点的稳定、发展与安全就转换成为另一种表达方式——跨越式发展与长治久安。西藏跨越式发展与长治久安，关系全国改革发展稳定大局，关系祖国统一、民族团结、国家安全，关系中华民族伟大复兴。其中，发展是解决一切问题的关键，也是解决西藏问题的总钥匙；发展最终要落实到改善民生、惠及百姓，落实到增进民族团结。发展离不开稳定，稳定当然离不开基层；西藏86%左右人口分布于基层，没有基层的稳定，就很难说有整个西藏的稳定和发展。俗话说："基础不牢，地动山摇"。西藏的发展与稳定，不能脱离分裂与反分裂斗争的政治环境，处在反分裂斗争前沿的西藏安全决定着国家安全。强基惠民活动，抓住了治藏方略中稳定、发展与安全"三位一体"的牛鼻子，起着纲举目张的作用。

二 西藏治理方略与强基惠民活动：顶层设计与地方经验相结合

通过民族区域自治，保证各民族共同团结奋斗与共同繁荣发展，最终实现各民族的真正平等和中华民族伟大复兴中国梦，是中国共产党自新中国成立以来对包括西藏等五大自治区在内的少数民族和民族地区，在制度与价值取向上的一种最高的顶层设计。针对西藏这一边疆民族地区的治理，同样要有一种顶层设计。当然，这种顶层设计不是来自凭空"拍脑袋"，而是要以西藏地方实践与经验作支撑；否则，顶层设计无异于空中楼阁。围绕着稳定、发展与安全"三位一体"价值取向而逐步形成且清晰的治藏方略，是在不断总结长期经验教训的基础上升华提炼，进而不断完善的，同时它又为西藏地方继续创造条件去探索新的实践形式提供了理论上的指导。

（一）中央治藏方略要有顶层设计

西藏历史形成的经济社会文化发育程度低，所处的自然地理环境之恶劣且地广人稀（1/8国土面积上只有300余万人口），影响国家安全的极其重要的地缘战略位置,西藏各族人民日益增长的物质文化需要同落后的社会生产之间的社会主要矛盾,各族人民同以达赖集团为代表的分裂势力之间的特殊矛盾等,都从客观上要求更多的从上至下的政策供给,这就需要顶层设计,而且设计不能就西藏而西藏,但又要立足于西藏,并体现长远性和全局性。

从和平解放到民主改革,从自治区成立到改革开放,从20世纪到21世纪,西藏的稳定、发展与安全都倾注了历届中央主要领导人的心血,毛泽东、邓小平、江泽民、胡锦涛和习近平根据不同历史时期的不同历史任务都作出了一系列重要指示[①]。在这些指示指导下,中央出台了一系列有别于其他民族省区的旨在西藏稳定、发展与安全的政策与措施,这些政策与措施集中反映中国共产党的治藏思想。这些指示与治藏思想,共同构成了中央在不同历史时期解决不同历史任务的治藏方略。不同历史时期的治藏方略,是在遵循国家解决少数民族和民族地区最高顶层设计下的,对西藏地方治理的次顶层设计。

早在1955年年底,毛泽东同志就明确指出:"西藏不能和新疆、内蒙古相比,那是一个很特殊的地方,要用特殊的办法解决。"[②] "用特殊的办法解决"西藏稳定、发展与安全的思路,贯穿于历届领导集体的治藏方略。用什么样的具体的特殊办法?不同的历史时期表现出不同的内容。比如,自和平解放西藏至今的援藏政策和援藏工作所形成的"援藏工作机制",既是一种"特殊办法",又是中央对西藏治理的一种顶层设计。"援藏工作机制",作为一种治理西藏的顶层设计,是经几代中央领导集

---

① 比如,毛泽东提出的"经营西藏"、"慎重移进"、"在西藏考虑一切问题都要注意民族、宗教这两个因素";邓小平提出的"关键是看怎样对西藏人民有利,怎样才能使西藏很快发展起来,在中国四个现代化建设中走进前列";江泽民提出的"三个涉及"(西藏的稳定,涉及国家的稳定;西藏的发展,涉及国家的发展;西藏的安全,涉及全国的安全)、"两个绝不能"(绝不能让西藏从祖国分裂出去,也绝不能让西藏长期落后下去)、"四个事关"(西藏的发展、稳定和安全事关西部大开发战略和实施,事关民族团结和社会稳定,事关祖国统一和国家安全,事关国家形象和国际斗争);胡锦涛提出的"新四个事关"(西藏工作事关全面建成小康社会全局,事关中华民族长远生存发展,事关国家安全和领土完整,事关我国国家形象和国际环境)、"两个屏障"(把西藏建成国家安全屏障、国家生态安全屏障)、"四个重要地"(把西藏建成重要的战略资源储备地、重要的高原特色农产品基地、重要的中华民族特色文化保护地、重要的世界旅游目的地),以及提出的西藏要走出一条有中国特色、西藏特点的发展路子。

② 中共西藏自治区委员会党史研究室编:《中国共产党西藏历史大事记》第1卷,中共党史出版社2005年版,第87页。

体的思考与西藏地方实践共同努力形成的,表现出中央对民族边疆地区的政策连续性与政策价值取向。

十八大召开后,中国特色社会主义发展又站在了一个新的历史起点上,世情、国情、党情处在深刻的变化之中。如何在新形势下,立足西藏区情的变化,扎实有力地推进跨越式发展、坚持不懈地保障和改善民生、坚定不移地巩固和发展民族团结、毫不动摇地做好长治久安的基础工作,把西藏建设成为重要的国家安全屏障,为国家争取重要战略机遇期,为实现"两个一百年"奋斗目标创造条件,摆在新一届领导集体面前。习近平总书记提出"治国必治边、治边先稳藏"的重要战略思想,俞正声同志在中央西藏工作协调小组会议上强调的"依法治藏、长期建藏、争取人心、加强基层"的重要指示,是在深刻总结改革开放 30 多年治理西藏经验教训的基础上,对历届中央领导集体治国理政、稳边兴藏方略的新概括、新发展,是全面深化改革新时期推进西藏治理体系和治理能力现代化建设的一种方略与理念上的顶层设计。顶层设计,在于使地方在明白"是什么"的基础上,知道该"做什么"和该"怎么做"。"治国必治边、治边先稳藏"的重要战略思想,使西藏地方明白了新时期西藏治理的核心"是什么",明白了藏、边、国和治、稳、兴的关系。"依法治藏、长期建藏、争取人心、加强基层",在告诉西藏地方如何使习近平总书记的重要战略思想落地,实际上是在治藏、稳藏、兴藏上指导西藏如何操作。强基惠民活动,使西藏党委政府在明白"是什么"的基础上,搞清楚了"做什么"和"怎么做"。

治藏方略的顶层设计必须要有社会基础,要有相应的基层设计来配合它。西藏自治区党委政府提出的强基惠民就是一种扩大稳固社会基础,更好贯彻落实中央顶层设计相对应的基层设计。

(二) 强基惠民活动是西藏长期探索的必然结果

从历史来看,党在西藏的全部工作,始终没有脱离过党的群众路线。党的群众路线不仅是践行党的全心全意为人民服务宗旨的最有效途径,而且是党在西藏取得政权并稳藏、建藏、兴藏的重要法宝。不管时代怎么变革,党在西藏的不同历史阶段的任务如何变化,从群众中来、到群众中去,为了群众、服务群众的路线和宗旨始终没有变,与西藏各族人民同呼吸共命运的民族团结的立场始终没有变,团结带领西藏各族人民"共同团结奋斗、共同繁荣发展"的主题始终没有变。

深入开展创先争优强基础惠民生活动，是党的群众路线教育实践活动在西藏的先期实践和特色表现，是寓党的群众路线教育实践活动于其中的地方性创新实验。作为先期实践，不仅体现出西藏地方对形势发展深刻变化的准确把握，而且体现了党在西藏工作的连续性。一句话，强基惠民活动的开展是西藏长期探索至今的一种必然选择。当然，这种选择需要主观的准确判断和果断的政策行为。西藏党委政府班子带领西藏人民顺应了历史发展，适时地做出了这种历史性选择。选择看似轻松易得，其实背后铺垫着60多年的艰辛探索。

和平解放至1959年叛乱期间，基于当时时势需要，党在西藏的工作主要是争取上层、影响群众，以争取上层为主，努力争取实现和平民主改革。平叛、民主改革与社会主义改造期间，党在西藏的主要工作转为建设基层政权和基层组织（即建基），发动群众、教育群众、服务群众，努力提高群众的生产生活水平。改革开放以来，党的西藏工作主要体现在维护西藏稳定和加快西藏发展。在社会主义市场经济建设中，西藏同内地一样，基层组织建设遭遇一定的不到位，出现一些"软、松、散、弱"现象；群众收入水平纵向比较在提高，横向相比却呈现扩大的趋势。为了改变这两大问题，中央与西藏地方一直也在从理论与实践上进行突破。比如，援藏的全覆盖与援藏工作机制的形成，援藏干部、援藏项目与援藏经费向基层农牧区的倾斜，西藏内部机关、事业单位点对点的扶贫，等等。特别是2008年"3·14"事件把基层组织存在的诸多问题暴露出来后，时任西藏党委书记的张庆黎同志一再强调要加强基层组织建设，并就这一问题进行了广度与深度的调研。2010年开始在全区开展创先争优、加强基层建设年活动，区地县三级选派12500名党员、干部进驻1514个村，与当地农牧民群众"同吃、同住、同劳动"[1]。由于历史、自然、社会等因素的影响，西藏长期处于欠发达状态。西藏城镇居民人均可支配收入、农牧民人均纯收入，仅相当于全国平均水平的73.5%和71.3%。按照国家新的扶贫标准，全区还有83万贫困人口[2]，占农牧民

---

[1] 《深入群众、深入实际比说任何大话都管用》（西藏自治区党委书记张庆黎在吉隆县调研创先争优、加强基层建设年活动时的讲话），http://news.cntv.cn/20110504/102061.shtml。

[2] 陈全国：《群众路线是治边稳藏的生命线和根本工作路线——学习习近平总书记关于党的群众路线的重要论述》，《人民日报》2013年9月17日。

人口的34%。

党在西藏的群众工作推进了西藏发展与稳定，取得了不少阶段性的丰硕成果，为后面开展的强基惠民活动与群众路线教育实践活动提供了非常宝贵的经验。2011年8月，自治区党委在总结"创先争优、加强基层建设年"经验的基础上，将其进一步深化，升级为"创先争优强基础惠民生活动"。党的十八大召开后，又把党的群众路线教育实践活动寓于其中。

强基惠民活动这一重大战略举措的实践，突破在西藏，指导在中央，是对中央治藏方略的具体落实，同时也是对西藏60多年稳定、发展与安全经验教训总结的结果。

（三）强基惠民是贯彻中央治藏方略的具体抓手

强基惠民活动，是推进西藏治理体系和治理能力现代化建设的重要探索，是密切党群干群关系、转变干部作风的生动实践，是实现西藏长治久安和跨越式发展的重要战略举措。

强基惠民活动，是中央顶层设计与地方具体做法的有机结合，注重"由地方经验"和"靠顶层设计"的结合。任何领域的顶层设计，都必须是在"中央、地方、社会"这样一个政治构架内发生，方能显得科学有效。顶层设计，如果没有地方政府和社会的参与，既不科学，也很难实施。顶层设计的治藏方略还在于西藏地方党委政府的执行力。执行是对方略的具体化。具体化必须有一个很好的抓手，抓手的形成不是一蹴而就的，而是"摸着石头过河"长期探索的结果。对治藏方略的执行到位，除了西藏党委政府动力外，还应该关注与调动社会的参与度。没有社会的积极有效参与，治藏方略就会脱离社会现实，不是实施不下去，就是浪费执政资源与执政成本，方略的政策价值取向（稳定、发展与安全）也将无法得到保证，跨越式发展与长治久安就会成为一句空话。社会如何有效参与，涉及党和政府的治理能力问题。西藏自2011年10月开始实施的强基惠民活动，是针对新时期西藏治理方略的一项"争取人心、加强基层"重大举措。强基惠民，一方面有利于解决基层组织的"软、松、散、弱"问题和提高农牧区的生产生活水平；另一方面有利于促进整个社会通过对治藏方略的广泛接受和支持而加强对祖国的认同，对中华民族的认同，对中华文化的认同，对社会主义道路的认同。

强基惠民活动，是国家全局性战略与西藏地域性策略的有机结合。

习近平总书记提出的"治国必治边，治边先稳藏"的重要战略思想，完全是从国家最高利益上对中国边疆以及藏区治理进行的一种战略思考，把西藏及相邻藏区一起放在国家整个边疆治理的系统内进行整体思考。这是中央治藏方略的新理念、新发展。具有全局性、长期性、前瞻性和指导性战略思想的落实，必须有围绕战略思想、地区环境而定的有效的具体政策方法，这些政策方法就是策略，就是战术，是对战略思想的特殊体现。强基惠民活动，就是西藏地方探索的一种体现中央治藏方略的地域性策略或战术，它既是在实践自上而下的党的群众路线教育实践活动，又是在探索中自下而上以西藏特点去完善中央治边治藏方略。

2011年10月开始，西藏从区、地（市）、县（市、区）、乡（镇）四级党政机关、企事业单位及中直单位选派近7万名干部组成5000多个工作队，进驻全区所有行政村（居委会）（共计5464个），连续三年深入开展创先争优、强基础惠民生活动。活动围绕"建强基层组织、做好维稳工作、帮助群众致富、进行感党恩教育、为群众办实事解难事"五项具体又基本的任务，把中央治藏方略及相关政策从宏观战略层面落实到西藏地方这一具体的微观层面，以构建起促进西藏跨越式发展和长治久安的长效机制。

强基惠民活动，是西藏经济社会发展到一定阶段的客观表现形式，它与中央的治藏方略紧密联系在一起，与西藏自治区党委政府探索西藏跨越式发展与长治久安的道路实践紧密联系在一起。这"两个紧密联系在一起"，关系到西藏全面小康社会的实现，关系到真正的民族平等的实现，关系中华民族伟大复兴中国梦的实现。

三 强基惠民活动：西藏稳定、发展与安全的"固本之举"

稳定、发展与安全是西藏治理体系中的三个核心问题。毕其功于一役，一劳永逸地解决这三个问题，不可能也不现实。必须要找到一种"长久之策"和"固本之举"。"长久"与"固本"的永久动力源来自群众，来自党的为人民服务的宗旨及党群干群之间的血肉联系。动力源的维护需要党员、干部和基层组织，动力源的持续需要搞好民生。因此，不管是从理论上分析，还是从实践中判断，强基惠民活动无疑就是西藏"稳定、发展与安全"的"长久之策"和"固本之举"。

（一）强基惠民活动对于西藏"稳定、安全、发展"的重要性

西藏86%以上的人口在农牧区。没有农牧区的发展，就没有全区

第二章　西藏的跨越式发展与乡村基层治理　　143

的发展；没有农牧区的小康，就没有全区的小康；没有农牧区的稳定，就没有全区的稳定。西藏稳定、发展与安全的基础在农牧区和农牧民。在前任党委班子的领导下，通过工作重点下移，有力地促进了以安居乐业为突破口的社会主义新农村建设。但要在短期内从根本上改变农牧区的生产生活条件，难度非常大，需要找到正解方向、坚持不懈努力推进。

深入开展创先争优强基础惠民生活动，是贯彻落实中央精神的实际行动，是在新形势下加强群众工作、建强基层组织、推动科学发展、提高各族群众生产生活水平、夯实发展稳定基础、促进民族团结、实现工作重心向农牧区和农牧民下移的一个重要创举。

1. 强基础，就是建好建强基层组织，夯实保障西藏跨越式发展和长治久安的组织基础

基层是整个政权的基础，党的基层组织是社会基层组织的战斗堡垒，是党联系群众的桥梁与纽带，是党的全部工作和战斗力的基础。作为党的工作的神经末梢，基层党组织作用的大小直接决定着党的执政能力的强弱。因此，建好建强基层党组织，就是在夯实执政党在西藏的基层政权，就是在修筑西藏稳定与安全的铜墙铁壁，就是在夯实保障西藏跨越式发展和长治久安的组织基础。

列宁说过：党组织愈坚强，党内的动摇性和不坚定性愈少，党对于在它周围的、受它领导的工人群众的影响也就会愈加广泛、全面、巨大和有效①。在西藏，由于国土面积大、人口稀疏，社会控制力、动员力主要依靠基层党组织，特别是农牧区基层党组织，而基层党组织的创造力、凝聚力、战斗力取决于基层党员素质能力的高低。通过强基础，可以帮助基层党员提高自身素质能力，进而提升基层组织的创造力、凝聚力、战斗力。

西藏稳定与发展的营造与维持，基层是一个非常重要的抓手。"非建设基层便不能形成一个下情上达有效互动的社会组织结构，更无以建立严密之分工交换的经济体系。"② 更无从由经济发展而人心所向、由人心

---

① 《列宁选集》第一卷，人民出版社1995年版，第473页。
② 韩毓海：《五百年来谁著史——1500年以来的中国与世界》，九州出版社2009年版，第25、26页。

所向而社会长治久安。西藏在中央关心和全国支援下，其基础设施建设、社会建设、经济建设都取得长足进展，但这些看得见的物质建设并没有换来西藏的社会稳定与长治久安①。在这渗透着佛教精神的土地上，"器物"的发展对长期生活其中的民族来讲是外在的东西，藏民族更崇尚内在的一种"精神"。如果一味地抓经济建设，而西藏的基层组织没有建设好，西藏地方政府或说西藏上层建筑就会与底层群众形成"两张皮"结构，政府的社会动员就会失去抓手、能力和可能性②。经济力量在原则上固然可以转变为社会发展与稳定的力量，可是当中也必须要有组织与结构作为桥梁。而这必须有的"组织与结构"就是党的基层组织。因此，通过"强基础"来建好建强党的基层组织，稳定西藏基层，就是在夯实西藏社会稳定与发展的根基。党的基层组织在西藏强大均衡，党在西藏的执政能力就会持续增长和提高，进而就有利于西藏的稳定与发展。

2. 惠民生，就是改善群众生产生活条件、增强集体经济和自我发展能力，夯实保障西藏跨越式发展和长治久安的物质基础

西藏全区实现跨越式发展的薄弱环节在基层，全面建成小康社会的重点难点在村。惠民生有三个必要性：一是在西藏建设社会主义新农村，建设现代化农牧业，光靠文化知识水平有限的农牧民是不可能的，需要我们的干部尤其是技术干部下去指导帮助，甚至手把手地教，以逐步提高农牧民自我发展能力。二是惠民生不是仅仅为民生，民生改善的影响力波及民族团结、党群干群关系，乃至对国家的向心力。三是通过持续选派优秀年轻干部下基层驻村，在帮助解决民生问题的同时，可在一定程度上循环解决部分大学生就业问题，大学生就业本身就是一大民生。

惠民生活动是从广大农牧民群众最期盼的民生领域开始。西藏农牧区基层组织缺乏财力，与职责要求不相适应，严重存在"集体经济无实力、为民办事无能力、支部缺少凝聚力、群众缺少向心力"问题。西藏农牧区村级集体经济普遍较差，大部分村在人民公社解体后再也没有集体形式的组织。这个问题导致基层党支部没有聚集群众的载体，也没有

---

① 20世纪80年代末发生的一系列骚乱和2008年发生的"3·14"打砸抢烧严重暴力犯罪事件就是"西藏经济发展并不能换来社会的稳定"的最好的注脚。
② 韩毓海：《五百年来谁著史——1500年以来的中国与世界》，九洲出版社2009年版，第15页。

开展活动的经济来源。在西藏，没有农牧区的稳定与发展，就没有全区的稳定与发展。实现西藏社会局势从基本稳定到长治久安，从加快发展到超越发展，关键要看农牧区基层。

惠民生活动的开展，一方面让广大干部下基层，为各族群众办实事、办好事、解难事，着力解决好农牧民的"三就"（就业、就医、就学）、"两保"（社会保障、医疗保障）、"六通"（通路、通水、通电、通信、通邮、通广播电视）、"一安居"（农牧民安居工程）等实际问题，帮助解决困难群众的生产生活问题。另一方面向群众宣传先进的发展理念和致富的手段，引导各个村（居）"两委"厘清发展思路，找准发展路子，完善发展规划，谋划建设一批基础设施项目和见效较快的产业发展项目，逐步壮大集体经济，努力实现户户有门路、人人有活干、天天有收入。

农牧民在惠民生活动中，生产生活条件、发展集体经济能力和自我发展能力都会得到持续的改善与提高，进而为西藏跨越式发展与长治久安打下良好的物质基础。

3. 强基惠民活动，就是综合各方力量，夯实保障西藏跨越式发展和长治久安的人心和社会基础

西藏总面积达 120 多万平方公里，占全国国土面积的 1/8，人口只有 300 余万，人口密度是每平方公里 2.5 人，地广人稀，公共服务半径大，社会管理成本高。西藏总人口中，藏族占总人口的 90% 左右，其中大多数笃信藏传佛教。西藏现有 1700 多座宗教活动场所，平均不到 1300 人就有一处。西藏现有僧尼 4.6 万多人，约占总人口的近 2%。从人口比例上看，西藏农牧业人口占总人口的 86.2%，稳定和发展的重点无疑应当在农牧区。农牧区是藏传佛教影响最严重的地区，宗教的消极影响在农牧区依然长期存在，个别地方甚至不断出现宗教干预基层行政、司法、教育事务的现象。达赖集团一刻没有消停过对农牧区的渗透活动，农牧区成了达赖集团渗透破坏活动的重灾区。

西藏稳定、发展与安全，涉及一个"人心"建设问题。强基惠民貌似两个部分，即"强基"与"惠民"，但实际上是一个有机体，须臾不可分，犹如孪生兄弟，相互依托，相互促进，互为基础。作为有机统一体的主要表现形式，一是"强基础"和"惠民生"的实施主体和受益对象是统一的，都是广大党员干部和人民群众；二是两者在本质上、目的上和价值上都是统一的，都是为了凝聚人心、汇聚力量以共推西藏跨越式

发展与长治久安;三是活动规定的"五项任务"是一个互为联系、相互依托的整体,少了哪一项,工作成效就会打折扣。

强基不忘惠民、惠民不忘强基。惠民是硬道理,强基是硬任务,强基和惠民两手要配合抓,两手都要过硬。围绕"一个中心、两项任务",强基惠民活动,从干部、资金、项目、技术等方面在全区基层不断地进行大规模空间优选重组,需要各方面协调配合,共同构成一个相互连接、互为补充、结构紧密、功能齐全的强基惠民活动大系统。在这一复杂系统中,通过科学推进"五项任务"的实施与完成,来发展好、实现好、维护好西藏各族人民根本利益,系统培育农牧民的"五个认同"和"四个意识"①,以引导、凝聚人心与汇聚力量,化解存在的各类消极因素,激发和调动现有与潜在的积极因素,共同维护西藏的稳定、发展与安全。强基惠民活动在"人心建设"上是一种"润物细无声"式的工作,非常必要且非常重要。

总之,党在西藏的全部工作历史,就是建基、稳基、强基、惠民的实践史。深入开展创先争优强基础惠民生活动,是西藏基于新的历史条件下的特殊区情,打牢城乡发展稳定基础,探索新形势下加强群众工作的有效途径。新形势下,深入开展创先争优强基础惠民生活动,是践行党的宗旨、进一步服务好人民,打牢执政根基的现实需要;是帮助城乡群众特别是农牧民解放思想、推动科学发展、改善生活的有效途径;是坚决同分裂主义做斗争,求发展、促团结、保稳定,维护社会稳定的迫切要求;是把以村党组织为核心的村级组织建强,夯实组织基础的重要举措;是推动党员干部弘扬"特别能吃苦、特别能战斗、特别能忍耐、特别能团结、特别能奉献"的"老西藏精神",切实转变作风,密切干群关系的实际行动。

(二)强基惠民,是撬动并推进西藏"稳定、发展与安全"的永久支点

西藏的稳定、发展与安全,是一个历史的、综合的、动态的有机整

---

① "四观两论"是指马克思主义祖国观、马克思主义民族观、马克思主义宗教观、马克思主义文化观、马克思主义唯物论和马克思主义无神论。"五个认同"是指"对伟大祖国的认同、对中华民族的认同、对中华文化的认同、对中国共产党的领导的认同和对中国特色社会主义道路的认同。""四个意识"是指国家意识、中华民族意识、公民意识和法治意识。

体，涉及经济与政治、社会与文化、民族与宗教、干部与党的基层组织、人心所向等多重因素。因西藏社会结构自身的特殊性与复杂性，这一有机整体的平衡与稳定都是一定历史条件下的相对平衡与稳定。即便是相对的平衡与稳定，也涉及方方面面，其中政治稳定是核心，经济发展是基础，社会秩序正常是政治稳定和经济发展的必要条件，人心安定是有机整体平衡与稳定的综合反映。决定着西藏稳定、发展与安全这一机体的平衡与稳定的矛盾，就是第五次西藏工作座谈会上概括的"两个矛盾"。西藏就是在不断解决这"两个矛盾"，不断克服在改革开放中出现的其他各种不稳定因素的基础上，在动态中追求社会稳定与经济发展。这种动态平衡中实现的相对稳定，是西藏长时期的发展特征。这种动态性特征，要求以动态的眼光和理念，用动态的思路和手段，在动态环境中来完善治理体系和提高治理能力，进而促进西藏的跨越式发展与长治久安。

西藏发展的跨越主要在基层，在拥有86%左右人口的农牧区，没有农牧区的跨越式发展就没有西藏的跨越式发展。西藏久安的薄弱环节在基层，基层集聚着绝大多数信教的农牧民，坐拥4.6万多僧尼的1700多座宗教活动场所，以及西藏各族人民与达赖分裂集团之间的斗争，没有农牧区和寺庙的久安，就没有西藏的久安。因此，需要对农牧区和农牧民、寺庙和僧尼行"长久之策"，不断强化"固本之功"，才能保持"久安之效"。

强基础惠民生活动，是西藏在新形势下加强群众工作的重大战略部署。这一重大战略是一种能收到"久安之效"的"固本之举"、"长久之策"。通过强基惠民活动，可以进一步巩固党在西藏的执政地位，解决西藏存在的主要矛盾和特殊矛盾，改善人民生产生活水平，推进民族团结和谐，锻炼干部队伍，加强基层组织建设，建立城乡发展稳定长效机制，把西藏的各项事业进一步推向前进。正如阿基米德所说，给我一个支点，我就能把地球撬起来。强基惠民就是撬动并推进西藏"稳定、发展与安全"的永久支点。

四 行"强基惠民之策"，收"长治久安之效"

三年来，西藏先后选派三批工作队，共计近7万名干部参加了驻村工作，覆盖全区5464个村。在驻村工作中，全区上下坚决贯彻落实区党委决策部署，克服人员少、经费少等困难，讲政治、顾大局，围绕建强基层组织、做好维稳工作、寻找致富门路、进行感恩教育、办实事解难事"五项重点任务",全面推进驻村工作。各驻村工作队充分发挥直接联系群众的优势,认真践行党的群众路线,深入群众、宣传群众、团结群众、服务群众,为基层和广大群众办了一大批好事实事,解决了一批难事,取得了经得起历史和实践检验的丰硕成果,赢得了全区各族人民的衷心拥护。自治区总结认为,通过三年来的驻村工作,党的执政根基进一步夯实,基层发展思路进一步厘清,和谐稳定大局进一步巩固,群众感恩意识进一步增强,党群关系进一步融洽,干部队伍建设进一步加强。在调研中,我们确实感觉到:全区上下的科学发展、社会和谐、民生改善、文化发展、民族团结、宗教和睦、生态良好、党的建设、党群干群关系等方面,在强基惠民活动中得到巩固和发展,一种良性向前发展的可喜态势正在形成。这种良性向前发展的可喜态势可以用以下"九个工程"来展示。

(一)"一线"工程

这里的"一线"不仅是指包括村、寺庙在内的广大基层,而且泛指广大人民群众。强基惠民活动之所以是"一线"工程,是因为三年近7万名驻村干部直接进驻基层一线,通过与群众同吃、同住、同学习、同劳动,坚持问政于民、问需于民、问计于民,在与人民群众共同生产生活中汲取群众的智慧和力量,并以各种形式反馈和服务于人民群众。

强基惠民活动,自上而下把项目、资金倾斜并落实到基层一线,把政策宣传并落实到基层一线,把问题收集并解决在基层一线,把党的宗旨践行在基层一线;干部作风转变在基层一线,科学发展体现在基层一线;自下而上从基层一线遴选优秀驻村干部,从基层一线培养优秀人才,从基层一线掌握民情民意,从基层一线完善决策。

广大驻村干部在一线工作中自觉增强了群众观念、转变了工作作风,特别是在为群众排忧解难中砥砺了品质、增长了才干。不少干部在驻村工作中感觉到自身价值的实现,感觉到基层实践对"机关型"干部成长的重要性。其中,有不少"机关型"干部、"学生官"通过活动转变为群众交口称赞的"好干部"。

(二)"摇篮"工程

这里的"摇篮"是指对干部、党员、致富能手等的锻炼与培养。"政治路线确定之后,干部就是决定因素",干部是影响强基惠民活动成效的决定性因素。西藏农牧区乡村，条件艰苦，工作辛苦，生活清苦。但驻村工作是一个培养人才、锻炼干部的大平台、大学校、大熔炉和大摇篮。

1. 驻村干部锻炼与培养的摇篮

西藏党委旨在通过强基惠民活动，坚持把驻村工作作为培养干部、锻炼干部、发现干部、用好干部的重要载体、重要平台、重要方式、重要途径，在全区树立了良好的选人用人导向，形成了科学的选人用人机制。各级干部驻村，与各族群众同吃、同住、同学习、同劳动，融为一体、打成一片，老百姓听得懂的话会说了，老百姓的难事急事会办了，基层情况熟悉了，群众工作也会做了。三年来，近七万名干部在与人民群众距离最近的基层得到实实在在的锤炼，开展群众工作的能力、处理实际问题的能力、应对复杂局面的能力都得到相应的提高，并积累起了比较全面的基层工作和领导工作的经验与才干，进而为西藏跨越式发展与长治久安培养储备了一批能接地气、会接地气的优秀干部，打下了坚实的人力和人才资源基础。

2. 基层党员、村干部、致富带头人培养的摇篮

驻村干部在完成"五项重点任务"过程中，通过加强基层党员队伍建设，深化和拓展"三个培养"工程，把村优秀致富带头人培养成村组干部，充分发挥他们的先锋模范作用。通过协助村（居）"两委"厘清发展思路，制定全面小康社会建设规划；协调各地（市）、各部门安排专项资金支持强基惠民活动；大力实施改善农牧民生产生活条件的强基惠民项目；争取和落实能直接解决农牧区经济发展自身"造血能力"不足的短平快项目，帮助农牧区在农牧民中培养一批会干事、能干事的致富带头人和农村精英分子。通过大力培养有文化、懂技术、会经营、讲文明的新型农牧民，尽最大努力为每个村培养一批致富带头人和创业带头人。通过协助当地党委、政府抓好换届各项工作，帮助发现培养政治上靠得住、致富带富能力强、在群众中威信高的优秀村干部和大学生村官，建立村后备干部队伍台账，重点帮助培养村党支部书记和村委会主任后备人选，帮助"建立一支具有战斗力和凝聚力的永远不走的工作队"。第二批驻村工作完成时，发展新党员2.1万余名，把7000余名致富能手培养为党员、把8000余名党员培养为致富能手、把6000余名党员致富能手培

养为村干部①。

（三）"连心"工程

这里的"连心"主要指党群干群的关系，特别是党与人民群众的血肉联系。党群干群关系，犹如英雄安泰与大地母亲的关系，离开大地安泰就失去力量之源。人民群众就是大地，党就是安泰，人民群众是党的生命之源、动力之源。改革开放以来，"精神懈怠的危险，能力不足的危险，脱离群众的危险，消极腐败的危险"时刻在考验着党群干群关系。加强党群干群间的血肉联系，关系到西藏稳定、发展与安全，关系到民族的团结与和谐。实现好、维护好、发展好人民群众的根本利益，是加强党群干群关系的有力保障。

驻村干部在为各族群众办实事、办好事、解难事中，将党和政府的惠民政策和惠民资金如实落实到老百姓头上，三年来，共办实事好事68.2万余件、投入资金6.83亿余元，帮助群众实现就业再就业8.5万人，慰问困难群众35.3万余人次、发放慰问金和慰问品8822万余元，让各族群众切实感受到党和政府的温暖、关怀。驻村干部在做群众工作中，虚心向群众学习，遇事同群众商量，与农牧民群众结对认亲交朋友、心贴心、同甘苦、共奋斗，让各族群众改变了以往对党员干部的负面认知，进而密切了党群干群关系。广大驻村干部紧紧围绕强基惠民"五项重点任务"开展工作，发挥党和政府联系人民群众的桥梁纽带作用，使自己成为村情民意的"知情人"、群众信赖的"知心人"、发展稳定的"管用人"，真切地架起了一座党和群众的"连心桥"。

（四）"聚心"工程

这里的"聚心"主要是指汇聚人心、凝聚力量。2010年召开的第五次西藏工作座谈会就提出，西藏的稳定、安全与发展必须通过各种途径以汇聚人心、凝聚力量。2013年俞正声同志提出的"争取人心、夯实基础"是对党在西藏历史经验的总结。争取人心，凝聚人心，化解消极因素，调动积极因素，是中国共产党不断取得胜利的重要经验，是中国边疆地区社会稳定的决定性因素。在西藏尤其如此，争夺人心成为所谓"西藏问题"的根本所在。

---

① 陈全国：《在全区第二批驻村工作总结表彰暨第三批驻村工作动员大会上的讲话》（2013年11月24日），《党办通报》2013年第46期。

驻村干部广泛开展"算富账、感党恩、要稳定、求发展"主题教育活动，用群众听得懂能理解的语言、喜闻乐见的方式对新旧西藏进行对比宣传教育，让群众更加明白惠在何处、惠从何来，使基层群众更加清醒地认识到"谁在造福西藏、谁在祸害西藏"。据统计，驻村工作队在全区开展的感恩教育宣讲面达100%，全区80%以上村委会建立起了新旧西藏对比展室。这极大地触动了群众的思想，激励了群众的干劲，坚定了群众一心一意跟党走的信心，增强了同全国人民一道全面建成小康社会的信心。

在活动中，驻村干部在访贫问苦送温暖活动中，慰问五保户、贫困户、困难群众和"三老"人员121.8万余人次，发放慰问金3.54亿余元，将党和政府的温暖及时送到了基层群众的心坎上，让各族群众感受到党和政府的恩情。驻村干部不断深化爱国主义教育，法制宣传教育、民族团结教育，民族宗教政策宣传等活动，不断增强广大群众的国家意识，增强党的基层组织的感召力，党对群众的向心力和中华民族的凝聚力。

"聚心"的核心是思想认同的建构。强基惠民活动，本身就是一种"聚心"的无声宣传和思想政治教育。"聚心"工程，是以民生为考量的治藏之道！

（五）"制度"工程

俗话说："没有规矩，不成方圆。"规矩就是规章制度。"制度好可以使坏人无法任意横行，制度不好可以使好人无法充分做好事，甚至会走向反面。"[①] 同样，好的机制能事半功倍，坏的机制会使坏者更坏并造成恶性循环。

强基惠民活动，不仅要帮助基层"建设一支留得下带不走的工作队"，更要帮助建设一套保障基层组织堡垒作用发挥、处置社会矛盾、发展集体经济、管理寺庙和僧尼的相关制度。

三年来，驻村干部坚持"指导不领导、到位不越位、参与不干预、帮办不包办"的原则，在加强基层党支部、党员队伍建设的同时，协助村级组织建立健全了村规民约、村务公开、党务公开、村（居）"两委"班子成员基本职责、"三会一课"、党风廉政建设、民主监督机制等规章

---

① 《邓小平文选》第二卷，人民出版社1994年版，第333页。

制度，推进了基层组织规范化、制度化建设。帮助村级组织建立健全村规民约、党务、村务公开制度、党风廉政建设的规章制度25万余条①。健全党务村务公开制度3.3万余项，发展集体经济实体3579个②。在坚持属地管理原则的前提下，健全对寺庙、僧尼的管理体制和制度，完善相关政策，依法管理宗教事务，以加强对寺庙、僧尼的管理、服务和教育。为了把矛盾消除在萌芽状态、把问题解决在基层，驻村干部认真排查矛盾纠纷和安全隐患，提出具体的解决办法和措施，建立健全了处理人民内部矛盾的相关制度。另外，还加强团组织和妇女组织建设，充分发挥基层群团组织联系群众、服务群众的优势。

（六）"形象"工程

这里的"形象"主要指干部党员的作风建设。作风建设，直接关系到党员干部在群众心目中的形象问题。形象的好坏又直接或间接地影响到党群干群的关系，影响到社会和谐与稳定。改革开放以来党员干部在群众心目中的形象遭受到一定程度的损害，重树良好形象有一个过程，且需要广大驻村干部切实转变作风。

近七万名干部克服高寒缺氧、缺电少水、不通公路等种种困难，深入群众、扎根基层，与群众"四同"，本身就是一种作风的巨大转变。更何况，广大驻村干部在组织群众、服务群众，为群众办实事、解难事、做好事的过程中，让群众实实在在地感受到从上面下来的干部是真心实意地为解决他们最关切的热点难点问题、解决他们生产生活中存在的点点滴滴的事情，而不是来"走过场""作秀"。对这些，老百姓看在眼里，记在心里。比如，申扎县卡乡4村58岁的次白老阿妈动情地说："共产党派来的工作队非常关心我们，为我们办好事，做实事，现在有肉吃，也有粮食吃，真的就像父母一样。"

驻村干部在为群众办实事、解难事、做好事中，切实增强了群众观念，转变了工作作风。三年来，通过驻村干部的不懈努力，在人民群众心中树立"三好形象"，即干部好形象，组织（单位）好形象，党和政府好形象。驻村干部遵守政治纪律、组织纪律、工作纪律、经济纪律，在

---

① 《全区深入开展强基惠民驻村工作总结》（送审稿）。
② 陈全国：《在全区第二批驻村工作总结表彰暨第三批驻村工作动员大会上的讲话》（2013年11月24日），《党办通报》2013年第46期。

所属县（市、区）、乡（镇）党委的统一领导下，紧紧依靠村党支部开展驻村工作，并涌现出扎西平措、次登卓玛、其梅、李芬玉、王建、阿旺卓嘎、李江龙等可歌可泣的英模人物和一大批优秀党员干部。干部好形象代表着组织（单位）好形象，代表着党和政府好形象。

（七）"堡垒"工程

这里的"堡垒"是指基层党组织的堡垒作用。加强基层党组织建设，充分发挥其堡垒作用，一直是我党在西藏抓基层、打基础，稳藏兴藏安藏的长远之计和固本之举。基层党组织在西藏的堡垒作用，不仅仅体现在服务群众和维护社会稳定方面，更是体现在反分裂斗争方面。基层是离人民群众最近的地方，又是离中央最远的地方；是人民群众生产生活的地方，又是各种问题和困难最集中的地方。党的为人民服务宗旨的更好实现，党的正确决策与科学化，必须立足于党的基层组织，发挥它与群众的桥梁作用。因此，必须切实把党的基层组织建设成一个个有创造力、凝聚力、战斗力的坚强堡垒。

驻村干部按照自治区建强基层组织的定位，重点协助当地党委政府建强村（居）"两委"领导班子、壮大党员队伍、健全规章制度、发展集体经济，真正把村（居）"两委"班子建成带领群众发展致富的"领头雁"，宣传贯彻党的路线方针政策的"播种机"，为群众办实事做好事解难事、全心全意为人民服务的"贴心人"，维护社会和谐稳定的"铁堡垒"，从而为基层"留下一支永远不走的工作队"。按照活动规定，围绕"五个好"要求，通过抓以行政村党支部和党团员队伍建设为核心的村级组织建设，效果非常明显，其创造力、凝聚力、战斗力得到显著提升。

通过深入开展强基惠民活动，一批讲政治、有本事、促和谐、守纪律、起表率的村委会班子已经或正在形成。这批村委会班子将是西藏长治久安的"压舱石"、西藏跨越式发展的"助推器"。

（八）"民生"工程

发展是第一要务，但发展的出发点和最终落脚点都是为了民生，为了发展好实现好维护好人民群众的根本利益。民生问题落实到西藏，还是稳定与安全的出发点和立足点。西藏各族群众的民生不搞好，一切都是空的。

民生建设是活动的两大目标之一，自治区党委、政府为此规定了保障和促进民生建设的"十件实事"。各驻村工作队都把民生建设作为驻村工作的第一要务，通过民生建设来推动活动的其他任务。为了搞好民生建设，驻村干部一是深入村里开展调查研究，弄清村里实情，厘清发展思路，帮助谋划并寻找发展路子，拓宽致富途径，先期实施一些符合村情又有特色的短平快项目，以快速发展壮大集体经济；二是完善村里基础设施，如"六通"建设（通路、通水、通电、通信、通邮、通广播电视）；三是加强农牧民技能技术培训，提高就业创业能力，引导群众利用当地优势资源增收致富，增强农牧区的"造血能力"和发展后劲；四是帮助解决好群众最关心的"三就"（就业、就医、就学）、"两保"（社会保障、医疗保障）和"一安居"（农牧民安居工程）等问题；五是相关部门筹资359亿元，先后在全区启动为期三年的"农村公路通达攻坚工程"、"农村水利建设专项行动"等六项工程。

三年来，驻村工作队为所驻村共厘清发展思路5.4万余条，制定完善实施经济社会发展规划4.7万余项。通过这些实实在在的老百姓看得见、摸得着、见效快的民生建设，群众收入大幅增加，民生状况显著改善，勤劳致富的氛围进一步形成，整个基层的发展后劲得到加强。惠民生，为基层跨越式发展直接注入了"强心剂"，进而为基层长治久安打下了坚实的社会基础。

（九）"维稳"工程

发展离不开一个稳定的社会环境。社会稳定不仅是整个国家发展的基础，更是西藏发展的前提。自1959年达赖叛逃以来，各族人民同以达赖集团为代表的分裂势力之间的矛盾，使西藏成了反分裂斗争的最前沿阵地。

自治区党委、政府认真贯彻习近平总书记关于西藏稳定与发展的重要讲话精神，提出了反分裂斗争、维护社会稳定的"十项维稳"措施。在强基惠民活动中，各级驻村工作队始终坚持把维护稳定作为第一责任，坚持抓早抓小抓快抓好，积极协助配合村（居）"两委"进一步明确工作责任、健全工作机制、细化工作措施，帮助建立健全农牧区维稳工作机制11.14万条；积极协助配合驻地党委、政府建立治保会、调委会、护村队、联防队等村级维稳组织，建立了以治安辅警、联防队员、治保组织、双联户为主体的群防群治网络，建立了村（居）"两委"班子、工作队、联户单位、村群众四级协调联动维稳格局，形成了"家家是哨所、村村是堡垒"的维稳工作新格局①，做到了维稳工作不漏缝隙、没有盲区、无空白点。三年来，共化解各类社会矛盾纠纷4.68万余起，妥善解决群众上访3万余人次，加强维稳重点人员管控31.41万余人次，有效防止了群体性事件的发生。这些措施有效推动了基层维稳工作常态化。

三年来的驻村工作实践充分证明，强基惠民活动是一个民心工程，是一个推进西藏跨越式发展与长治久安的战略性系统工程。由"一线""摇篮""连心""聚心""制度""形象""堡垒""民生""维稳"构成的这一战略性系统工程，涉及西藏稳定、安全与发展三个基本问题的解决，关系到西藏治理体系和治理能力的现代化。

五 对强基惠民活动的几点思考

强基惠民活动，作为贯彻落实习近平总书记的"治国必治边、治边先稳藏"重要战略思想和俞正声同志的"依法治藏、长期建藏、争取人心、夯实基础"重要指示精神的有力抓手和具体措施，在三年来的驻村工作中，探索创新出许多新鲜经验与有益做法。自治区在《全区深入开展强基惠民驻村工作总结》中把这些经验与做法提炼概括为"七个突出、七个发挥"，即突出组织领导责任，发挥上下联动优势；突出建强基层组织，发挥基层干部作用；突出维护稳定工作，发挥群防群治作用；突出拓宽致富门路，发挥引领群众作用；突出宣传教育工作，发挥宣讲政策优势；突出创新自选动作，发挥各自工作优势；突出培养锻炼干部，发挥桥梁纽带作用。在经验总结上，自治区在《关于巩固全区强基惠民驻村工作成果，建立健全驻村工作长效机制的指导意见》进一步指出，要以大力推进"西藏治理体系和国家治理能力现代化"为指导原则，切实加强驻村干部管理工作，建立健全联系服务群众的长效机制，完善考核评价体系，加强监督管理，健全奖惩机制，在前三批驻村工作奠定的良好基础上，争取用两年时间进一步巩固发展驻村工作成果，力求做到宣传教育要有新内涵、推动发展要有新突破、维护稳定要有新实招、民生改善要有新举措、基层党建要新机制、经济社会发展有新成效、培养锻炼干部要有新提升，攻坚克难，开拓进取，多办打基础、利长远的事情，多干各族群众能得到实实在在利益的事情，努力把驻村工作打造成西藏

---

① 吉隆县立足于边境，构建"村村是堡垒、人人是哨兵、生产是执勤、放牧是巡逻"的边境防控工作格局。

工作的一个品牌，为建设富裕、和谐、幸福、法治、文明、美丽社会主义新西藏做出更大贡献。

自治区对强基惠民活动经验的总结与未来的打算，对进一步深化和完善强基惠民活动，以更好地推进西藏跨越式发展与长治久安，更好地促进西藏治理体系和治理能力现代化建设，无疑具有重大的推进作用。

（一）理论思考

1. 强基惠民，不是战略而是战术，但抓住了中央治藏方略的"纲"

通过民族区域自治，保证各民族共同团结奋斗与共同繁荣发展，最终实现各民族的真正平等和中华民族伟大复兴中国梦，是中央层面从制度与价值取向上对民族地区的治理思路。"治国必治边、治边先稳藏"和"努力实现西藏持续稳定、长期稳定、全面稳定"，以及"依法治藏、长期建藏、争取人心、加强基层"，是中央治理西藏的战略思想。而强基惠民则是西藏贯彻执行中央治理西藏方略的具体策略或战术。

构成中央治藏方略三大基本问题的稳定、发展与安全，既是当前西藏必须解决的问题，也是一个长远的战略目标。强基惠民则是把这长远目标与当前实际紧紧结合起来的一个带有战略性质的策略或战术，它不是一种战略，但具有长远性、根本性；它不具目标性，更多的是一种手段。

强基惠民，是策略、战术、手段，是战略举措，它抓住了中央治藏方略的"纲"。那"纲"是什么？就是决定西藏稳定、发展与安全战略目标的三大基本要素——干部、党的基层组织和群众。干部、党的基层组织、人民群众，构成一个环环相扣的社会治理有机系统，系统的有机性在于能够产生强大的社会治理合力。作为中央治藏方略的"纲"，纲举则目张，只要把干部、党的基层组织和人民群众之"纲"抓起抓实抓好，涉及西藏稳定、发展与安全的其他相关问题基本就可随之而解。自治区党委政府班子，敏锐地抓住了干部、党的基层组织和群众三个基点，并把"三个基点"耦合成强基惠民活动"一条线"。"三点一线"的强基惠民策略，就是通过驻村干部去建好建强党的基层组织，通过发挥党的基层组织的战斗堡垒作用去组织群众、带领群众、影响群众；通过驻村干部转变工作作风，深入基层，以民生建设去服务群众，进而逐步去打牢西藏稳定、发展与安全的基层基础和民心基础。

2. 强基惠民，不是"一时""一域"，而是"万世"、"全局"

古人说："不谋全局者，不足谋一域；不谋万世者，不足谋一时。"从西藏"一域"与"全局"来说，必须要有宽广视野，要把西藏的稳定、发展与安全与中华民族伟大复兴联系起来；从西藏"一时"与"万世"而言，必须要有长远的战略眼光，要找到一根治理主线一以贯之地坚持下去。以宽广视野、以长远战略眼光来谋西藏"一域""一时"的稳定、发展与安全，要进一步调整治藏思路，要有一套在时间上由近及远贯穿长远的"一时"与"万世"相结合的，在空间上从小到大贯穿国家整体利益的"一域"与"全局"相结合的治藏方略。

相对西藏治理方略而言，强基惠民活动，就是谋西藏"万世"的稳定、发展与安全，谋全国的统一与安全，而不是只局限于一届政府或一个历史阶段，不是只局限在西藏"一域"。

3. 强基惠民，"形"在建强基层与保障民生，"髓"在生产和再生产新型的党群、干群关系

密切联系群众，是我们党的优良作风、政治优势和宝贵经验，谁在密切联系？是我们的党及党的干部。与群众联系的好坏，关键在党及党的干部。毛泽东曾经指出："党的组织要向全国发展，要自觉地造就成万数的干部，要有几百个最好的群众领袖。"[①] "没有多数才德兼备的领导干部，是不能完成其历史任务的。"[②] 邓小平强调："正确的政治路线要靠正确的组织路线来保证。中国的事情能不能办好，社会主义和改革开放能不能坚持，经济能不能快一点发展起来，国家能不能长治久安，从一定意义上说，关键在人。"[③] 江泽民说过："要建设的高素质干部队伍，就是由具有社会主义政治家素质的领导骨干带领的德才兼备的干部队伍。""建设这样高素质的干部队伍，是保证党始终走在时代前列，经受住各种风险考验，领导全国人民把社会主义现代化事业推向前进的需要"[④]，邓小平告诫全党："帝国主义搞和平演变，把希望寄托在我们以后的几代人身上。……我们这些老一辈的人在，有分量，敌对势力知道变不了。但

[①] 《毛泽东选集》第一卷，人民出版社 1991 年版，第 277 页。
[②] 《毛泽东选集》第二卷，人民出版社 1991 年版，第 526 页。
[③] 《邓小平文选》第三卷，人民出版社 1993 年版，第 380 页。
[④] 江泽民：《努力建设高素质的干部队伍》，《人民日报》1996 年 6 月 21 日。

我们这些老人呜呼哀哉后,谁来保险?"① 胡锦涛和习近平更是在不同场合多次高调强调党的建设和干部队伍建设对中国特色社会主义事业的重要性。十八大以来,强有力的反腐工作和成绩,开展的群众路线教育实践活动,说明党和干部中确实存在不少问题,党群干群关系紧张,且严重到足以影响全面深化改革的顺利进行。

经济的单线发展与社会稳定之间并不能简单地画等号,在西藏尤其如此。当然,西藏的长治久安离不开经济的发展,但更离不开"民心"的聚合。"民心"聚合一靠经济,二靠党员干部。强基惠民活动,正如其字面意思,一是强基础,二是惠民生。但其背后的功能才是最为重要与关键的,强基惠民活动就是西藏在新的形势与历史起点上,通过活动规定的"五项重点任务",在生产和再生产一种适合时代发展的新型的党群干群关系,在修复乃至聚合"民心",实现西藏各族人民群众对祖国的认同、对中华民族的认同、对中华文化的认同、对社会主义道路的认同。西藏要长治久安,就必须依赖社会成员之间、各民族之间的相互理解、信任和团结;而理解、信任和团结的基础固然有赖于物质生活状况的提高与改善,但共同的文化思想上认同即心理上的认同则更是不可或缺。

4. 强基惠民,在国家总体供给与地方创新之间,探索西藏稳定、发展与安全的自主品牌

基于西藏历史、文化、宗教、社会、战略位置、地缘政治等因素,和平解放以来特别是1994年以来,西藏发展的制度、政策主要是由中央直接供给,并形成了一种"总体供给模式"。中央对西藏的总体供给在各个时期,包括在计划经济时期和建立市场经济过程中都起着非常关键的作用。在这种持久的总体供给模式下,西藏地方的总体规模收益趋于递增,西藏各级部门机构、所有职工和各族群众都实现了收益递增,政府执政的绩效也由这个模式得以实现。可以这样认为,和平解放以来,西藏经济社会的每一个进步都是主要依靠中央的引导和扶持。但是,现实中这种总体供给模式已经成为西藏发展"路径依赖"的一种特有方式,而"路径依赖"不仅在很大程度上使西藏形成一种"等、靠、要"的消极思想,而且在一定程度上严重制约着西藏地方对发展进行独立自主的探索。

---

① 《邓小平文选》第三卷,人民出版社1993年版,第380页。

西藏自治区党委政府班子，总结过去、立足当下、着眼未来，结合西藏区情，"立治有体，施治有序"，实施了一系列促进西藏稳定、发展与安全的政策①，其中强基惠民活动是西藏党委政府努力打造的西藏工作的一个品牌。这一活动，是西藏自治区做出的一项重大战略部署，其产生、发展和结束有深厚的历史背景和经济、政治、社会、文化的缘由，充分体现西藏独立自主的创新精神。

5. 强基惠民，西藏治理体系与治理能力现代化建设的切入口

西藏治理体系与治理能力现代化建设，仅靠零敲碎打调整不行，碎片化修补也不行，必须要有全面的系统的改革和改进，是各领域改革和改进的联运和集成。只有这样，西藏治理体系与治理能力现代化才能取得总体效果。正好强基惠民活动为西藏治理体系与治理能力现代化建设提供了一个切入口。

西藏治理体系和治理能力是国家的制度和制度在西藏的执行能力的集中体现，两者相辅相成，是一个有机整体，单靠哪一项治理西藏都不行。有了好的治理体系才能提高治理能力，提高治理能力才能充分发挥治理体系的效能。治理西藏，制度是起根本性、全局性、长远性作用的。没有有效的治理能力，再好的制度也难以发挥作用。治理体系要完善，但这并不意味着治理能力自然就会增强。基于历史、社会与文化因素的影响，西藏在治理能力的提高上可能会稍滞后于治理体系的建设与完善。体系建设先行，能力提高紧随后。制度执行力、治理能力是影响西藏治理及西藏稳定、发展与安全的重要因素。强基惠民活动，为尽快提高西藏各级干部、各方面管理者的思想政治素质、科学文化素质、工作本领，尽快提高各级机关、企事业单位、人民团体、社会组织等的工作能力，尽快建好建强党的基层组织并使其战斗力、凝聚力都提高起来，提供了载体与平台。相信，党在西藏的治理体系与治理能力一定会在持续的强

---

① 西藏自治区第八次党代会以来，新一届区党委在历届区党委班子打下的良好工作基础上，落实中央精神、立足西藏实际、统筹发展稳定、突出第一责任，建立了自上而下抓发展、保稳定的两套班子、两套责任体系，果断制定出台了以强基惠民驻村工作、创新寺庙管理、加强宗教事务管理、推进城镇网格化管理、强化社会面管控、严格新兴媒体管理、开展民族团结进步创建活动、健全青少年思想政治教育机制、深化意识形态领域斗争、严明维稳责任为主的十大维稳措施，深入推进实施了以抓好安居工程、改善农牧区条件、控制物价水平、扩大就业、健全社保体系、优先发展教育、强化医疗保障、完善文化设施、推进扶贫开发、防灾减灾和安全生产为主的十大民生工程。

基惠民活动中逐渐形成并有效运转。

(二) 对策建议

根据以上五点理论思考,我们在自治区决定再用两年进一步巩固发展驻村工作成果的未来打算的基础上,提出如下九条建议。

1. 要转变四个方面的观念

基于历史形成的中央总体供给模式的惯性作用和在此之下西藏地方形成的"路径依赖",要使强基惠民活动真正成为西藏工作的品牌,至少必须转变以下四个方面的观念。

一是由"着重经济建设硬实力发展"向"着重以民心建设软实力发展为主兼顾经济发展"转变。

二是由"着重面向村基层"向"面向包括寺庙、下岗职工在内的所有基层和弱势群体"转变。

三是由"三年驻村,二年巩固"向"只有进行时,没有完成时"转变。

四是由"注重活动自上而下的强基惠民"向"注重自上而下的强基惠民与自下而上参与、监督相结合"转变。只有进一步转变这些观念,才更有可能使强基惠民活动力度大、影响深、范围广、坚持久。

2. 要正确处理好几大关系

一是要正确处理强基惠民与"依法治藏"的关系。俞正声同志提出的"依法治藏",是实现西藏治理体系和治理能力现代化的必然要求,也是落实治藏方略的具体体现。能否"依法治藏",事关强基惠民的持续性,事关西藏各族人民幸福安康,事关西藏跨越式发展与长治久安。

二是要正确处理强基惠民与"长期建藏"的关系。俞正声同志提出的"长期建藏",作为治藏方略的新内涵,为进一步做好西藏工作指明了方向、提供了动力。"长期建藏"思想的提出,抓住了西藏面临的主要矛盾和特殊矛盾以及西藏工作的长期性、复杂性、敏感性和特殊性。在西藏想问题、做决策、办事情都要遵循"长期建藏"的指导思想。强基惠民的可持续性本是"长期建藏"题中应有之义,如何保证强基惠民可持续发展,关系到"长期建藏"指导思想的落实。

三是要正确处理强基惠民与坚持人民主体的关系。十八大报告明确提出推进中国特色社会主义发展必须坚持人民主体地位。在西藏开展强基惠民活动,关键也要坚持以人为本、争取人心。要始终把实现好、维护好、发展好基层人民群众的根本利益作为强基惠民活动的出发点和落脚点，尊重宗教传统和民族风俗，尊重人民主体地位，做到活动为了群众、活动依靠群众、活动成果由群众共享。只有在活动中坚持人民主体地位，才能落实"长期建藏"思想；活动才能不跟风、不攀比、不急躁；活动才能杜绝短期思想，不搞短期行为；活动才能可持续进行。

四是要正确处理强基惠民与市场的关系。强基惠民活动，主要是自上而下的一种政府服务行为，且行为的目的是为实现好、维护好、发展好老百姓的利益。尽管如此，基于西藏治理体系和治理能力现代化建设，在惠民生活动中，一定要注意市场原则和发挥市场作用，在基层积极培育市场环境和市场意识。注意发挥政府服务功能与市场作用的有效结合；否则，有可能会因政府的大包大揽而引起某些负面影响。

五是要正确处理强基惠民与发展经济第一要务的关系。经济发展作为第一要务，任何时候都不能偏离，经济不发展上去，一切都免谈，都是空话。轰轰烈烈的强基惠民活动，绝对不能动摇第一要务的经济发展。当然，在强基惠民活动中，发展经济也是其中的一项重点任务，但此经济发展与彼经济发展的内涵不一样。

六是要正确处理强基惠民与维稳第一责任的关系。维稳自然是强基惠民活动的第一责任，但不是唯一责任。强基惠民活动是以"知微见著"方式在推进对西藏稳定、发展与安全"三位一体"的最终解决，推进西藏跨越式发展与长治久安，推进富裕和谐幸福法治文明美丽的新西藏的实现。

3. 努力形成一种强基惠民、干部驻村工作的文化现象

品牌离不开文化。要把强基惠民活动打造成西藏工作的一个品牌，就必须有一种品牌文化作支撑，要形成一种强基惠民干部驻村工作的精神文化现象。如何打造这种精神文化现象？应成为后面强基惠民活动中着力考虑和努力实现的一个重要目标。比如，把强基惠民活动中表现出来的优秀干部、优秀派出单位、优秀党团员、优秀党的基层组织、优秀村（居）"两委"、优秀致富带头人、优秀群众，以及表现出来的动人故事和典型事例作为经验进行总结并以各种文艺形式广泛宣传（比如，拍电视剧），并在宣传中进行精神文化层面的升华，进而发展成为一种精神文化现象，内生出一种群众所认可的理念自身需求的秩序和规范。这种得到社会成员的认同和参与的秩序和规范，就是对西藏稳定、发展与安

全的一种具有基础性意义的心理保障。只有在全区上下形成一种精神文化现象，强基惠民干部驻村工作，才可能真正成为西藏工作的一个品牌，成为西藏治理体系和治理能力建设的核心内容。在铸造精神文化现象时，要把西藏特色的宗教、信仰、风俗、道德、思想、文学、艺术等考虑进去，唯有如此，形成的精神文化现象才可能上升为西藏治理的上层建筑和"软实力"。

4. 坚持自主创新和整合四面八方资源相结合

基于西藏区情，在一定时期内，在制度建设和基本政策制定方面，中央总体供给模式不会变；同时，从中央到兄弟省市的对西藏的援助不会变。"两个不会变"决定西藏在发展路径上要继续把来自中央的政策和四面八方的资源用好用足，同时与自己独立自主的创新结合起来，努力求得：立足在自己力量的基础上进行自我发展；逐步打破自我封闭，积极整合外部资源，借助第三者力量为我服务；团结一切可以团结的力量，利用一切积极的因素，提高自我发展能力。自我发展能力是推进西藏跨越式发展和长治久安的内在动力，具体包括发展经济的能力，发展教育培养人才的能力，意识形态工作的能力，干部执政能力，基层党组织的作用，统战群众工作能力，宗教工作能力，党的建设科学化水平等方面。

5. 把教育列为强基惠民活动的重点任务来抓

教育是社会稳定、发展的根本。发展教育是实现西藏经济发展、社会进步和长治久安的治本之策，也是扩大就业、改善民生的基础。在强基惠民活动中，要扎实办好义务教育，积极推进"双语"教育和职业技能培训教育，帮助西藏各族群众特别是年轻人学好用好国家通用语言文字，为他们带来更多发展机遇和提高自我发展能力。

6. 在强基惠民活动中，逐步建立健全西藏地方治理体系

西藏地方治理体系是实现国家治理体系现代化的一个重心。强有力且有效的西藏治理离不开党的领导，绕不开西藏历史传承、文化传统、经济社会发展水平和反分裂斗争前沿等因素。正如习近平所说的，我们治国理政的根本，就是中国共产党领导。西藏治理体系必须在坚持和加强党的领导过程中立足西藏实际逐步建设。强基惠民活动为此提供一个历史机遇。在强基惠民活动中建设西藏治理体系，一是要建好建强党的基层组织；二是根据时代特征和西藏区情生产和再生产出适合西藏形势变化的新型党群干群关系；三是通过活动改革政府治理结构、实现良好

的政府治理、增强政府公信力和执行力、建设法治政府和服务型政府。

7. 在强基惠民活动中，逐渐提高西藏地方治理能力

政府必须立足党的基层组织建设，最大限度地增加和谐因素，协同各级各类社会组织，运用法治思维和法治方式，坚持源头治理和综合治理，强化道德约束，规范社会行为，调节利益关系，协调社会关系，解决社会问题，增强社会发展活力，提高社会综合治理水平和能力。

8. 在接下来的两年巩固期间要做的工作

一是要在实施两年巩固年之前，组成工作组，实事求是地从派出驻村干部的单位、驻村干部、授受派驻的村及群众那里充分收集三年来活动中表现出来和存在的显性与隐性的各种问题与矛盾；客观而广泛地征求驻村干部、派出机构领导、"两委"班子以及群众的实际想法。然后，细分归类，进行分类思考，逐一排除与解决问题与矛盾，把征求到的意见建议充实到下一步的工作思路中，以进一步修改、调整、完善强基惠民活动的具体措施和工作机制。

二是要抓住两年巩固年的机遇，更多地考虑在活动中，如何把目前这种"运动式"三年的活动转换成一种常规性的群众工作新形式长期坚持下去；如何把活动作为一种长期性培养锻炼年轻干部的有效载体和成长平台；如何帮助发展壮大村集体经济；如何建好建强基层党组织，"打造一支带不走的工作队"；如何把培养新型群众与新型干部结合起来，生产和再生产出适合西藏形势变化的新型党群干群关系，以建立健全强基惠民的长效机制。

9. 努力建立保障强基惠民活动的制度

真正实现西藏稳定、发展与安全，还是要靠制度。在强基惠民活动，干部、项目、资金、技术等资源从城镇到农牧区在空间上形成大挪移，这是根据活动需要的一种政策性的全区配置。在这一过程中，从调研情况看，无疑出现了不少的问题，甚至有些问题较为严重且具普遍性。解决产生出来的问题，这就需要有制度作保障。因此，在强基惠民实践中出现的问题和碰到的那些不适应实践发展要求的体制机制、法律法规，必须进行革新，要以一种"逢山开路、遇水架桥"的勇气和胆略，在强基惠民活动中不断破旧立新，构建新的体制机制、法律法规，使西藏治理过程中的各方面的制度更加科学、更加完善、更加系统，实现各项治理的制度化、规范化、程序化和系统化，然后把系统化了的制度群在强

基惠民活动中转化为治理西藏的效能，以提高党在西藏的执政能力与治理能力。

第六节　用新型城镇化推进西藏跨越式发展*

深入开展创先争优强基础惠民生活动，是西藏自治区党委、政府贯彻中央精神、立足西藏地区实际，着眼于推进新农村建设、加强城乡基层组织建设、维护社会稳定、推动经济发展、促进民族团结、保障改善民生做出的重大决策部署。经过三年来的努力，目前，"强基础、惠民生"工作已取得初步成效，将进入巩固阶段。与此同时，我国的新型城镇化已经进入快速推进时期，2014年3月16日国务院发布《国家新型城镇化规划（2014—2020年）》，要求建立"城乡统筹、城乡一体、产城互动、节约集约、生态宜居、和谐发展"为基本特征的新型城镇化。西藏自治区乘势而上，新型城镇化作为西藏跨越式发展的抓手，进行了认真、全面的规划，这将是西藏全面建成小康社会的主要动力和实现途径。

一　新型城镇化的一般要求与西藏城镇化的实践

十八大报告明确提出，推进经济结构战略性调整是加快转变经济发展方式的主攻方向，新型城镇化的提出实际上是中国经济结构转型题中应有之义。一般认为，城镇化是人们的经济、政治、文化等社会活动，为节约时间向特定空间集聚的过程。在这个过程中，农业人口比重下降，工业、服务业人口比重上升，人口和产业向城市集聚，生产方式、交换方式和生活方式向规模化、集约化、市场化和社会化发展。城镇化是工业化发展的客观要求，城镇化水平是一个国家社会经济发展水平的重要标志。新型城镇化的"新型"，学界已有多种阐释，总的来说，就是要由对城市规模扩大的片面注重，改变为以提升城镇的文化、公共服务等内涵为中心，真正使城镇成为具有较高品质的适宜人居之所。在新型城镇化的理论构想中，物质文明与精神文明良性互动，城市发展和自然生态和谐共存，城市整体规划与居民生活质量同步提升，是文明城市创建的

---

*　本节执笔人：王蕾。

核心要义所在。随着工业化的推进和发展方式的转变,以及生态文明建设任务的紧迫,新型城镇化成为全面建成小康社会的要求、动力和保障。

2014年,我国城镇化率为54.77%,西藏地区的城镇化只有25.75%,与全国平均水平还有很大差距,但与自身比较,则比2013年提高了0.75个百分点。西藏的城镇化有其特殊性。这种特殊性使得西藏城镇化的有利条件和不利条件都比较突出。从有利条件来看,由于西藏的生产力发展水平低,经济基础薄弱,城镇化发展的空间具有后发优势。西藏和平解放前,只有少量的人口居住点,拉萨、昌都、日喀则等少数地方可称为城镇。但是,这些城镇面积小,对周边的辐射能力弱,拉萨城区尚不足3平方公里。西藏和平解放后,中央政府十分重视西藏基础设施的建设,投入大量财力、物力和人力建成了川藏、青藏公路。进入21世纪,随着综合国力的发展,中央政府又投入巨资修建了青藏铁路和拉日铁路。交通设施的发展为西藏城镇化奠定了坚实的基础。

在城镇化中,由于可以共享电力、水源和交通运输等各种基础设施,城镇才能形成集聚效应。中央实施的援助西藏的特殊政策对城镇化发挥了巨大的作用,"一江两河"地区城镇化率最高、城镇分布最集中,也始终是西藏经济发展速度最快的地区。边远地区的城镇化也有所发展,在国务院批准的226个"十二五"规划项目中,涉及阿里地区的项目有119项,规划投资122亿元。截至2013年年底,已完成投资54.02亿元,占全部规划项目的44%。阿里地区的新藏公路改扩建项目、通县柏油路项目、阿里并网光伏电站及市政建设不断推进,基础设施不断完善建设;生态安全屏障建设项目使生态环境持续改善。整体来看,城镇化使西藏各族人民更多地分享到了现代文明发展带来的成果。

西藏城镇化的不利条件也很突出,一是地域广大,但适宜人类生存活动的面积只占自治区面积的27%,仍然存在人地矛盾,城镇化的辐射带动作用不明显。有些县村之间相距遥远,如阿里地区的县城到地区的平均距离达360公里,最远的达790多公里,乡镇到县的平均距离达117.3公里,最远的达260多公里;乡镇到村的平均距离达57.3公里,最远的达430多公里。县村之间的道路有很多土路,每次下雨都使路面坑洼不平,交通严重不便。这对统筹农区与牧区、腹心县市与边境地区协调发展十分不利。二是受到能源"瓶颈"的制约。数据和我们的实地调研都显示,西藏地区的固定电源少、功率低,新型城镇化建设面临能源

"瓶颈",城镇规模效应得不到提高。三是城镇人口偏少,农牧民的观念和技能都存在问题,大量的农牧民缺乏在城市谋生的技能,留在农牧区成为必然选择,这加剧了西藏高原的人地矛盾。此外,许多民族人口在观念上也不愿意居住在城镇,这种迁移黏性的形成包括宗教信仰、民族个性等复杂原因,不是一朝一夕能够改变的,这些都极大地制约了西藏城镇化的发展。新型城镇化的推进由有利条件与不利条件的综合作用所决定,促使西藏地区的新型城镇化必须充分考虑自然条件、人口分布、产业布局和国防需要,充分尊重农牧民的传统习俗与生活习惯,走一条有西藏自身特色的新型城镇化道路。

二 强基惠民活动对西藏新型城镇化的贡献

新型城镇化是以城乡统筹、城乡一体、产城互动、节约集约、生态宜居、和谐发展为基本特征的城镇化,是大中小城市、小城镇、新型农村社区协调发展,互促共进的城镇化。新型城镇化的核心在于不以牺牲农业和粮食、生态和环境为代价,而是着眼农民,涵盖农村,实现城乡基础设施一体化和公共服务均等化,促进经济社会发展,实现共同富裕。三年来,强基惠民活动的实施对西藏的新型城镇化做出了贡献。

(一)保证了新型城镇化必要的社会条件

祖国统一及社会和谐稳定是西藏各项事业展开的基础。三年来,强基惠民活动驻村工作队把维稳工作当作头等大事抓紧抓好,强化了治边稳藏的各项措施,工作成效明显,为推动西藏新型城镇化提供了良好的社会条件。

第一,及时掌握渗透情况,妥善处理影响社会稳定的各类矛盾纠纷,全力消除不稳定因素。从2011年10月开始,先后有三批工作队近7万名干部扎根基层,推进了社会治安综合管理,为推动社会和谐,促进民族团结做出积极贡献,也为城镇化的顺利推进提供了稳定的社会环境。驻村队注重构建群防群治的维稳工作格局,本着"大事不出,中事不出,小事也不出"的目标,联合联保户长,从乡村治理入手稳定大局。特别是节日期间,有的工作队在征求村委会领导意见的基础上,组建维稳巡逻队,队员由工作队、村委会、村民监督委员会以及联保户长组成,分组按时轮流巡逻,对可疑人员进行询问,确保维稳工作不留死角。同时,在西藏城镇化的过程中,外来人口主要集中在城镇,城乡生活水平的差距被认为具有汉族与藏族聚居区之间社会差别的意义,强基惠民为村民带来的实惠，真正赢得当地百姓的认可和拥护，也为地区的稳定逐渐消除了不安定的思想因素。

第二，宣传了党的方针政策。如僧人享有公民权利，也要承担公民义务等，开展以"算富账、感党恩、要稳定、求发展"为主题的教育活动。

第三，加强了基层党支部和党员队伍建设，将党的建设扎根在基层，提升了基层活力。干部驻村以后发展、培养了一批农牧区农牧民党员和入党积极分子，据统计，每年每村发展至少3名新党员。这为基层组织提供了人员支撑。党组织的战斗堡垒作用和先锋模范作用得到了进一步的提升和发挥。仅2014年上半年，就发展了农牧民党员7055名；协助村级组织建立健全村规民约、村务公开、党务公开、村（居）"两委"班子成员基本职责、"三会一课"、党风廉政建设等规章制度7.1万余条。深化和拓展"三培养"，形成了致富带头人、党员、村干部之间的梯度，为新型城镇化增添了活力因素和激励机制。

第四，锻炼、教育了干部。新型城镇化不是一日建成的，需要一支深入了解民情、充分反映民意、广泛集中民智、切实珍惜民力的干部队伍。让干部知道创业难，得到锻炼，到实践中去向群众学习，体味民生、了解民情，学会处理各种社会矛盾，掌握老百姓的动态，这都是机关里学不到的。最重要的，是培养干部的感情，交到一批朋友，对于今后掌握老百姓的期盼和要求，使新型城镇化政策的制定和执行符合老百姓的根本利益，有着长远的意义。

（二）在强基惠民活动中逐渐塑造"人"的城镇化

新型城镇化是一项复杂的系统工程，对西藏而言，更是传统农牧文明向现代城市文明的一种巨大变迁。西藏地区城镇化的核心是农牧人口向城镇集中的过程，这个过程并不仅仅是基础设施的大量建设和城市内人口规模不断扩大，甚至不仅仅是在户籍、就业、社保和教育等政策方面实现改革突破，新型城镇化的实现最终还是要落实在能适应城镇生活、支撑城镇运行的"人"。从尊重传统、维护稳定来说，西藏地区农牧民以家庭为单位长年在草场上游牧，居住分散，相对封闭，有其独特的组织方式、生产方式和生活方式。因此，西藏地区的新型城镇化还面临着尊重群众意愿，不能强迫他们成为城镇常住人口的现实。新型城镇化的推进，核心是人的城镇化。新型城镇化实行城镇户籍制度改革，降低农牧民进入城镇门槛的同时,农牧民思想观念和生活习惯如何进行"城镇化"塑造,这些现实问题较其他地区更应做科学、细致的工作。

从城镇化的可持续发展来说,小城镇的市场发育必须聚集足够的人气,人口要具备在城镇稳定就业和生活的足够能力才愿意转移出来,也才能出规模效益,扩大内需才能落在实处,避免新建小城镇成为吸纳能力低下的"空城"。因此,人口素质的普遍提高成为当务之急。在城镇化中,剩余劳动力必须持续或长期地从农牧业转移到非农牧行业,使城乡社会经济协调发展。劳动力市场的形成要有适应市场需要、具有工业生产和现代服务等劳动技能的大量本地劳动力。这首先要使广大农牧民有接触城镇文明的机会,逐渐培养适应能力,形成新技能。

从2011年10月以来,强基惠民活动的驻村工作队员等在日常工作中与驻地百姓打成一片,与他们同吃、同住、同劳动。我们的调研了解到,组织捐赠衣物、给困难群众捐助资金改善生活,自筹资金给村民送过节慰问品等帮扶活动成为普遍的行为。村民盖房子、结婚办喜事等驻村队员也参加。尤其是"进村入户结对认亲交朋友"活动的深化,让广大驻村干部与困难群众结亲戚、交朋友。驻村队员与当地群众之间经过长期的磨合了解,形成了认同感。农牧民乐于从他们这里接受新事物,了解新信息,主动学习新知识,有助于群众开阔眼界,加强与外界的联系,树立科学、文明、健康的生活理念和生活方式。绝大多数驻村队员理想信念坚定,能吃苦有韧劲,对强基惠民活动饱含热情,在工作中高标准、严要求,不断创新工作思路。他们的工作能力与品行,让当地百姓从生活的点滴中感受到党和政府惠民政策,也形成了榜样的力量和劝说的能力。比如说鼓励接受基础教育、努力掌握专业技能、移风易俗等,这都为城镇化的开展和建成城镇呈现勃勃生机奠定了基础。

改革开放以来,中国的城镇化取得了举世瞩目的成绩,但城镇的发展也带来了许多城市病,主要体现在生产模式和消费模式不可持续;产业重型化生产产生的污染难以根本改变;工业化和城镇化竞争产生的环境问题继续加大,特别是环境污染和环境风险不断凸显。数据显示,我国80%的省份生态赤字,只有西藏、青海、内蒙古、新疆、云南和海南生态盈余,西藏地区的生态保护还有安全屏障的因素,其科学性、前瞻性、长期性有着重要意义。进入21世纪之后,西藏采取跨越式发展的模式已成为共识,我们不能把它理解为一种单纯的发展战略,而应该将其纳入整体发展的范畴。

所谓跨越,既指基于后发优势上的速度,也指生产方式、消费方式、生活观念改善的质量。同时,发展包含着经济增长之意,但又不是单纯追求速度的增长,而是可持续的综合全面发展。对注重环境友好、社会和谐的新型城镇化而言,西藏所具有的后发优势之一就是环保的理念先行,从思想上及早明确走资源节约、环境友好之路,不走或少走以往城镇化过程中生态破坏,先污染后治理的弯路。这还是要落实到一代代的人的思想观念上。在我们的调研中,许多驻村队引入了一些环保理念,并从具体生活中对农牧民善加引导,如多个驻村工作队就组织过村民对白色污染进行清理,还有的驻村队发放收集废旧电池的盒子,在村民特别是青少年培养不随手丢弃电子垃圾的意识。

(三)在强基惠民活动中逐渐联结新型城镇化节点

一般来说,西藏的经济结构被称为非典型二元结构,根据学者的考察,这个概念仍然是适用的。现阶段,西藏二元经济结构强度依然显著,但非典型性总体趋于减弱,也就是说,按照经济学的规律,西藏的经济结构发展将是一条非典型二元经济结构→(典型)二元经济结构→现代经济一元结构的道路。新型城镇化旨在通过提升自我发展能力,逐步重构西藏发展的内部基础,以地区间的均衡发展形成典型的二元经济结构。因此,解决各区域间城镇化水平差距过大的问题是加速新型城镇化的重中之重。西藏各地由于地理位置、交通状况、经济基础等差异较大,以致城镇化发展极不平衡。如有些偏远贫困山区,自然环境差,气候多发干旱、少雨水、风沙大,田地土层薄,土壤有机质含量低。农作物主要以种植青稞为主,但产量往往较低。因此,在西藏新型城镇建设中,较为可行的是因地制宜,分步进行,积极拓展与城镇的联系节点。按照"五项任务"的要求,许多干部带来了项目和资金,有利于改善基层基础设施建设。出于驻村的经验,驻村队员能够更细、更实地了解基层基础设施和项目的群众需求迫切程度,对城镇化的可能起到带动作用。由于国家"村村通"是针对行政村,而非自然村,自然村道路项目成为强基惠民活动的亮点之一,方便了村民向周边县城、重点镇以及交通干线辐射能力强的新型小城镇出行。驻村队合理建议安排基层基础设施和项目的轻重缓急,在资源有限的情况下,配置得更为合理,形成最优的外部性。这特别体现在一些短平快基层基础设施建设上,如小水磨、小硬化、小便桥、小畅通、小照明、小温室、小广场、小住房"八小工程"。这些基层基础设施和项目有利于形成城乡统筹的有效节点，有利于城镇化集聚效应的形成。

强基惠民活动开展以来，驻村工作队根据各村情况和派出单位的资源，在充分尊重当地民风民俗的前提下，俯下身惠民生，为所在村提供了力所能及的项目支持，特别是道路硬化、农田灌溉支渠、农田围栏、机耕道、太阳能路灯等实际项目。城镇化的内涵之一是城镇数目的增多，这些开拓了城镇化的设施基础通道。许多驻村干部根据自己的能力，付出了艰辛的努力，争取项目和资金，尽力使项目早开工、早见成效、早让老百姓受益。还有的驻村队员，自己动手组织村民平整道路。除了道路之外，驻村队还帮助村民建立其他一些与城镇化相关的项目，如谢通门县南木顶村的村级小商店还被列为商务部万村千乡市场工程项目，给予各项补贴。在我们的调研中，绝大多数驻村队员确确实实在艰苦环境下为当地百姓做好事、做实事、谋幸福，出现了许多感人事迹，在当地群众中赢得了较好的口碑。这些基础设施的建立加强了小城镇经济职能和辐射带动能力，为新型城镇化贯穿了设施节点。

同时，工作队积极为驻村点寻找致富门路。西藏地区的许多村落自成体系，城镇间的联系较少。驻村工作队的实地经验，有利于结合所驻村的实际情况，协助村（居）"两委"厘清发展思路，制定全面小康社会建设规划，确保小康社会建设有蓝图、有目标、有措施，这其中就涉及所在村与新型城镇化的结合。仅2014年上半年，共厘清发展思路1.4万余条，制定完善实施经济社会发展规划0.7万余项。驻村工作队善于从与当地村民息息相关的小项目入手，寻找致富机会。这些致富机会的实现有助于培育乡村内在的经济利益驱动和活力，进而培育新型城镇的自我发展能力，加快周边有条件的县城、小镇的城镇化速率。如左贡县开展强基惠民活动三年来，注册的农牧民施工队已经有4家，正在申办的还有十多个。同时办了村级集体经济组织21个，劳务输出达到32575人次。干部驻村以后，每人增加收入500元以上，有的1000多元。农民专业合作社是城镇化建设融资的有效方式，三年来，驻村工作队帮助发展集体经济组织、合作经济组织1.4万个，老百姓得到了实惠。林芝县检察院、八一镇政府驻林芝县唐地村工作队，指导帮助村（居）"两委"探索"支部＋合作社＋农户"的生产经营模式，由村（居）"两委"和致富带头人牵头成立了林芝县冰湖农副产品综合加工专业合作社，不但解决了本村畜产品、粮油产品销售难的问题，而且将收购流通范围扩大到了全镇，使97%的农户增加了收入。区统计局驻聂拉木县亚来乡柯亚村工作队筹措资金45万元，帮助村民建立了合作经济组织牦牛奶牛养殖场，现有牦牛125头，预计合作社成立后年纯收入可达10万—15万元，平均每户可增加现金收入2000元以上。拉孜县委宣传部驻锡钦村第三批工作队驻村以来，积极鼓励妇女致富带头人次央和格平先后兴办了锡钦村羊毛制品农民专业合作社和锡钦村幸福藏鸡农民专业合作社。锡钦村羊毛制品农民专业合作社于2014年3月28日正式成立，投资80万元，合作社厂房面积约600平方米，现吸收67名妇女，产品销售到拉萨、日喀则等地，因其手工精细、图案精美而广受消费者青睐。其他还有驻村队员为所驻村修建温室大棚，交给有意愿经营的农户进行蔬菜种植，等等。这些农村集体经济的培育壮大，对发展新型农村经济组织和体系进行了实践。在现阶段不脱离农业经济基础的条件下，通过城镇间的分工协作，加快了城乡一体化的进程。

三 关于强基惠民活动与西藏新型城镇化建设进一步结合的建议

目前来看，根据各方的调研，强基惠民活动和新型城镇化两方面都存在一些可以改进之处。就强基惠民活动本身而言，存在着部分驻村干部有"守摊"思想、有些驻村工作队员对所驻村基本情况不够了解、部分工作队不同程度地存在重惠民、轻强基和重帮扶、轻引导等问题。就城镇化的推进而言，西藏城镇化最突出的问题在于缺乏自然发育和自觉成长，也存在粗放式用地、用能，主要依靠中心城市带动，小城镇活力不足等普遍性的问题，必须努力建设以周边中心镇为支点的城镇群、大中小城市和小城镇协调配合发展。此外，西藏现有城镇化水平的提高主要来源于城镇外来人口的增长，而外来人口主要的流向是拉萨市城关区、日喀则市等城镇化水平较高的地区，本土非农化进程缓慢，新型城镇化成为西藏自治区跨越式发展的推动力量还未全面凸显。一般来说，西藏各个地区都面临着既要继续巩固强基惠民活动的成果，又要优化新型城镇化动力机制的任务。三年来，强基惠民活动已经做了很多工作，成效明显。在我们的调研中，能强烈地感受到西藏各地区人民普遍的求发展愿望。经济发展，民生幸福是长期稳定的促进因素，新型城镇化在这个过程中大有可为。如何将强基惠民活动的巩固与有序的新型城镇化结合起来，两者进一步相互协调、相互促进，真正"形成一支永远不走的工作队"，是一个值得思考和研究的问题。

（一）将强基惠民活动巩固阶段维护稳定的工作进一步做细、做实，以新型城镇化求长期稳定

三年来的强基惠民活动为筑牢西藏发展稳定的社会根基贡献了力量。反分裂斗争是长期的，不可掉以轻心。巩固阶段的任务之一是重在总结并进一步保持和推广好经验、好做法。如所有村全覆盖不能变，工作队直接驻到村不能变，在具体措施上拓宽网格化管理、增强双联户管理、深化"进村入户结对认亲交朋友"等活动。基层不稳定的因素多种多样，细致的工作有助于维护社会稳定、反对民族分裂，因此，已经回到原岗位的驻村队员，可以与村民保持经常联系，进行定期回访，了解群众期盼，帮助解决困难，真正成为推动经济发展、服务基层群众、促进增收致富的长期的"引领者"和"贴心人"。任务之二是充分征集群众意见，更加适当地分布资源配置，积极探索强基惠民活动的长效机制。维护稳定的机制体制有待创新，在我们的调研中，有干部群众反映部分工作队对村（居）"两委"事务包办代替、越俎代庖，没有充分发挥村（居）"两委"的积极性。强基惠民活动是一个驻村队员与驻地乡、村干部互相学习和交流的过程。对于驻村队员而言，要学习扎根基层的精神，锻炼自己的能力，同时，也要向基层治理引入现代行政管理的理念，破除"等靠要"思想，形成高效益的行政能力。通过思想、观念潜移默化的改变，加强以村党支部建设为核心的基层组织建设，真正做到"指导不领导、到位不越位、参与不干预、帮助不代替"，才能"留下一个永远不走的工作队"。

有效地提高乡村社会管理和服务水平对新型城镇化意义重大。强基才能惠民，也才能有效地长期推进新型城镇化，这就需要进一步加强我们的干部队伍。尤其是新型城镇化必然会遇到与地区有关的许多具体问题，工作队和村（居）"两委"的智力资源整合、专业知识和行政背景的结合对提高双方干部素质，推进新型城镇化大有裨益，能够从财政、金融、税收环境营造等方面为新型城镇发展创造有利条件，提出合理化建议。我们在调研中，地方干部多次提到来自邻省输入性隐患的维稳压力，特别是与邻省交界线比较长的藏区和省际结合地带，如何将制度设计与精细化管理相结合，建立跨省联防机制值得思考。目前，西藏的城镇化

进程仍处于聚集型人口城镇化的初始阶段，随着周边省市和西藏自身新型城镇化的推进，人口的本地流动和跨省流动的规模化不可避免，应尽早探索出一个更为严密有效的跨省联防机制。要进一步夯实党的基层组织建设，着力培养一批懂经营、通市场、会技术、善管理的新型农牧民党员。城镇化是实现全区跨越式发展的重要抓手，通过这些党员的身边事例，帮助农牧民进一步转变观念，把新型城镇化的一些政策讲明白、讲清楚，让群众从思想上真正理解和认识新型城镇化"惠"在何处，根据实际情况参与。

（二）有重点地发挥强基惠民活动在新型城镇化的作用

1. 保持各城镇特色，在产业基础上形成新型城镇化格局

中央第五次西藏工作座谈会强调，要把西藏建成重要的国家安全屏障、重要的生态安全屏障、重要的战略资源储备基地、重要的高原特色农产品基地、重要的中华民族特色文化保护地、重要的世界旅游目的地。按照中央的精神，西藏的新型城镇化应是发展有历史记忆、文化脉络、地域特貌、民族特点的美丽城镇，关键在坚持和突出民族、地区的特色。但是，在调研中我们发现，一些区内城镇化发展较早、程度较高的地区存在工作过急、过粗，城镇化过程中历史文化底蕴减弱，特色模糊，这对于商贸、旅游等行业都有着长期的负面影响。"十二五"规划初步构建"一圈三带两点一线"城镇化布局，在新型城镇化规划中，各地区也都提出了具体的目标任务。如日喀则地区提出在"十二五"时期，重点建设以江孜、拉孜等县城，亚东、樟木、吉隆等边境城镇，打造以日喀则市、萨迦等特色文化旅游城镇为支点，以白朗、仁布、谢通门、南木林等特色产业城镇为网络的具有日喀则特色的城镇体系。西藏地区的城镇产业环境相似，更应形成城镇特色鲜明的产业发展方向，加大第二、第三产业发展力度，精细定位产业特色，以利于全局谋划，集约化、规模化的打造相应品牌，这对西藏新型城镇化意义重大。驻村队员一般具有专业背景，对地区民族、地区特色的深入发掘，既有"外来者"的眼光和扎实的实地感受，又有参与本地日常生活的条件。在强基惠民活动的巩固阶段，如何从全覆盖、无缝隙的铺开转入有重点地发挥驻村队员的作用，包括进一步加强他们在新型城镇化中的建议倡言作用，成为一个值得思考的问题。

2. 结合新型城镇化的产业布局，加强对合作经济组织发展的引导

进城容易就业难。尤其在县域城镇，能否从农业转移到第二、第三产业，是农民市民化的关键。在新型城镇化中，完成产城融合和产业生态转型的任务，理想途径是以市场为导向，将有发展潜力的城镇作为新的增长点，农畜产品加工业、民族手工业、建筑建材业、旅游服务业、餐饮业、商贸业共同向城镇聚集，形成本地的特色产业，集中力量做精做强。在此基础上，鼓励大中城市的工商企业到小城镇开展产品开发、商业连锁、物资配送、旧货调剂、农副产品批发等经营活动，促进小城镇带动农牧区集中社区的发展。在此过程中，城镇产生聚集和辐射效应，引导人口、产业、商贸、教育、文化等要素聚集，提高承载能力和吸纳能力。西藏农牧区连片贫困与跨越式发展之间的矛盾最终要靠新型城镇化来解决。应该指出，这既是一个长期的发展过程，也是一个因地制宜的发展过程。2014 年 7 月 18 日，交通运输部印发了《关于进一步推进西藏交通运输科学发展的若干意见》，提出到 2020 年西藏公路总里程要达到 11 万公里，这对于西藏新型城镇化集聚效应的形成无疑是个利好的消息。应该指出，城镇的聚集效应在经济的同时，也存在聚集不经济，也就是社会经济活动及相关要素空间集中所引起的费用增加或收入、效用的减少。由于受到历史、地理、经济发展水平等因素的制约，西藏并非每一个地区在现阶段都适宜城镇化，应当是有集聚、有分散。通过小集聚形成辐射，有条件的可以适当集中合并分散农户和户数较少的自然村落。传统牧业区更为现实的是建立农村集镇，延伸和完善公共基础设施和公共服务。远离乡镇中心区的农牧区，建议保留发展集中社区。

新型城镇化重在提升质量和水平，要有相应的产业才能提供相应的就业机会，才谈得上"人"的城镇化。在较长一段时期内，西藏跨越式发展战略还是要依靠县及县以下的小城镇的辐射力来培育产业支撑。这在西藏各地区新型城镇化的规划设计中也有反映，如阿里地区提出自 2014 年起 1—2 年内完成巴嘎、霍尔、门土、多玛、盐湖五个特色小城镇基础设施建设和城镇配套建设试点。政府对产业布局进行合理引导，必须通过城乡统筹，因地制宜地培育和保持中小城镇的中长期产业特色，这就需要对农民合作经济组织、民营经济等农牧区新型经营主体进一步加强服务，减轻负担，科学管理；继续完善集中社区的基层基础设施的建设。在此过程中，可以发挥驻村队员了解当地情况的长处，站在新型

第二章　西藏的跨越式发展与乡村基层治理

城镇化未来发展的高度上，将项目建设与当地新型城镇化规划联系，科学设计。应尽可能依据本地区的产业特色，正确引导乡镇企业发展，以其为主体创造非农就业岗位，着力培育各类农业产业化经营的龙头企业，形成农副产品的生产、加工和销售基地，尤其注重农副产品的深加工和生产效率。城镇化在加快提升要素禀赋结构、改善当地农牧民生活水平方面的作用充分发挥出来，才能为最终突破城乡二元结构和体制奠定基础。能够引导地区新型城镇化获得中长期发展，逐渐培养农户生产的农产品形成固定产业和市场的驻村队，才是"永远不走的工作队"。

（三）注重驻村队员岗前培训与在岗培训，增加适应新型城镇化的新内容

新型城镇化是西藏地区现代化发展的必然趋势，在此过程中，城乡支撑体系的完善是关键一步。没有畅通的流通渠道，资金、技术、信息无法从城市输入，而人口、产业等也无法在农村地域上聚集，新型城镇化进程必然严重受阻。西藏地区农牧民群众受教育程度较低，基础教育落后，许多老百姓对城镇化的具体政策不了解，甚至是一无所知，无疑会使城镇化的进程遇到困难和考验。因此，一些城镇化的具体措施如基本公共服务均等化等都需要通俗、实在的解读，让老百姓了解党的政策，包括新型城镇化的政策，这些专门知识需要专题培训。在我们的调研中，在干部驻村之前有完备的培训，驻村过程中培训较少。强基惠民活动的巩固阶段，驻村队既要重帮扶，也要重引导，可以对培训方式和内容进行调整。同时，应督促工作队成员加强自身学习，提高自身政策理论水平，深入了解所驻地区新型城镇化的中长期政策和项目实施，利用宣讲会、座谈会、与群众谈心、拉家常等方式，大力加强对农牧民城镇化意识的宣传教育力度，传播信息。用通俗易懂的语言丰富宣传培训活动内容、创新活动形式。

新型城镇化建设的核心是人，关键在人，目的也在于提升人的生活质量，促进人的全面发展。因此，改变人的观念十分重要，在我们的调研中，有些地区懒惰、"等、靠、要"的思想观念没有彻底抛弃，与新型城镇化中对于个人的素质要求相去甚远，如不加以改变，将会阻碍新型城镇化的建设。因此，不仅应加强对驻村干部的培训，也应有意识地注重对当地村干部、村民的逐级培训，提高农牧民对新型城镇化的认识。对农牧民加大职业培训的力度，分步骤地解决"外出打工能干什么"的

实际问题。有条件的，还应进行群众文明素质的讲解和培训，逐渐为今后农牧民的有序市民化奠定基础。

在各级各类培训中，生态文明宣传教育的多样化、直观化必不可少，以利于形成节约资源和保护环境的空间格局、产业结构、生产生活方式。理论上来说，一国（或地区）在加速推进城镇化过程中，因对资源过度依赖造成资源枯竭、环境恶化、疾病多发进而导致贫困加剧；反过来，贫困加剧又迫使该地经济发展更加陷入资源依赖，致使环境更为恶化，这一恶性循环就称为"环境—贫困"陷阱。由此带来的诸多后果，通常会落在欠发达地区和弱势群体身上，最终形成"代际贫困"。西藏高原是青藏高原的主体，平均海拔达4727米，有"地球第三极"之称，生态环境十分脆弱，新型城镇化所可能产生的生态问题更应从群众意识的源头加以强化。跨越式发展所包含的后发优势一般包含技术和制度两个层面，在生态文明的保护上，如何将由政府引导的自发行动变为农牧民自觉行为，还需要驻村队员的进一步作为。同时，生态保护时时有新情况，为在岗的驻村队员建立反映新问题、新情况的顺畅通道也很重要。

四 结语

西藏跨越式发展是一个长期的、动态化的过程，实现西藏地区的新型城镇化也已形成共识。充分发挥强基惠民活动在新型城镇化中的作用，用新型城镇化推进西藏跨越式发展，达到西藏社会治理的理想状态，可谓任重而道远。2014年8月6日，中共中央总书记、国家主席、中央军委主席习近平就川藏、青藏公路通车60周年做出重要批示，要求进一步弘扬"两路"精神，助推西藏发展。习近平总书记的指示，鼓舞了新型城镇化的决心和信心。实干兴邦，展望未来，一个富裕、和谐、幸福、法治、文明、美丽的社会主义新西藏是可以期待的。

第三章　党政组织在乡村基层治理中的作用

第一节　强基惠民与党的群众路线*

群众路线是党在领导革命、建设、改革的长期实践中逐步形成和发展起来的，是中国共产党人的伟大创造。1992年党的十四大通过的《中国共产党章程》对群众路线做了经典表述：党在自己的工作中实行群众路线，一切为了群众，一切依靠群众，从群众中来，到群众中去，把党的正确主张变为群众的自觉行动。全心全意为人民服务是党的根本宗旨，群众路线是党的生命线和根本工作路线。在新的历史时期，能否始终坚持和贯彻党的群众路线，能否始终保持和发展党同人民群众的血肉联系，是关系人心向背、关系党和国家生死存亡的重大问题。

群众路线在西藏跨越式发展和长治久安中具有决定性作用。西藏发展和稳定的关键在于人心向背，在于群众的支持和拥护。而要获得广大群众的拥护和支持，就必须积极贯彻党的群众路线，强基固本，根系群众，切实维护好西藏广大群众的根本利益，为此，自治区党委提出了群众路线是治边稳藏的生命线和根本工作路线的重要论断。

一　强基惠民活动是践行群众路线的重要载体和途径

2013年5月9日，中共中央《关于在全党深入开展党的群众路线教育实践活动的意见》中提出，要在全党深入开展以为民、务实、清廉为主要内容的党的群众路线教育实践活动。为民，就是要坚持人民创造历史、人民是真正英雄，坚持以人为本、人民至上，坚持立党为公、执政

---

* 本节执笔人：冯军旗、孙丹。

为民，坚持一切为了群众、一切依靠群众，从群众中来、到群众中去。务实，就是要求真务实、真抓实干，发扬理论联系实际之风；坚持问政于民、问需于民、问计于民，发扬密切联系群众之风。清廉，就是要自觉遵守党章，严格执行廉政准则，主动接受监督，严格规范权力行使，把权力关进制度的笼子，坚决反对一切消极腐败现象，做到干部清正、政府清廉、政治清明。党的群众路线教育实践活动，第一批于2013年6月18日启动，以为民、务实、清廉为主要内容，按照"照镜子、正衣冠、洗洗澡、治治病"的总要求，自上而下在全党深入开展。党的群众路线教育实践活动第二批活动于2014年1月进行，主要是面向基层。在全党深入开展党的群众路线教育实践活动，对于教育引导党员、干部牢固树立宗旨意识和马克思主义群众观点，贯彻党的群众路线，切实改进工作作风，始终赢得人民群众的信任和拥护，夯实党的执政基础，巩固党的执政地位，具有十分重大而深远的意义。

强基惠民活动是西藏自治区党委根据现实和区情而做出的重大决策，是践行群众路线的重要载体和途径。从2011年开始，西藏在全区开展了干部驻村工作，每年从自治区、地（市）、县（市、区）、乡镇（街道办事处）选派2万多名干部组成工作队，进驻5464个行政村（居委会），围绕建强基层组织、维护社会稳定、拓宽致富门路、开展感党恩教育和办好实事好事五项职能，直接联系服务70.45万户城乡居民。同年，西藏自治区党委、政府做出加强和创新寺庙管理的重大决定，坚持把寺庙作为基本社会组织，把广大僧尼作为公民和群众，选派7486名优秀干部进驻全区1787座寺庙，全面落实教育、管理和服务三项职能。西藏还把群众工作和社会管理相结合，在全区开展"先进双联户"创建评选活动，引导城乡居民以5户或10户为联户单位。共建立了13万个联户单位，覆盖全区70.45万户城乡居民。在全区各级党员干部中开展"领导干部进村入户、结对认亲交朋友"活动，每人联系2—3户困难群众，认民为亲、以民为友，积极探索服务群众的长效机制，以长期坚持下去。

2013年6月，党的群众路线教育实践活动开展以来，西藏自治区党委和政府积极贯彻落实，提出了群众路线是治边稳藏的生命线和根本工作路线的重要论断。制订了《西藏自治区创先争优强基础惠民生活动领导小组关于在全区驻村工作队中先行开展党的群众路线教育实践活动的实施方案》，决定第二批工作队全员参与第一批党的群众路线教育实践活动,第三批工作队参加第二批教育实践活动。驻村干部围绕落实"五项任务",坚持每个月开展一次家访,每季度开展一次回访,每名队员至少与两户群众结对认亲交朋友。在教育实践活动中,共征求意见14394条,查摆问题9880个,整改措施7604个,建立健全制度8793项,各工作队员共与3.93万人结对认亲。在教育实践活动中,干部的"四风"等问题得到有效解决,服务群众的能力得到有效提升。

2014年6月,中央发布《关于在第二批党的群众路线教育实践活动中进一步加强基层党组织建设的通知》,提出要深入整顿软弱涣散基层党组织,对党组织班子配备不齐、党组织书记空缺、工作处于停滞状态的村和社区,可选派"第一书记"。以村、社区为重点选好、用好、管好基层组织带头人;全面推行驻村联户、结对帮扶制度;等等,这些都是西藏强基惠民活动中的基本任务,意味着西藏的一些做法和实践走在了全国前列。实际上,西藏强基惠民活动本身就是群众路线的生动探索和实践,同时又为中央的群众路线教育实践活动提供了素材和借鉴。

二 强基惠民活动使群众得实惠,干部受教育

强基惠民活动实施以来,各级驻村工作队员发挥直接联系群众的优势,深入群众、宣传群众、团结群众、服务群众,为群众办了大批好事实事,群众得到了实实在在的实惠。干部也在服务群众的过程中得锻炼、受教育,宗旨意识和群众观点更加深入,工作作风得以改进,并增加了做群众工作的经验和本领。

(一)为群众打造和谐稳定的环境

工作队员驻村后,牢固树立稳定压倒一切的思想,始终把维护稳定作为硬任务和第一责任,明确工作队队长是第一责任人。组织开展反分裂斗争教育,使群众清醒地认识到"谁在造福西藏、谁在祸害西藏",团结引导各族群众深入开展反对达赖集团分裂祖国活动的斗争,防范和打击"藏独"分裂势力的渗透破坏活动。大力加强维稳能力建设,调处化解矛盾纠纷、完善值班巡逻制度,加大敏感时段维稳督察力度,对影响驻点村社会稳定的,按规定追究责任。加强群防群治、协调联动、带班值班等维稳机制建设,推动基层维稳工作常态化,敏感节点保证全员在岗、24小时值班。强基惠民活动实施以来,突出的成效就是,基层维稳防控的体制机制进一步健全,各类矛盾纠纷得到有效排查调处。截至2014年3月,共召开维稳宣传大会24万余场次,化解社会矛盾4万余起，妥善解决群众上访2.3万余人次；加强维稳重点人员管控23.7万余人次，建立健全维稳工作机制7.42万余项。从而为群众打造了和谐稳定的环境，群众的安全感和幸福度大大提高。

（二）拓宽群众致富门路

驻村工作队把促进发展作为重要任务，积极帮助农牧民理思路、破难题，找门路、促增收，谋划建设了一批基础设施项目和见效较快的产业项目，改善了农牧区条件、加快了经济发展。驻村工作队协助村（居）"两委"制定全面小康社会建设蓝图，完善村经济社会发展规划。通过开展实用技能培训，建立合作经济组织，组织劳务输出等，千方百计增加群众收入。驻村工作队还发挥单位职能作用和自身优势，争取和落实短平快项目。三年来，共厘清村发展思路5.4万条，制定村发展规划4.7万余项，共落实短平快项目2.65万个，落实资金54.6亿元，帮助农牧民劳务输出126.7万人次，直接增加农牧民现金收入15.1亿元。区住建厅派驻尼木县吞达村工作队，多方协调落实资金50万元升级改造藏香生产基地，通过市场推介、网络商务等方式积极拓宽销售渠道，帮助村民增加藏香销售额20余万元。林芝地区派驻林芝县章巴村工作队，抢救保护"切巴博"民间说唱艺术，组建表演队伍，为群众创收40多万元。强基惠民活动实施以来，各地县财政安排配套资金7.36亿元，行业主管部门投入项目资金12.94亿元，援藏资金9.61亿元，派驻单位自筹及社会捐资1.67亿元，这些，都为拓宽群众致富门路提供了坚实的资金保证。

（三）实施专项惠民行动

强基惠民活动实施过程中，积极协调各地市、各部门的专项资金支持，自治区交通、水利、扶贫、林业等部门先后启动了为期三年的专项惠民行动，包括公路通达攻坚行动、农村水利建设专项行动、扶贫农发直通车行动计划、生态惠民行动计划、强基惠民光明工程行动计划等。公路通达攻坚行动计划投资31亿元，重点解决669个建制村的公路通达问题，计划2014年年底完成。农村水利建设专项行动计划投资100亿元，实施农村饮水安全工程、农村水电建设工程、小型农田水利工程等，覆盖5520个村，209万人次，基本实现村村通水通电。强基惠民光明工程，总投资162亿元，计划通过主电网、小水电、太阳能三种供电方式在"十二五"末实现用电人口全覆盖，受益人口达233万人。强基惠民活动实施以来，自治区交通、水利等部门先后筹资359.27亿元，用于专项惠民行动。

(四) 为群众办实事好事

各驻村工作队自觉践行党的群众路线,从群众最关心的热点难点问题抓起,从群众最希望做的事情做起。以落实好利民惠民的"十件实事"为抓手,着力解决"三就"(就业、就医、就学)、"两保"(社会保障、医疗保障)、"六通"(通路、通水、通电、通信、通邮、通广播电视)、"一安居"(农牧民安居工程)等群众实际问题。自治区为每个驻村工作队安排10万元经费,用于为群众办好事实事。驻村工作队还组织访贫问苦活动,组织开展送科技、送技术、送卫生、送信息、送服务活动。截至2014年3月,共投入资金6.92亿元,为群众办实事好事68.2万余件;走访慰问五保户、贫困户和困难群众135.4万余人次,发放慰问金3.54亿元。使各族群众切身感受到了党和政府的关怀温暖,进一步密切了与各族群众的血肉联系。我们调研的林芝地区市政管理局驻察隅县日玛村工作队,先后投入资金20余万元,为群众修建稻田围墙、购买油菜加工设备、修建引水渠等,使得群众的基础设施和生产生活水平得到极大的改善。

(五) 干部受教育、得锻炼

在强基惠民活动中,驻村干部以群众路线教育实践活动为契机,坚持与各族群众同吃、同住、同学习、同劳动。把人民群众拥护不拥护、赞成不赞成、高兴不高兴、答应不答应、满意不满意作为工作的出发点和落脚点,在为群众排忧解难中砥砺品质、增长才干。驻村干部通过深入群众、贴近群众,与群众朝夕相处,把群众当亲人,虚心向群众学习,遇事同群众商量,在密切联系群众中创先进、争优秀。通过开展教育实践活动,驻村干部身上存在的"四风""两问题"得到有效解决,作风得到很大改变,服务群众的水平有效提升,同群众的血肉联系也更加密切。

三 强基惠民活动对群众工作机制和方法的探索与发展

强基惠民活动是党的群众路线在西藏的生动探索和实践,在实施过程中,西藏自治区党委和政府根据西藏的区情和实际,锐意进取,大胆创新,坚持从群众来,到群众中去,对群众工作的机制和方法进行多方面和多层次的探索和发展,从而丰富和完善了党的群众路线实践。

(一) 派驻工作队驻村

西藏自治区党委和政府深刻认识到,西藏发展和稳定的重点在基层,难点在基层,关键在于夯实城乡发展稳定的社会根基。因此,在全国其他省份农村基层日益空虚弱化的状况下，西藏却做出选派工作队驻村的重大决策，把资金、资源和干部引向农村，引向基层，每年选派两万多名干部驻村，覆盖全区所有村，并围绕"五项任务"开展工作，从而使得干部直接服务基层、服务群众，这本身既是群众路线的生动实践，也是群众工作机制的创新和发展，值得其他兄弟省份参考和借鉴。

（二）选派干部驻寺

西藏信教人数众多，十四世达赖集团一直把寺庙作为祸藏乱教、破坏祖国统一的重要阵地。可以说，寺庙和僧尼问题关系到西藏稳定的大局。针对这种现实，西藏自治区党委和政府大胆创新，把社会治理的理念引入寺庙僧尼管理领域，把寺庙作为基本社会组织，选派7000多名干部进驻全区1700多座寺庙，直接为广大僧尼服务。驻寺干部围绕教育、管理、服务三项职能，为广大僧尼办好事实事，为寺庙通水通电通路，把僧尼纳入社保体系，评选和谐模范寺庙和守法先进僧尼等。先后划拨6亿多元寺庙专项经费，慰问僧尼款物近3000多万元，评选和谐模范寺庙3586座次、爱国守法先进僧尼14.5万人次，发放奖金2.8亿元，从而激发了广大僧尼的爱国爱教热情，奠定了寺庙和谐稳定的基础，确保了宗教和睦、佛事和顺、寺庙和谐。

（三）开展"先进双联户"创建评选活动

根据西藏农牧区面积较大、居住分散的实际情况，西藏自治区党委、政府把群众工作和社会管理结合起来，在全区开展了"先进双联户"创建评选活动。"双联户"，即"联户平安、联户增收"，联户单位内5户或10户之间联责联动，努力做到安全隐患联防联控、环境卫生联管联治、弱势群体联帮联扶、集体组织联建联营、小额信贷联保联担、矛盾纠纷联排联调、重点人员联管联教、增收渠道联创联享等联户"十联"。联户单位内各户之间利益共享、责任共担、相互帮助、相互监督。"先进双联户"创建评选活动坚持自治区、地市、县市区、乡镇、村居五级联创、分级表彰，每年评选一次，对"先进双联户"在就业、高考、入伍、安置、入党等方面给予优惠政策。目前在全区已建立13万个联户单位，覆盖了全部70.45万户城乡居民。开展"先进双联户"创建评选活动，是在人民群众的实践中孕育和催生的社会管理领域的重大制度创新，是充分发动和依靠群众、发挥各族群众的主体作用、调动各族群众建设社会主义新西藏的重要载体；是把群众团结起来、组织起来、发动起来的具体实践，是群众工作机制和方式的创新和发展。

（四）领导干部进村入户，结对认亲交朋友

在群众路线教育实践活动中，西藏自治区党委、政府根据西藏实际，创新群众路线活动载体，创新群众工作长效机制，在全区各级党员干部中深入开展了"领导干部进村入户、结对认亲交朋友"活动，每人联系2—3户困难群众，每季度到联系户的家中住上几天，看望慰问、倾听意见、解决问题；每隔一段时间打个电话，主动问候、加强联系，不少干部还把结亲的农牧民朋友请到家中做客、增进感情。活动的目的是建立群众工作的长效机制，使得干部直接联系群众制度化、常态化。努力做到与群众融为一体、打成一片，与群众"吃、住、行"在一起，把群众工作做实、做深、做细、做透。领导干部通过这一活动，为"结对户"办实事、办好事，切实解决问题，让人民群众在看得见、摸得着的实事中真真切切感受到党的优良作风，体会到党和人民的血肉关系。自治区司法厅45名县处级以上领导干部，在结对认亲交朋友活动中，按照厅级领导与1户特困、2户贫困户结对，县处级领导与1户特困1户贫困户结对的原则，分别在八宿县、贡觉县8个强基惠民驻村工作点结对98户，自带全部生活用品，个人承担食宿费用，为群众捐助帮扶款及粮食、酥油、清油、砖茶、衣物等，累计达106250元。自治区财政厅开展党的群众路线教育实践活动定点村在曲水县才纳乡才纳村，开展结对认亲交朋友活动以来，共结对64户。结对认亲时正值秋收农忙时节，领导干部与村民同吃同住，一起秋收，切身体会群众的需求和愿望，改进了作风，密切了党群干群关系。

四 强基惠民活动践行群众路线的经验与启示

强基惠民活动实施三年来，工作队为驻在村办好事、做实事，深谙民意，深得民心，各地涌现了无数众多的先进典型和先进案例，取得了丰富的经验和很有意义的启示。

（一）经验

1. 密切了党和群众的联系，改善了党和群众的关系，加强了党对各项事业的领导

强基惠民活动的实施，是促进西藏改革发展稳定工作的有力抓手，是广大党员干部联系群众和服务群众的重要平台。强基惠民活动实施以来，足迹到达最偏远的地区，工作落实到每家每户，温暖和实惠传送到

每一个人。驻村队员牢记并践行习近平总书记提出的"人民对美好生活的向往就是我们的奋斗目标"。驻村工作队每天写《民情日记》，记录备案群众反映的热点难点问题，使驻村工作能够有的放矢，使基层民情民意能够通过正常渠道上传下达。驻村工作队通过各种方式、各种渠道为民办实事解难事，拉近了同群众的距离，真正做到了全心全意为人民服务，树立了党员干部在人民群众中的良好形象，保持了党密切联系群众的本色和优良传统。通过这项活动，党和政府各级部门既能够宏观地、全方位和全景式地掌握西藏发展的基础数据、基本社情和基本民意，又能够微观地、定向和定点地了解西藏一时一地的变化和进步，为西藏进一步发展、为加强党对各项事业的领导，提供了充实可靠的政策依据和实践经验。

2. 稳固了基层政权，稳定了基层社会，创新了社会治理模式

由于历史的原因，西藏很多农牧区仍然比较封闭落后，村级基层组织涣散，治理水平和治理能力与西藏经济社会跨越式发展战略不相适应。强基惠民活动要求工作队进驻后，协助当地党委、政府抓好以村党支部为核心的村委会的职能作用，努力实现组织创先进、党员争优秀、群众得实惠。各地驻村工作队驻村之后，积极帮助驻在村健全或加强村（居）"两委"班子，厘清村（居）"两委"工作职责和主要任务，帮助村（居）"两委"班子分析村情民意，研究发展思路和工作对策，充分树立村（居）"两委"的权威，提高了村（居）"两委"成员的思想政治素质和尽职履责的能力。同时帮助村加强党员队伍建设，把致富能手等优秀分子培养成入党积极分子或发展成党员，把党员培养成致富能手，带领村民共同致富，进一步巩固了基层政权，创新了社会治理模式。

此外，每个驻村工作队都把维护稳定、发展经济、改善民生作为重要工作。工作队首先帮助驻在村建立维稳工作机制，旗帜鲜明地防范和打击"藏独"分裂势力，排查不稳定因素隐患。通过100%入户询访，建立村民档案，化解社会矛盾，解决群众的"难事"。其次，通过帮助村厘清发展思路，建立合作经济组织，找项目、组织劳务输出等各种帮扶，为群众拓宽增收致富渠道，解决群众的"实事"。最后，通过建立新旧西藏对比展览、演出等丰富多样的文化活动，对农牧民进行感党恩教育和文化宣传，增强各族群众对伟大祖国的认同感和自豪感，转变观念，凝聚人心，解决群众的"心事"。采取送科技、送文化、送卫生、送医疗、

与群众做朋友等方式，改变乡村传统生活方式中的陈规陋习，引领农牧民接受现代生活方式，解决群众的"家事"。通过以上举措，促进了农牧区向现代社会转型，也有效地维护了西藏广大农牧区的社会稳定。

3. 锻炼了驻村干部队伍，也提高了基层干部的政策水平和工作能力

西藏地区地域辽阔，120多万平方公里土地上分布着5464个行政村，地区之间发展水平堪称差距巨大，偏远交通不便之地，生产落后，生活贫困。强基惠民活动开展以来，前三批工作队已有7万多人次的党员干部无遗漏、不留死角地下到5464个村，与群众同吃、同住、同学习、同劳动，工作生活在西藏改革发展稳定的第一线，一心一意帮助村里谋发展、帮助农牧民增收入。驻村工作队总结推广林芝地区"三帮一带"经验，即帮助村（居）"两委"树立威信、促进工作、提高能力，带动基层党员干部干事创业，强基办指导驻村工作队正确处理和村（居）"两委"的关系，真正做到"指导不领导、到位不越位、参与不干预、帮办不包办"。通过一起工作中的传帮带，通过具体项目的规划、落实和项目运转等共同工作，切实提升了基层村班子适应西藏发展新形势的自觉意识、工作能力和政策水平，从而为实现"留下一支永远不走的工作队"的目标创造有利条件。

驻村干部驻村工作中，既要快速反应，解决急迫的现实问题，又要按照西藏跨越式发展的整体要求谋划未来，帮助村制定中长期发展规划，把农牧民引领到脱贫致富奔小康的路上。这既是对西藏广大党员干部党性修养、工作作风和工作能力的检验和考验，同时，通过驻村工作实践，也培养、造就和储备了一支作风硬、能力强、勇于吃苦、敢打硬仗的优秀干部队伍。这支队伍经受住了艰苦环境、复杂情况、尖锐斗争和艰巨任务的考验和锻炼，必将成为西藏未来实现跨越式发展的重要人才资源，为西藏的发展做出更大的贡献。

（二）启示

历史经验证明，党在不同历史时期始终与人民一道，共同推动历史的前进。强基惠民活动紧紧抓住"我是谁""为了谁""依靠谁"这些根本问题，极大地推进了西藏各项工作。强基惠民的实践证明，只有解决了这些根本问题，党才能始终保持与人民群众的血肉联系，群众也才能成为党执政最稳固的基础。

1. 只有不断加强党同人民群众的联系，才能把党的各项工作不断推向前进

人民群众是改变和创造历史的动力，脱离了人民群众的党，将一事无成。西藏经济社会的跨越式发展，归根结底是要推动西藏人民生活的改善、西藏各民族的发展和进步。党在解决了"我是谁"、"为了谁"的问题以后，还必须解决"依靠谁"的问题。只有依靠全体西藏人民，激发起全体西藏人民的创造力和主动性，西藏的各项事业才能稳步有序地开展、进行下去，才能一步一步实现全面建成小康社会的奋斗目标。

2. 只有勇于创新体制机制，才能使党和党的事业保持生机和活力

始于 2011 年 11 月的"创先争优强基础惠民生活动"，是西藏自治区党委从推进西藏跨越式发展和长治久安全局出发，着眼于加强基层组织和政权建设、筑牢城乡发展稳定的社会根基、做好新形势下群众工作而实施的一项重大决策。实施三年来，强基惠民的第一批驻村工作队重点围绕摸清基本情况、厘清发展思路、夯实核心稳定根基、增强群众感党恩意识、营造迎接党的十八大胜利召开浓厚氛围开展工作；第二批驻村工作队在此基础上创新启动了"一帮一"活动，有 467 个自治区级驻村工作队与地县级工作队结成对子，互帮互助，共同提高；第三批驻村工作队根据前两批的经验和村实际情况，提出重点围绕"六个一"（贯穿一条主线，围绕一个中心，把握一个关键，体现一个基点，健全一个机制，开展好一个活动）开展工作，并加大了领导干部驻村力度。在这项活动中，西藏有许多创举，进行了许多富有创造性的工作，解决了许多重大问题，有力地推动了自治区经济社会跨越式发展进程。

3. 一个和谐稳定的社会，是经济社会发展和人民福祉的动力和源泉

经济社会的发展需要一个持续和谐稳定的社会环境。强基惠民活动的开展，不仅为经济社会发展提供了持续和谐稳定的根本保障，更重要的是通过艰苦细致、充满牺牲精神的忘我工作，让广大群众充分认识到，一个和谐稳定的社会，才能为经济社会发展和人民福祉提供不竭的源泉和强大的动力，才能真正实现生活的富裕、人民的幸福。广大群众也只有充分认识到这一点，才能够主动自觉勇敢地捍卫自己和谐安宁的幸福生活，才能真正实现西藏社会的长治久安和全面发展。

五 强基惠民活动在践行群众路线中存在的问题与对策

群众路线是党成立以来的优良传统和党能够始终立于不败之地的法

宝。强基惠民活动则是在西藏这个反分裂斗争第一线的特殊地区在新形势下践行党的群众路线的新举措，在实践中既有成功的经验和启示，也不可避免地存在需要改进和消除的不足。

（一）深入研判跨越式发展的规律和要求，在强基惠民活动中尊重和遵循这些规律和要求，紧紧依靠和发动最广大的群众，巩固和强化强基惠民的实效

所谓跨越式发展，就是超出常规、超出正常速度，并且在发展中跨过某些理论和实践上必经的发展阶段。当代西藏，从1959年民主改革开始就走上了一条跨越式发展的道路。通过民主改革，西藏实现了从封建农奴制向社会主义社会的跨越。通过改革开放的实践和举全国之力的援助，西藏正在经历从以传统农牧业为主向"一产上水平、二产抓重点、三产大发展"的现代经济、从传统社会向现代社会的艰难转型，并且力图在转型中再次实现跨越式发展，在2020年与全国一道全面建成小康社会。强基惠民活动的实施，就是为确保这一目标能够顺利实现而采取的重大举措。这就要求对跨越式发展的规律和要求做出科学的研究和精准的研判，要求领导决策部门反复调研、科学论证、仔细研判、细化分类，对跨越式发展的规律和要求心存敬畏之心。对于哪些领域经过努力能够实现跨越式的发展、哪些领域要走必经的发展道路而无法逾越发展阶段，都应做出科学的预估和预案。哪些领域预估可以跨越式发展而经过实践检验证明无法实现、哪些领域预估不能逾越发展阶段而实践证明可以采取跨越式发展，也应在发展过程中进行调整。驻村工作队要更广泛地发动群众、依靠群众，虚心向群众学习，遇事同群众商量，把人民群众的力量凝聚到西藏跨越式发展和长治久安的宏伟事业中。只有这样，才能使西藏经济社会能够顺利平稳地实现跨越式发展。在这样的基础上，强基惠民活动必将发挥更好更大的作用，产生更长远更深刻的影响。

（二）对已经实施三年来的活动进行科学总结，取得经验

在人类历史发展中，经济活动始终是推动历史前进的重要力量。但历史经验也始终证明，在任何社会，经济发展并不能"一揽子"解决所有的问题，而必须统筹兼顾、全面发展、科学发展、永续发展。西藏在不同的历史阶段，有不同的历史任务，须采取不同的方法和手段，解决不同的历史问题。在目前的历史阶段，西藏面临着稳定和发展两大历史重任。为此，西藏组成两套班子，一手抓稳定，一手抓发展，发展和稳

定两不误，以稳定促发展，以发展保稳定。强基惠民活动，把这重要的两手紧紧地有机联系起来，在实现西藏稳定和发展的历史任务中发挥了独特的、事半功倍的作用。在强基惠民活动实施三年来，面临着必须解决三年期满后强基惠民活动是否继续和如何继续深入开展的问题。

我们认为，强基惠民活动不论在理论上还是实践上都有坚持下去、深入下去的必要与可能。从理论上看，群众路线是党长期以来始终坚持的优良传统，是党保持生机和活力的生命线。这是持续深入开展强基惠民活动的理论基础，也是强基惠民活动持久深入地开展下去的重要保证。因此，作为践行党的群众路线的强基惠民活动，不应该成为一阵风、一股热。从实践上看，在西藏各地，广大基层干部和人民群众对强基惠民活动的持续深入进行都充满了期待和渴望。调研组在调研中发放了村民问卷，在各种勾选答案的题目之外，问卷设计了需要动手填写的问题，即"对驻村工作队的要求和希望"。仅在山南地区和那曲地区318份村民问卷中，就有123份问卷在勾选了相关问题之后，动手写下了对驻村活动持续深入开展的热切希望。不仅如此，目前，这一活动形式已为全国多个省市所学习和借鉴，也在实践上证明了党联系群众的这一方式的生命力和有效性。

而如何持续深入地开展强基惠民活动，我们认为，不仅要建立强基惠民的长效机制，还需要对已经实施三年来的活动进行科学总结，厘清思路，提高效率，在下一阶段强基惠民活动中，制订分类细化的方案。

关于科学总结，建议成立由自治区政府、各地市政府和第三方（科研机构）组成的专门小组，对全区强基惠民工作队在驻在村三年来的驻村日记、调研报告、工作总结和具体工作进行全面系统科学的总结，把5000多个村的情况放在一个宏观的视角进行比较研究，分门别类地进行梳理，对所有信息进行精细化的分析和处理，然后，不是按照行政区而是按照实际发展情况划片分区，制定相应的政策和措施，分类指导，突出重点，加强针对性和灵活性。因为西藏自治区各地、市虽然在行政上有各自管辖的区域，有自己的经济社会发展的传统经验和区域特征，但是由于西藏地域辽阔，地区差异巨大，同一个地区几十万平方公里之内的生产生活状况可能千差万别。同时，不同地区的某些地域，比如在同是牧区、农区、虫草产区和旅游目的地等，又可能存在很大的相似性和关联性。因此，从更宏观的角度对不同地区存在的问题进行全面的布局与调控，是更有效率、更富有成果之举。

（三）建立包括各种用人机制和评价体系在内的强基惠民长效机制

"路线方针确定了以后，干部决定一切。"强基惠民活动的长效机制很大程度是建立在一支能力强、素质高和稳定的干部队伍基础上。在调研中我们看到，强基惠民活动中，由于工作队来自不同的层级而显现出不同的成效，比如区工作队的能力和办法要强于其他层级。但是，我们更应当注意到由于工作队员的素质强弱不均而产生的不同的工作成效。既表现在工作思路上，也表现在工作方法上。在问卷中，也看到了"解决好干部驻村工作语言障碍，经验、办法不多、简单的问题"这样的意见。因此，建立包括各种用人机制和评价体系在内的强基惠民长效机制势在必行。

在用人机制上，除了继续落实提拔任用的相关政策，在提高驻村干部的素质和能力上应该制定系统的规划。比如加强对驻村干部的规范化的培训，通过一些实际工作中的案例分析和模拟处理，提高他们的理论政策水平和执行能力，培养他们独立工作特别是处理突发事件的能力和水平。在评价体系上，除了制定具体的指标体系，也应该实施动态管理，而不拘泥于各种指标，以免挫伤在艰苦环境中工作的驻村队员的积极性和创造性。

第二节　强基惠民与加强基层党组织建设和基层政权建设[*]

西藏在强基惠民活动中注重加强基层党组织建设和基层政权建设。活动开展以来，基层党组织建设和政权建设取得明显成效，基层党组织的领导核心和政治核心作用进一步发挥，基层政权的稳固性和治理能力进一步提高，为增强西藏基层发展稳定活力提供了重要的组织保证。

一　在强基惠民活动中狠抓基层党组织建设

为给驻在村"留下一支永远不走的工作队"，西藏在强基惠民活动中

---

[*] 本节执笔人：冯军旗。

把基层党组织建设摆在更加突出的位置。各级驻村工作队以村党支部建设为核心，协助村党支部加强党员队伍建设，健全基层组织体系，基层党组织的创造力、凝聚力和战斗力明显增强。

第一，扩大党的组织和工作覆盖面。着眼于把人民群众团结在党组织周围，在强基惠民活动中，西藏实施"一村一支部""一社区一支部"工程，消除了历史上遗留下来的11个党支部"空白村"和289个联村党支部，全区5464个村（社区）全部单独建立了党组织。

第二，创新组织设置。按照有利于党员参加、有利于党组织发挥作用的要求，适应经济社会发展、工作和生产生活方式变化，积极创新和优化基层党组织设置，在"双联户"、农牧民专业合作组织、专业协会、产业链、外出务工经商人员集中地建立党组织，大力推行街道、社区网格化管理，加强和创新寺庙管理，5464个驻村工作队全部建立临时党组织，1787座寺庙全部成立寺管会党组织。

第三，整合党建资源，推进城乡基层党建工作双向开放、资源共享、优势互补、相互促进。组织自治区直属单位党组织与116个乡镇党委，地市、县直单位党组织与400多个乡镇党委、1200个村党支部结对帮扶，全面开展县直部门包村、乡镇干部包片包村工作。区、地、县、乡四级联动组织选派2万多名干部进驻5464个村（社区）开展创先争优强基础惠民生活动，直接联系群众70多万户。

第四，壮大党员队伍。按照"控制总量、优化结构、提高质量、发挥作用"的总要求，西藏在强基惠民活动中狠抓基层党员发展，严把发展关口，把长期不发展党员、党员队伍老化、入党积极分子匮乏的村作为突破口，重点做好在农牧民中发展党员工作，注重在反对分裂、维护稳定一线和高知识群体、青年、妇女中发展党员。深入开展"三个培养"活动，将5700余名致富带头人培养成党员，将5400余名党员培养成致富带头人，将5800余名党员致富带头人培养成村组干部。2013年年底，全区党员达27.9万名，其中农牧民党员10.7万名，占全区党员总数的47.65%，高于全国平均水平。截至2014年3月，驻村工作队共发展入党积极分子17.2万余名，发展党员4.37万余名，确定"三培养"对象9.67万余名。

第五，注重教育管理。贯彻落实全区党员教育培训规划，以基层党组织书记、新党员、大学生村官党员、农牧民党员等为重点，依托各级党校、培训基地、生产企业、现代远程教育平台和对口支援省市，培训党员17.8万余人次。

第六，推进基层服务型党组织建设。西藏在强基惠民活动中突出完善服务体系、建强服务队伍、创新服务载体、强化服务保障，大力开展基层服务型党组织建设。广泛开展以"进村入户上门服务群众、结对帮扶定点服务群众、公开承诺常态服务群众"为主要内容的"三项服务"和无职党员设岗定责、党员先锋岗、党员志愿服务、窗口单位和服务行业创先争优为民服务等活动，全区5000多个农村基层党组织、8万余名农村党员公开承诺事项21万件，兑现承诺20多万件，集中力量解决了2.7万个涉及群众切身利益的问题；2万名农村党员干部结对帮扶群众2.3万余人，为群众办实事2.4万余件。

第七，推进基层党建工作科学化。西藏在强基惠民活动中从落实基层党建工作责任制，建立健全基层党建工作长效机制入手，进一步加强制度机制建设。每年初，区、地、县、乡、村党组织书记层层签订基层党建工作目标责任书，明确具体责任。制定下发《全区基层党建工作"联述联评联考"办法（试行）》，对各级党组织及书记履行基层党建工作责任制实行一年一述职一评议、三年一考评，努力构建述职述党建、评议评党建、考核考党建、任用干部看党建的工作机制。制定下发《关于建立基层党组织晋位升级长效机制的实施意见》，明确基层党组织每年开展一次分类定级、整改提高、晋位升级活动，并形成长效机制。

第八，强化基层党建工作保障。在强基惠民活动中，西藏争取中央全额补助资金7000多万元，自治区投入资金5227.6万余元，完成农村党员干部现代远程教育站点建设任务，建成覆盖全区的远程教育平台54个、终端站点5253个。那曲地区投资1200多万元，在全地区114个乡镇建设"一站式便民服务中心"，让群众办事不出乡镇；拉萨市曲水县、日喀则地区吉隆县、昌都地区察雅县，建立乡镇党员先锋服务站、村党员服务点，在群众中设立党员服务员，积极构建"一站式"服务群众平台。与此同时，西藏积极探索建立以财政投入为主、党费支持为辅、援藏资金为补充的基层党建工作经费多元化投入机制，重点向偏远地区和农牧区倾斜。农牧区党员培训经费由每人70元增加到100元。

经过三年来的强基惠民活动，西藏基层党组织建设取得显著成效。

第一，广大农牧区党员干部理想信念和政治立场更加坚定，成为带领群众走有中国特色、西藏特点发展路子的组织者和实践者,成为坚决反对分裂、维护稳定、促进发展的骨干力量。

第二,基层组织体系建设实现了覆盖广、设置优的目标,党在西藏执政的组织基础更加牢固。目前,全区农牧区、街道社区实现了基层党组织的全覆盖,做到了哪里有党员,哪里就有党组织。全区基层党组织稳步增长,先进基层党组织增加到44.19%,后进基层党组织下降到1.58%,基层党组织的战斗堡垒和领导核心作用得到充分发挥。

第三,基层党组织的凝聚力、吸引力不断增强,党在西藏的执政力量更加壮大。入党光荣、为党工作光荣的良好氛围逐步形成,广大群众入党热情空前高涨,各方面的先进分子和优秀人才紧密团结在党组织周围。在广大农牧区,基层党组织及时把反分裂斗争第一线表现突出的先进分子吸收到党内来,为党组织注入了新鲜血液,进一步壮大了党在基层的执政力量。

第四,基层党组织战斗力明显提升。各行业领域基层党组织主动服从服务于经济社会发展大局,充分发挥领导核心和政治核心作用,团结带领广大党员干部和各族群众,把握发展规律、创新发展理念、转变发展方式、破解发展难题,坚守一线,着力反分裂、保稳定、促发展,将党的政治优势转化为推进跨越式发展的强大动力和坚强保证。同时,扎实做好联系服务群众、保障改善民生工作,进一步密切了党群干群关系。

第五,广大基层党员干部的骨干带头作用更加突出。全区6.4万余名基层干部长期工作在高海拔、生活条件艰苦的乡村,面对尖锐复杂的反分裂斗争和异常繁重的发展任务,带领广大群众艰苦奋斗、扎实工作,为全区各项事业发展做出了巨大贡献。

二 在强基惠民活动中狠抓基层政权建设

西藏以农牧区为重点,以充实力量为手段,以党组织书记队伍建设为核心,以强基惠民活动为载体,以落实基层党建责任制为保证,切实抓好组织体系、骨干队伍和阵地建设,不断夯实党的执政基础,基层政权建设不断得到加强。

(一)充实基层骨干力量

西藏在强基惠民活动中坚持重心下移、力量下沉,把有限的编制资源向基层倾斜,采取定向培养、考录大中专毕业生和退伍军人、下派干部等方式,为基层充实4.8万名干部。2013年年底乡镇干部达3.8万余人，比2010年增长10.2%。以乡镇机构改革为抓手，进一步加强乡镇组织和政权力量建设，将乡镇领导职数调整为9—11名，规范设置5个行政内设机构。大力加强村（居）"两委"班子建设，2013年班子成员达3.6万余人，比2010年增长38%。其中，书记、主任"一肩挑"的占52.71%，比2010年提高1.7个百分点；汉族干部510人，比2010年增长1.5倍；大专以上的372人，比2010年增长90%。大力实施大学生村官工程，共考录2900余人，其中进入村（居）"两委"班子的367人，担任书记、主任的76人。

（二）强化带头人队伍建设

西藏在强基惠民活动中大力实施"农牧区领头雁工程""强乡带村"工程，多渠道选优配强乡村党组织书记，着力打造听党话、感党恩、跟党走，有威望、敢担当、会作为的基层党组织带头人队伍。选拔4200余名致富带头人、"双联户"户长、专业合作组织负责人、大学生村官担任村党支部书记。选派1200名地县机关干部到乡镇街道任职，选拔96名大学生村官进入乡镇党政班子，全区乡镇（街道）全部实现党政正职"一藏一汉"配备。对经济发展滞后的困难村、治安较混乱的重点村且本村没有党支部书记合适人选的，及时从县乡机关选派1000余名懂藏汉双语、熟悉农牧区情况、善于做群众工作的优秀干部担任村党支部书记。通过主动做工作，将160余名热心家乡事业、能为群众办实事的外出务工经商党员、退休干部职工党员，请回来担任村（社区）党支部书记。

（三）提高基层干部能力素质

在强基惠民活动中，西藏将基层干部纳入大规模培训干部整体规划，加强对村（居）"两委"班子和大学生村官的培训力度，推进优质资源向基层倾斜。印发《2013年全区村（社区）党组织带头人教育培训计划》，投入培训经费4000多万元，采取自治区党校示范培训、地市委党校重点培训、县级组织部门普遍培训的方式，每年把乡村组织负责人全部轮训一遍，每人培训时间不少于30天，组织他们学习党的理论知识、政策方针，教育引导他们增强政治敏锐性，坚定政治立场。与此同时，利用对口支援优势，组织2000余名乡村组织负责人到区内外参观考察学习，提高乡村组织负责人反对分裂、维护稳定、促进发展、服务群众的工作能力。

(四) 提高村干部待遇

认真落实"一定三有"政策，完善村干部基本报酬和业绩考核奖励制度。连续6次提高村干部待遇，村党支部书记、村委会主任基本报酬和业绩考核奖励每人每年平均达到10404元，其他村干部平均达到5208元，每两年组织所有村干部进行一次体检。将村干部养老保险纳入新型农村社会养老保险和城镇居民社会养老保险统一解决，对任满1年以上的村（居）"两委"成员，按其选择缴费档次（100—1200元）的50%给予补贴。建立社区干部离任补助，对连任三届以上的社区"两委"干部，按照任职年限，给予每人每年600元一次性生活补助。从2012年开始，每年从优秀村（社区）党支部书记中考录乡镇公务员，已考录479名，让村干部干好有政治前途。

(五) 坚持财力资源向基层倾斜

为确保基层组织有场所、有钱办事，西藏在强基惠民活动中先后投入12.66亿元，新建5464个村组织活动场所，实现党员之家全覆盖。村组织办公和运转经费由2010年的年均0.6万元增加到1.5万元；农村社区工作经费由0.6万元增加到10万元，城市社区经费增加到20万元。

(六) 完善村级组织的规章制度

自治区研究制定了《西藏自治区村级组织规范化运行办法（试行）》和《西藏自治区村（社区）党支部第一书记管理办法》，对整合村级力量，形成工作合力及加强第一书记教育管理、培养使用、考核激励等做出明确规定。制定下发了《关于进一步加强驻村驻寺干部管理的意见》，对进一步加强驻村驻寺干部管理、深化干部驻村驻寺工作提出明确要求。各级驻村工作队协助村级组织建立健全村规民约、村务公开、党务公开、村（居）"两委"班子成员基本职责、"三会一课"、党风廉政建设等规章制度。截至2014年3月，共建立完善规章制度21.46万余条。

(七) 立足管好用好乡镇干部队伍

制定并落实《关于在乡镇（街道）干部队伍中开展设岗定责工作的指导意见》，实现人人有事干、事事有人管的目标。在选好、管好、用好乡镇党建副书记上下功夫，推行公推双管制度。

经过三年来的不懈努力，西藏基层政权建设取得显著成效。各级驻村工作队正确处理和村（居）"两委"的关系，加强对村（居）"两委"工作的指导，逐步规范村（居）"两委"工作程序，真正做到"指导不领导、到位不越位、参与不干预、帮办不包办"。活动开展以来，驻村工作队先后充实调整村（居）"两委"班子成员8820人，推荐350名大学生村官、4246名致富带头人进入村（居）"两委"班子，其中有40名大学生村官、986名致富带头人担任党支部书记；帮助培养村级后备干部39963人。村（居）"两委"班子驻在村工作队的帮扶下，人员结构更加合理，工作能力不断提高，规章制度日益健全，乡村基层治理主体作用不断增强。村（社区）党支部第一书记到任后，积极投入到村（社区）组织建设中，他们进村入户，了解社情民意，密切联系群众，切实帮助群众解决困难，在加强基层组织建设、发展村级经济、维护村（社区）和谐稳定中发挥了积极作用。广大大学生村官到村任职后，扎根基层、服务"三农"，在宣传党的方针政策、提高村级组织工作效率、维护基层稳定、帮助农牧民更新观念、带领群众增收致富、促进农牧区经济发展等方面都发挥了积极作用，得到了农牧民群众的欢迎和认可。驻村工作队、第一书记和大学生村官的加入，充实了基层政权的力量，提升了基层干部的素质，夯实了党在农牧区的执政根基。

三 在强基惠民活动中加强基层党政建设的主要经验

成绩来之不易，经验弥足珍贵。总结近年来西藏在强基惠民活动中抓基层党组织建设和政权建设的实践，可以得出以下几点经验和启示。

（一）抓干部是加强基层党组织建设和政权建设的关键

西藏在强基惠民活动中以选好配强乡村党组织书记为重点，培养了一大批能担当重任、经受考验的基层干部队伍，在改革发展稳定的关键时刻，发挥了中坚骨干作用。实践证明，努力建设一支坚决跟党走、能够经得起任何风浪考验、善于团结带领党员群众反对分裂、维护稳定、促进发展的基层骨干队伍，是基层党组织建设的核心工作，也是加强基层政权建设的一项根本性任务，必须放到基层党组织建设和政权建设更加突出的位置，采取有效措施，切实抓紧抓好抓出成效。

（二）壮队伍是加强基层党组织建设和政权建设的基础

西藏在强基惠民活动中狠抓党员培养发展、教育管理、激励关怀等重点环节，党员队伍不断壮大、活力不断增强，党员素质不断提高、作用不断发挥，为基层党组织建设和政权建设奠定了重要基础。活动开展的头三年，采取电化教育、现代远程教育、上党课等形式，坚持分级分层培训党员120万人次。健全流动党员管理长效机制，建立流动党员服务中心（站）117个。采取财政支持、党费划拨、党员干部捐助的方式，建立党内激励帮扶资金3000万元，奖励、帮扶党员3904人。

（三）建制度是加强基层党组织建设和政权建设的根本

制度建设具有根本性、全局性、稳定性和长期性，要使强基惠民活动既轰轰烈烈、又深入持久，就必须在建章立制上下功夫。活动开展以来，自治区党委、政府始终牢牢抓住制度建设这个根本，边实践、边总结、边提炼，把有效做法规范化、成功经验制度化。各级驻村工作队协助村级组织建立健全村规民约、村务公开、党务公开、村（居）"两委"班子成员基本职责、"三会一课"、党风廉政建设等规章制度25万余条，有力地推动了基层组织的规范化运行。

四 在强基惠民活动中加强基层党政建设面临的困难与问题

调研时我们了解到，西藏在强基惠民活动中加强基层党组织建设和政权建设面临以下困难与问题。

（一）基层和维稳专项编制严重不足

其主要表现在：一是基层行政编制总量少、增长慢。截至2013年年底，全区市县乡行政编制平均数分别为820.3名、154.9名、20.6名，分别比全国平均数少451名、112.7名、9.4名。二是基层政法专项编制不能满足维稳需要。西藏乡镇法庭建设滞后，法院系统仅设有84个乡镇法庭，人民群众诉讼难的问题比较突出；检察系统受理案件明显增多，公诉业务力量亟须加强，由于编制紧张，致使法律触角无法向基层延伸。公安系统的基层警力偏少，还有129个乡镇未设派出所，已设派出所平均编制仅为1.2名，便民警务站均无编制，寺庙中仅有4个派出所。司法系统中均未设乡镇司法所，只为391个乡镇各配备了1名专职司法助理员。

（二）干部下不去、留不住的现象比较突出

三年来，西藏采取很多措施稳定基层干部队伍，但现有的条件不足以留人，待遇不足以留人，环境不足以留人，干部不愿去基层、艰苦边远地区的问题依然比较突出。其主要原因：一是条件艰苦。全区有3105个村海拔在4000米以上，占全区5410个村的57%，高寒缺氧，气候恶劣；基础设施及配套设施建设滞后，还有1566个村不通水、2230个村不通电、1158个村不通等级公路；工作条件差，235个乡镇办公用房人均不足10平方米，314个乡镇人均不足16平方米，还有的仍为土坯房；

11882名乡镇干部没有周转住房。二是医疗保障差。由于受海拔高等自然因素的影响，许多长期在藏工作的干部处于亚健康状态，特别是基层医疗条件差，就医不便，许多基层干部患病得不到及时治疗。

（三）乡镇聘用干部问题长期没有得到有效解决

目前，西藏有乡镇聘用干部2626名，其中在职1286名，已解聘1340名。乡镇聘用干部是1987年自治区实行撤区并乡时，为弥补乡镇干部严重不足，从原乡干部、区"八大员"、社会青年和复退军人中选聘的人员。这部分同志在特殊的历史时期，坚定不移地跟党走，在基层做了大量工作，为党的事业奉献了大半辈子，为西藏的发展稳定和社会进步做出了积极贡献，发挥了重要作用。但在民生普遍改善、人民生活水平大幅度提高的今天，他们的年龄越来越大，身体越来越差，生活条件没有明显改善，收入水平仍然很低，仅相当于同级同类公职人员工资的1/3。他们感到寒心、周围群众也认为有失公允。

（四）基层组织建设投入严重不足

其主要表现在：一是基层组织经费保障不够。由于西藏财力有限，农牧区和城市社区基层组织工作经费虽经过几次调整，但仍明显偏低，每个村年平均仅1.5万元，且主要用于支付村民小组长误工补贴和解决村级技术人员待遇，不能保证村级工作正常运转，更没有专门的党建工作经费。其他基层党组织工作经费均未列入财政预算，正常的组织活动缺乏必要的经费保障。二是农牧区党员干部教育培训滞后。农牧区党员干部每人年培训经费仅100元，培训主要靠地市委党校派教师办流动党校，同时辅之以农村党员干部现代远程教育。但由于地市委党校师资力量本身比较薄弱，办流动党校能力非常有限，多数县一年只能办一期培训班。农村党员干部现代远程教育囿于农牧区基础设施建设严重滞后，不通电、不通光缆等原因，短期内无法覆盖全部村。加之藏语节目、课件严重匮乏，农牧区党员干部教育培训无法正常开展，能力和素质提升受到影响。三是村级组织活动场所建设质量不高，设施不配套。目前，西藏5464个村都建了组织活动场所，但410个是2007年以前通过援藏和自筹资金的方式兴建的，由于当时没有统一的标准，建设规模普遍偏小，多数不足100平方米，有的村仍只能在露天开展活动。加之西藏建设成本远高于内地，受财力限制，每个活动场所只投入了20万元，建设标准较低，抗灾能力差，致使已建成的148个活动场所因地震、水灾、泥石流等损毁，其中完全垮塌不能使用的30个，需要维修加固的118个。

（五）基层组织建设方面存在短板

主要表现在：一是少数驻村工作队存在包办代替村（居）"两委"事务的现象。因驻村工作队员的能力素质相对较高，乡（镇）党委往往越过村（居）"两委"和第一书记、大学生村官，习惯于直接向驻村工作队交代任务，村民有困难直接向驻村工作队反映往往能得到解决，加上一些驻村干部为了建立与当地群众的联系等因素，普遍存在对村（居）"两委"包办代替、越俎代庖的现象，致使在一定程度上削弱了村（居）"两委"的主动性、积极性和创造性。二是部分村（居）"两委"在开展工作上没有新思路、新举措，存在一定程度的"等靠要"思想，目前还有少数基层组织软弱涣散，没有发挥模范带头作用和战斗堡垒作用。三是部分村（居）"两委"成员文化水平不高、结构不合理、年龄偏大，缺乏独立开展党务、村务工作的能力和水平。四是在一些基层发展党员存在不按程序的问题，讲数量不讲质量。五是村级活动场所作用发挥不够，存在闲置现象，有的变成了驻村队员、大学生村官的生活场所。

五 关于在强基惠民活动中加强基层党政建设的对策建议

针对西藏在强基惠民活动中加强基层党组织建设和政权建设面临的上述困难和问题，特提出如下建议。

（一）进一步加大对西藏人才工作的支持力度

一是积极开展人才引进工作。在实施"现代农业人才支持计划"中，到2020年为西藏培养3000名农牧实用人才和500名生产经营人才；在实施"高素质教育人才培养工程"中，每年为西藏培训农村教师1000人；在实施"全民健康卫生人才保障工程"中，加大对西藏基层卫生人才培养支持力度，到2020年培养4000名乡镇卫生院职业（助理）医师、公共卫生人员和藏医专业技术人员，培养培训300名社区全科医师。

二是扩大乡镇（街道）对口支援范围，在省市援藏的57个县（市、区）各选择1个乡镇（街道），由援藏省市选派干部开展对口支援工作。

（二）进一步改善西藏基层干部工作条件

一是建立乡镇干部岗位津贴制度，标准为：海拔3500米以下地区、3500—4500米地区、4500米以上地区分别为每人每月500元、800元、1200元，按年度核拨资金。

二是适当提高村干部待遇，将一般村干部报酬由现有的年均5000元提高到9750元（按2013年全区农牧民人均年收入6500元×1.5计算）；村党支部书记、村委会主任"一肩挑"的加倍计算，提高到年均19500元，村党支部书记、村委会主任分设的提高到年均1.5万元，并根据农牧民人均年收入增长水平，每年调整报酬标准。

三是改善基层干部工作生活条件。加强乡镇办公用房建设和干部周转房建设。以上所需资金，由中央财政解决。

（三）有效地解决西藏乡镇聘用干部问题

从争取人心、树立导向的高度，切实解决好乡镇聘用干部问题，将之办成"民心工程"、"德政工程"。建议参照《西藏自治区人民政府关于印发机关事业单位工资制度改革实施意见的通知》（藏政发〔2007〕9号），按照聘用干部现职务（解聘时职务）和从事乡镇工作年限，比照公务员工资套改后，确定其生产生活补助费标准，所需经费由中央财政解决。

（四）进一步加大对西藏基层组织建设的投入

一是加强村级组织活动场所及配套设施建设。重建损毁的491个（30万元/个）、维修1258个（10万元/个）、改扩建不足90平方米的544个（20万元/个）村级组织活动场所，所需资金3.819亿元；为455个没有配套设施和3645个配套设施不足的活动场所添置配套设施，分别按10万元/个、6万元/个的标准投入，所需资金2.642亿元。以上共需6.461亿元。

二是增加农牧区党员干部教育培训经费。每年为每名农牧区党员增加100元培训经费，每年为每名村干部增加培训经费200元，每年需1400万元。加大对农牧区党员干部现代远程教育运行维护和教学资源建设特别是藏语节目、课件译制投入，确保每年投入不少于2000万元。帮助西藏解决党员教育培训基地建设经费8400万元及每年运行经费1000万元。

三是增加基层党组织工作经费。按照每个村党组织每年不少于3万元、其他基层党组织每年不少于5000元的标准，增加工作经费，年需1.46亿元。以上所需资金，由中央财政解决。

（五）进一步加强西藏基层组织建设

依托正在开展的整顿软弱涣散基层党组织和2014年村（居）"两委"班子换届选举工作，选优配强村党组织书记，对村没有合适人选的，建议从县乡选派干部担任；抓好后备干部队伍建设，建立后备干部库，培养出合格接班人。进一步理顺驻村工作队与村（居）"两委"班子、第一书记和大学生村官之间的关系。一是驻村工作队要把握好自身定位，注意工作方式方法，建立"传、帮、带、扶"机制，引导村（居）"两委"班子成员解放思想、开阔视野，提高村（居）"两委"班子成员领导能力、带领群众致富能力、沟通协调能力和开拓创新能力，真正做到"指导不领导、到位不越位、参与不干预、帮助不代替"，为基层"留下一支永远不走的工作队"。二是帮助第一书记理顺同原村党支部书记的关系，选派的村第一书记按照只指导协助不包办原则，指导协助村（居）"两委"班子开展工作。三是选派到村任第一书记的干部，不宜搞"一刀切"，对现任村党支部书记综合素质好、能力强的，可暂不选派第一书记，由驻村工作队长兼任村党支部副书记。四是整合资源，充分发挥好乡（镇）、村（居）"两委"、群团组织和民间组织作用，有效地提高乡（镇）、村社会治理和服务水平。五是进一步健全基层党员队伍管理机制，帮助基层党组织严把党员"入口"和"出口"关，加强基层党员干部管理和培训，做好党员承诺践诺和无职党员设岗定责工作。

第三节　强基惠民活动与干部队伍建设[*]

西藏自治区自 2011 年以来，在全区所有行政村和寺庙派驻工作队和干部，深入开展创先争优强基础惠民生活动。这是西藏自治区党委为了巩固党在西藏的执政根基，加强基层组织和政权建设，积极践行群众路线，全面建成小康社会的重大决策部署；是西藏实现经济社会跨越式发展和长治久安的重大举措。

一　强基惠民活动是加强干部队伍建设的重大举措

我们党历来十分重视干部队伍建设。1956 年，面对社会主义运动的风波，毛泽东指出，我们党有成百万有经验的干部，是国家的宝贵财产，有了这样一套干部，就可以"任凭风浪起，稳坐钓鱼船"。进入新时期，

---

[*] 本节执笔人：冯军旗。

邓小平多次强调，思想路线政治路线的实现要靠组织路线来保证。在1992年南方谈话中，邓小平指出，中国的事情能不能办好，关键在人。中国要出问题，还是出在共产党内部，对这个问题要清醒。要按照"革命化、年轻化、知识化、专业化"的标准，选拔德才兼备的人进班子。干部队伍建设是改革开放和现代化建设的根本保证之一，是党的建设的重要内容。在大力加强干部队伍建设的过程中，各个地方根据任务和实际，因地制宜，大胆创新，积极探索干部队伍建设的新路子和新形式。

西藏自治区强基惠民活动是在基层建设年活动基础上开展的，是根据自治区的现实和区情而做出的重大决策。目前西藏的社会主要矛盾仍然是人民日益增长的物质文化需要同落后的社会生产之间的矛盾，由于历史、自然、社会等因素的影响，西藏长期处于欠发达状态，发展的任务很重。西藏同时还存在着各族人民同以达赖集团为代表的分裂势力之间的特殊矛盾，宗教工作是西藏工作的重点，寺庙是西藏问题的策源地，是达赖集团与我争夺的主阵地。这些都决定了西藏工作的中心必须是发展和稳定并举，而发展和稳定的重点在基层，难点在基层，关键在于夯实城乡发展稳定的社会根基。

治国必治边，治边先稳藏。从2011年10月到2014年，西藏从各级党政机关、国有企事业单位、中直驻藏机构、武警和公安现役部队中选派了3批共近7万名干部，组成工作队进驻全区5464个行政村（居）。驻村工作暂定三年，每个工作队4名队员，驻村队员原则上一年一轮换。主要任务：一是建强基层组织，按照"五个好"的要求，集中整顿软弱涣散基层党组织，选好配强以党支部书记为核心的村（居）"两委"班子。二是做好维稳工作，组织开展反分裂斗争教育，组织开展"双联户"工作，建立群防群治、协调联动、带班值班等维稳机制。三是寻找致富门路，帮助驻村点厘清发展思路，制定小康社会建设规划，争取和落实短平快项目。四是进行感恩教育，组织开展"算富账、感党恩、要稳定、求发展"主题教育活动，开展爱国主义教育、法制教育和民族团结教育。五是办实事解难事，落实为民办事经费，组织开展访贫问苦，组织开展送科技、送卫生、送信息、送服务活动。这些任务实施的结果是，推动了经济发展，促进了民族团结，维护了社会稳定，转变了机关作风，锻炼了干部队伍，密切了干群关系，从而为西藏的发展和稳定提供了坚实的基础和保障。

治藏必治寺，稳藏先稳僧。2011年，西藏自治区党委、政府做出了加强和创新寺庙管理的重大决定，坚持把寺庙作为基本社会组织，把广大僧尼作为公民和群众，选派7486名优秀干部进驻全区1787座寺庙，全面落实教育、管理和服务三项职能。一是实施寺庙六建，建管理机构、建党组织、建领导班子、建干部队伍、建工作职能、建长效机制。二是深入开展"五个一"活动，交一个僧尼朋友、开展一次家访、办一件实事、建一套档案、畅通一条联系渠道等。三是推进寺庙"九有"工程，使得寺庙有领袖像、有国旗、有路、有水、有电、有广播电视、有通信、有报纸、有文化书屋。四是全面落实"一覆盖"政策，把全区寺庙在编僧尼全部纳入社保体系，免费为在编僧尼进行健康体检。五是积极开展和谐模范寺庙暨爱国守法先进僧尼创建评选，对模范寺庙和先进僧尼进行表彰。通过这些，来确保宗教和睦、佛事和顺、寺庙和谐。

强基惠民活动为驻村驻寺干部的锻炼和成长提供了广阔的平台，成为加强干部队伍建设的重大举措。驻在村驻寺工作中，广大干部身处异常艰苦的自然环境和工作生活环境之中，经受严峻的考验和锻炼。他们积极发扬"特别能吃苦、特别能战斗、特别能忍耐、特别能团结、特别能奉献"的"老西藏精神"，克服重重困难，始终坚守一线，与群众同吃、同住、同学习、同劳动。他们胸怀报国之志、带着爱民情怀，坚守岗位、严守纪律，不畏艰苦、不怕牺牲，履职尽责、无私奉献，为全区的发展稳定做出了突出的贡献，一些干部甚至献出了宝贵的生命，涌现出了扎西平措、次登卓玛、其梅、李芬玉、王建、阿旺卓嘎、李江龙等可歌可泣的英模人物和一大批优秀党员干部。

驻在村驻寺工作中，自治区党委要求，要树立正确的用人导向，健全和完善干部激励机制。坚持把驻村驻寺工作作为培养干部、锻炼干部、发现干部、用好干部的重要载体、重要平台、重要方式、重要途径。对驻在村驻寺工作中经受锻炼、成绩突出、表现优秀的干部，优先提拔使用或交流到其他重要岗位。自治区出台了《西藏自治区驻寺干部管理办法（试行）》，以规范驻寺干部的日常管理和选拔使用。2013年10月，自治区发出《关于进一步加强驻村驻寺干部管理的意见》，提出要进一步加大选派优秀干部驻村驻寺工作力度，加强跟踪管理，健全奖惩机制，大力提拔使用优秀驻村驻寺干部，激励广大驻村驻寺干部安下心、扑下身、扎下根，认真履职尽责。2012年，中编办为西藏自治区解决了3416个驻寺干部编制，壮大了自治区干部队伍。截至2013年年底，全区提拔使用或重用驻寺干部2510名。林芝地区2012年以来提任的县级干部中有驻村驻寺经历的占45.2%，昌都地区2013年调整的干部中，驻村驻寺等基层和维稳一线的干部以及乡镇党政主要领导等占调整人数的61%。截至2014年6月，区国资委系统493名驻村干部中，57人得到提拔，其中，副厅级干部1人，正县级干部2人，副县级干部5人；企业高管11人，中管28人。这些，都坚持和树立了正确的用人导向，使得强基惠民活动成为培养选拔党和人民需要的好干部的重要途径。

二 强基惠民活动是对干部锻炼培养机制的探索和实践

强基惠民活动在实施过程中，积极探索和创新干部锻炼培养机制和方法，使得这一活动在让群众得实惠的同时，也让干部经风雨得锻炼，成为干部成长的重要平台。《全区深入开展创先争优强基础惠民生活动实施方案》明确要求，驻村工作队队员重点选派优秀年轻干部和后备干部。当年从大学生中新招录的公务员、复转军人原则上全部参加工作队。自治区《关于进一步加强驻村驻寺干部管理的意见》也提出，各级各部门要从加强干部队伍建设、培养执政骨干的高度，坚持好中选优、优中选强，严格按照规定条件，大力选派政治立场坚定、政策理论水平较高、熟悉基层情况、掌握民族宗教政策、工作经验丰富、善于做群众工作的干部，特别是有培养前途的优秀年轻干部、后备干部去驻村驻寺，促进优秀干部在实践锻炼中健康成长。这些都明确提出了要通过强基惠民活动来培养锻炼干部的目的。

强基惠民活动使得干部在基层一线培养锻炼。中央明确提出，要建立来自基层一线的党政领导干部培养选拔链，让干部在基层一线成长，干部从基层一线选拔，干部到基层一线培养。经过基层一线锻炼的干部往往更了解国情，更能制定符合实际的政策，也会更加亲民和务实。自治区党委书记陈全国在中共西藏第八次代表大会上也明确提出，要有计划地选派年轻干部到艰苦地区、反分裂斗争一线和关键岗位锻炼成长。强基惠民活动通过派驻干部驻村驻寺，使得干部深入西藏农牧区的最基层，身处西藏发展和稳定的第一线。

强基惠民活动坚持"四个在一线"：政策在一线落实，问题在一线解决，干部在一线锻炼，宗旨在一线践行。据统计，在强基惠民活动实施的2011年，在全区的行政村中，海拔4800米以上的有243个，海拔5000

米以上的有154个；2230个村还没有通电，1158个村还没有通路，一些偏远的村庄需要绕道云南才能到达。面对高原缺氧，自然环境和工作环境都极其恶劣的条件，驻村驻寺干部扎根基层、坚守一线，做出了实实在在的业绩。来自林芝地区林业局的林业专家王建，主动请缨前往察隅县察瓦龙乡左布村工作。左布村处在怒江上游的半山腰上，山高路险、坡陡沟深，水、电、路、通信等基础设施差，群众收入低。驻村以后，他大胆引进火龙果种植栽培技术，帮助村民复栽恢复核桃林，积极帮助村里申请公益生态林建设。为帮助村里修建文化室，他带领群众专门前往县城采购建设物资，因途中道路塌方不幸遇难。驻那曲地区安多县玛曲乡二村的工作队员次仁白珍和东达拉姆，所驻村平均海拔近5000米，村民居住极度分散，最近的牧民点在10公里之外，最远的牧民点在300公里以外。每天要徒步几百米取冰化水，长期吃不上新鲜蔬菜，驻村工作之难可见一斑。她俩无惧无畏，竭尽所能，做了一件又一件惠民的好事，被誉为唐古拉山"姊妹花"。

强基惠民活动使得干部多地域多岗位锻炼。考虑到自治区、地（市）、县（市、区）和乡镇各个层级单位的资源差异，强基惠民活动在实施的时候，明确要求自治区选派干部进驻困难大条件艰苦的村，地（市）选派干部进驻条件相对较差的村，县乡选派干部进驻基础较好的村。工作队的具体分配情况是，拉萨市：区级30个，市级109个，县级122个；日喀则地区：区级250个，地级170个，县级1248个；山南地区：区级50个，地级125个，县级379个；林芝地区：区级40个，地级136个，县级320个；昌都地区：区级100个，地县联合工作队1042个；那曲地区：区级100个，地级268个，县级822个；阿里地区：区级30个，地级49个，县级61个。

强基惠民活动实施三年以来，先后有近七万名干部驻村，7000多名干部驻寺，成为西藏民主改革以来组织规模最大、持续时间最长、下派干部最多的活动，也是最大规模的干部跨地域和跨岗位大流动。各级干部在新的地域和岗位上，开阔了视野，丰富了阅历，增强了本领。同时，这种大流动也带来了干部之间的交流、融合和互补。为了加强干部之间的取长补短，互通有无，自治区启动了"一帮一"活动，共有467个区级工作队与地县工作队结成对子。西藏民族学院派驻普兰县霍尔乡贡珠村工作队，从海拔不到400米的咸阳，来到海拔接近5000米的贡珠牧区，队员们抱定了"海拔再高也高不过牧区群众的根本利益、我们再苦也苦不过当地干部群众"的信念,始终无轮岗离岗,始终坚守在空旷寒冷的马攸木山区,努力践行强基础惠民生的光荣使命。自治区党委办公厅驻申扎县的几个驻村点,海拔都在4900米以上,其中3个村海拔在5000米以上,缺水缺电、气候恶劣,最低气温在零下30多度。驻村工作队不辱使命、坚守岗位、无怨无悔,在海拔5000米的驻村点建起温室大棚,争取短平快项目40多个,申请资金800多万元。在强基惠民的同时,干部的意志、能力和素质都得到了提高。

强基惠民活动使得干部在重大任务和重大事项中经受锻炼。中央提出,要改革和完善选人用人机制,把完成重大任务、应对重大事件作为检验和考察干部的主战场,作为识别和使用干部的主阵地。在完成重大任务、应对重大事件过程中,能够集中、全面地反映领导干部的政治素质、能力水平和工作作风,是识别、发现和使用干部的重要契机。而开展创先争优强基惠民活动,是自治区党委、政府根据中央要求、立足西藏实际,着眼推进新农村建设,加强城乡基层组织建设,维护社会稳定,推动经济发展,促进民族团结,保障改善民生做出的重大决策部署。驻在村驻寺工作中,自治区党委要求,各级组织部门要把驻村驻寺工作队员纳入后备干部进行管理培养,建立档案、跟踪考核、及时提拔使用。《全区深入开展创先争优强基础惠民生活动实施方案》明确要求,各级组织人事部门要将驻村驻寺干部的考评结果和表现作为提拔任用的重要依据。区、地、县三级检查组实行定期巡回检查制度,对检查中发现的好典型,要及时总结、表扬、推广,对存在的问题要及时督促纠正。自治区《关于进一步加强驻村驻寺干部管理的意见》明确提出,要加大提拔使用力度,各级党委(党组)及组织、统战部门要加强对驻村驻寺干部的跟踪了解,掌握一批优秀驻村驻寺干部,表现突出的优先提拔使用,暂不具备条件的,纳入后备干部名单进行重点培养、重点管理。对表现突出、考核优秀的驻村驻寺干部,自治区、地(市)、县(市、区)每年召开一次表彰大会,给予表彰奖励。2012年、2013年,自治区、地区、各县分别对第一批、第二批驻村工作中涌现出来的1278个先进驻村工作队、5139个先进驻村工作队员进行了表彰,有效激发了驻村干部的积极性。

三 强基惠民活动夯实了党在西藏执政的基层干部基础

强基惠民活动的首要任务就是建好以村（居）"两委"班子为中心的基层组织，加强基层党员队伍建设，建立健全基层组织规章制度，以夯实党在基层的执政基础，"留下一支永远不走的工作队"。

（一）选派干部到村任党支部第一书记

2008年，昌都地区率先从县直、乡镇机关选派32名干部到基层组织软弱涣散、矛盾尖锐的村居担任党支部书记，之后全区推广这一做法。截至2013年年底，全区选派村党支部第一书记5339名，覆盖全区97%的村。对于第一书记人选，坚持好中选优，必须为正式党员，政治立场坚定，组织协调能力较强；必须为公务员或者参公的事业单位人员；具有大专以上学历，40周岁以下，正科级及其以下。第一书记每届任期三年，三年轮换一次，任职前，符合条件的可提升一级职务，不具备条件的，列为后备干部重点培养。为加强对第一书记的培养使用和考核激励，制定了《西藏自治区村（社区）党支部第一书记管理办法》。从实施效果来看，村党支部第一书记在加强基层组织建设、发展村级经济、维护村稳定等方面发挥了积极作用，基层组织建设水平得到提高，农牧区经济得到发展，城乡和谐稳定得到促进，党群干群关系进一步密切。他们本身也得到了锻炼，服务意识、工作作风和能力都得到了提升。昌都地区对于选派的第一书记，实施岗前培训、挂职锻炼、岗位实践"三步走"工作法，到重庆挂职锻炼，以提高第一书记的工作能力。党支部第一书记群体涌现了很多典型，林芝地区察隅县京都村第一书记拉巴次仁上任后，改变了村（居）"两委"班子的软弱涣散局面。曲水县协荣村第一书记格桑达瓦筹集51万元为308户农牧民集中修建标准化生猪养殖棚。谢通门县卡嘎镇卡嘎村第一书记成晓光协调投资120万元，实施藏鸡养殖扶贫项目，帮助贫苦户和五保户脱贫致富。

（二）考录大学生村官到村任职

与全国其他地区选聘大学生到村任职不同，西藏根据自身实际，从2008年开始，从高校毕业生中定向考录公务员到村任职。截至2013年年底，全区共考录大学生村官2951名。其中，男1229名，女1722名；少数民族2620名，汉族331名。目前，在岗的大学生村官中，310名进入村（居）"两委"班子，162名进入乡镇和县直部门领导班子，20%的回乡镇和县直部门工作。为帮助大学生村官成长，自治区对村官实行岗前培训，坚持"一带一"，由1名村党支部书记或村委主任带1名大学生村官；由乡镇党委书记、乡镇长与大学生村官结对子。从实施效果来看，大学生村官任职后，在提高村级组织效率、维护基层稳定、带领群众增收致富、促进农牧区经济发展等方面发挥了积极作用。大学生村官也通过在基层一线的摸爬滚打，磨炼了意志，增长了才干。林芝地区波密县古乡古村大学生村官德吉央宗利用自身舞蹈特长，带出了一支30多人的农民艺术团，每年为队员增收近10万元。山南地区乃东县克松居委会大学生村官张小波挖掘当地民主改革第一村的红色资源，编排了反映旧西藏农奴悲惨生活的话剧《农奴泪》，多地演出后引起社会广泛关注。

（三）建强村（居）"两委"班子

工作队按照"五个好"的要求，集中整顿软弱涣散的基层党组织，选好配强以党支部书记为核心的村"两委"班子。推广林芝地区"三帮一带"工作法：帮助村（居）"两委"树立威信、促进工作、提高能力，带动基层党员干部干事创业。举办村干、村官座谈会，帮助他们提高群众工作水平。工作队还注意正确处理和村（居）"两委"的关系，真正做到"指导不领导、到位不越位、参与不干预、帮办不包办"。林芝地区大力实施村"领头雁"队伍建设，按照政治素质过硬、有工作思路、善于做群众工作的标准，选好配好村党支部书记和村委会主任。抓好村（居）"两委"班子配备，按照每村5名村干部的要求，注重从致富能手、退伍军人、大学生村官、外出务工返乡人员选任政治立场坚定、致富能力强、群众公认的人员担任村干部。抓好村后备干部队伍建设，力争村村都有3—5名后备干部。昌都地区大力加强村党支部建设，选派千名干部加强村级组织建设，确保"将最放心的干部放到最不放心的地方"，把村（居）"两委"班子建设成为靠得住、带得动、负责任的战斗堡垒，进一步夯实党在农牧区的执政基础。自治区深入开展"先进双联户"评选活动，把1万余名优秀联户长、优秀双联户成员纳入村级后备干部培养。自治区还投入培训经费4000多万元，轮训村党支部书记、村委会主任8000余名。2012年和2013年，全区从优秀村党支部书记中考录乡镇公务员300多名，确保他们干好有前途。

（四）建强基层党员队伍

工作队协助村党支部加强党员队伍建设，不断深化"三个培养"工程：把党员培养成致富能手，把致富能手培养成党员，把党员致富能手培养成村干部。协助村级组织建立健全村规民约、村务公开、党务公开等规章制度。林芝地区还依托各级党校，轮训农牧民党员，以提高党员素质。通过无职党员设岗定责，五星党员评选等，发挥党员的先锋模范作用。林芝地区还加大基层党建投入力度，明确提出每个驻村工作队每年拿出2.5万元用于党建工作。昌都地区全面实施"党员素质提升"工程，在党员中实行"三定两评一考核"的评价机制：定创领项目、定帮带计划、定行动职责，党员评议、群众评议、党支部考核，激发党员积极性。昌都地区还大力实施基层党建示范点"标杆"工程，明确规定村党建示范点建设投入不低于10万元，先后建立村党建示范点72个。从成效来看，截至2014年3月，全区共发展积极分子17.2万名、发展党员4.37万余名，确定"三培养"对象9.67万余名，建立完善规章制度21.46万余条。

四　强基惠民活动对加强干部队伍建设的经验和启示

强基惠民活动既是推动西藏跨越式发展、维护社会稳定大局、夯实党在西藏执政基础的重大决策，也是加强干部队伍建设的重大举措，成为广大干部联系群众、在基层一线锻炼成长的重要平台。强基惠民活动对于加强干部队伍建设产生了很多经验，也带来了很多有益的启示，总结这些经验和启示对于干部队伍建设具有很好的借鉴意义和参考价值。

（一）干部队伍建设必须围绕中心任务来开展

毛泽东指出，政治路线确定之后，干部就是决定因素。干部问题本质上是组织路线问题，是选什么人、用什么人的问题。组织路线既是政治路线的反映，又为政治路线的实现提供组织保证。而政治路线的具体体现就是某一时段的中心任务。对于现在的西藏来说，中心任务就是发展和稳定问题。为此，西藏自治区党委坚持把发展作为第一要务，把稳定作为第一责任、双管齐下、协同并进。组成两套工作班子，一套班子集中精力抓发展，一套班子全力以赴保稳定。农牧区基层一线主要是发展问题，寺庙主要是稳定问题，强基惠民活动则贯通了发展和稳定，通过驻村驻寺，把大批干部派往中心任务的主战场，派往发展和稳定的第一线，从而为干部队伍建设提供了广阔的平台。广大干部也在强基惠民活动中不畏艰苦、不怕牺牲、履职尽责、无私奉献，在促进发展稳定中经风雨、见世面，开阔视野，增长才干，从而为建设一支德才兼备的高素质干部队伍奠定坚实的实践基础。

(二) 干部队伍建设必须贯彻群众路线

群众路线是党的工作路线和组织路线。干部应该在群众中培养，从群众中来，到群众中去。在群众中培养的干部，往往和群众有血肉联系，对群众有很深的感情，体察民情，熟悉民意，深知群众疾苦。一个干部，如果群众普遍认为是好的，便不会有什么问题。在强基惠民活动中，驻村干部始终把群众路线贯穿始终，牢固树立马克思主义群众观点，自觉践行党的宗旨，与各族群众同吃、同住、同劳动，干部每个月驻村时间都在25天以上。强基惠民活动的五项任务之一就是为群众办实事好事，工作队落实为民办事经费，组织开展访贫问苦，组织开展送科技、送技术、送卫生、送信息等，坚持"五进农家"：驻村干部进农家、惠民政策进农家、法律法规进农家、科学技术进农家、文明新风进农家。两年来，工作队走访慰问困难群众122万次，发放慰问金1.94亿元，共办实事好事66万余件，投入为民办事经费5.9亿元。通过驻村平台，干部深入群众、贴近群众，与群众朝夕相处，融为一体，与群众建立了深厚的感情。在服务群众的过程中，增强了群众意识，丰富了群众纽带，群众工作的方法和能力也得到提升。强基惠民活动的结果是在西藏打造了一支与群众有血肉联系和深厚感情的干部队伍。

(三) 干部队伍建设要实事求是、因地制宜、形式多样，要不断与时俱进、创新发展

强基惠民活动在实施过程中，根据西藏的实际，实事求是、因地制宜、分类指导，不断创新和发展干部队伍建设的机制和方法。派驻工作队驻村，通过在基层一线锻炼干部，通过多地域多岗位锻炼干部，通过重大任务和重大事项来锻炼干部，这是干部队伍建设的创新和发展。同时，自治区选派干部担任村党支部第一书记，考录公务员到村里任职，以及在村（居）"两委"班子中大力实施"领头雁工程"等，是对基层干部队伍建设的创新和发展，值得其他省区参考和借鉴。自治区大力实施的"三个培养"工程，是新形势下加强基层党员队伍建设的有益探索，对于农牧区的发展和稳定意义重大。强基惠民活动中出现的林芝地区的"三帮一带"工作法，昌都地区选派村第一书记的岗前培训、挂职锻炼、岗位实践"三步走"工作法等，都是加强干部队伍建设的好做法，也是来自群众，来自实践的经验总结。

五　强基惠民活动在干部队伍建设中存在的问题与对策

强基惠民活动通过选派干部驻村驻寺，把资源、资金和人力引向农牧区基层和寺庙，使得群众得到很多实惠，被称为德政工程、民心工程。强基惠民活动在让群众得实惠的同时，也为干部队伍建设提供了广阔的空间和平台，成为新形势下加强干部队伍建设的重要举措，为西藏改革发展稳定培养锻炼了一支德才兼备、与人民群众有血肉联系的高素质干部队伍。但是，我们在调研中也发现，强基惠民活动在干部队伍建设方面也产生了不少问题，需要改进完善。

（一）驻村驻寺干部的培养选拔任用问题

虽然自治区党委明确提出，把驻村工作作为培养锻炼干部的主要渠道，把是否驻在村工作队工作过作为提拔干部的必要条件。但在实施过程中，由于驻村干部数量庞大，实施三年来，已经有近七万名干部参与驻村工作，而领导干部编制有限，因此把驻村驻寺作为干部提拔任用的平台不好落实，部分优秀驻村驻寺干部没有在同等条件下提拔任用，很多没有驻村驻寺的干部被提拔任用，从而使得驻村驻寺干部的激励机制不太畅通。同时，驻村驻寺工作中干部队伍建设思路不清晰，目标不明确，干部的教育、培训、使用、奖惩没有明确规定，也没有把驻村驻寺锻炼与基层政权的用人统一起来。

解决以上问题的对策建议是，尽快出台《西藏自治区驻村干部管理办法》，对驻村干部的培养考核、提拔任用、教育培训等做出明确规定。完善自治区的干部选拔、任用制度，明确驻村是提拔任用的优先条件，并认真贯彻落实。在提拔编制受限的情况下，考虑通过提高工资等经济补偿的方式来加大对驻村干部的激励，使得他们能安下心、扑下身、扎下根，待遇有保障，干事有动力。同时，更加明确强基惠民活动为基层政权培养干部的目标导向，在建强村级组织的同时，明确强基惠民活动的重要目标之一就是培养熟悉基层情况的县乡干部，并从教育培训等环节入手，这对于西藏建设一支高素质的县乡干部队伍意义重大。

（二）驻村驻寺干部的力量配备问题

我们在调研中遇到反映较大的问题就是认为每个村庄配备 4 名工作队员是对干部资源的很大浪费。这是因为西藏村庄户数和人口都不太多，村庄事务不是很多，而强基惠民活动要求干部每月驻村 25 天，使得不少驻村干部很多时间无事可做，出现"守村守摊"现象。同时，西藏很多县乡部门编制很少，一些部门也就几个人，抽调干部驻村使得这些部门干部严重不足，影响了这些单位业务工作的开展，尤其一些业务部门，比如税收、财政等。一些单位被迫额外雇用人员，一些部门则被迫关门，还有一些部门派工勤人员驻村等，这些都影响了强基惠民活动的实施，并引起一些村群众的不满。强基惠民活动要求当年从大学生中新招录的公务员、复转军人原则上全部参加工作队，但实施的结果是这些干部既不能及时熟悉本单位业务，又缺乏农牧区基层工作经验，造成这些干部"两头光"。同时，在分配驻村干部的时候，缺乏针对性规划，使得单位的优势和资源与村不匹配，不同单位之间的项目差别过大，也引起了一些群众的不满和非议。一些单位选派干部没有考虑级别层次、年龄层次、民族比例、性别比例、家庭状况等因素，这些都影响了强基惠民活动的开展以及干部的锻炼成长。

解决以上问题的对策建议是，创新驻村形式，实行分类驻村制，逐步建立工作队退出机制，对各项工作已基本达标并步入正轨的，派出单位可逐步退出驻村点，转为单位联系点。对于需要进驻的村，要减少驻村干部数量，每个村派1—2名干部，并积极依托村党支部第一书记这个行之有效的平台。同时，单位对村庄实行定向承包制，和国家五年规划同步，一包五年，实行定点扶持。加强驻村队员驻村前的工作培训，明确目标要求及方式方法，尤其是加强驻村工作队长的培训，并定期召开经验交流工作会，加强各驻村工作队之间的交流和指导。因业务需要，确需半年轮换的驻村工作队，尽量保证驻村队长不换，并做好驻村各项资料及经费的交接，同时，最好选派在本单位工作半年以上的干部。在派驻干部时，要考虑级别、年龄、民族等结构性因素，还要做好单位与村之间的匹配规划，比如，一些资源多、实力强的单位干部派驻经济薄弱、矛盾尖锐的村等。

（三）村（居）"两委"班子建设问题

强基惠民活动在实施的时候，五项任务之一就是建强基层组织，特别是村党支部和村委会领导班子。但是，从实施的结果来看，由于驻村工作队是上级的化身，拥有更多的权力、资源和能力，从而获得村民更大的信任，也拥有更多的威信，使得村各种事务都依赖工作队。这样就造成强基惠民活动的建强基层组织走向反面，一些村（居）"两委"班子更加薄弱，一些村（居）"两委"班子则被架空。由于驻村工作队、村党支部第一书记、大学生村官等多种力量的下沉和交织，他们之间工作的划分和关系的协调不畅也容易引发各种矛盾和冲突。

解决以上问题的对策建议是，加强对驻村工作队的教育培训，使得驻村工作队一定要政治清醒，认识到工作队终有一天是要撤离的，建强基层组织才是治本之策，明确自己的角色定位和职责范围，真正贯彻落实"指导不领导、到位不越位、参与不干预、帮办不包办"，"留下一支永远不走的工作队"。同时，对驻村工作队与村党支部第一书记、大学生村官等之间的工作职责和范围进行划分，厘清他们之间的关系，明确各自的角色，以减少矛盾的发生。

（四）驻村驻寺干部的压力、安全、生活等诸问题

由于西藏自然环境恶劣，很多村庄无路、无水、无电，塌方、泥石流等自然灾害频繁，再加上高原缺氧，使得驻村驻寺工作对干部造成严重的挑战。要求每月25天在岗以及各种巡查等，也给干部造成很大的压力。在内地省份，驻村工作主要是辛苦一些，但是在西藏，驻村驻寺则会面临生死考验，有时候需要付出生命的代价。强基惠民活动实施以来，已先后有几十名干部牺牲在工作岗位上。我们在调研中，不少干部反映驻村驻寺工作太苦，压力太大，安全得不到保障，医疗等也跟不上。

解决以上问题的对策建议是，加大对强基惠民活动可持续性的研究，调整完善强基惠民活动实施方案，减少驻村驻寺干部数量。改变对全区村和寺庙的全覆盖政策，有针对性地对发展薄弱、问题较多、矛盾尖锐的村和寺庙派驻干部。根据实际需要确定实行常驻村或定期驻村、普通时间段部分人员驻村和敏感节点全员在岗驻村模式。同时，对驻村驻寺干部给予更多的关心和关爱，派驻单位应建立规范的驻村干部档案，做到一人一档。健全驻村驻寺干部医疗保健制度，驻村队员进驻前、进驻半年及驻村结束后，派出单位均应安排健康体检，确保驻村队员的身体康健。加强驻村工作队的车辆管理，定期检查，做到专人专职驾驶，合理安排驻村队员的轮休，并严格按照驻村工作队请销假程序执行，严禁搭乘不安全车辆外出。派出单位加强对驻村队员的关心和照顾，经常深入驻村点对驻村队员看望慰问，了解驻村队员的艰辛疾苦，及时解决驻村队员反映的生活难题等。

第四章　全面建成小康社会与乡村基层治理

第一节　西藏强基惠民与全面建成农村小康社会*

党的十六大提出了全面建成小康社会的奋斗目标，习近平总书记在参加十二届全国人大一次会议西藏代表团审议时强调，"西藏到2020年同全国一道实现全面建成小康社会宏伟目标。"党的十八届五中全会提出"共享"发展理念和"十三五"规划确定的到2020年实现全面建成小康社会的目标，对于西藏自治区来说，既指明了发展方向和目的，也增加了压力和动力。西藏人口虽然不多，但是经济发展水平不高、地域辽阔、人口极为分散，从而导致不仅贫困人口比例大，而且为实现公共服务均等化所需基础设施投资成本非常高。西藏自治区的"十三五"规划提出："共享是建设中国特色社会主义的本质要求，也是巩固民族团结、维护祖国统一的必然要求。紧紧围绕民族团结和民生改善，推动经济发展、促进社会全面进步，让各族群众享有更好的教育、更稳定的工作、更满意的收入、更可靠的社会保障、更高水平的医疗服务、更舒适的居住条件、更优美的环境，过上更加幸福美好的生活。"

西藏自治区80%以上的人口居住在农牧区，解决好农牧业、农牧区和农牧民的发展问题，是西藏全面建成小康社会的重点和难点。西藏创先争优强基惠民活动围绕建强基层组织、做好稳定工作、寻找致富门路、

---

*　本节执笔人：韩磊、刘玉满。

进行感恩教育、办实事解难事"五项任务"开展工作,在提高农牧民生活质量、优化农牧区社会结构、提高农牧民人口素质和保障农牧区社会安全等方面具有重要贡献。

一 强基惠民对西藏全面建成农村小康社会的战略意义

2002年,党的十六大提出"要在21世纪头20年集中力量,全面建设惠及十几亿人口的更高水平小康社会,使经济更加发展、民主更加健全、科技更加进步、文化更加繁荣、社会更加和谐、人民生活更加殷实"。党的十七大对全面建成小康社会提出了新的要求,在经济发展方面,由党的十六大"国内生产总值到2020年力争比2000年翻两番"的目标提高到"人均国内生产总值到2020年比2000年翻两番"。党的十八大报告将以往的"全面建设小康社会"改为"全面建成小康社会",提出2020年要建成的小康社会是经济、政治、文化、社会、生态文明全面发展的小康社会,并对全面建成小康社会的目标要求做了进一步充实和完善,提出"国内生产总值和城乡居民人均收入比2010年翻一番"的更高的经济发展目标。全面建成小康社会的提出为我国发展制定了战略发展和建设蓝图,对于实现我国社会主义现代化建设宏伟目标和中华民族伟大复兴具有重要现实意义。

2011年10月,西藏自治区党委、政府做出了深入开展创先争优强基础惠民生活动的重大决策。其主要做法是从区、地(市)、县(市、区)、乡(镇)四级党政机关、国有企事业单位及驻藏中直单位选派干部组成工作队,进驻所有村委会,着重围绕建强基层组织、做好维稳工作、寻找致富门路、进行感恩教育、办实事解难题"五项任务"开展工作。西藏深入开展强基惠民活动对于增强基层党组织的创造力、凝聚力和战斗力,巩固维护社会稳定的基础,改善民生状况,增加城乡居民收入,形成融洽和谐的干群关系,促进民族团结,进而构建城乡发展稳定的长效机制,最终促进全区全面建成小康社会具有重要战略意义。

二 西藏全面建成小康社会的指标体系和进展

(一)西藏全面建成小康社会的指标体系

依据党的十六大提出的全面建设小康社会包括的经济、政治、文化及人的全面发展的目标及中央第四次西藏工作座谈会为西藏制定的跨越式发展目标,党的十六大之后西藏自治区在坚持全面性和导向性、代表性和可比性、现实性和前瞻性、可行性和可操作性的原则上,制定了包括经济增长、生活质量、社会结构、人口素质、生活环境、社会保障与社会安全6个方面内容26个指标的西藏全面建成小康社会指标体系（见表4-1）。

表4-1　　　　　　　　西藏全面建成小康社会指标体系

指标类型	指标名称	2002年实际	2005年预期	2010年预期	2020年预期	权重
经济增长	1. 人均国内生产总值（美元）	743	970	1513	3000	14
生活质量	2. 城镇居民人均可支配收入（元）	7762	8985	11468	20000	3
	3. 农牧民人均纯收入（元）	1521	1900	2800	6640	5
	4. 城镇居民人均居住建筑面积（平方米）	18.88	20	25	30	3
	5. 农牧民人均石（砖）混结构住房面积（平方米）	20.56	22	26	30	4
	6. 恩格尔系数（%）	47.4	46	44	40	4
	7. 农村通公路行政村比重（%）	70.2	73	77	85	5
	8. 饮用安全卫生水人口比重（%）	16.5	40	60	85	5
	9. 农村电视机普及率（%）	18.22	25	40	90	5
	10. 农村通电话行政村比重（%）	9.2	15	40	85	4
	11. 城乡居民文教支出比重（%）	5.4	7	10	20	4
社会结构	12. 城市化水平（%）	19.8	20	25	40	3
	13. 非农业劳动力占全社会劳动力比重（%）	17.3	21.8	29	41	3
	14. 城镇登记失业率（%）	5	5	5	5	2
	15. 贫困发生率（%）	45	40	35	5	2
人口素质	16. 劳动力平均受教育年限（年）	4.11	5.1	8	10	4
	17. 高中阶段入学率（%）	19	30	50	80	4
	18. 婴儿死亡率（‰）	29.3	29	28.5	27	4
	19. 人均预期寿命（岁）	65.31	65.8	67.4	70	4
	20. 千人拥有执业医生数（人）	1.58	1.8	2	3	4

续表

指标类型	指标名称	各阶段指标值及预期值				权重
		2002年实际	2005年预期	2010年预期	2020年预期	
生活环境	21. 林草覆盖率（%）	70	70.8	72.5	75	3
	22. 农村家庭生活能源薪草替代率（%）	—	1	5	15	3
	23. 城市居民人均公共绿地面积（平方米）	4.5	5	8	15	2
社会保障与社会安全	24. 社会保障覆盖率（%）	65.7	69	75	90	2
	25. 万人刑事案件发生率（件）	12	13	15	20	2
	26. 村委会民主选举率（%）	95	96	98	99	2

注：①西藏自治区课题组共制定三套"西藏全面建成小康社会指标体系"，其中本表展现的指标体系最能全面反映西藏自治区全面建成小康社会的各个方面的状况，尤其是农牧区的状况。②关于社会保障覆盖率的衡量，城镇居民主要考核最低生活保障覆盖率和社会保障覆盖率；农牧民主要考核农村合作医疗覆盖率。③以上数据以2000年的价格计算。④"—"表示数据不能获得。

如表4-1所示的指标体系能够全面反映西藏全面建成小康社会的各个方面的状况，尤其是农牧区的状况，有利于对西藏发展进程中阶段性目标任务完成情况、发展趋势、动态协调关系等进行监测和评价，为决策部门制定经济与社会发展战略和规划提供依据，对社会发展和经济运行中出现的问题和矛盾提出预警，也便于相关部门及时调整工作计划和工作重点，有效地促进西藏全面建成小康社会的目标的实现。

（二）西藏全面建成小康社会的进展

进入"十五"时期以来，西藏自治区经济社会从快速发展转向跨越式发展，全面建成小康社会也初见成效。西藏全面建成小康社会的进展情况如表4-2所示。

表 4-2　　西藏全面建成小康社会进展情况

指标类型	指标名称	2002 年	2005 年	2010 年	2011 年	2012 年	2013 年
经济增长	1. 人均国内生产总值（元）	6117	9036	17319	20077	22936	26068
生活质量	2. 城镇居民人均可支配收入（元）	7762	9431	14980	16196	18028	20023
	3. 农牧民人均纯收入（元）	1521	2078	4139	4904	5719	6578
	4. 城镇居民人均居住建筑面积（平方米）	—	—	—	—	—	—
	5. 农牧民人均住房面积（平方米）	20.56	21.3	24.6	25.3	28.5	28.8
	6.1 城镇居民恩格尔系数（%）	40.8	44.5	50.1	49.9	49.3	—
	6.2 农村居民恩格尔系数（%）	63.8	68.8	49.7	50.5	53.6	—
	7. 农村通公路行政村比重（%）	70.2	—	—	—	—	97.4
	8. 饮用安全卫生水人口比重（%）	16.5	—	—	—	—	—
	9. 农村居民家庭平均每百户彩色电视拥有量（台）	19.0	48.5	74.0	104.7	106.5	—
	10. 农村居民家庭平均每百户移动电话拥有量（部）	0.2	7.3	48.8	121.4	132.1	—
	11.1 城镇居民文教娱乐支出比重（%）	6.40	7.87	4.94	4.95	4.92	—
	11.2 农村居民文教娱乐支出比重（%）	2.85	1.64	1.92	1.49	1.38	—
社会结构	12. 城市化水平（%）	19.8	20.7	22.7	22.8	22.7	—
	13. 非农业劳动力占全社会劳动力比重（%）	—	—	—	—	—	—
	14. 城镇登记失业率（%）	4.9	4.3	4.0	3.2	2.6	—
	15. 贫困发生率（%）	45	—	34	—	—	18.6
人口素质	16. 劳动力平均受教育年限（年）	—	—	—	—	—	—
	17. 高中阶段入学率（%）	19	—	—	—	—	73.23
	18. 婴儿死亡率（‰）	29.3	—	—	—	—	19.97
	19. 人均预期寿命（岁）	65.31	—	68.17	—	—	—
	20. 千人拥有执业（助理）医师数（人）	1.7	—	1.5	1.4	—	—

续表

指标类型	指标名称	2002 年	2005 年	2010 年	2011 年	2012 年	2013 年
生活环境	21. 林草覆盖率（%）	70	—	—	—	—	—
	22. 农村家庭生活能源薪草替代率（%）	—	—	—	—	—	—
	23. 城市居民人均公共绿地面积（平方米）	4.5	—	—	—	—	—
社会保障与社会安全	24. 社会保障覆盖率（%）	65.7	—	—	—	—	—
	25. 万人刑事案件发生率（件）	12					
		224					

资料来源：国家统计局网站（http://data.stats.gov.cn）；西藏自治区统计局、国家统计局西藏调查总队编：《西藏统计年鉴》（2013），中国统计出版社 2013 年版；课题调研组在西藏调研期间收集的材料。

注：①"—"表示数据不能获得，斜体数字表示从调研期间收集到的书面材料中获得的数据；②制表时，当国家统计局数据和《西藏统计年鉴（2013）》中的数据不一致时，以国家统计局公布的数据为准。

1. 经济增长

从 1994 年开始，西藏地区生产总值连续 20 年保持两位数以上增长。2002 年西藏地区生产总值为 162.04 亿元，2013 年为 807.67 亿元，2002—2013 年，西藏地区生产总值年平均增长 14.32%，高于同时期全国国内生产总值年平均增长率 13.87%[①]。同期，西藏产业结构也发生了较大改变，2002 年第一、第二、第三产业增加值分别为 39.75 亿元、32.72 亿元和 89.56 亿元，三次产业占比为 24.5%、20.2% 和 55.3%；2013 年第一、第二、第三产业增加值分别为 86.82 亿元、292.92 亿元和 427.93 亿元，三次产业占比为 10.7%、36.3% 和 53.0%。西藏人均地区生产总值从 2002 年的 6117 元分别上升到 2005 年的 9036 元、2010 年的 17319 元，以 2000 年平均汇率（8.278）计算，2005 年和 2010 年的人均地区生产总值为 1092 美元和 2092 美元，分别高于如表 4-1 所示的全面建成小

---

① 资料来源于西藏和全国的国内生产总值年平均增长率，根据国家统计局公布的数据计算得到。

第四章　全面建成小康社会与乡村基层治理　　219

康社会的标准值。2013 年，西藏人均地区生产总值为 26068 元，2002—2013 年，西藏人均地区生产总值年平均增长率为 12.84%。

2. 生活质量

（1）西藏城镇居民人均可支配收入从 2002 年的 7762 元上升到了 2005 年的 9431 元和 2010 年的 14980 元，剔除通货膨胀的因素并以 2000 年的价格计算①，2005 年和 2010 年城镇居民可支配收入分别为 8922 元和 12269 元，分别略低于或略高于全面建成小康社会的标准值。2002 年西藏农牧民人均纯收入为 1521 元，2005 年和 2010 年分别达到 2078 元和 4139 元，剔除通货膨胀的因素并以 2000 年的价格计算，分别相当于 1966 元和 3390 元，均高于标准值。2002—2013 年，西藏农牧民人均纯收入年平均增长率为 12.98%，明显快于城镇居民可支配收入年平均 8.22% 的增长速度。

（2）2006 年，西藏自治区开始实施以农房改造、游牧民定居、扶贫搬迁、兴边富民和地方病重病区群众搬迁为重点的农牧民安居工程，截至 2013 年，全区 46.03 万户、230 万农牧民住上了安全适用的房屋，农牧民生活条件得到了较大改善。2013 年西藏农牧民人均居住面积达到 30.51 平方米，城镇居民人均居住面积达到 42.81 平方米。

（3）随着人均收入的增加，西藏城乡居民食物消费在消费支出中所占比重并没有显著下降，2005—2010 年城镇居民恩格尔系数呈上升趋势，从 44.5% 上升到 50.1%，虽然同期间农村居民恩格尔系数从 68.8% 下降到了 49.7%，但仍没有降到全面建成小康社会的标准值。

（4）西藏自治区积极推进水、电、路、气、信、邮电、广播电视、优美环境"八到农家"工程，截至 2013 年年底，农牧民安全饮水问题基本解决，提前完成"十二五"规划的农牧民饮水安全任务。到 2013 年年底，全区公路通车里程达到 70951 公里，全区乡镇通公路率达到 99.7%，建制村通公路率达到 97.4%，寺庙通公路率达到 90.3%，50.7% 的乡镇通上了沥青（水泥）路。

（5）随着农牧民人均收入的快速增加，西藏农村居民家庭平均每百户耐用消费品的拥有量也在快速增加，每百户拥有的彩色电视机从 2005

---

① 根据国家统计局公布的 CPI 的环比数据计算得到以 2000 年为基期（100）定比 CPI 数据，即 2005 年和 2010 年的定比 CPI 数据分别为 105.7 和 122.1。

年的48.5台迅速增加到2010年的74.0台,到2012年这一数据达到106.5台,每百户拥有的移动电话从2005年的7.3部迅速增加到2010年的48.8部,2012年达到132.1部。

(6)城乡居民用于文教娱乐用品及服务的消费比重随着人均收入的增加而显著增加,2005年以后,城镇居民用于文教娱乐支出的比重维持在5%左右;而对于农村居民来说,这一比重一直小于2%,距离全面建成小康社会的标准值还有较大的差距。

3. 社会结构

截至2012年年底,西藏总人口为307.62万人,三次产业从业人员总数为202.06万人,第一、第二、第三产业从业人员数分别为93.60万人、27.10万人和81.36万人,三次产业从业人员构成为46.3%、13.4%和40.3%。由于缺乏产业带动及受农牧民传统思想的影响,西藏城市化进程缓慢。2002年以来,农村居民数占人口总数的比重为80.11%,2012年这一比重为77.3%,2010年之后城市化水平基本稳定在22.7%。西藏促进就业措施不断完善,城镇登记失业率从2002年的4.9%降到2012年的2.6%,2013年控制在2.5%以内。西藏整合各项资源扶贫,形成了政策扶贫、项目扶贫、产业扶贫、社会扶贫、援藏扶贫"五位一体"的扶贫格局,截至2013年年底,西藏全区低收入人口由2010年的83.3万人减少到45.7万人,贫困发生率由2010年年底的34%下降到18.6%,累计减贫人数37.6万人。

4. 人口素质

西藏积极落实义务教育十五年免费"三包"政策,年生均补助标准提高到2700元,小学适龄儿童入学率达到99.6%,高中阶段毛入学率达到72.23%,全区人均受教育年限达到8.4年。西藏形成了以拉萨为中心,遍布城乡的西藏中医结合的医疗卫生保障网,婴儿死亡率下降到了2013年的19.97%,人均预期寿命提高到了68岁。但是,西藏千人拥有执业(助理)医师数却从2002年的1.7人降到了2005年的1.5人,距离全面建成小康社会的标准值还有较大的差距。

5. 生活环境

西藏近年来,高度重视生态环境保护工作,在全国率先启动了西藏草原生态保护奖励机制试点并建立了森林生态效益补偿制度。城市环境也有所改善,城市绿地面积从2005年的0.01万公顷增长到2012年的

0.34万公顷，建城区绿化覆盖率从2006年的21.4%提高到了2012年的32.4%。

6. 社会保障与安全

2013年，西藏全区社会保险参保总人数达到248.9万人次，所有险种均实现自治区级统筹，制定出台了僧尼参加社会保险办法。城乡居民社会养老保险制度在全国率先实现全覆盖，新型农村社会养老保险基础养老金提高到月人均105元，惠及130万农牧民。

(三) 西藏实现全面建成小康社会的有利条件与限制因素

1. 有利条件

第一，西藏全面建成小康社会具有良好的政策支持和外部环境。国家深入实施西部大开发战略，更加注重西部地区经济社会的发展，为西藏全面建成小康社会创造了良好的条件；中央第五次西藏工作座谈会进一步明确了推进西藏跨越式发展和长治久安的目标、任务和工作重点，制定出台了一系列扶持西藏经济社会发展的特殊优惠政策和具体措施，是西藏全面建成小康社会的重要保障；中央第五次西藏工作座谈会确定对口援藏政策延长到2020年，确定在现行体制下援藏省（市）年度援藏投资实物工作量按照本省（市）上年度地方一般预算收入的1‰来安排，截至2013年7月，对口援藏资金累计达260亿元，经济援藏、干部援藏、人才援藏、科技援藏相结合的格局已经形成，建立了援藏资金稳定增长机制，是西藏全面建成小康社会的坚实后盾。

第二，西藏全面建成小康社会具有良好的物质基础和内部环境。进入"十五"时期以来，西藏经济社会建设取得了历史性成就，人均地区生产总值快速提高，基础设施不断完善，人民生活不断改善，增强自我发展的基础条件也逐步成熟，为全面建成小康社会提供了良好的物质基础；西藏市场体系、体制机制和社会环境进一步改善，人口整体素质显著提高，全区人民增收致富的愿望更加强烈，为全面建成小康社会创造了良好的内生环境。

2. 限制因素

由于特殊的地理环境和历史的原因，西藏经济社会发展水平同全国的平均发展水平还有较大的差距。首先，西藏地广人稀，自然条件恶劣，平均海拔在4000米以上，自然灾害频发。而且，基础设施投资成本太高，基础设施不足，这一方面导致防减灾能力低，环境承载能力脆弱；另一方面导致向对西藏产品需求较大的内地或海外地区的运输成本较高。其次，西藏城乡居民特别是农牧民的生活水平还不高，2013年西藏人均地区生产总值在西部地区12个省（市、区）排第9位。进入"十一五"时期以来，西藏城乡居民生活方式和消费结构并没有得到较大改善，用于食品的支出仍是消费支出的主要部分，文教娱乐支出比重过低。再次，西藏产业发展滞后，科技和人才支撑能力匮乏。尤其是广大牧区受产业发展滞后的限制，城镇化水平和集约经济发展水平比较低，牧民生活水平难以提高。最后，西藏虽然社会大局保持稳定，但反分裂、维护社会稳定的任务依然艰巨。以上因素一直是西藏全面建成小康社会目标的实现的制约因素。

三 强基惠民促进西藏全面建成农村小康社会的做法和成效

强基惠民活动开展三年来，西藏自治区先后选派了三批工作队，在全区5464个村实现了全覆盖，已有近七万名干部参加了驻村工作。根据强基惠民驻村工作队的工作重点，结合如表4-1所示的西藏全面建成小康社会的指标体系，本章从改善农牧民生活质量、优化农牧区社会结构、提高农牧民人口素质和保障农牧区社会安全四个方面总结强基惠民活动在促进西藏全面建成农村小康社会的做法和成效。

（一）强基惠民与农牧民生活质量改善

1. 协助厘清发展思路，促进农牧民增收

西藏各驻村工作队深入开展对所驻村的调研，协助村（居）"两委"厘清发展思路并制定本村经济社会发展规划。三年来，西藏各级驻村工作队，共厘清发展思路5.4万余条，制定完善实施经济社会发展规划4.7万余项。同时，驻村工作队积极帮助所驻村发展集体经济，成立农牧民专业合作社，促进农牧业产业化发展。三年来，共发展集体经济组织、合作经济组织1.4万个，在促进农牧民增收方面具有重要作用。西藏自治区党委办公厅第三批驻村工作队积极协助村（居）"两委"制定全面建成小康社会建设规划，确保小康社会建设有蓝图、有目标、有措施，共制定完善经济社会发展规划50余项。拉萨市曲水县才纳乡驻村工作队组织村（居）"两委"成员、致富带头人、老党员、老干部和部分农牧民到山南地区克松村、日喀则地区白朗县以及内地农牧业经济发达地区考察学习经验，在借鉴经验的基础上进一步厘清当地发展思路。为从根本上推动所驻村经济社会发展，西藏各级驻村工作队深入一线调研，带领农牧民走"一村一品""一村一业"的特色产业发展道路。

2. 落实"短平快"项目，完善基础设施建设

西藏自治区财政每年安排大约10亿元的专项资金用于帮助各级驻村工作队解决所驻村的问题和困难，其中为每个工作队各安排10万元的为民办实事经费，其余资金用于解决50万元以下的"短平快"项目。这些惠民的"短平快"项目以改善农牧民生产生活条件为落脚点和突破口，涉及水渠、蓄水池、道路、桥梁、饮水、实体经济等方面。西藏自治区协调各地（市）、各部门安排专项资金支持强基惠民活动交通、水利、扶贫、林业等部门启动"创先争优强基础惠民生农村公路通达攻坚工程"、"农村水利建设专项行动"、"创先争优强基础惠民生扶贫农发直通车行动计划"、"创先争优强基础生态惠民行动计划"、"强基惠民光明工程行动计划"，支持农牧区基础设施建设。三年来，西藏各地市驻村工作队共落实了12269个项目，落实资金34.63亿余元，农牧区基础设施得到较大改善，农牧区经济发展基础得到进一步巩固。西藏自治区发改委2013年之前承担了林芝地区波密县八盖乡6个村的驻村工作，从2013年开始承担林芝地区波密县和那曲地区比如县共6个村的驻村工作，先后共有90名同志分批进驻各村开展强基惠民工作。三年来，自治区发改委共投资6700多万元，落实以加强桥梁、机耕道、水渠、防洪坝、电站、道路等基础设施建设为重点的惠民项目170多个，逐步解决制约所驻村发展的"瓶颈"问题。

（二）强基惠民与农牧区社会结构优化

1. 促进农牧民转移就业，推动城镇化进程

西藏各级驻村工作队在充分了解农牧民转移就业意向的基础上，结合所驻村的实际情况，积极组织驾驶技术、藏汉双语等方面的培训，增加农牧民实用技术和劳动技能，鼓励引导农牧民自主创业，组织劳务输出寻找致富渠道。三年来，各级驻村工作队共组织劳务输出126.7万人次。拉萨市在开展"五项任务"的同时，结合自身区域发展优势，以保障和改善民生为基本出发点和落脚点，开展"四业工程"即"以业育人、以业安人、以业管人、以业富人"，将促进群众安居乐业作为强基惠民活动"自选动作"的第六项任务来抓，举办各类农牧民培训班，拓宽农牧民就业渠道，推进了城镇化、工业化、现代化进程。驻拉萨市曲水县各村工作队大力开展"四业"工程，截至2014年5月初，各级驻村工作队

共进行4次技能培训需求统计和2次用工需求统计，建立需求档案787份，完成2423人次转移就业培训。

2. 与扶贫工作相结合，实现减贫与增收"双赢"

西藏以强基惠民为主导，将定点扶贫纳入驻村工作"五项任务"中，按照驻村抓点，帮扶管乡，不脱贫不脱钩的原则，积极帮助贫困群众办实事、做好事、解难事。为进一步加强扶贫农发工作与强基惠民活动的有效结合，2012年5月西藏开始实行"创先争优强基础惠民生扶贫农发直通车行动计划"，对符合扶贫农发政策的驻村工作队上报的小型项目原则上要优先安排。西藏地（市）、县扶贫办注重发挥驻村工作队的作用，协调他们帮助所驻村基层组织完成扶贫对象认定和贫困户建档立卡等基础性工作。2013年，西藏贫困发生率由2010年的34%降到18.6%，贫困群众收入增长幅度高于全区平均水平3个百分点，实现减贫速度与增收效益同步提升。

（三）强基惠民与农牧民人口素质提高

1. 壮大党员队伍，提升基层组织队伍素质

各级驻村工作队深化和拓展"三培养"（"把优秀的致富带头人培养成党员，把党员培养成致富带头人，把党员致富带头人培养成村组干部"），把壮大党员队伍与提高党员素质能力作为驻村工作的一项重要任务。三年来，各级驻村工作队更发展了农牧民党员46449名。为了提升基层组织队伍素质，各级驻村工作队还积极组织村干部、团组织、妇联组织开展参观学习和经验交流，帮助其开阔视野、转变观念。截至2014年5月初，驻拉萨市曲水县各村工作队共将51名党员培养成致富能手，将69名致富带头人培养成党员，将110人党员致富能手培养成村干部后备人员，培养入党积极分子239名，组织基层干部外出考察学习43次815人。

2. 组织农牧民培训，提高种养殖技能

为了提高农牧民的种养殖技能，西藏各级驻村工作队邀请专家到所驻村或者组织农牧民到县城进行种养殖技能方面的培训，例如田间标准化管理技术、牲畜的饲养和管理、牲畜的疫病防治等方面的培训。三年来，西藏各级驻村工作队共开展实用技能培训8.5万余人次。西藏自治区党委办公厅驻申扎县卡乡6村工作队投资15万元，购买塑料薄膜、化肥、种子和水泥等设施设备，在海拔5000米的驻村点建起温室大棚，指导牧

民学习温室种植技术，提高牧民技能。驻林芝县扎西岗村工作队组织群众石锅餐饮培训，协助村（居）"两委"联结旅游公司，打造精品旅游村，实现村集体收入100多万元。驻察隅县雄久村工作队邀请自治区农科院专家实地技术指导，成功试种灵芝菌。

（四）强基惠民与农牧区社会安全保障

1. 组织维稳隐患排查，加强重点人员管控

西藏各级驻村工作队积极入户走访和座谈，及时掌握群众思想动态，及时发现苗头性、倾向性问题，及时调处化解矛盾纠纷。同时，加强重点人员教育管理，严防漏管失控、引发事端，把各类安全隐患消除在萌芽状态。三年来，共化解各类社会矛盾纠纷4.68万余起，妥善解决群众上访近3万余人次，加强维稳重点人员管控31.41万余人次，有效防止了群体性事件的发生。调研的驻村工作队还为所驻村农户制作了档案表及重点人员信息表，拉萨市林周县连布村在拉萨市扶贫办驻村工作队的帮助下，重点人员由原来的11人减为1人。那曲地委宣传部驻比如县夏曲镇伯托居委会工作队在抓好平时维稳工作的同时，积极采取措施加强敏感时段维稳工作任务。在党的十八大、自治区第八次党代会、"3·10""3·14""3·28"等敏感时段，该驻村工作队联合居委会班子，积极组织牧民党员和积极分子、团员，邀请"三老"人员（老党员、老干部、老劳模）等70多人，充实到护村、护校、护桥队列中，实行24小时值班巡逻和报平安制，对居委会三个村文化室和附近的茶馆、招待所、商店、学校、加油站、通信站、桥梁等重点部位进行重点巡逻，认真排查安全隐患，对外来人员和本居委会重点人员进行详细登记造册，做到情况细，行踪明，底子清。而且，该驻村工作队还对重点人员进行一对一的管控教育，对个别懒散、无所事事、不参加集体活动的特殊人，进行特定对象专项教育活动。

2. 开展"双联户"工作，促进联户平安

"双联户"是指"联户平安、联户增收"，以5—10户为联户单位，协助配合村（居）"两委"组织开展群防群治、纠纷调解、流动人口服务管理等工作，共同开展矛盾纠纷联排联调、安全隐患联防联控、重点人员联管联教、发展成果联创联享等10项职责。从2013年5月西藏自治区开展"先进双联户"创建评选活动至2014年4月，全区共建立联户单位8.7万个，实现了全区"双联户"工作全覆盖，为推进平安西藏建设做出

了贡献。

四 强基惠民促进西藏全面建成农村小康社会的局限性

(一) 驻村干部缺乏基层工作经验, 不同驻村工作队衔接不畅

西藏驻村工作队由区、地(市)、县(市、区)、乡(镇)四级党政机关、国有企事业单位及驻藏中直单位选派的干部组成, 很多驻村工作队员缺乏基层工作经验, 对农牧民思想状态和生活方式还不太了解, 导致组织和发动农牧民群众的能力不强。而且, 同一村的不同批次的驻村工作队的工作思路可能不一致, 导致不同工作队之间工作衔接不顺畅。

(二) 驻村工作开展不平衡, 重"输血帮扶"轻"造血帮扶"

一方面, 由于派出单位经济实力不同和对驻村工作的重视程度不同, 不同驻村队员争取的项目资金数额不同, 为群众办实事的多少不同。这导致群众存在攀比心理, 对项目落实力度小的工作队产生不满情绪, 从而影响驻村工作队的工作积极性和农牧区社会稳定。

另一方面, "五项任务"开展不平衡, 部分驻村工作缺乏长远规划, 存在短期行为, 不同程度"重惠民、轻强基", "重帮扶、轻引导""重输血帮扶""轻造血帮扶"的问题。例如, 部分驻村工作队以数据论成绩, 把相关数据作为驻村工作主要成绩, 把工作重点放在争取项目资金方面; 部分工作队在完善基础设施建设和为农牧民排忧解难等方面做得比较扎实, 但是, 在建强基层组织和转变农牧民观点等方面的效果不够明显。

(三) 人力资源紧缺, 开展驻村工作难度大

强基惠民活动是从区、地(市)、县(市、区)、乡(镇)四级党政机关、国有企事业单位及驻藏中直单位选派干部组成工作队, 进驻所有村委会, 与农牧民同住、同吃、同劳动。由于驻村工作队队伍庞大, 驻村工作人员派出单位的正常工作受到影响。随着时间的推移, 人力资源短缺, 驻村工作开展难度增大的问题逐渐凸显。一方面, 有的派出单位本来编制紧缺, 通过前三批驻村工作的安排, 单位几乎所有工作人员都有驻村工作经历, 以后已无新人可以派出。另一方面, 综合素质高、能够胜任驻村工作的"全能型"干部少之又少, 导致驻村工作开展难度增大。

五 强基惠民促西藏进全面建成农村小康社会的对策建议

（一）做好驻村岗前培训，提高驻村干部工作技能

驻村工作不同于机关工作。在机关工作，工作条件较好，工作内容相对专一，只要具备一些专业知识就能够胜任。但是，驻村干部工作在基层一线，工作条件艰苦，工作负荷大，接触的人广事杂，原来储备的一些专业知识远不够用。这在客观上就要求驻村干部需具备良好的综合素质，包括身体素质、心理素质、政治素质、业务素质等。只有具备这样的综合素质，才能顺利开展并完全胜任驻村工作。因此，开展驻村工作的岗前培训非常有必要。可针对所派往地区的实际情况，培训期可长可短，但培训内容一定要丰富多彩。通过开展基层工作技能培训，使每一个驻村干部都能成为一名合格的适合于从事驻村工作的"全能型"干部。

（二）加快驻村工作转轨，分类开展驻村工作

强基惠民活动在强化基层组织建设、维护基层社会稳定、完善基层基础设施建设、带动基层组织经济发展、帮助村民寻找致富门路等诸多方面所取得的成效是有目共睹的。但是，地域辽阔，环境多样，发展不均衡，各地区（地、县、乡、村）经济、社会、政治、文化等各方面存在着明显的差异性。如何针对这些差异性，分门别类地继续开展驻村工作，就是驻村工作的转轨问题。所谓"转轨"就是实现驻村工作队驻村工作重心的转移，根据各地、县、乡、村的具体情况，有针对性、有计划、有重点地开展驻村工作。例如，对于维稳形势严峻的村民委员会，驻村工作队的工作重心应转到维稳工作上来；对于基层组织薄弱的村民委员会，驻村工作队的工作重心应转到加强基层组织建设上来；对于经济落后的村民委员会，驻村工作队的工作重心应转到经济建设上来；对于各方面工作已经成熟的村委会可以撤出驻村工作队。建议尽早建立强基惠民安全评估指标体系，对驻村工作的五项任务指标进行安全评估，根据评估结果确定如何转轨。

（三）整合其他项目，大力发展特色农牧产业

第一产业是西藏80%以上的人口赖以生存的主要经济来源，只有第一产业发展了才能增加农民收入，才能改善农牧民的生产和生活条件，才能有助于农牧区全面建成小康社会。西藏具有"净土、净水、净气"独特的高原自然条件，具有发展特色农牧产业的草地资源、耕地资源、

水资源和生态环境优势。但是，目前西藏特色农牧产业发展相对滞后，带动农牧民增收的效果还不明显。建议西藏自治区党委和政府把强基惠民工作与其他项目（例如扶贫开发项目、对口援藏项目、科技强县项目等）进行整合，以项目资金带动强基惠民工作，使驻村工作队手里有资金引导和扶持所驻村发展特色农牧产业，帮助农牧民发展牦牛、奶牛、藏香猪、青稞、藏药材、特色设施园艺等产业。此外，为了提高来自第一产业的优质原料的附加值，西藏还要高度重视发展品牌农业，注重全产业链开发和监管，大力发展"三净"健康产业，开发健康食品、功能性食品以及生活保健品，培育一批知名度高、带动力强、辐射面广的安全优质特色农产品的合作经济组织或龙头企业。

第二节 强基惠民与乡村社会治理研究*

2011年4月开始，西藏自治区开展为期三年的"创先争优强基础惠民生"活动，由中直机关、区直机关、中央企业、区内企业，地（市）、县、乡（镇）级机关、地方部队等组建驻村队，向全区5464个村委派出驻村干部（称驻村工作队）。根据自治区党委的部署，驻村工作队承担五项任务，其中维护社会稳定为第二项任务。西藏地区幅员辽阔、地广人稀，广大农牧区是社会稳定的重要基础。驻村工作开展三年来，西藏在强基惠民活动中强力维护社会稳定，有效地进行乡村社会治理，积极创新乡村社会治理模式，为西藏社会实现持续稳定、长期稳定、全面稳定打下了坚实的基础。

一 和平解放以来西藏乡村社会治理演变[①]

1951年5月23日，以《中央人民政府和西藏地方政府关于和平解放西藏办法的协议》（以下简称《十七条协议》）签订为标志，西藏和平解放。西藏和平解放后，历经民主改革、自治区成立和改革开放各个历史阶段，随着西藏基层政权的建立与建设进程，乡村社会治理发生了巨大

---

* 本节执笔人：王春焕、张金才。
[①] 此部分内容参考孙宏年、倪邦贵主编《西藏基层政权建设研究》，中国藏学出版社2010年版。

的变化，为党在西藏的执政打牢了农牧区社会基础。

（一）和平解放至民主改革新旧政权交替时期的乡村社会治理

1951年以前，西藏地区形成以基巧、宗豁为形式的基层政权体系，地方政府噶厦控制着大部分地区，不断剥夺土王的辖地和班禅的辖地；班禅堪布会议厅也辖管一些宗和相当于宗的豁卡，除此，在一些地方存在着部落首领、地方头人以及呼图克图辖地。西藏的乡村社会由上述这些基层政权管理，但西藏人口稀少，交通不便，阿里和藏北地区基层管理呈现萎缩，拉萨、亚东、昌都等地区比较繁盛与支乌拉差役有关，此外，还形成百家以上的庄园，由贵族管理。亦即西藏地方的基层政权体制不完全统一。

西藏和平解放这一重大事件，改变了西藏历史的命运，开启了西藏社会发展的新纪元。尽管根据《十七条协议》规定，中央不予变更西藏的现行政治制度，维护达赖喇嘛和班禅额尔德尼的固有地位及职权，各级官员照常供职，但因新政权在西藏地区部分地建立起来，在和平解放至民主改革新旧政权交替时期，不同程度地改变了西藏乡村社会的治理状况。

西藏和平解放后，在西藏地区出现了两种性质的三个政权。一种是昌都人民解放委员会，属于人民民主政权，由中央人民政府政务院（即后来的国务院）直接领导，同时它也是西藏地方政权的一部分；另一种是西藏地方政府（噶厦）和班禅堪布会议厅委员会（1952年起恢复），属于"政教合一"的旧政权，各自独立，直属中央政府。三个政权辖管的范围以宗、豁、卡等为基本单位，共205个，至1959年民主改革前基本保持旧政权的乡村治理状况，但略有变化。昌都人民解放委员会成立后，于1950年11月成立中共昌都工作委员会，后成立昌都、三十九族、波密三个分工委。1952年1月10日，经中央批准，中国共产党西藏工作委员会成立（简称中共西藏工委），此后，阿里、日喀则、黑河等地成立分工委，党的组织在西藏建立起来。1956年自治区筹备委员会（具有政权性质的协商机构）成立，此后的半年内相继成立山南、拉萨、江孜、日喀则、塔工、阿里、黑河等基巧级办事处（相当专署级），昌都人民解放委员会代行昌都基巧级办事处职权，下属的宗、豁、卡等组织没有变动，有60多个宗建立了办事分处。这些基巧级、宗级机构领导和工作人员一般由进藏的单元干部和西藏原官员组成，合作工作。这样，在自治区筹委会成立后，随着下属机构的设置，一些进藏党员干部参与了西藏乡村管理。此后，党在西藏形成了8个工作区：拉萨区、日喀则区、江孜区、亚东区、黑河区、塔工区、阿里区、昌都区。1957年春，中央制订西藏"六年不改"的方针，西藏工委开始精简机构缩编人员，对自治区筹委会的机关和处室进行合并，除昌都地区以外，60多个宗级办事处全部撤销。

  由于党组织在西藏地区活动的增强，对西藏各地的乡村治理产生了一定的作用。一是昌都人民解放委员会以及一些分工委的工作效果明显，争取上层人士支持，为新的基层政权建立提供组织保障；向群众宣传政策得到群众认可，发展文化教育事业培养了基层干部。二是噶厦政权发生变化有利于乡村治理的改进，一批爱国人士和宗教人士靠近共产党，动摇了噶厦基层政权组织的基础；再就是在噶厦管理范围培养干部、建立妇女、青年等组织，铺垫了基层基础。三是班禅堪布会议厅辖区的基层政权倾向中央，尽管其性质是封建农奴制，但在政治上坚持爱国进步、反对分裂，在基层群众中发挥了一定的积极作用。

  和平解放至民主改革新旧政权交替时期，西藏地区基本保持了原有的乡村社会治理，但由于政权结构发生变化，党的基层组织逐渐建立并间接地参与了当时的乡村社会治理，主要是对农牧区产生一定的影响，为以后党在西藏进行社会改革和建立基层人民政权奠定基础。长期维护封建农奴制度的乡村社会治理悄然发生变化。

  （二）民主改革到自治区成立时期基层政权建立与乡村社会治理

  1959年3月，西藏上层反动集团发动武装叛乱。28日，国务院宣布解散原西藏地方政府，由自治区筹委会行使地方政府职权。此后，西藏地区在平叛中开始民主改革。4月20日，国务院发布布告，撤销昌都地区人民解放委员会。解放前后出现的两个不同性质的政权终结。西藏民主改革第一步是开展"三反两减"运动（反叛乱、反特权、反剥削，减租、减息），在平叛和改革中，在中国共产党领导下，农奴纷纷组织农民协会和牧民协会。7月5日，西藏乃东县克松谿卡的农民成立第一个农民协会。1959年7月以后，西藏各地陆续成立农民协会、牧民协会500多个，会员达十万多人。在西藏民主改革过程中成立的这些农牧民协会"虽然属于群众性的组织，但在目前尚未正式建立农村基层组织政权的条件下，它们都行使着政权机构的一切职权，代表着广大农牧民的利益，成为领导农牧民获得彻底解放和镇压反动统治者反抗的机构"[1]。农牧民协会选举翻身农奴为负责人，他们组织农牧民参加民主改革，进行土地分配，领导发展生产，开展爱国主义和人民民主教育、实现人民民主权利、贯彻政府法令，管理村级事务。当时，全区建立1200多个农牧民协会，他们领导农民分配土地和牲畜，后来组成互助组，开展生产运动。实际上农牧民协会在社会变革中发挥基层政权治理乡村社会的作用。

1959年5月后各宗成立县人民政权，是年年底，第一个专员公署山南专员公署成立。1960年1月，国务院通过《关于西藏地区市县行政区划分的决定》，将西藏地区原有的83个宗和64个相当于宗的独立豁卡合并划分为1个市、72个县，同时设立7个专员公署。到1960年年底，西藏地区已合并宗豁确定新的行政区划，共建立283个区级政权，1009个乡级政权，78个县和8个专区（市）建立了人民政权。与此同时，各地的政协、青年组织和妇女组织也陆续建立。

1961年4月，国务院通过了《关于结束班禅堪布会议厅委员会》的决定，至此，西藏结束了新旧两种性质政权并存的局面。1961年开始，西藏地区着手普选建立各级人民代表大会事宜，到1965年8月，基本完成县乡两级选举工作，1359个乡、镇进行了基层选举，部分乡镇召开人民代表大会，并选出301名自治区人民代表大会的代表。基层选举为自治区成立奠定了基础，1965年9月西藏自治区正式成立。

民主改革至自治区成立时期，西藏各地基层政权建立并进一步巩固，西藏广大农牧区的社会面貌发生巨大变化，开始了新政权的乡村社会治理。民主改革后，西藏地区在广大农牧区开展肃清叛匪的工作，叛乱分子之所以能够被清理出来，都是得益于当时乡村社会治理下农牧民的积极支持。这一时期，尽管处在改革、平叛阶段，但是，西藏广大农牧区保持了相对的稳定，顺利地完成了民主改革的任务。西藏乡村社会治理发生大的改变，在新生政权下，翻身农牧民成为社会治理的主人。

（三）人民公社体制下的乡村社会治理

西藏在民主改革中，85%的乡村建立了农业互助组，1960年以后，有些地方还建立了农业合作社。根据西藏情况，中央指示西藏不试办农业合作社，后西藏停办，中央决定西藏暂不进行社会主义改造，还指示

---

[1] 王运祥：《山南的人民站起来了》，《西藏日报》1959年9月30日。

西藏不搞人民公社。自治区成立前夕，中央同意西藏有领导、有计划、有步骤地办人民公社（初级社），西藏开始试办人民公社，但中央指示牧区从 1966 年开始三年内不准办。到 1970 年，经中央同意办社后，西藏才有 34% 的乡建立人民公社，各县都有人民公社，13 个县已实现公社化。1974—1975 年，西藏基本完成人民公社化。到 1975 年年底，全自治区 1929 个乡（不含阿里）中已有 1921 个人民公社。在基层政权转化过程中，中央根据内地经验和西藏情况没有"一刀切"式地办社，而是逐渐办起来的。1965—1975 年，人民公社制度在西藏用了 10 多年时间才最终确立起来。西藏地区人民公社化要晚于内地，而内地从 1983 年开始逐渐更换人民公社建制。西藏在实现基层政权人民公社化期间，完成了农牧业社会主义改造任务，标志着西藏新民主主义革命任务最终完成。

人民公社这一基层政权建立过程中，在西藏的农牧区改变了劳动者所有制，转为生产资料的公有制。这一时期是西藏民主改革后农牧区社会发展的最快时期，西藏广大农牧民群众逐渐接受了"政社合一""一大二公"人民公社体制下的乡村治理方式。在人民公社基层政权体制下，村级建制与内地一样叫作生产队，其管理方式也与内地一样。这一时期，西藏广大农牧区生产发展，社会安定，如同内地一样，农牧民群众对生产队、公社社员的认同感很强，这些称呼一直沿用到人民公社体制终结后。人民公社体制运行期间，1969 年在昌都、那曲和拉萨个别县发生了暴乱事件，破坏了部分基层组织和政权，但西藏军区迅速平息暴乱，恢复了基层组织和政权。总体来讲，人民公社体制运行下的西藏乡村社会秩序安定，生产发展，基层政权建设中培养了一批政治立场坚定的可靠干部，达赖集团很难渗透影响进来。

（四）改革开放以来的乡村社会治理

1983 年 10 月，国务院发出《关于实行政社分开建立乡政府的通知》，根据通知，西藏先行试点、逐步推广、分期分批进行，于 1985 年初步完成"社改乡"，推行"乡政村治"，除墨脱县外，全区建立 2055 个乡、10444 个村民委员会。到 1986 年设 436 个区、2078 个乡、8 个民族乡和 9 个镇。乡镇人民政府建立标志着人民公社基层政权体制的终结。

1987—1989 年，西藏开展加强基层政权建设和农牧区基层党组织建设，各地市逐渐改区为乡、并乡撤区、调整乡的行政区划，改革乡镇干部制度，推行"村民自治"。经调整后，全自治区有 71 个区，895 个乡、

30个镇，区、乡分别比调整前减少了83.7%和56.9%，镇比调整前增加了3倍多。1990年后继续调整基层政权的建制，区公所被逐渐取消，乡、镇政府和街道办事处为基层政权基本形式。2000年，全自治区有606个乡、112个镇、8个民族乡、8个街道。2004年，全自治区调整为535个乡、140个镇、8个民族乡、9个街道，比2000年总量上减少42个。西藏建立乡、镇政府基层政权以来，不断进行调整，整体趋势是合并、减少数量，扩大乡镇管理地域；在基层政权改革中，不仅调整机构设置及数量，同时也重视加强基层干部队伍建设，重视基层党组织建设。西藏在改区为乡、并乡撤区过程中，随之行政村也合并为多个自然村，管理区域逐渐增大，在村（居）"两委"改选中调整了村级干部，更换了一批老干部。退职后的老干部待遇减少，严重挫伤了他们的积极性，也给村级建设带来一定的负面影响。与内地乡村一样，由于受市场经济的冲击，有一段时间，村级难以配备村（居）"两委"干部，村民愿意从事农牧生产或外出打工，但对担任村（居）"两委"职务不积极。

（五）西藏乡村社会治理的成就和问题

和平解放以来，随着人民解放军驻藏，各级党组织的建立，西藏在广大的农牧区乡村逐渐建立了新的社会秩序，形成新的社会治理模式。随着军队和党组织对农牧区影响的扩大，农牧区建立起各级新的政府组织，在党的领导下有效治理乡村社会，保持了西藏社会的稳定秩序。从民主改革起，西藏新的乡村社会治理有效地配合了民主改革的顺利进行，也为自治区成立奠定了良好的社会基层基础。人民公社体制运行的20年，西藏顺利完成了社会主义改造任务，进入了社会主义时期，乡村治理发挥了重要作用。西藏新的乡村社会治理模式形成后，在广大的农牧区，极大地削弱了达赖集团分裂势力的影响，除1969年部分地区发生达赖集团的影响事件外，其余时间内西藏农牧区保持了相对的社会稳定，基层党组织战斗力强、基层政权牢固。从民主改革以来基层政权建设不断加强，乡村治理秩序井然，有效地抵制了达赖集团的分裂破坏活动，巩固了党在基层执政的基础。乡村治理为广大农牧区的改革、发展和稳定提供了条件。

20世纪80年代后，随着西藏改革开放，达赖集团加强渗透力度，对广大农牧区造成较大影响。从终结人民公社体制、建乡到几次乡镇调整，乡村治理中也出现了一些问题，影响农牧区的社会稳定，主要有：一是乡镇总数减少，行政村扩大，管理范围扩大，地广人稀，管理难度增加。二是达赖集团向农牧区渗透，乡村治理不力，对农牧区影响较大，特别是近年来，在一些地区达赖集团的干扰破坏严重影响到基层党组织和基层政权建设，甚至出现他们把控基层政权的现象。三是在调整行政村精减人员时，没有解决好退职后村干部的待遇，挫伤了一些基层干部的积极性。四是由于一些地区出现虫草、草场和矿藏等资源纠纷，时而发生群体性事件。五是宗教势力向乡村渗透严重，削弱了基层组织和基层政权的力量。六是村级管理干部素质较低，难以适应新形势的要求。这些问题的存在表明西藏乡村社会有效治理的缺失。对此，西藏自治区党委通过开展驻村活动，以维护社会稳定为目标，加强了乡村社会治理的创新。

二　在强基惠民活动中创新乡村社会治理模式

西藏在强基惠民活动中通过以下方式创新乡村社会治理模式。

（一）实施干部驻村工作，协助村（居）"两委"班子创新村管理

自2011年10月至2014年10月，西藏自治区从各级党政机关、国有企事业单位、中直驻藏机构、武警和公安现役部队中选派了三批近七万名党员干部驻村，着重围绕加强基层组织、做好维稳工作、寻找致富门路、进行感恩教育、办实事解难事"五项任务"开展工作。三年来，各级驻村工作队充分发挥直接联系和服务群众的优势，为村（居）"两委"培养了一大批优秀人才，为广大群众办了一大批好事实事，为农牧区持续协调发展建成了一大批基础项目，整个活动取得显著成效。截至2014年3月，驻村工作队共落实2.65万个短平快项目，落实资金54.6亿余元；召开维稳宣讲大会24万余场次，化解社会矛盾4万余起，妥善解决群众上访2.3万余人次，加强维稳重点人员管控23.7万余人次，帮助建立健全维稳工作机制7.42万余项；走访慰问五保户、贫困户和困难群众135.4万余人次，发放慰问金2.36亿余元，为群众办实事好事60万余件，投入资金6.92亿元；发展积极分子17.2万余名，发展党员4.37万余名，建立完善规章制度21.46万余条。驻村干部协助村委摸清了基本情况，并做了电子台账记录，建立健全了村党务、村务各项管理制度和工作流程。干部驻村工作密切了党群关系，树立了党员干部在群众中的良好形象，协助村（居）"两委"班子创新了村管理，夯实了党在西藏农牧区的执政根基，对于推动西藏经济社会跨越发展和长治久安发挥了重要

作用。

(二) 派驻村第一书记协助村书记工作，加强党对乡村社会的领导

为充实基层力量，夯实党在城乡基层的执政基础，帮助村党支部书记提高领导能力，改进党的基层工作，自治区党委决定，从自治区、地(市)、县(市、区)、乡镇机关中选派干部到村(社区)担任党支部第一书记，帮助加强基层组织建设。截至2013年年底，全区选派第一书记5339名，覆盖全区97%的村(社区)，其中拉萨市、山南地区、林芝地区、昌都地区等覆盖率达到100%。第一书记协助村书记工作，充实了村支部的力量，加强了党对乡村社会的领导。这项工作实施以来取得显著成效。一是提高了基层组织建设水平。山南地区隆子县加玉乡强木庆村第一书记顾典厚帮助村里发展预备党员5名，培养入党积极分子15名，培养村后备干部10名。二是促进了农牧区经济发展。谢通门县卡嘎镇卡嘎村第一书记成晓光协调投资120万元，实施养殖合作社扶贫项目，带动100户贫困户和五保户327人参与。三是促进了乡村和谐稳定。达孜县德庆镇德庆村第一书记李翔实协调县公检法司等部门，在村里设立全区首个法律服务站，接受群众法律咨询，开展法律服务，提高了群众法律素质，村里治安明显好转。四是密切了党群干群关系。第一书记走访了农牧户，帮助群众解决了一些实际问题与困难，增强了党员干部的威信，提升了党在农牧区的影响力。

(三) 建立干部承包制度，发挥政府主导乡村社会治理的作用

针对西藏基层发展稳定的工作实际，自治区党委、政府建立了干部逐级承包制度，采取省级干部包地区、地区级干部包县、县级干部包乡、乡级干部包村、部分乡级干部担任村干部的办法，西藏村村都有干部包管包治，这种形式的管理有力地发挥了政府在乡村社会治理中的主导作用，为推动基层科学发展、维护社会稳定提供了有力的机制保障。

(四) 社会力量协同，多管齐下共同治理乡村社会

一是将网格化管理模式拓展到乡村和寺庙。自治区党委、政府以爱民便民利民安民为宗旨，在拉萨市地区所在地和所有县城建立了698个便民警务站，推行城镇网格化管理，并将网格化管理模式拓展延伸到乡村和寺庙，努力将矛盾纠纷化解在网格内，消灭在萌芽状态。

二是在全区开展"先进双联户"创建评选活动。结合西藏农牧区面积较大、居住分散的实际情况，在全区开展"先进双联户"创建评选活

动，引导城乡居民以5—10户为一个联户单位，全区共建立联户单位9万多个，覆盖所有城乡居民，实现联户保平安、联户促增收，夯实城乡发展稳定的根基。

三是加强乡村寺庙僧尼教育服务管理。自治区党委、政府坚持把寺庙作为基本社会细胞和社会单元，把广大僧尼作为普通公民和朋友，选派7000多名优秀干部进驻全区1787座寺庙，围绕教育服务管理三项职能开展工作，确保了宗教和睦、佛事和顺、寺庙和谐，受到广大僧尼和社会各界的拥护和欢迎。干部驻村和驻寺工作相衔接，网格化管理和"双联户"创建与评优相结合，各种力量协同配合，形成多管齐下共同治理乡村社会的强大合力。

（五）农牧民群众广泛参与，增强乡村社会自我治理能力

根据村民委员会组织法，乡村实行村民自治，由村民自主管理村级事务，实行自我管理、自我服务、自我教育、自我监督。广大农牧民在西藏乡村社会治理中广泛参与，积极发挥治理主体作用，自发组建了联防队、护村队、护林队、民兵队等组织，在维护基层稳定等方面发挥了重要作用，增强了乡村社会自我治理能力。

（六）依法规范乡村社会秩序

西藏在乡村社会治理实践中注重发挥法治的作用，通过进行法制宣传教育，使广大农牧民提高法律素质，明确什么能为什么不能为，自觉遵守国家法律和村规民约。比如县针对部分群众法制意识淡薄的问题，结合比如经常出现的一些违法事件，有针对性地制订了法制宣传工作方案，明确了宣讲内容、目标任务，各驻村工作队以县人民政府、司法机关发布的一系列《通告》为载体深入剖析比如县2007年以来所发生的各种违法事件，采取以案析法的方式，在广大群众中深入开展《中华人民共和国宪法》《中华人民共和国刑法》《中华人民共和国治安管理处罚法》《中华人民共和国民族区域自治法》《信访条例》等国家法律法规的宣传教育，引导群众增强法制观念，合理合法表达诉求。通过教育引导，有多达112人主动向司法机关投案自首，承认错误，坦白所犯罪行，争取政府宽大处理。与此同时，西藏依法实行手机和网络实名制，开展网络和手机监管行动，加大网络管理力度，确保意识形态领域安全；依法解决社会矛盾纠纷，建立健全乡村社会矛盾纠纷调解机制，调解了农牧区的虫草、矿藏等资源纠纷；建立乡村流动人口管理机制，寺庙管委会和

僧尼原籍所在村建立管理协调机制，加强对休假返乡僧尼的管理；依法规范农牧区宗教活动，每个寺庙开展宗教活动必须向当地各级政府申报，经批准后方能活动，在宗教活动期间，由公安部门派出干警维护秩序；依法严厉打击破坏乡村社会秩序的非法活动，如昌都地区开展重点区域重点治理和"排雷除瘤挖根强基"行动，收缴枪支、子弹、炸药、管制刀具等，深入到基层，依法打击取缔了长期隐藏于农村、学校和寺庙甚至是村班子中的地下反动和非法组织等。所有这些措施都为规范乡村社会秩序提供了有力的法治保障。

强基惠民活动在完成维护村级社会稳定任务中创新了乡村社会治理模式，形成了符合西藏经济社会发展实际的一些做法。但总体上讲，这种乡村社会治理更多的是强调党的领导、政府主导，强化源头管控，在社会多元治理中民众参与的力量还非常薄弱，离村民自治的要求还很很远。主要原因是达赖集团继续加强与政府争夺农牧民人心，向乡村社会加大渗透力度；基层政权还存在薄弱环节；西藏的村民素质还普遍低下。这种乡村社会治理模式和内地或其他民族地区相比，还显得滞后，但比较符合西藏情况，是具有西藏特点的乡村社会治理模式。这种模式维护了西藏乡村社会的正常秩序，为全面建成小康社会打牢了基层社会的基础。

三　西藏创新乡村社会治理模式的经验与启示

总结西藏创新乡村社会治理模式的实践，可得出以下经验和启示。

（一）建强基层组织是夯实乡村社会治理基础的关键

由于西藏农牧区地广人稀，居住分散，交通不便，导致乡村基层一直是西藏社会治理的薄弱环节，一些农牧民多年没见过较高级别的领导干部。实施强基惠民活动以来，上至自治区下到乡镇的各级驻村工作队深入到农牧区，与群众同吃、同住、同学习、同劳动，直接联系和服务群众，帮助群众排忧解难，尽心竭力为群众办实事，从而拉近了与广大农牧民的距离，密切了党群干群关系，树立了党员干部在人民群众中的良好形象。与此同时，自治区党委、政府把建强基层组织作为治本之策，驻在村工作队中总结推广林芝地区"三帮一带"经验，即帮助村（居）"两委"树立威信、促进工作、提高能力，带动基层党员干部创业，指导驻村工作队正确处理和村（居）"两委"的关系，真正做到"指导不领导、到位不越位、参与不干预、帮办不包办"；举办村干、村官座谈会，帮助他们找准定位、发挥优势，在工作队的帮助下不断提升群众工作水平；指导工作队协助村党支部加强党员队伍建设，协助村级组织建立健全村规民约、村务公开、党务公开、村（居）"两委"班子成员基本职责、"三会一课"、党风廉政建设等规章制度，推动基层组织规范化运行。通过建强基层组织，夯实了乡村社会治理的基础。这是西藏自治区党委、政府在乡村社会治理方面取得成功的关键。

（二）发展稳定并举是促进乡村社会治理的重要支撑

在强基惠民的"五项任务"中，各级驻村工作队把抓好发展第一要务、落实各项维稳措施作为强基惠民的重要支撑点，实施发展稳定并举，有力地促进了西藏乡村社会治理。在抓好发展方面，各级驻村工作队深入基层、深入群众，集中开展调研，两年来共帮助驻点村厘清发展思路4万余条，协助村（居）"两委"制定完善实施经济社会发展规划4.44万余项，完成调研报告1.5万余篇。自治区交通、水利、扶贫、林业等部门筹措359.27亿元专项资金，支持强基惠民活动，为基层经济发展注入了强劲动力。在落实维稳方面，各驻村工作队在驻点村组织开展反分裂斗争教育，加强维稳能力建设，调处化解矛盾纠纷，完善值班巡逻制度，加大敏感时段维稳力度，建立群防群治、协调联动、带班值班等维稳工作机制，有效推动了基层维稳工作常态化，尤其是在敏感节点保证全员在岗、24小时值班，确保了社会大局和谐稳定，实现了"三无""三不出"目标。所有这些举措都是西藏乡村社会治理模式的创新，为促进基层社会治理积累了重要经验。

（三）保障和改善民生是加强乡村社会治理的根本保障

自治区党委、政府在乡村社会治理中把保障和改善民生放在更加突出的位置，坚持为农牧民办实事解难事。2013年全区农牧民人均纯收入达到6578元，排在西部地区第7位，连续11年保持两位数以上增长。2006年以来实施连续8年、累计投资273.57亿元的农牧民安居工程全面完成，全区46.03万户、230万农牧民住上了安全适用的房屋，农牧民生活条件得到历史性改善，生活方式实现重大转变。水、电、路、气、信、邮政、广播电视、优美环境"八到"农（牧）家工程扎实推进，解决了农牧区无电地区基本用电问题，农牧民安全饮水基本解决，提前完成"十二五"规划农牧民饮水安全任务。完成3000个行政村人居环境建设，累计建成25万户农牧民户用沼气池，100余万农牧民用上清洁能源。实施扶贫开发项目2025个，减少贫困人口12.8万人。全区乡镇通公路率达到99.7%，建制村通公路率达到97.4%，50.7%乡镇通沥青路。乡镇通邮率、通光缆率和通宽带率分别达到94.6%、97.5%和100%。保障民生的措施，解决了不少农牧区发展的问题，受到广大农牧民群众的拥护，民生有保障，社会才安定。

（四）健全治理机制是推进乡村社会治理的重要抓手

西藏大部分行政村实行村（居）"两委"、驻村工作队、第一书记"三位一体"治理机制，有的还配有村官。村（居）"两委"是西藏基层社会治理的主体力量，实行换届选举制度，有的实行村支部书记与村委会主任"一肩挑"。驻村工作队一年一轮换，协助村（居）"两委"开展工作。第一书记任期三年，协助村支部书记开展工作。西藏现有310名村官在村（居）"两委"工作，有的担任村党支部书记或村委会主任助理，有的已被选为村支部副书记或书记。西藏还实行乡级干部包村制度，甚至有的乡级干部直接担任村干部。健全的乡村社会治理机制保证了西藏基层的发展和稳定。

（五）人民群众是治理好乡村社会的力量源泉

在西藏乡村社会治理中，各族群众充分发挥治理主体作用，开展"联户平安、联户增收"（简称"先进双联户"）创建评选活动，为推进富裕西藏、和谐西藏、幸福西藏、法治西藏、文明西藏、美丽西藏建设做出了重要贡献。人民群众支持和积极参与村务管理活动，有力地推动了村级治理，较好地维护了乡村社会秩序。

西藏民主改革后，社会制度从封建农奴制度直接跨越到社会主义社会，但社会整体发育程度十分低下，农牧民的自主管理性较差。因此，西藏乡村社会治理始终落后于内地省区。人民公社体制终结后，在改区为乡、并乡撤区过程中，由于种种原因特别是达赖集团渗透、宗教势力膨胀、基层组织和政权相对削弱等，西藏乡村社会出现复杂情形，强基惠民活动中加强了乡村社会治理，采取了适合西藏乡村实际的"因地制宜""因时制宜""因事制宜"等多种措施，取得了较好的成效，积累了一定的经验，有利于继续推进乡村社会的治理。

四 西藏加强乡村社会治理面临的问题与困难

经过调研，我们了解到，西藏在加强乡村社会治理中仍然面临以下问题和困难。

(一) 村（居）"两委"班子社会治理的能力和素质需要进一步提高

经过西藏自治区党委、政府多年来加强基层政权建设的持续努力，特别是近三年来驻村工作队和第一书记的积极帮扶，以及大学生村官的不断加入，西藏村（居）"两委"班子管理村级事务的能力和素质总体上在不断提高，有的甚至成了当地有名的致富带头人。但在走访中我们也发现，面对西藏发展稳定的新形势和新任务，现有村（居）"两委"班子社会治理的能力和素质还需进一步提高。有些村干部年龄偏大，文化程度较低，思想观念封闭落后，为村民寻找致富门路的办法不多，解决村民纠纷的能力不强。有些村干部甚至养成了对驻村工作队和第一书记的依赖感，在村级管理体系中被无形地边缘化，乃至不再发挥作用。

(二) 现有乡村社会治理主体之间分工合作的工作机制需要进一步完善

西藏多数行政村实行村（居）"两委"、驻村工作队、第一书记联合办公，有的村还配有村官。按照工作机制和分工设计，村（居）"两委"在管理本村事务中起主导作用，驻村工作队协助村（居）"两委"开展工作，第一书记协助村党支部书记开展工作。但在实际运行中，往往是谁的工作能力强、为村里争取的资源多，谁就在乡村治理中处于主导地位，老百姓有事就找他。在村（居）"两委"能力比较强的村，驻村工作队和第一书记就处于协助地位；在村（居）"两委"能力比较弱的村（这样的村占多数），驻村工作队或第一书记就起着主导作用，村（居）"两委"被越俎代庖。如何进一步完善西藏乡村社会治理主体之间分工合作的工作机制，使这几类治理主体各归其位，各司其职，各负其责，分工合作，形成合力，是西藏乡村社会治理实践中面临的一个突出问题。

(三) 广大农牧民在乡村社会治理中的主体作用需要进一步发挥

在调研中我们发现，广大农牧民在西藏乡村社会治理中的主体作用远没有发挥出来。这固然与多数农牧民文化程度较低、参与乡村社会治理的能力不强有关，但西藏现有的乡村社会治理机制太过健全，管理管制观念尚未得到扭转，也在一定程度上养成了广大农牧民在乡村社会治理活动中的依赖性，抑制了其积极性、主动性和创造性的进一步发挥。

(四) 乡村社会治理的成本需要进一步降低，效率需要进一步提高

西藏多数行政村是三套班子齐抓共管，有的还有村官协助。但有些

村子规模很小，人口很少，居住也很分散，村里的事务一年四季也就那么多，三套人马扎在一个村庄里，难免有时人浮于事。但就驻村工作队来说，其派出单位要为他们提供保障经费和驻村补助。申扎县为每个工作队发放2000元的启动资金，共计108000元。按照驻村点的综合情况分500元、600元、700元三个标准每月为每个工作队解决油料经费，按月解决两趟往返县城的油料补助，每年为每个工作队解决3600元的燃料补助。每个驻村队都有自治区和本单位发给的补助，多则每人每天100元，少则也有几十元。这些经费合计起来是一笔数额不小的开支，以至于有的驻村工作队员向我们提出，还不如干部别驻村，省下这笔钱直接给驻村点办点实事来得划算。以上情况都反映出西藏乡村社会治理的成本需进一步降低，效率需进一步提高。

（五）干部驻村作为乡村社会治理模式的重大创新其工作机制需要进一步完善

干部驻村是西藏乡村社会治理模式的重大创新，这一治理模式符合中央精神，切合西藏实际，顺应民心民意，是促进西藏改革发展稳定的有力抓手，是广大干部联系服务群众的重要平台，是确保西藏与全国一道全面建成小康社会的重大举措。但在调研中发现，驻村工作也存在不少问题，其工作机制还需进一步完善。具体表现在：一是因连续三年选派驻村干部，导致各级派驻单位人员紧缺，特别是业务骨干紧缺，有的派驻单位为完成分内工作，选派单位临时工、驾驶员担任驻村工作队长或队员。由于他们文化程度低、工作能力差，这样的工作队只能在村里"守摊子、混日子"，无法胜任驻村工作。二是部分驻村工作队员责任心不强，不坚守岗位，时常以协调项目为借口，擅离职守，脱岗漏岗，甚至存在"身到心未到"，得过且过、混日子、熬时间等消极思想。三是部分驻村工作队员不是项目单位出身，缺乏项目领域相关知识，通常在实施短平快项目时，购买施工材料价格偏高，施工程序简化，工程质量不能得到保障。部分项目在建成后无人管护，导致工程寿命缩短，工程质量差，工程造价高。

（六）部分地区乡村行政区划需要调整

这个问题在昌都地区表现得尤为突出。昌都地区面积10.86万平方公里、72万人口，是西藏地市中人口最多的地区，下辖11县、138个乡镇、1142个行政村，原来国务院曾批准建14个县，现在有11县，乡镇合并前曾有493个乡镇、2907个村,现在行政区域范围较大,管理难度增大,不能适应当前严峻的社会稳定形势要求,全面建成小康社会压力巨大。如维稳形势严峻的芒康县,面积11635平方公里,总人口90398人,辖2镇、14乡、61个村;又如经济社会发展较快的林芝县,面积10238平方公里,总人口6.7万,辖4镇、3乡、67个村,芒康县与地区林芝县管理难度较大。昌都地区地域广、行政管理范围大,地广人稀、交通不便,社会治理难度很大是急需解决的问题。

五 关于构建现代乡村社会治理长效机制的对策建议

西藏乡村社会治理是整个社会治理的重要组成部分,目前西藏城镇化率不足30%,大多数人口还生活在乡村,因此,乡村社会治理占着很大比重。近年来,达赖集团加紧向农牧区渗透,不断侵蚀党的基层组织和政权,拉拢农牧民,唆使一些不明真相的农牧民参与不法活动,有些地方表现为群体性事件,在这些事件背后有着国外敌对势力和达赖集团的策划,也有不法宗教势力的支持。西藏广大的农牧区既存在人民内部的矛盾,也存在与达赖集团斗争的特殊矛盾,西藏的乡村社会治理是西藏社会治理中的重点难点。强基惠民活动中创新了乡村社会治理模式和社会治理内容,稳定了西藏乡村社会秩序,但还面临不少的问题和困难。强基惠民是西藏自治区党委采取的夯实西藏基层基础、实现全面建成小康社会的重要的阶段性措施,这一措施的实施明显改善了西藏乡村社会的治理状况。但是,还需在今后的强基惠民活动中继续加强乡村社会治理,同时,还需要适应未来现代乡村社会治理发展的需要,构建现代乡村社会治理的长效机制。

(一)加强农牧区基层政权建设,不断提高乡村社会治理的质量

驻村工作的开展帮助村(居)"两委"班子在村级管理方面奠定了一定的基础,如帮助制定各种规划、制度,摸清村级基本情况,建立流动人口和外出人口管理机制等,对加强村级管理建立起规章制度、理顺了村民关系、营造了良好的治理环境,形成了合适的治理方式。但是,驻村工作是阶段性的,村级管理最终是全体村民的责任。因而,继续治理好乡村社会,保持乡村社会安定的秩序,根本还在于加强农牧区基层政权建设。

乡镇政府既是国家的基层政权,也是农村的社会管理机构,连接国家和农民的关系。2006年1月1日,我国取消农业税以后,乡镇政府的职能向为农业、农村创造良好的经济发展环境,加快公共服务化进程和

加强社会管理三个方面转化，所以，基层政权建设的重点应放在这三个方面。西藏在强基惠民、开展驻村工作中，乡镇一级的干部大部分参加了驻村工作，从某种程度上说，村级建设加强了，但是，乡镇一级有被削弱的危险。因此，在强基惠民工作中，应兼顾基层政权建设，不能顾此失彼，必须抓住基层政权建设的关键，建强乡镇政府，以便很好地管理乡村社会。

加强基层政权建设，提高乡村社会治理质量，重点要加强乡镇政府依法对农牧区的管理建设。根据《村民委员会组织法》规定："乡、民族乡、镇的人民政府对村民委员会的工作给予指导、支持和帮助，但是不得干预依法属于村民自治范围内的事项。""村民委员会协助乡、民族乡、镇的人民政府开展工作。"在乡村社会管理中，乡镇政府和村委应有双向责任，相互对接。目前，在西藏农村，乡镇政府要巩固驻村工作建立起来的村级管理制度和机制，要统筹各村的管理情况，经常进行指导，做到基本情况清楚、复杂情形把握、解决问题有力，使村级管理良性运作，实现依法管理目标，增强管理水平，提高管理质量，达到西藏乡村社会繁荣稳定的社会治理目标。

（二）提升村干部基本素质，有效强化乡村社会治理能力

西藏乡村社会治理主要依靠村（居）"两委"干部，村干部的素质决定着村级管理的水平。当前，在强基惠民工作中，通过驻村干部对村（居）"两委"干部的帮助，村干部的基本素质有所提高，同时在村（居）"两委"换届中努力把驻村干部培养的村（居）"两委"候选人选进村（居）"两委"班子中，从一定程度上优化村干部的组成，但总体来说，村（居）"两委"班子素质低弱的状况一时难以彻底改变，为此建议：

一是实行第一书记制度为过渡形式。目前，自治区选配符合条件的党员到村任第一书记，为期三年，协助村书记开展工作，这是加强党对村级领导的重要举措。但我们应立足长远，在第一书记任期内，除了协助村书记工作外，还应增加培养村书记的任务，尤其是培养年轻有为的村书记，第一书记通过每天的工作和潜移默化的影响，要带出一个能担当村级重任的好书记来，使村级书记素质逐渐提高，胜任书记职责。

二是发挥村官作用。目前西藏部分村级配备了部分村官，大多是任书记或村委会主任职务，这些村官基本是大学生党员，乡镇党委要重视

他们的作用，建立培养、任用、考核、晋升制度，调动他们的工作积极性，发挥他们在村级社会管理与农牧区发展中的作用，尤其是改进村（居）"两委"班子工作的作用。

三是推行乡镇领导兼职村（居）"两委"职务的做法。按照《村民委员会组织法》规定，村民委员会是村级自治组织，但鉴于目前西藏村（居）"两委"班子较弱的实际，一些村（居）"两委"重要职务应由乡镇领导兼任，尤其是对发展滞后、社会稳定问题多的村应选派乡镇领导兼职，待村级情况好转或正规后再由村民任职。

四是乡镇政府或驻村单位出资选派优秀村干部参加培训。目前，西藏村（居）"两委"班子成员多数有文化，但程度较低，自治区有关部门应投入经费在各级党校或有关高校举办村干部培训班，统筹安排村（居）"两委"班子成员或后备人员到高校或党校进行培训，形成一个良好的培训周期，切实提高村（居）"两委"班子的素质。

总之，要多管齐下，建立一支素质较高的农村干部队伍，切实强化村干部的社会治理能力。

（三）进一步完善工作机制，有重点地加强部分村级社会治理

经过为期三年的驻村工作，驻村干部在完成各项工作任务的同时，确实改变了乡村社会治理状况，但仍有部分村经济发展困难，加之受到境外势力和其他相邻藏区社会治理的影响，维护社会稳定压力较大，为此建议：

一是进一步巩固驻村工作，相对延长驻村时间，并调整驻村单位，将一些较强的单位选派到发展与稳定问题突出的村，帮助解决问题，建立健全村级管理的制度和机制。

二是选派领导能力强的上一级干部蹲点包村，与驻村干部形成合力，加强村（居）"两委"班子建设，集中解决突出问题。

三是各级政府（包括自治区、地市、县、乡镇）应投入人力、物力和财力集中解决部分村的发展和治理问题，到2020年前消除落后村或混乱村的状况。

除此之外，在乡村社会治理中，应合理规范驻村队、第一书记、村官、村（居）"两委"班子与上一级包村干部的职责，理顺他们对村级管理的关系，建立相互协调机制，有效整合这些社会治理的主体，充分发挥好他们的作用。

(四)提高农牧民群众的基本素质，发挥其主体性作用

驻村工作中，驻村干部大力开展对群众的宣传教育工作，帮助群众了解党的各项政策和国家的法规，明确了作为一个村民的行为，群众的公民意识不断增强。从社会治理的远景看，村民是乡村社会治理的主体，具有主动性作用。所以，在推进强基惠民工作中，不仅要提升村干部的基本素质，也要提高村民的基本素质。为此建议：

一是驻村干部要继续开展各项教育活动，及时让群众了解党和国家的各项政策和法规，引导群众知情守法。

二是加强村级文化建设，发挥农（牧）家书屋作用，加强县级广播电视建设，使群众及时掌握党和国家的政策和法规以及各级党委政府的执行情况，提升文化素质。

三是教育群众正确维权，目前群众的利益意识和维权意识不断增强，但是其中不免有不合理的利益和不合理的维权思想，因此，应教育引导群众辨别合理与不合理的界限。对于合理的要求，要引导群众选择正确的诉求的方式；对于不合理的诉求，要教育群众改正；对于不合法的诉求，要采用适当的方法处理。

四是引导群众合法行为，虽然驻村工作中开展了大量的法制教育，但是由于村民法治素质较低，有些村民知法但不一定守法。对于守法村民应予奖励，对于不守法村民应予教育或适当惩处，对于少数违法村民应依法处理。

五是倡导村民遵守村规民约，村规民约是村民共同制定的规则，也是村民处理村民关系的基本准则，村级管理者要严格执行村规民约，督促村民自觉遵守，形成良好的村风。

(五)调整部分行政区划，减缓乡村社会治理的压力

针对昌都地区行政区划范围较大情况与建成小康社会和维护社会稳定的严峻形势，建议自治区向国务院申请将昌都地区设置为地级市，增设1—2个县；昌都地区向自治区政府申报扩乡，增加乡级设置；各县向地区申报适当增设行政村。行政区划调整后配备县、乡镇、村领导力量，加强乡村社会治理。

(六)转变观念，着眼长远，努力推进西藏乡村社会治理体系和治理能力现代化

目前，西藏乡村社会治理取得了一定的成效，但是各级领导的观念

还停留在维护社会稳定视角方面。为此建议，在推进强基惠民工作中，转变观念，着眼长远，努力构建起西藏乡村社会治理体系，增强乡村社会治理能力，并朝着现代化方向迈进，使社会稳定的局面在加强乡村社会治理中生成和保持。

一是推进乡村社会治理体系现代化。在乡村社会治理已有的基础上，构建比较完善的制度体系、操作体系、监督体系和领导体系等。完善制度体系就是把涉及的村级管理制度系统化，有机结合起来，使其整体运行起来，长期执行下去，避免临时性。操作体系，就是将制度流程化，每项制度都有执行的方式方法，按照规则运行。监督体系就是把村务公开和农牧民群众评议结合起来，通过群众评议和满意度考察制度与流程的执行力。领导体系就是村干部要把为民做主观念转变为让民做主，乡镇领导从发号施令转变到指导村工作，乡镇领导和驻村干部从协调具体矛盾向引领发展方面转化。

二是推进乡村社会治理能力现代化。首先是培养干部服务理念和提升村民主体意识，即提高村干部的服务意识、政治和文化素质以及服务本领；调动村民参与村务管理的积极性，培养自觉性，体现管理主体地位。其次是倡导治理观念的民主化，即转变政府包揽管理的观念，建立村干部和村民协商的互动机制，实现政府指导、全体村民实施的自我服务的村民自治。再次是完善治理方式的制度化，即以村规为基准，坚持人人平等，制定制度和实施重大村务活动从村民来、到村民中去，体现民意，实现村民自我管理、自我服务和自我约束。又次是实现治理模式的综合化，即在进一步完善政府服务的前提下，逐渐培养一些民间组织，如由村民建立的各种合作社或协会等，鼓励这些民间组织参与村务管理，可减轻政府负担，降低管理成本，提高管理效率。最后是实现乡村社会治理信息化、数据化，目前，全自治区的驻村工作队帮助"两委"建立了详细的村情电子资料，有些由乡镇统一管理，有些由县统一管理，有些地区已着手建立了乡村社会管理信息平台，建议在此基础上，由自治区投入力量，整合全区各地的已有资源，建立西藏乡村社会管理信息平台和数据库，为农牧区全面建成小康社会、实现乡村社会长期稳定提供科技支撑。

第三节　强基惠民与西藏农牧区跨越式发展[*]

习近平总书记在参加十二届全国人大一次会议西藏代表团审议时指出,"发展是解决西藏所有问题的关键。由于历史、自然、社会等因素的影响,西藏长期处于欠发达状态,实现跨越式发展不仅具有重大经济意义,而且具有深远政治意义。"西藏80%以上的人口居住在农牧区,因此西藏跨越式发展的重点和难点在于农牧区的跨越式发展。强基惠民活动开展以来,在维护农牧区社会稳定和促进农牧区经济发展、从而推进农牧区跨越式发展方面做出了重要贡献。

一　西藏农牧区实现跨越式发展的内涵及战略意义

（一）西藏实现跨越式发展的内涵

2001年6月,中央召开第四次西藏工作座谈会,正式提出西藏要实现"跨越式发展"。江泽民同志在座谈会上强调:"在关系党和国家工作全局的战略地区和战略部门,通过国家和各地的支持,直接引进、吸收和应用先进技术和适应技术,集中力量推动跨越式发展,是我们应该采取的一种发展战略。对于西藏这样的地区,就可以而且应该采取这样的战略。这不仅对西藏的发展进步具有重要意义,对全国的社会主义现代化建设也具有重要意义。"[①]从此,确立了西藏经济社会从加快发展到跨越式发展的战略目标的转变。

2001年7月,中共中央、国务院在《关于做好新世纪初西藏发展稳定工作意见》中又进一步明确了西藏跨越式发展的目标和主要任务。即西藏实现跨越式发展的根本目的是不断提高西藏各族群众的生活水平,把国家对西藏的巨大投入同实现各族群众的根本利益结合起来,把改善广大农牧民的生活水平作为一项战略任务,把帮助群众脱贫致富作为制定经济社会发展一切措施的出发点和落脚点;西藏跨越式发展的主要任务是稳定发展第一产业,有重点地发展第二产业,大力发展第三产业,繁荣各项社会事业,为长远发展打好基础。

---

[*] 本节执笔人：韩磊、刘玉满。
[①] 孙勇主编：《中国共产党的西藏政策（1998—2005）》,社会科学文献出版社2014年版。

（二）西藏农牧区实现跨越式发展的战略意义

西藏人口以农牧民为主，因此，农牧区的经济和社会发展在全区经济社会发展中处于举足轻重的战略地位。没有农牧区的跨越式发展，就没有西藏的跨越式发展。巩固农牧业基础地位、促进农牧区经济社会发展、不断提高农牧民的物质和文化生活水平，是西藏推进跨越式发展的迫切需要，是促进农牧区繁荣稳定、构建和谐西藏的迫切需要，是改善农牧区生态环境、促进西藏可持续发展的迫切需要。西藏推进跨越式发展的重点和难点都在农牧区，只有农牧区实现跨越式发展，全区实现跨越式发展的基础才能牢固，全区实现跨越式发展的目标才有保障。从某种意义上讲，西藏农牧区实现跨越式发展对于国家的长治久安，不仅具有重大经济意义，而且具有深远政治意义。

二 对西藏农牧区跨越式发展的现状分析

（一）西藏农牧区跨越式发展现状

中央第四次西藏工作座谈会确立西藏21世纪初跨越式发展的奋斗目标：" '十五'期间，力争西藏国内生产总值年均增长12%以上，到2005年，力争人均国内生产总值进入西部地区前列；到2010年，力争人均国内生产总值达到全国中等水平，为使西藏与全国一道进入现代化打好基础。"中央第五次西藏工作座谈会进一步确立了西藏经济社会发展的目标："到2015年，农牧民人均纯收入与全国平均水平的差距显著缩小，基本公共服务能力显著提高，生态环境进一步改善，基础设施建设取得重大进展，全面建成小康社会的基础更加扎实。到2020年，农牧民人均纯收入接近全国平均水平，人民生活水平全面提升，基本公共服务能力接近全国平均水平，基础设施条件全面改善，生态安全屏障建设取得明显成效，自我发展能力明显增强，社会更加和谐稳定，确保实现全面建成小康社会的奋斗目标。"

中央第四次西藏工作座谈会召开以来，西藏跨越式发展趋势良好，主要表现在以下三个方面。

1. 经济总量实现快速发展，不断实现新的飞跃

2001年西藏地区生产总值为139.16亿元，2005年为248.80亿元（见表4-3），"十五"期间西藏地区生产总值年平均增长12.32%，高于全国国内生产总值年平均增长率11.01%；2013年西藏地区生产总值为807.67亿元，2001—2013年西藏地区生产总值年平均增长14.49%，高

于同时期全国国内生产总值年平均增长率13.50%[①]。2010年以来,西藏地区生产总值连续突破500亿元、600亿元、700亿元、800亿元大关,不断实现新的飞跃。从1994年开始,地区生产总值连续20年实现保持两位数以上增长,经济总量实现了快速稳定发展。

表4-3　　　2001—2013年全国和西藏自治区经济发展情况

年份	国内(地区)生产总值(亿元)		人均国内生产总值(元)		农(牧)民人均纯收入(元)	
	全国	西藏	全国	西藏	全国	西藏
2001	108068.22	139.16	8622	5324	2366	1407
2002	119095.69	162.04	9398	6117	2476	1521
2003	134976.97	185.09	10542	6893	2622	1691
2004	159453.60	220.34	12336	8103	2936	1861
2005	183617.37	248.80	14185	9036	3255	2078
2006	215904.41	290.76	16500	10422	3587	2435
2007	266422.00	341.43	20170	12083	4140	2788
2008	316030.34	394.85	23708	13824	4761	3176
2009	340319.95	441.36	25608	15295	5153	3532
2010	399759.54	507.46	30015	17319	5919	4139
2011	468562.38	605.83	35198	20077	6977	4904
2012	518214.75	701.03	38459	22936	7917	5719
2013	566130.18	807.67	41908	26068	8896	6578

资料来源:国家统计局网站(http://data.stats.gov.cn);西藏自治区统计局、国家统计局西藏调查总队编:《西藏统计年鉴(2013)》,中国统计出版社2013年版。

2. 人均地区生产总值持续增长,不断跨上新的台阶

"十五"期间,西藏人均地区生产总值从2001年的5324元上升为2005年的9036元(见表4-3),但是在西部地区12个省(市、自治区)[②]中的排名并没有发生变化,均排在第8位。随着西藏经济总量的快速发展,2010年西藏人均地区生产总值达到17319元,2013年为26068元,是2010年的1.5倍,两年均排在西部地区的第9位。从发展速度看,

---

[①] 资料来源于西藏和全国的国内生产总值年平均增长率,根据国家统计局公布的数据计算得到。
[②] 根据国家统计局的划分,西部地区12个省(市、自治区)包括内蒙古、广西、重庆、四川、贵州、云南、西藏、陕西、甘肃、青海、宁夏、新疆。

2010—2013 年西藏人均地区生产总值年平均增长率为 14.60%，高于全国人均国内生产总值 11.77% 的年平均增长率，增长速度不断跨上新的台阶。

3. 农牧民收入大幅增加，增速快于城镇居民

2001 年西藏农牧民人均纯收入为 1407 元，2013 年增加到 6578 元（见表 4-3），年平均增长 12.60%，高于全国农民人均纯收入 10.72% 的增长率，农牧民人均纯收入与全国平均水平的差距显著缩小。"十五"以来，农牧民人均纯收入的年平均增长速度明显快于城镇居民的人均可支配收入的年平均增长速度。

（二）西藏农牧区实现跨越式发展的有利条件

1. 良好的政策条件和外部环境

首先，进入 21 世纪以来，我国连续出台了 11 个聚焦"三农"的中央一号文件，为促进农牧民增收、农牧业健康发展和农牧区长期稳定带来了强劲的动力。

其次，中央第五次西藏工作座谈会把西藏"三农"工作提到了很高的战略地位，制定了一系列扶持发展措施，会议提出"推进西藏跨越式发展就必须注重改善农牧民生产生活条件"。

再次，对口援藏工作成为促进西藏农牧区跨越式发展的重要支撑，经济援藏、干部援藏、人才援藏和科技援藏相结合的机制不断完善，援藏资金和项目不断向农牧区倾斜。

最后，自治区党委、政府始终坚持把改善农牧民生产生活条件、增加农牧民收入作为西藏经济社会发展的首要任务，从组织领导、工作精力、项目安排、资金投入等方面全方位向"三农"倾斜，大力实施"一产上水平"发展战略，积极推进以安居乐业为突破口的新农村建设。

2. 坚实的发展基础和强劲的发展动力

首先，"十五"时期以来，西藏正在从加快发展走向跨越式发展，由持续快速发展向协调健康发展迈进，继续保持这种良好发展态势具有一定的物质基础。同时，西藏农牧业也有了较快的发展，农牧民人均纯收入持续快速增长，农牧区基础设施条件得到明显改善，这为西藏农牧区跨越式发展打下了坚实的基础。其次，在市场经济不断完善和发展的历程中，农牧民的传统观念发生了变化，市场竞争意识、转业增收意识、科技进步意识普遍增强，改善生产生活条件，过上富裕生活的愿望更加

强烈、行为也更加积极主动,这成为农牧区跨越式发展的强劲动力。

(三) 西藏农牧区实现跨越式发展的制约因素

由于历史、自然、社会等因素的影响,西藏经济发展水平与全国平均水平还有较大的差距。加快传统农牧业向现代农牧业转变,促进农牧民快速增收,实现农牧区跨越式发展还面临很多制约因素。

1. 自然灾害频繁

西藏地处高寒地区,平均海拔在4000米以上,生态环境脆弱,资源承载能力有限,一旦破坏很难恢复,农牧业发展受资源环境制约较大。同时,近年来,由于受全球气候变化的影响,西藏自然灾害频繁发生,其中雪灾、风灾、旱灾、泥石流等自然灾害对农牧业生产的威胁最大。

2. 农牧业产业发展滞后

西藏农牧业生产基本沿用传统方式,自给自足经济还占相当比重。第一产业以粗放式经营为主,机械化程度低、商品率低、科技含量不高。西藏人民和进藏游客日常生活所需要的肉、粮、菜等产品还需要从内地调入,西藏特有的作物、家畜、水、土等资源条件还没有为农牧民增收提供有力支撑。

3. 农牧民综合素质偏低

西藏农牧民科技文化素质不高,偏远地区农牧民文盲依然较多,懂技术的农牧民较少,这导致他们转移就业存在很大困难。而且,西藏一些农牧民受传统观念的影响,"实物观念"较重,商品意识单薄,仍然存在"惜售"思想,不利于农牧民收入的增加。

三 强基惠民促进西藏农牧区跨越式发展的做法和成效

为进一步深化创先争优活动,巩固扩大加强"基层建设年"活动成果,推动中央第五次西藏工作座谈会精神深入贯彻落实,2011年10月,西藏自治区党委、政府做出了深入开展创先争优强基础惠民生活动的重大决策。强基惠民活动的主要做法是从区、地(市)、县(市、区)、乡(镇)四级党政机关、国有企事业单位及驻藏中直单位选派干部组成工作队,进驻所有行政村委会,着重围绕建强基层组织、做好维稳工作、寻找致富门路、进行感恩教育、办实事解难题"五项任务"开展工作。因此,强基惠民活动又称为"驻村工作"。

强基惠民活动开展的前三年,西藏自治区先后选派了三批工作队,在全区5464个村实现了全覆盖,已有近七万名干部参加了驻村工作。稳定和发展是西藏面临的两大主要问题，社会稳定是农牧区跨越式发展的基本保障，经济发展是农牧区跨越式发展的主要目标。因此，本节主要从农牧区社会稳定和农牧区经济发展两个方面总结强基惠民促进农牧区跨越式发展的做法和成效。

（一）强基惠民与农牧区社会稳定

西藏各级驻村工作队坚持把维护社会稳定作为第一责任，认真落实中央部署和自治区党委、政府各项维稳措施，配合村（居）"两委"进一步明确工作责任、健全工作机制、细化工作措施，形成了群防群治的维稳格局，为农牧区乃至全区和谐稳定做出了积极贡献，为农牧区经济的跨越式发展提供了保障。

1. 开展反分裂斗争教育，加大维稳宣讲力度

西藏各级驻村工作队通过组织维稳专题会和宣讲大会的形式深入揭批十四世达赖集团，让广大农牧民认清十四世达赖集团背叛祖国、背叛民族、背叛宗教的反动本质和分裂图谋，引导各族群众将藏传佛教与十四世达赖嗽嘛区分开来，自觉与十四世达赖集团划清界限。三年间，共召开揭批十四世达赖专题会9.4万场次，维稳宣讲大会23.6万余场次。那曲地委宣传部驻比如县夏曲镇伯托居委会工作队按照"三不出"（大事不出、中事不出、小事也不出）的原则，协助村（居）"两委"班子召开群众大会，认真进行维稳工作方面的宣传教育，老党员、老干部、优秀党员组成各自然村的维稳工作负责人，工作队与村（居）"两委"签订维稳责任书，村（居）"两委"与自然村维稳工作负责人签订维稳责任书，自然村与巡逻人员签订维稳责任书，工作队和村（居）"两委"与各户签订维稳责任书，把维稳责任落实到户、到人。

2. 开展维稳隐患排查，加强重点人员管控

西藏各级驻村工作队积极入户走访和座谈，及时掌握群众思想动态，及时发现苗头性、倾向性问题，及时调处化解矛盾纠纷。同时，加强重点人员教育管理，严防漏管失控、引发事端，把各类安全隐患消除在萌芽状态。三年中，共化解各类社会矛盾纠纷4.68万余起，妥善解决群众上访近3万余人次，加强维稳重点人员管控31.41万余人次，有效防止了群体性事件的发生。调研的驻村工作队都为所驻村农户制作了档案表及重点人员信息表，拉萨市林周县连布村在拉萨市扶贫办驻村工作队的帮助下，重点人员由原来的11人减为1人。山南地委组织部驻扎囊县松卡

居委会工作队在得知某建筑有限公司与松卡居委会因兑现民工工资发生分歧后,立即赶赴现场协商处理,让农民工群众及时拿到了31.2万元的工资和车辆运输费,有效防止了群体性事件的发生。在那曲地区比如县,为了防止虫草采挖季节农牧民发生纠纷,驻村工作队采取"跟踪管理、跟踪服务、跟踪引导"做好虫草采挖服务工作。2013年,比如县各驻村工作队共出动209名工作人员蹲守采挖点,为该期间的社会局势稳定做出了积极贡献。那曲地委宣传部驻比如县夏曲镇伯托居委会工作队在抓好平时维稳工作的同时,积极采取措施加强党的十八大、自治区第八次党代会、"3·10""3·14""3·28"等敏感时段的维稳工作,驻村工作队联合居委会班子,积极组织牧民党员和积极分子、团员,邀请老党员、老干部、老劳模("三老"人员)等70多人,实行24小时值班巡逻和报平安制,对居委会三个村文化室和附近的茶馆、招待所、商店、学校、加油站、通信站、桥梁等重点部位进行重点巡逻,认真排查安全隐患,对外来人员和本居委会重点人员进行详细登记造册。

3. 开展新旧西藏对比,抓好感党恩教育

西藏各级驻村工作队在所驻村中广泛开展"算富账、感党恩、要稳定、求发展"的主题教育,因地制宜设立新旧西藏对比展室,邀请本村老党员以生动的事例讲述西藏和平解放前后自己的衣食住行、文教医卫等方面的变化,以自己的亲身经历忆旧社会的苦,讲新生活的甜。从而进一步激发农牧民爱党爱国意识,使群众真正明白惠在何处、惠从何来。同时,驻村工作队还以其他多种形式开展感党恩教育,例如发国旗、领袖像,召开惠民政策宣讲会等。开展强基惠民活动以来,驻林芝地区工作队创办新旧西藏对比展室496个,举办农牧民演出队《再唱山歌给党听》感恩教育主题巡回表演活动12场次,各村组织群众性文娱活动3100余场次,参与群众19万人次。驻日喀则地区昂仁县宁果村的自治区中国社会科学院工作队集中对村(居)"两委"成员、户主和部分青少年等70人进行"祖国观、新旧社会对比、崇尚科学和追求健康文明生活"的主题教育活动,在村委会设立新旧西藏社会对比展板。同时,宁果村驻村工作队从千万首控诉人身依附、乌拉差役和高利贷制度,反映民众悲惨生活的民歌中精选5首民歌,打印成藏、汉文分发给群众,以重温民间歌谣的形式对群众进行感恩教育,该方法被自治区强基办采纳并在全区范围内推广。

4. 开展"双联户"工作，促进联户平安

"双联户"是指"联户平安、联户增收"，以5—10户为联户单位，民主推选产生一名"致富带头人""文化人""事务明白人"或"热心人"作为联户长，协助配合村（居）"两委"组织开展群防群治、纠纷调解、流动人口服务管理等工作，共同开展矛盾纠纷联排联调、安全隐患联防联控、重点人员联管联教、发展成果联创联享等10项职责。西藏各级驻村工作队把双联户服务管理工作作为维护社会稳定的重要工作，协助村（居）"两委"建立联户组织和开展"先进双联户"创建评选活动，对评选出的"先进双联户"按照规定在就业、高考、入伍、安置、入党、入团等方面给予优惠。从2013年5月西藏自治区开展"先进双联户"创建评选活动至2014年4月，全区共建立联户单位8.7万个，实现了全区"双联户"工作全覆盖。

（二）强基惠民与农牧区经济发展

西藏各驻村工作队坚持把推动经济发展作为第一要务，深入开展对所驻村的调查研究，帮助村谋划发展路子；实施"短平快"项目，完善基础设施建设；发展壮大集体经济，拓宽致富途径；因地制宜发展特色经济，提高农牧民收入；加强农牧民技能技术培训，提高就业创业能力。以上措施对促进农牧区跨越式发展起到了积极促进作用。

1. 协助厘清发展思路，制定发展规划

西藏各驻村工作队深入开展对所驻村的调研，紧密结合本村的实际情况，协助村（居）"两委"厘清发展思路并制定本村经济社会发展规划，确保农牧区经济发展有蓝图、有目标、有措施。驻村三年来，西藏各级驻村工作队，共厘清发展思路5.4万余条，制定完善实施经济社会发展规划4.7万余项。拉萨市扶贫办派出的驻拉萨市林周县连布村的第一批驻村工作队协助该村（居）"两委"制定了《连布村"十二五"发展规划》，涉及该村的产业发展、基础服务设施、生态环境建设、新型农民培育、基层党组织建设等内容。拉萨市曲水县才纳乡驻村工作队组织村（居）"两委"成员、致富带头人、老党员、老干部和部分农牧民到山南地区克松村、日喀则地区白朗县以及内地农牧业经济发达地区考察学习经验，在借鉴经验的基础上进一步厘清当地发展思路。林芝县检察院、八一镇政府驻林芝县唐地村工作队指导帮助村（居）"两委"探索"支部＋合作社＋农户"的生产经营模式，由村（居）"两委"和致富带头人牵头成立了林芝县湖农副产品综合加工专业合作社,不但解决了所驻村畜产品、粮油产品销售难的问题,而且将收购流通范围扩大到了全镇,使97%的农户增加了收入[①]。

2. 落实"短平快"项目,完善基础设施建设

根据《中共西藏自治区委员会关于深入开展创先争优强基础惠民生活动的意见》(藏党发〔2011〕18号文件),西藏自治区财政每年安排大约10亿元的专项资金用于帮助各级驻村工作队解决所驻村的问题和困难,其中为每个工作队各安排10万元的为民办实事经费,其余资金用于解决50万元以下的"短平快"项目。这些惠民的"短平快"项目以改善农牧民生产生活条件为落脚点和突破口,涉及水渠、蓄水池、道路、桥梁、饮水、实体经济等方面。三年来,西藏各地市驻村工作队共落实了12269个项目,落实资金34.63亿余元,农牧区基础设施得到较大改善,直接解决了农牧区经济发展自身的"造血能力"不足,缺乏发展后劲的问题。截至2014年5月中旬,山南地区驻村工作队共修筑田间水渠168条,总长351.49公里;新建蓄水池111座,总蓄水容积10.94万立方米,农田灌溉面积6.82万亩;新建村级道路87条,总长214.51公里;实施安全饮水工程102个;修建桥梁84座。[②] 而且,"短平快"项目的实施也带动了农牧区群众自力更生、建设家园的积极性。例如,林芝地区米林县多卡村群众以10万元为民办实事经费为引子,不等不靠,大干4个多月,建成旅游景区"大项目"——色苏庄园;朗县滚村硬化道路,由于"短平快"项目资金有限,村集体主动拿出10万元搞建设。

3. 带领农牧民发展特色经济,拓宽增收致富渠道

为从根本上推动所驻村经济社会发展,突破所驻村发展"瓶颈",西藏各级驻村工作队深入一线调研,并根据当地的特色优势,带领农牧民走"一村一品""一村一业"的发展道路。同时,驻村工作队积极帮助所驻村发展集体经济,成立农牧民专业合作社,促进农牧业产业化发展。三年来,共发展集体经济组织、合作经济组织1.4万个。在那曲地区,驻

[①] 资料来源于西藏自治区强基办《全区创先争优强基惠民驻村工作情况汇报(2014年6月23日)》。

[②] 资料来源于《西藏山南"短平快"项目投入2.12亿元,31.29万农牧民受益》,中国西藏网,2014年5月15日。

村工作队带领农牧民发展农牧区汽修厂、茶馆、旅店、农家乐、小卖部、手工艺编织、大棚蔬菜种植、畜产品加工销售等实体经济，逐步形成了"一人带一户、一户带一片、一片带一村、一村带一乡"的发展格局。当地农牧区特色经济的发展拓宽了农牧民增收致富的渠道，不仅在一定程度上提高了农民的收入，而且驻村工作队的帮助下，农牧民"等要靠"及懒惰思想也有所改变。拉萨市扶贫办派出的驻拉萨市林周县连布村工作队为积极扶持产业经济，充分论证并争取到木质家具加工房建设项目，项目总投资 17 万元，项目建成后，估计使贫困群众 15 户、72 人受益，户均增收 3.2 万元，人均增收 6000 元；同时驻村工作队还扶持 30 户饲养优质奶牛，扶持五户养殖优质澎波半细毛羊，养殖户年收入估计达到 1 万元以上。

4. 组织农牧民技能培训，提高就业创业能力

为了提高农牧民的种养殖技能，西藏各级驻村工作队邀请专家到所驻村或者组织农牧民到县城进行种养殖技能方面的培训，例如田间标准化管理技术、牲畜的饲养和管理、牲畜的疫病防治等方面的培训。有些驻村工作队还积极申请项目资金，组织所驻村农牧民三轮车、拖拉机和汽车驾驶技术的培训，为农牧民转移就业、增收致富打下了基础。三年来，西藏各级驻村工作队共开展实用技能培训 8.5 万余人次，组织农牧民劳务输出 126.7 万人次，增加农牧民现金收入 15.1 亿元。西藏自治区党委办公厅驻申扎县卡乡 6 村工作队投资 15 万元，购买塑料薄膜、化肥、种子和水泥等设施设备，在海拔 5000 米的驻村点建起温室大棚，指导牧民学习温室种植技术，提高牧民技能。驻拉萨市曲水县的工作队依托"四业"工程（即"以业育人、以业安人、以业管人、以业富人"），协调相关职能部门组织开展技能技术培训，拓宽就业渠道，促进农牧民增收。截至 2014 年 5 月初，入驻拉萨市曲水县的工作队共进行 4 次技能培训需求统计和 2 次用工需求统计，建立需求档案 787 份；完成 60 期转移就业和实用技能培训，培训 6517 人次，其中，实用技能培训 3932 人次，转移就业培训 2423 人次，创业培训 162 人次，实现就业和创业人员 849 人次。

四　强基惠民对于促进西藏农牧区跨越式发展的局限性

强基惠民活动自 2011 年 10 月开展以来，在维护农牧区稳定、完善农牧区基础设施建设、促进农牧民增收等方面取得了丰硕的成果。但是，

第四章　全面建成小康社会与乡村基层治理　257

在调研中我们也发现，强基惠民活动仍然面临一些不容忽视的困难、问题和挑战，成为强基惠民促进农牧区跨越式发展的制约因素。

（一）驻村工作开展不够平衡

1. 驻村工作的"五项任务"推进不够平衡

一方面，部分驻村工作队缺乏长远规划，存在短期行为，不同程度的"重惠民、轻强基"，"重帮扶、轻引导"的问题。例如，部分驻村工作队以数据论成绩，把相关数据作为驻村工作主要成绩，把工作重点放在争取项目资金方面；部分工作队在完善基础设施建设和为农牧民排忧解难等方面做得比较扎实，但是在建强基层组织和转变农牧民观念等方面的效果不够明显，即"重输血帮扶"、"轻造血帮扶"。

另一方面，部分工作队把过多的精力和时间放在了维护农牧区社会稳定方面，而在壮大农牧区集体经济、引导发展农牧区特色经济，从而提高农牧区自身"造血"能力和挖掘农牧区经济发展内生增长源泉方面的成效还不够明显，不利于农牧区经济的持续发展。

2. 驻村工作队办实事能力不够平衡

关于驻村工作队的布点，自治区党委有相关的指导性建议，即自治区工作队原则上安排在困难多、条件差、问题多的村和贫困村，并向日喀则、昌都、那曲地区倾斜；地（市）工作队原则上安排在条件相对较差的村，县（市、区）也要从各村的实际出发，有针对性地派出工作队。由于派出单位经济实力不同和对驻村工作的重视程度不同，不同驻村队员争取的项目资金数额不同，为群众办实事的多少不同。这导致群众存在攀比心理，对项目落实力度小的工作队产生不满情绪，从而影响驻村工作队的工作积极性和农牧区社会稳定。

（二）驻村工作队与村（居）"两委"关系欠协调

强基惠民活动对驻村工作队的工作定位是协助当地党委、政府抓好以村党支部为核心的村级组织建设；帮助村党支部加强党员队伍建设；帮助所驻村制定、完善和实施经济社会发展规划，帮助所驻村管理使用好集体资金、资产、资源等，真正把村（居）"两委"班子建成带领群众发展致富的"领头雁"。但是，在调研中，我们发现部分驻村工作队对自己的角色把握不够准确，对所驻村的事务大包大揽，造成村（居）"两委"缺位、驻村工作队越位、农牧民有困难只找驻村工作队的局面。而且，因为驻村工作队员的能力素质相对较高，乡（镇）党委往往越过村

（居）"两委"和第一书记、大学生村官，直接向驻村工作队交代任务。这削弱了村（居）"两委"工作的主动性、积极性和创造性，既不利于农牧区基层干部能力素质的发挥和提升，也不利于农牧区基层干部在群众中树立威信，更不利于农牧区的自我发展和持续发展。

五 关于强基惠民促进西藏农牧区跨越式发展的对策建议

（一）维护社会稳定与促进经济发展同步推进

维护社会稳定和促进经济发展，是西藏当前和今后在推进跨越式发展进程中所面临的两大主要任务。西藏在实施强基惠民活动中，应把维护社会稳定作为驻村工作的第一责任，把推进经济发展作为第一要务，采取两者同步推进的策略。当前，西藏的社会主要矛盾仍然是人民日益增长的物质文化需要同落后的社会生产之间的矛盾。因此，从根本上说，促进经济发展是解决西藏所有问题的关键。鉴于西藏部分驻村工作队把绝大部分精力和时间放到维护社会稳定的现状，建议各级驻村工作队合理配置各项资源，同步推进农牧区社会稳定和经济发展。建议各级驻村工作队在维护农牧区社会稳定的同时，积极引导所驻村发展特色产业，推进农牧业产业化经营，提高农牧业生产集约化和市场化水平。

（二）基础设施建设与促进产业发展同步推进

西藏实现跨越式发展的根本目的在于帮助广大农牧民脱贫致富，提高广大农牧民的生活水平。在西藏辽阔的农牧区要达到这个根本目的，就需要依靠农牧产业的发展。因此，西藏在实施强基惠民活动中，应处理好基础设施建设与促进农牧产业发展之间的关系，尽量避免把资源集中投放在村庄基础设施方面。基础设施建设可以明显改善农牧民当前的生产和生活条件，但是，这只是外部条件的临时改善，农牧民自身的长远发展只有依赖于基于农牧产业的经济增长才能实现。因此，驻村工作队今后应把投入的各种资源尽可能多地向促进农牧产业方面倾斜，应注重农牧民的能力建设，帮助农牧民选产业、做规划、找资源、找技术、找市场，把促进农牧业发展作为一项战略任务。

（三）弘扬藏传佛教文化与发展农牧区旅游业同步推进

旅游业是西藏实现跨越式发展的重点产业。根据中央对西藏的战略定位和西藏自身的资源条件，第一产业和第二产业的发展潜力都是十分有限的，只有第三产业具有巨大增长潜力。西藏的农牧区蕴藏着丰富的旅游资源，再加上当地的藏传佛教文化，使众多国内外游客都对西藏，尤其是对西藏的农牧区和农牧民生活有一种好奇感和神秘感。因此，西藏农牧区是一个潜在的巨大的旅游市场。驻村工作队应该在弘扬藏传佛教和发展农牧区旅游业方面有所作为，充分利用在前沿工作的有利条件开展调研，为高层决策部门提供咨询建议，协助村（居）"两委"开发具有藏传佛教文化特色的农牧区旅游业，这将会给当地政府和农牧民带来丰厚的经济收入。但是，西藏开发农牧区特色旅游一定要突出自己的特色，一定要有别于内地的"农家乐"，要让游客能够有机会吃住在农牧民家中，从而体验普通藏民的生活。这不仅有助于促进农牧民增收，同时也有助于促进外来文化与藏传佛教文化的交流与交融，有助于让国内外游客了解一个更加开放美丽的新西藏。

第四节 强基惠民与乡村公共品供给*

一 维稳压力下的基层财政

（一）多渠道推进的社会维稳

兼具少数民族聚居区和边疆省份双重身份的西藏，其社会稳定的重要意义不言而喻，这是西藏自身实现可持续发展以及确保国家边疆安全的首要前提。2008年的"3·14"事件以及近年来新疆等地发生的暴力事件，使边疆治理问题的重要性日益凸显出来，它应当也必须引起中国政府的高度重视。自"3·14"事件以来，通过各种方式最大限度地维护社会稳定成为西藏自治区党委、政府最重要的工作内容之一。

从实地调研的结果来看，以下三方面工作的开展对近几年来西藏社会的稳定发挥了非常重要的作用，同时它们也与目前西藏各级政府部门的日常工作密切相关。

首先是大量驻村工作队的派驻基层。从2011年下半年开始至今，西藏自治区从各级党政机关、国有企事业单位、中直驻藏机构、武警和公安现役部队中先后选派了3批党员干部驻村。第一批有2.1万余名干部进驻5451个行政村，驻村时间为2011年10月至2012年11月。第二批有2.2万名干部进驻5458个行政村，驻村时间为2012年11月至2013年11

---

* 本节执笔人：王丹莉。

月。第三批比第二批又增加了5个工作队，共有5464个工作队开始驻村工作。三年来，已经有近七万名干部参与了驻村工作，基本上实现了对西藏全区范围内所有行政村的全面覆盖。尽管不同驻村工作队的工作内容可能各有侧重，但加强基层组织建设、宣传党和政府的政策、详细了解基层情况、为当地村民解决实际问题，几乎是所有驻村工作队都需要完成的任务。活动实施以来，区、地、县、乡各级的相当一部分干部，在克服了各种困难的条件下，为密切干部与基层农牧民群众之间的联系、化解各种社会矛盾、推动当地社会经济各项工作的开展付出了巨大的努力。

其次是干部驻寺工作的全面推行。宗教工作的完善与否对西藏的和谐稳定有着至关重要的影响。为了加强和创新寺庙管理，从2011年开始，西藏开始推行干部驻寺工作，共有7000余名干部进驻全区1700余座寺庙，基本实现了寺庙管委会和公安派出所（警务室）全覆盖和干部驻寺的常态化。驻寺干部最核心的工作职能有三项——教育、管理和服务。驻寺干部需要保持与寺庙僧尼及僧尼家庭的及时交流和沟通，需要协助解决僧尼、僧尼家庭及寺庙本身所面临的各种困难。大批干部的驻寺使寺庙实现了网格化管理，寺庙内被划分成许多片区和小组，每一个片区和小组都由驻寺干部和僧人共同负责，确保各类问题的及时反馈和解决。与此同时，全区寺庙在编僧尼被全部纳入了社保体系，区财政每年出资1300余万元，实现在编僧尼的医疗保险、养老保险、最低生活保障和人身意外伤害团体险的全覆盖，并为僧尼进行免费健康体检，这一举措解决了很多僧尼的后顾之忧。

最后是城镇网格化管理的实现。这种网格化管理的实现主要依赖两个途径：一个是大量便民警务站的设立。近几年来，西藏在拉萨市、各地区所在地以及所有县城共建成698个便民警务站，每个警务站平均覆盖半径300—500米，正式在编的公安干警以及大量辅警的聘用确保了警务站全天候24小时有人在岗执勤巡逻，从而明显地提升了应对突发事件的能力，改善了治安环境。另一个是以"联户平安、联户增收"为核心内容的"双联户"工作的开展。政府引导城乡居民以5—10户组成一个联户单位，并由村民推选出联保户长。户长需要定期走访自己负责的管辖户，开展宣传、调解、帮教、联络等项工作，了解社情民意，还要掌握管辖户内的人员流动情况，并及时上报各种可能影响社会稳定的信息和问题，以防患于未然。西藏人口规模总体较少，"双联户"工作的开展有其实施的基础和可能。

(二) 财政支出结构的改变

这些举措的实施在较短的时间内使西藏的社会稳定和治安状况都得到了明显的改善，但是，它们的推行需要巨大的财政支持，在一定程度上使自治区以及各级政府的财政支出结构都发生了改变。关于驻村工作队的问题后文还将详加论述，这里仅以驻寺工作和便民警务站为例。为了推动驻寺工作的全覆盖和常态化，西藏在1652座寺庙成立寺庙管理委员会或设寺庙专职特派员，在86座寺庙建立派出所，56座寺庙建警务室，1520座寺庙配备驻寺专职民警，需要增加的人员超过1万人，除一次性投入的经费外，每年要投入的经费在7亿元左右。以拉萨市为例，拉萨所属各区县的副厅级寺庙管理机构就有5个，正县级11个，副县级14个，正科级44个，特派员94个，驻寺干部编制超过1000人。宗教活动场所多的地区，相应的驻寺干部数量也会随之增加。这些干部常年在地处偏远、高寒缺氧的寺庙工作，即使不考虑应有的轮岗交流，为他们提供必要的待遇和开展工作必需的各项保障，已经使政府面临一定的财政压力。

便民警务站的运行存在着同样的问题。为了快速推动便民警务站的建立，不可避免地需要新增大批警力，这带来了经常性开支的大幅度增加。财政需要为此支付的费用在驻寺干部工作所需费用之上。区、地、县各级政府共同分担由此增加的支出，一些维稳局势较为复杂的地区压力更大。以那曲地区为例，那曲总面积43万平方公里，占西藏全区总面积的1/3，辖11个县1192个村委会，目前已经建成运行的便民警务站、寺庙派出所、乡镇派出所、公安检查站共有92个，那曲公安机关核定的政法专项编制总数是1257名，每个乡镇公安派出所平均只有4名政法专项编制。近几年来，由于一些突发事件的出现，为充实基层公安力量，那曲地区的民警总数发展到3131名，辅警人数达到1225名。辅警因没有正式编制，支付的工资和正式的干警相比要低得多。但因条件艰苦和工作强度大，新生警力的补充和干部队伍的稳定已经面临困难。

这种人员经费需求的增加在维稳难度大的地区显得更为突出，如那曲地区的比如县公安人员由2000年的几十人增加到2013年的近600人，而公安人员经费的法定标准为34431元，远高于一般行政人员标准，2013

年公安人员的公用经费达到1848.9万元，占全县总公用经费的56.3%，占总支出的8.5%，造成转移支付增量基本上用于新增人员工资及相关工资性配套。同为维稳重点区域的那曲东三县之一的索县仅2013年公安人员的加班补助就需要资金280万余元，按照文件要求，这笔资金应由县级财政承担，至于"3·14"事件之后由于维稳任务加重而造成干部职工无法正常休假所应得到的补助县里都无法落实。

而干部待遇还只是维稳支出的一个部分。西藏的基层社会治理不同于内地，其土地广袤，自然村分散，行政服务半径非常大，面临着较为复杂的反分裂斗争形势和边防问题，但交通、通信等基础设施建设远滞后于内地，这为其各方面工作的开展带来了阻力，如那曲地区的安多县至2013年年底74个行政村里有54个未通车，占全县行政村的73%。因日常工作及维稳任务等下乡下村导致的行政运行成本很高，仅车辆运行及维护方面的支出就居高不下。装备的配备、技术的改进、信息的收集、基层管理的加强等方方面面都需要财政的支持。有的边境县甚至存在边防派出所力量薄弱的问题，如山南的错那县公安边防大队编制335人，但实有人数仅为140人，空编人数为195人。与那曲地区不同的是这里并不缺编制，但当地却无法吸引、组织足够的人力投入到相关工作中去。因为条件艰苦、待遇较低而带来的人才流失和引进困难的情况几乎在所有高海拔县都存在，这其中有很多已经不是以地县财政目前的实力所能解决的问题。

从目前的情况来看，维稳支出需要自治区和基层政府共同承担。2013年那曲地区维护稳定的专项支出为1.81亿元，自治区能够负担的占其中的79.67%，其余需要地区财政解决。西藏自治区以及各地县级政府的财政运行状况与内地不同，中央政府的财政补助是其全区财力的最主要来源，60余年来中央补助占西藏全区总财力的比重一直保持在90%以上，2011年以来的三年该比重最低，仍达到91.11%，也就是说，其财政自给率非常低。在其自身财源有限、主要依赖外部支持的情况下，由于维稳工作增加支出而给财政造成压力是必然的。

（三）不均衡的基层财政

尽管由于多种因素的影响，各级政府的财政支出都面临着一定的压力，但各地的情况仍不尽相同。就财政收支规模而言，西藏各地之间存在着非常大的差异。这种差异既体现在一个地区内部，也体现在不同地

第四章 全面建成小康社会与乡村基层治理

区之间。在中线调研组所走访的各个县中,多数县级财政2013年的支出在3亿—5亿元,财政支出超过5亿元的县主要集中在拉萨,这和拉萨近年来经济的快速发展密切相关。而相比于财政支出水平上所表现出的差距,各个地方在财政收入方面的差距要大得多。在拉萨市内,财政收入最高的堆龙德庆县年财政收入接近4亿元,而财政收入最低的尼木县不足4000万元,财政收入较高的县多集中在拉萨周边。其他地区所辖各县的财政收入水平与拉萨相去甚远,那曲、山南等地区多数县的年财政收入在1000万—2000万元,其中一些县的财政收入还是近一两年才突破千万元大关。如图4-1所示,藏北地区绝大多数县的财政收入规模不及其财政支出规模的5%。一些海拔较高的偏远县,如那曲地区班戈、申扎等县的财政自给率不足3%,与拉萨所属的一些财政自给程度较高的县形成鲜明对比。各县财政支出主要依赖上级政府的转移支付。财政自给率和财政收入规模的差异意味着各个地区的可支配财力不同,基层财政的不均衡状况带来了一些现实问题,它们在公共品的供给能力上也存在差异。

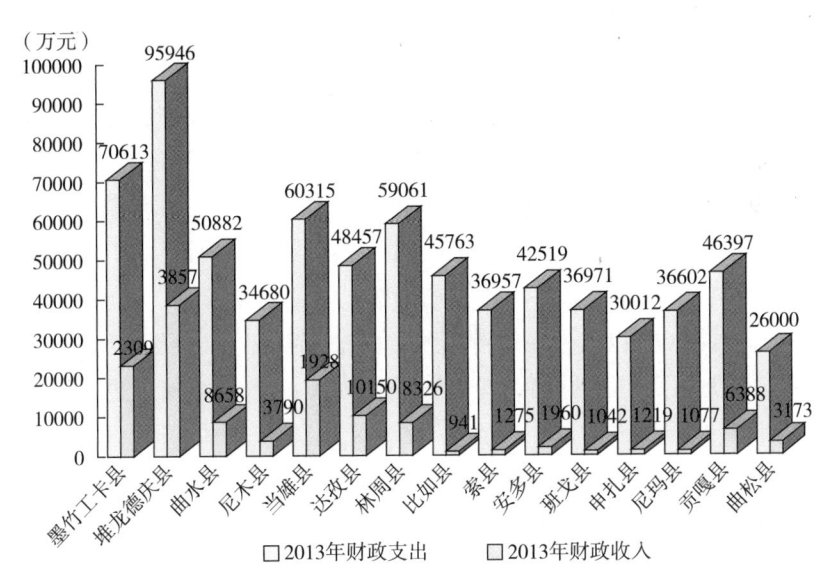

图4-1 2013年拉萨、那曲、山南等地区各县财政收支对比

资料来源:各县的情况简介。

二 强基惠民对乡村公共品和公共服务供给的影响

(一)有限财力与对乡村公共品的迫切需求

造成各地财力紧张的原因中存在一些共性的问题,其中比较突出的有两个：

一个是一部分项目投资或是上级财政的补助资金对政策性配套的要求比较高。近年来，中央及西藏地方都出台了一系列的惠民政策，这些政策在贯彻落实中有不少需要地方给予配套的财力支持，一些基础设施建设投资项目也是如此。有的县目前在建的基建项目中，总投资的42.48%来自县级财政收入，这一比重仅比该县在建项目总投资中国家投资所占比重低不足1个百分点。这意味着争取到的项目越多，基层财政面临的支出压力可能越大。这种因配套资金而带来的支出压力，不论是财政收入比较高的地区，还是财政收入比较低的地区，都不同程度地存在。而除了政策性配套，按照规定，县级财政还必须做到在教育、水利基础设施建设、农业、文化体育事业、卫生及社会保障投入等领域的支出增幅高于财政经常性收入的增长幅度，这些刚性支出的上升加大了财政支出压力。保工资、保稳定、保运转是基层县级财政的核心命题，无力顾及一些公共服务方面亟须的更多投入。

另一个是转移支付的结构问题，按照目前的实施情况，专项转移支付所占的比重是比较高的，在有的地区该比重接近60%，远超过一般转移支付。专项转移支付用途明确、项目分散，为基层政府整合财政资金带来困难。除了上述两方面因素，还有一些造成财政支出压力的问题带有地区特点。比如为了照顾在高海拔地区工作的干部，西藏最近两年出台了相关政策，高海拔地区干部工作到一定年限可提前退休和离岗休养，那曲地区符合该项政策条件可以提前退休的人数达到2523人，占其财政供养总人数的10%以上。在编制不足、无法以优厚待遇吸引必需的人才留在高海拔地区工作的同时，短期内退休人员的大量增加又进一步为财政支出带来了压力。

另外，一个较为普遍的现象是，西藏各地尤其是偏远地区的经济发展以及财政收入规模对投资表现出了较高程度的依赖。除上级财政的补助收入之外，地方财政的税收收入一般都缺乏支柱性税源（或税源单一），主要依靠建筑业投资拉动，非税收收入所占比重在最近十年来才开始有较明显的增加。一旦项目投资减少，经济总量和财政收入就会随之明显下降。因此，对于西藏而言，部分公共品的供给，特别是一些需要投入较多的基础设施类的建设项目，可能具有双重的作用，一方面是满足当地的现实需求，另一方面是项目本身所具有的投资拉动效应。

有限的收入规模、刚性的财政支出、较大的增收压力，使一些地区对公共品的需求显得更为迫切，不同地区所面临的困难各不一样，但其中最为集中的还是体现在以交通、通信、饮水、供电、教育、医疗等为核心内容的乡村基础设施的亟待改善。在海拔偏高、气候条件恶劣的地区问题更为突出一些。如那曲地区，目前仍有3个县尚未通柏油路，乡镇柏油路的通畅率也只有37.7%，有的县电网覆盖率尚不足50%。即使在经济条件相对较好的山南地区，也未实现县县通柏油路的目标和藏中电网对所辖各县的全面覆盖。中小学校舍年久失修、乡镇卫生院长期无法更新设备、高寒地区的供暖、由于天气原因造成的道路的时有损坏、教师医生等人才的短缺、社会文化各项事业发展缓慢等诸多问题的存在，对基层政府的财政支付和公共产品、公共服务的供给能力提出了挑战。

西藏特殊的地理环境条件，本身就加大了其乡村公共品和公共服务供给的难度，在现有财力及财政运转方式下，如何更好地统筹城乡发展、更好地满足当地农牧民对于部分公共品和公共服务的迫切需求，是西藏自治区政府乃至中央政府都应当高度关注的问题，因为这直接关系到当地居民生活水平的改善、经济的发展以及藏区的稳定。

(二) 强基惠民的宗旨及其现实意义

从2011年开始，西藏自治区启动了全区范围内的强基惠民活动，大量干部组成驻村工作队被下派基层，截至2014年10月，已经有三批近七万名干部参与了驻村工作。驻村工作队的核心任务有五项：一是建强基层组织，二是做好维稳工作，三是寻找致富门路，四是进行感恩教育，五是办实事解难事。在自治区提出的五项任务的基础之上，各地根据自己的情况，还制定了更加具体的符合自身需要的对驻村工作队的要求。如山南地区增加了"十星模范村"创建和创业意识教育两项任务。

这项活动所发挥的作用主要表现在几个方面：首先，加强了对群众的宣传和教育。由于进入基层、贴近群众，使很多干部可以通过举行讲座、发放资料、入户宣讲等多种方式更为直接地向群众宣传中央及地方政府的各项政策和最新的会议精神。其次，许多驻村工作队员对于许多基层社会矛盾的及时化解也发挥了积极的作用，在一些西藏的敏感节点，驻村工作队员需要全员在岗、24小时值班，从而加强了基层的维稳工作，有助于一些安全隐患的消除。

一些驻村工作队受到当地百姓欢迎的更重要原因在于，这些工作队通过争取各种资源，为当地群众解决了很多实际存在的与大家日常生活息息相关的困难和问题。活动开展以来，前两批驻村工作队落实的短平快项目达到2.65万个，落实资金54.6亿余元。在自治区财政大力支持的情况下，各地区、各部门都出台了相应的支持举措。自治区交通、水利、扶贫、林业等部门筹资359.27亿元，启动了"创先争优强基础惠民生农村公路通达攻坚工程""创先争优强基础生态惠民行动计划""强基惠民光明工程行动计划"等专项工程。各地区也尽可能地提供了配套资金，如山南地区两年多来投入资金3.5亿余元，用于支持驻村工作队为群众办实事好事，地区财政每年拿出3000万元资金用于"短平快"项目建设。这些工作的开展和资金的投入，对于改善一些地区公共产品和公共服务的供给现状产生了积极的影响。

（三）强基惠民与乡村公共品和公共服务的供给

对强基惠民活动所发挥的现实作用进行考察和评估，离不开对不同地区驻村工作队所完成的主要工作的分析。中国社科院西藏重大现实问题研究课题组赴藏调研期间，在阿里、日喀则、拉萨、那曲、山南、林芝、昌都等地区分别发放了由驻村干部填写的问卷。在请驻村干部填写的问卷中有一个问题是"您觉得该村最需要解决的问题有哪些"，我们列出了以下9个选项并要求排序：（1）改善卫生设施和医疗条件；（2）道路修建、改造、维护，改善交通条件；（3）加强基础教育；（4）饮用水水源；（5）加强电网、通信等基础设施建设；（6）生产技术推广；（7）加强对村民的技能培训；（8）加强环境保护管理工作；（9）其他。在回收的问卷中，相当一部分干部将前8项全部填写了上去，其中道路的修建、改造、维护，电网、通信等基础设施建设一般会被填写者排在相对靠前的位置。这说明了这些问题存在的普遍性。当然，各个地区急需解决的问题也存在差异。从调研结果来看，驻村工作队的相当一部分工作是围绕着当地群众所面临的行路、饮水、看病、上学、就业、增加收入等种种实际困难和问题所展开的。

笔者在东、中、西线三个调研组的调研区域内分别选取了昌都、那曲、阿里作为代表，连同拉萨市共计四个地区，根据课题组赴藏期间发放的驻村干部问卷填写结果整理出来，具体如表4-4所示。该表较为全面地反映了在上述四个地区内的驻村工作队，为所驻村筹集到的资金和物

表4-4　　拉萨、昌都、阿里、那曲等地区部分驻村工作队
为所驻村筹集资金及物资的来源及用途概览

地区	该地区驻村工作队为所驻村筹集资金及物资的来源及用途
拉萨市	1. 资金 （1）资金来源：国家投资，短平快项目资金，强基惠民资金，惠民项目资金，办实事经费，扶贫项目，区、市相关单位，市审计局，市国土资源局，市粮食局，县政府，县教育局，县水务局，县广电局，镇政府，驻村工作队队员筹集或个人出资，派出单位（如堆龙县县政法委，人保财险西藏分公司，市人民医院）出资或职工捐款 （2）资金用途：用于村级基础设施建设；修建村组道路；村组防洪堤建设；维修防洪坝；修建农田灌溉水渠经济林建设；解决全村安全饮水；机耕道；维修水塘；改善村内用电环境；配备无线宽带；维修及购置2台变压器；改善人居环境；新建商品房；劳动力就业转移培训；兴办畜产品加工经济实体项目；新建水泥厂；用于"一帮一"建砖厂；解决群众实际困难；村民技能培训；购买车辆；购买办公耗材和车辆燃油；给村民送鸡苗和饲料；用于村文化室；改建村委会；改善村委会设施；为村（居）"两委"班子成员、各小组组长、个别联户长发放卫星接收器；各项活动经费；奖励联户代表；送医送药；为村民义诊和健康体检；购买米面油糌粑等；慰问"三老"人员、寺管会、贫困户、五保户、结对帮扶户、退役军人 2. 物资：主要为水泥、钢丝、太阳能路灯、衣物、图书、光盘、种子、化肥、藏青稞、烧青稞机、饲料、树、牵引车、挖掘机、翻斗车、药品 （1）物资来源：区农科院及相关企业、市民政局、市水利局、县水利局、县住建局、县林业局、市长解决、经济技术开发区、驻村工作队自筹或队员个人出钱、驻村工作队派出单位职工捐助 （2）物资用途：维修防洪坝；维修水塘；安装路灯；发放给联户长、贫困户、幼儿园、保洁工、贫困儿童衣物、图书、光盘等；帮扶困难群众；用于党员活动室；为村民解决烧青稞难的问题；分发村民；解决困难群众冬季御寒衣物
昌都地区	1. 资金 （1）资金来源：强基惠民资金，区生态公益林建设项目，区人居环境改善建设项目，达来温多公路建设项目，村活动室项目，砼路建设网围栏项目，蓄水池项目，国家192代赈项目，区少数民族发展资金，扶贫项目，强基惠民驻村经费，区水利厅，区交通厅，安居办，强基办，地区慰问金，地区财政局，地区交通局，地区教育局，地区实验小学，地委宣传部，中国移动昌都分公司，县财政局，县林业局生态安全屏障项目，县交通局，乡政府，中国邮政，派出单位（如区林业调查规划研究院、区烟草专卖局、县移动公司、区公安厅、西藏天海集团有限责任公司、华能澜沧江上游水电有限公司）出资或投资，驻村工作队自筹、募捐

续表

地区	该地区驻村工作队为所驻村筹集资金及物资的来源及用途
昌都地区	（2）资金用途：用于村基础设施建设；修路、修建防洪水坝；村造林；人居环境改善；移动信号通信建设；建立信号塔；通电工程；危险电路改造；架电线；村级道路硬化；维修运送粮食的土路；修建、维修水渠水塘；饮水工程；修建木桥；修建垃圾池；用于分散建房；修建驿道；建水电站解决村里照明问题；村种养殖项目；藏香猪养殖；修建村蔬菜、水果站点；修建温室大棚；村民安居房；村委会维修；用于工作宣传；用于"3·28"文艺活动；基层党组织建设；购买村委会基础设备：电视、电脑、打印机、办公桌、卫星直播器；给村委会买液晶电视；改善居委会办公条件；开展培训班；购买藏药；购买良种；购买粮食种子、小猪仔；村民生活困难改善；为贫困户维修房屋、添置家具、购买生活用品及发放慰问金；为缺少粮食的村民提供青稞；给村民买菜籽油；治病救人；慰问村里出事故的家庭；节日慰问金；捐款给身患重病的村民；慰问贫困户、孤寡老人、残疾人、退休干部 2. 物资：主要为网围栏、木料、衣服、云杉、种牛、牧草种子、广播电视卫星接收器、防护网、水泥、母亲邮包 （1）物资来源：区林业调查规划研究院、地区林业局、地区团委、地区农牧局、地区教育局、地区实验小学、地区广电局、县林业局、县水利局、民族服装加工厂、中国红十字会、北京林业大学学生爱心包裹、驻村工作队协调募捐 （2）物资用途：用于建网围栏；畜种改良；生态恢复；实现本村广播信号"户户通"；建防护网保护农作物生长；水泥用于修水沟；用于村办幼儿园；给完小学生、贫困村民、特困户、孤寡老人发衣物；邮包给贫困母亲
阿里地区	1. 资金 （1）资金来源：区、地、县三级财政，地区强基办，地区农牧局，行署办公室，地区民宗局，地区民政局，地区水利局，地区扶贫办，地区商务局，地区人大，短平快项目资金，援藏投资，扶贫项目资金，民宗兴边富民项目，办实事经费，国家投资，有关部门项目资金，县财政，县林业、水利部门，县教体局，县委，县扶贫办，人工种草资金，水渠项目资金，村委会开支援助金，工作队自筹，工作队捐款，派出单位（如阿里地区政法委，区科技厅，县法院，县政府）支持 （2）资金用途：基础设施建设；修建、维修转场公路；修村路；修建水渠；修建水坝；修桥；修水库；铁丝围栏20公里；重点地区造林；边境生态村建设；改造危房；建便民商店；建便民卫生所；盖房和维修房子；建村综合仓库；绵羊育培基地；奶牛养殖基地；村集体经济实体；牦牛养殖基地；建温室大棚；牧家乐建设；人工种草；驾驶、拖拉机等技能培训；建水磨糌粑加工厂；提供树苗建苗圃基地；建洗车场；建风干牛肉厂；组建牧民施工队；建扶贫招待所；扶持编织厂；民俗客栈建设；开办村茶馆；农家店广告牌；村级活动场所修建；改善村委会办公条件；党建工作；购置太阳能设备；

第四章　全面建成小康社会与乡村基层治理

续表

地区	该地区驻村工作队为所驻村筹集资金及物资的来源及用途
阿里地区	购置电视接收器；修羊圈；添置牲畜；购买创收车；购买药品，送医送药；为村民提供化肥；购买蔬菜种子；购买牲畜饲草料；改善小学生生活；购买粮食及过冬物资；贫困学生帮扶；走访慰问"三老"人员、贫困户、五保户；结对认亲 2. 物资：主要为米、面、糌粑等粮食，油、盐、饲草料、衣物、药品 　（1）物资来源：地区农牧局、地区民政局、县民政局、县卫生局、县农牧局、县人民医院、工作队捐款 　（2）物资用途：用于灾区抗灾、救灾、备用；饲料；发给村民或贫困户；村民过冬物资
那曲地区	1. 资金 　（1）资金来源：扶贫项目，短平快项目，水利项目，强基惠民资金，人居环境项目；扶贫办、区财政、水利部门、地区财政、地区税务局、地区商务局、地区交通局、县委办、县民政局、县教育局、县交通局、县农牧局、县广电局、县文化局、县电视台、县国土资源局、县兽防站、县强基办、镇政府、乡政府、乡镇干部捐款，本县企业捐款、对口单位党员捐款、乡党委及个人捐款，驻村工作队队员在朋友和同事中筹集、募捐或个人出资，派出单位（如西藏大学、区藏医院、区审计厅、青藏铁路公司）出资 　（2）资金用途：修夏季草场道路、村道；修建人畜简易桥；管道工程；涵洞；钢架桥；修水坝；为村民修建饮水点；建设移动机站；饮水工程；建水井；修牧场道路；糌粑加工厂；购买农机；购置挖掘机；修水井；购置广播电视户户通设备，发给没有电视的贫困牧民；建菜场；盖玻璃房；奶制品加工厂；为村里建商店；修建蔬菜温室大棚；扶持手工艺品制作点；修建村民集体公租房；建合作社、经济合作组织；用于扶贫合作社周转资金；建摩托车修理店；小型项目建设；维修村委会房子、购买办公设备；村委会购置用品；村文化活动室装修；用于文艺队服装；用于村委的集体商店、超市、舞厅等项目；开展村民活动；购买药品、送医送药；买羊羔；为贫困户购买生活必需品；为缺粮户购买米、面、油；为患病村民治病；帮助困难户解决医疗费；受灾人员医疗补助；学生生活补贴；藏历新年给学生发压岁钱；五保户生活补贴；节日慰问；慰问贫困户、五保户、"三老"人员 2. 物资：主要为柱子、地面卫星接收器、衣物、生活必需品、饲料、慰问品 　（1）物资来源：县电视台、县移动公司、驻村工作队队员捐献、那曲地区电信分公司、爱心人士捐助、县农牧局、地区教育局、民政局、畜牧局、交通局、广电局、县民政、畜牧、扶贫办 　（2）物资用途：修建受灾房屋；发放给未享受低保的村民；藏历新年期间给村民及低保户发放生活必需品；饲料发给牧户；给牧民发放慰问物资

资料来源：各县驻村干部所填问卷。

资的来源及用途情况。从表中可以看出，那些能够为所驻村争取到资金的工作队，其资金的用途大体可以分为四类：第一类是为当地解决一些基础设施建设问题，如修桥、修路、修防洪堤坝、解决安全饮用水、改善村内用电、通信现状等。第二类是通过各种途径帮助当地农牧民增收，开拓新的致富门路，比如很多驻村工作队都帮助村里建合作社、兴办畜产品加工经济实体、新建牛羊育培养殖基地、开展农牧民技能培训，或者筹资用于一些村民集体经营的招待所、商店、洗车场、茶馆等。第三类是改善村委会的设施和各方面办公条件，包括活动场所的整修和一些必要设备的配备。第四类是为村民提供必要的帮助以及慰问困难群体，有不少工作队会为村民送医送药，购置生活必需品，解决临时困难、灾民安置，发放慰问金或生活补助等。也就是说，一些驻村工作队发挥着改善所驻村公共品与公共服务的作用。但是，一个明显的问题是不同的驻村工作队所能发挥的作用存在着巨大的差异。

三 驻村工作的成效差异

（一）驻村工作的核心内容

根据课题组实地的调研走访，各个驻村工作队日常工作的核心内容主要包括两个方面。

首先，上级政府政策的执行、传达和宣传工作，并协助各个部门维护社会稳定。在行政服务半径远大于内地的西藏，政府各项决策、精神及时的上传下达并不容易，干部的直接驻村加大了各项政策的执行和宣传力度。与此同时，驻村工作队协助村委会完成了大量各种基层信息的统计和整理，从而加强了对于基层情况的了解和掌握。在课题组走访的一些村委会中，大都可以看到关于本村各类信息的详细统计，比如常住居民、残疾人、低保户、五保户的基本信息，租赁房屋与流动人口，寺庙基本情况，新经济组织情况，出入境人员，"双联户"工作组织开展情况，联户长工作档案等，这其中的很多都是由驻村工作队的干部填写完成的。在深入基层的过程中，一些工作队对当地村民矛盾纠纷的调解和化解也发挥了一定作用。驻村工作队一般还都会积极协助村委会做好各项规章制度的确立和完善工作，特别是村务公开、村规民约、议事决策、民主管理等方面规章制度的健全和完善。在基础数据统计、草原生态保护补助奖励机制推行、无户籍人员排查、防雪减灾、牲畜清点、惠民资金发放等各项日常工作中，驻村工作队都发挥了重要作用。

其次，驻村工作队的另一项重要工作是为所驻村制定经济社会发展的规划，帮助当地居民开拓致富门路、增加收入。很多驻村工作队队员深入基层，进行了大量调研，为所驻村的发展提供建议，帮助村委会厘清思路。如前文所述，一些驻村工作队驻村期间还为当地向区、地、县三级政府以及水利、环境、林业、科技等各个相关部门争取到诸如加强基础设施建设、推动集体经济发展、改善村环境和农牧民生产生活等在内的各类项目。这些工作是绝大部分驻村工作队驻村期间工作的核心内容。

(二) 能力各异的驻村工作队

应当看到，一些工作队为其所驻村庄的经济社会发展做出了很大的贡献，但一个非常突出的问题是不同驻村工作队的工作能力和工作效果存在着较大的差异。因为我们很难对驻村工作队的工作进行整体的量化考核，这里仅以其驻村期间的筹资能力作为一个考量标准。这一标准可能是不全面的，但相对客观并且具有可比性。调研期间课题组有效回收的驻村干部问卷一共607份，共涉及驻村工作队578个[1]。图4-2中的数据是根据各地区驻村干部问卷的统计结果整理计算得到的，它们反映了各地区驻村工作队筹资能力的差异。或许这些结果并不能全面地反映和代表驻村工作队的整体情况，但考虑到样本数量已经超过了一年驻村工作队总量的10%，结果本身还是具有一定的参考意义。

从图4-2中可以看出，在绝大部分地区，驻村期间没有为所驻村筹集到任何资金和项目的工作队在随机抽取的工作队总量中所占的比重都在40%左右，只有山南、日喀则两地该比重较低，大约占20%。接下来值得关注的是那些为所驻村筹资规模在1万元以下的驻村工作队，就资金来源而言，筹资规模在1万元以下时，所筹资金一般来自驻村工作队队员、党员干部或其他个人的捐款，用途主要是慰问患病村民、贫困户或者为村民购置一些生活必需品，由于资金规模较小，大多不会涉及村内公共基础设施的维修和建设。这类工作队所占比重在山南和阿里稍低，分别为3.7%和5.3%，在日喀则、林芝、拉萨、昌都该比重为10%左右或接近10%，在那曲地区该比重最高，达到了20.1%。也就是说，在所

---

[1] 因有的驻村工作队中的几名成员都填写了问卷，所以回收的问卷所涉及的驻村工作队数量要少于填写问卷的驻村干部数量。

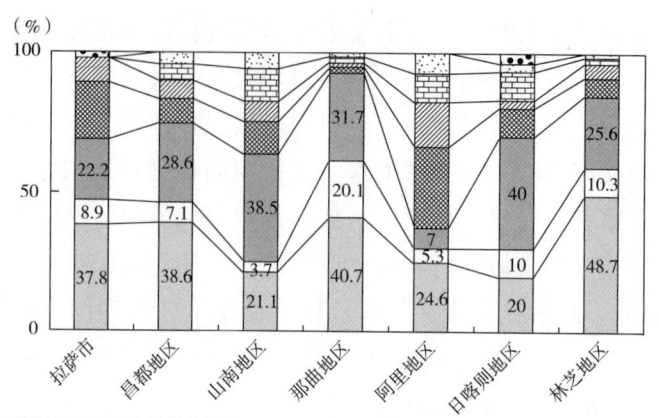

图 4-2　各地区驻村工作队筹资能力的差异

资料来源：根据各地区驻村干部问卷统计结果计算得出。

有的驻村工作队中，没有为所驻村筹集到资金和筹资规模在 1 万元以下的驻村工作队占了相当大的比重，在山南、阿里和日喀则地区，两者合占比重较小，分别为 24.8%、29.9% 和 30%；在拉萨和昌都地区，两者合占比重分别为 46.7% 和 45.7%；在林芝和那曲地区，两者合占比重最高，分别达到 59% 和 60.8%。除此之外，所占比重较高的是筹资规模在 1.1 万—20 万元的驻村工作队，在各个地区该比重都不算低，最高的可达 40%。争取到大规模资金的驻村工作队所占比重相对要小一些。

从全区范围内（见图 4-3）来看，没有为所驻村筹集到资金和筹资规模在 1 万元以下的驻村工作队在样本总量中所占比重合计达到 46.1%，这一比重说明，相当一部分驻村工作队驻村期间没有给当地带来基础设施建设等方面的项目。驻村工作队筹资能力上的差异不仅体现在不同的工作队之间，更重要的是，还体现在不同的地区之间。以筹资规模在 20 万元以上的驻村工作队所占比重为例，在昌都地区，这样的工作队在样本中所占比重合计达到了 24.7%，在拉萨市该比重为 31.1%，在山南地区该比重为 36.6%，而在那曲地区该比重仅为 7%。需要对那曲地区驻村干部问卷做出说明的是，那曲地区回收的问卷，一些驻村工作队并没有写明为村里争取的项目资金的具体规模，但在其填写的驻村期间完成的主要工作中提及为村里争取到了修建便民桥、商店、修路等项目，这样的工作队一共有16个，比照完成类似工作的工作队所填写的筹资规模，笔者将上述16个工作队归入为所驻村筹资1.1万—20万元的驻村工作队，并以此进行统计整理。另外，那曲地区填写问卷的少量工作队刚刚进驻，工作还没有展开，可能这也部分地影响了统计结果，驻在村工作队为村里争取到的资金方面或许没有完全反映出实际情况，但总体上看，这一地区的驻村工作队所争取到的项目和资金比其他地区要少。而从课题组走访调研的体会来看，这一地区在基础设施建设等方面恰恰需要更多的投入。

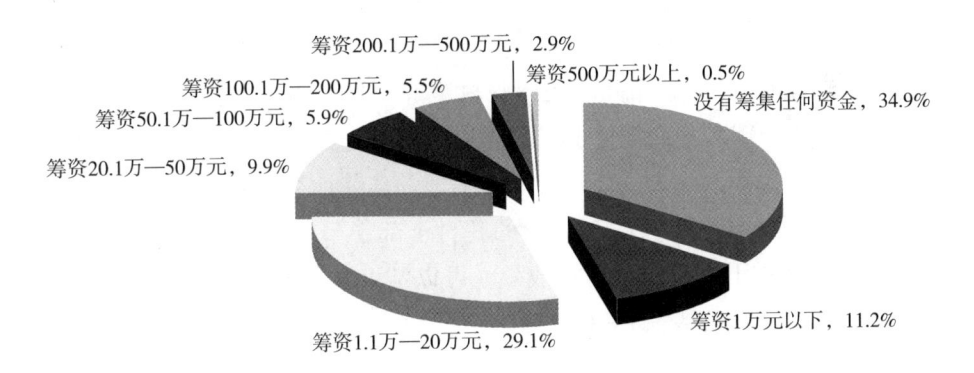

图4-3 全区范围内驻村工作队筹资能力的总体情况

资料来源：根据各地区驻村干部问卷统计结果计算得出。

由于驻村工作队之间在筹集项目资金能力上的差异，甚至出现了群众对工作队"嫌贫爱富"的现象，喜欢能够解决更多问题的工作队。西藏自治区政府也在探索因地制宜的分配方式。在开展第一批驻村工作时，共安排了10亿元为民办实事和"短平快"项目资金，每个工作队可以拿到10万元的办实事经费。第二批驻村工作开展过程中，为民办实事和"短平快"项目资金增加到了12亿元，新增的2亿元用于为超过500人的大村每村增加5万元办事经费。但是，这种均衡和不同地区的不同驻村工作队在筹资能力方面所存在的巨大差异相比还显得远远不够。

四 结论与建议

强基惠民活动的积极作用在于，相当一部分驻村工作队在基层财政面临巨大支出压力的情况下，通过争取各方面的资源明显地改善了一些乡村公共品和公共服务的供给现状，他们所完成的许多工作和农牧民的生活息息相关，在加强了政府基层力量的同时，解决了很多农牧民迫切希望解决的困难，这也是驻村工作队在一些地方受到群众欢迎最重要的原因。这些工作对当地居民生活的改善、经济的发展以及藏区的稳定产生了直接的影响，只是不同驻村工作队的工作成效存在着较大的差异。为了建立强基惠民的长效机制，在看到成绩的同时，我们还应当对活动开展过程中存在的问题进行及时的总结。通过调研，笔者认为，以下几个方面是强基惠民活动可能的调整方向。

（一）驻村范围与方式的适当调整

驻村干部是强基惠民活动执行群体中的主力，他们的诉求和看法应当是我们在考虑强基惠民活动日后如何开展时最应该关注的声音。在课题组发放的问卷中有一个问题是问驻村干部"您认为未来强基惠民活动的方向是（　）"，我们提供了三个选项：（1）继续实施下去；（2）已见成效，可以结束了；（3）部分村继续实施。从统计结果来看，随机抽取的607名驻村干部中，有57.17%的驻村干部希望"部分村继续实施"，20.43%的驻村干部认为"已见成效，可以结束"，希望按现有方式继续实施的为22.4%（见图4-4）。

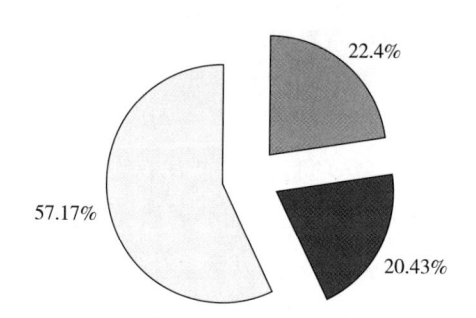

■ 认为应继续实施的驻村干部所占比重（%）
■ 认为"已见成效，可以结束"的驻村干部所占比重（%）
□ 认为"部分村居继续实施"的驻村干部所占比重（%）

图4-4　驻村干部对强基惠民活动未来开展方式的看法

资料来源：根据各地区回收的驻村干部问卷统计结果整理计算得出。

从现实情况来看，推行全覆盖的驻村方式给基层政府的工作带来一些困难。举例来说，第一批5451个驻村工作队中包括自治区级驻村工作

第四章　全面建成小康社会与乡村基层治理

队600个，地（市）级驻村工作队1211个，县级驻村工作队3640个。第二批5458个驻村工作队中包括自治区级驻村工作队604个，地（市）级驻村工作队1200个，县级驻村工作队3654个。也就是说，县级驻村工作队始终是驻村工作的主力。由于一些县级政府及相关单位人手不足，如何在抽调干部的情况下保质保量完成本职工作和保证干部必要的休假是个问题。

干部的驻村，除了发挥改善乡村公共品和公共服务的作用之外，另一个作用是维护基层社会的稳定，而在课题组回收的问卷中，不少驻村干部，特别是维稳形势比较复杂的地区的驻村干部都提出需要深挖根源、主动治理、依法依规严打整治的建议，单纯依靠几个干部的常年驻村所能发挥的作用仍是有限的。在有的县回收的村民问卷中，甚至有接近半数的被调查者表示他们并不认识驻村工作队队员。驻村的方式、范围需要根据不同地方的经济发展水平以及维稳需求进行更有针对性的设计，对于一些矛盾复杂、群众基础薄弱、基层党组织涣散的乡村管理不能放松。如何安排驻村工作应因地制宜，而不是整齐划一。

（二）资源的整合与均衡分配

不同的驻村工作队工作成效存在着较为明显的差异，这种情况的出现既和不同驻村工作队派出单位所能提供的资源和力量有关，也和各个驻村工作队自身的工作能力有关。按照目前的方式，一个村能够获得多少资金或项目可能在一定程度上取决于当地驻村工作队争取项目的能力。有的村或许存在着某项基础设施或某方面项目的迫切需要，但这一需要能否尽快得到满足部分地取决于驻村工作队。这并不利于资源的均衡分配和各个地区之间的均衡发展。因此，如何整合并均衡合理地分配资源、更加有效地使用资源，保证其向最需要的地方配置和倾斜是强基惠民活动在继续开展与实施过程中所应当给予高度关注的问题。

资源的整合主要包括两个方面：一个是以资金、项目为核心内容的各种物质资源的整合；另一个是以驻村工作队队员、村（居）"两委"班子、村党支部第一书记为核心要素的人力资源的整合，避免人员的重叠和财力的浪费。现有方式下，强基惠民项目的整体推进并不均衡协调，一些项目资金投入少、规模小，因此带来的经济效益有限。同时，由于一些驻村工作队队员缺乏项目领域的相关知识，在实施短平快项目时，存在施工程序简化、工程质量得不到保证、项目建成后无人管护等问题，导致工程造价高、工程质量有待提高等问题的出现。由于短期行为所造成的项目重复建设和资金浪费行为是以后应力争避免的。

应当看到，在一些地方派驻的驻村工作队存在着成本大于收益的问题，如前文所述，整体上看有接近半数的驻村工作队并不能为所驻村争取到项目资金，但不论其工作成效如何，政府都需要为每个驻村工作队队员支付补助，四类地区补助额度为80元/天，按每年300天计算，一个工作队如果有4名成员的话，一年的财政补贴需要9.6万元，除此之外再加上燃料补助、油料补助或其他补贴，维持一个工作队的驻村每年至少需要十余万元的财政经费。这笔资金如果用在为当地解决实际问题上可能效用更大。

(三) 对全区范围内乡村公共品供给的全面规划

为了更有效地利用财政资金，西藏需要对全区范围内乡村公共品和公共服务的供给现状做出更全面的规划和通盘考虑，在各类短平快项目解了燃眉之急后，政府应当对不同地区不同的公共服务和公共品需求有更加具体的了解和分类别的规划和设计。在一些生态环境脆弱、生存条件恶劣、人口过于分散、公共产品和公共服务供给成本远高于收益的地方应考虑生态搬迁和移民。这种顶层设计不可或缺。我们需要探索科学的、可持续的长效机制，将驻村工作中一些受到当地百姓欢迎的项目常态化，如对于贫困群体的帮扶，对必需的基础设施的建设、改善和维护，对技能或生产技术的培训，对急需医药的供给等，对所有这些问题的关注应该是长期的。从长远来看，这些问题的解决同样是对藏区稳定的巨大贡献。乡村公共品的供给在很大程度上与当地的经济发展水平密切相关，两者相互促进。应当看到的是，一方面，由于特殊的地理位置与气候条件，西藏基础设施建设所需要的投入和工程本身的技术与实施难度都要高于内地，即使在西藏各地之间也存在差别，仅以材料运输成本为例，在交通相对便利的地区材料运输费为400—600元/天，在那曲安多县北部同样的费用要达到2000—5000元/天。另一方面，西藏对于一些公共品的需求实际上已经超出了其自身目前的经济发展水平以及财政体系的承受能力，因此，部分公共品的提供仍需要中央更多的政策倾斜和支持，尽管有些公共品表面上看起来可能和国家安全并不直接相关，但它们关系到西藏的长远发展和长治久安。

与此同时，为了保护藏区干部的工作积极性，西藏干部特别是高海拔地区和偏远地区干部的工资待遇及交通、医疗、生活等方面的各种福利保障也应该得到地方乃至中央政府的高度关注，这是西藏工作有序推进的一个重要保障。以平均海拔4500米以上的那曲地区为例，2008年以来该地区干部因各种高原性疾病死亡162人，平均每年死亡32.4人，平均年龄40.9岁。由于工作生活条件艰苦，2010年以来，有1325名干部通过各种渠道调离那曲，这给当地干部队伍的稳定带来了严峻挑战。

（四）加大对村干部的培训力度

"留下一支永远不走的工作队"最有效的办法之一，是加强对村干部的培训和引导。通过各种方式提升目前村干部的整体素质和工作能力是西藏各级政府都应给予关注的问题。从课题组回收的问卷来看，几乎所有随机抽取填写问卷的村子，其村委会主任和村党支部书记的学历均为小学，极个别有文盲和中学学历的情况，因此不少驻村干部都建议加强对村干部的培训。村干部的素质与能力，不仅影响着基层组织的建设，还直接关系到各项政策的上传下达与贯彻落实。毕竟和驻村队员相比，他们是长期从事基层工作的主力军，也是基层治理的关键所在。从调研组走访的情况来看，村（居）"两委"干部的文化水平整体偏低，相当一部分干部不能使用汉语言文字交流、书写，少数干部没有阅读和书写藏语言文字的能力，这不利于基层工作的深入开展。目前，村干部能力与威信的参差不齐是亟须解决的问题。除此之外，对于边疆地区基础教育的投入仍有待进一步加强。尽管西藏已经开始逐步推行汉藏双语教育，但这一政策的施行因一些偏远或高海拔地区缺乏汉语教师而受到很大制约，从长远来看，这并不利于民族之间的文化融合以及基层治理工作的深入开展。

强基惠民活动得到了西藏干部和农牧民群众的广泛支持和肯定，取得了积极的效果。这一活动的推行为探索藏区经济发展和社会和谐的机制提供了有益的思路，也取得了阶段性成果，全覆盖式的驻村工作可以告一段落，做出适当的调整以推动各种资源更加有效的配置。未来我们应认真总结强基惠民活动所积累的丰富经验和存在的问题，科学合理有步骤地安排财政资金，循序渐进地改善西藏经济发展和社会和谐的基础条件，深入探索一个保障藏区长治久安繁荣稳定的可持续的长效机制。

第五节　强基惠民与科教文化帮扶研究*

我国的边疆少数民族地区，由于自然环境和历史文化传统的差异，大多自我发展能力不足，经济社会发展落后于内陆地区。西藏地区尤为突出。新中国从党的第一代领导集体开始，在民族问题上形成了民族区域自治的基本政治制度。民族区域自治的基本原则是民族平等、共同繁荣，通过民族区域自治实现中国各民族之间的平等和团结，促进各民族经济共同发展、共同繁荣，这是实现民族平等和团结的根本保证。在政治上取得了平等地位的少数民族，继而实现经济上、文化上的共同发展和繁荣、消除各民族在经济社会生活中的巨大差距的平等，才是真正的平等。同时，共同发展和繁荣也是全国经济发展和社会全面进步的必然要求。因此，西藏在实行民主改革以后，在经济社会发展中，始终得到党和政府的特殊关怀和全国人民的无私援助。

党的第五次西藏工作座谈会，把实现西藏长治久安和跨越式发展，在2020年与全国一道实现全面建成小康社会的目标，作为这一时期西藏工作的重点，为西藏社会的全面发展进步绘制了蓝图。而西藏人民在祖国和人民的持续援助中，也在不断寻求提高自我发展能力、培育内生机制。自2011年开始在自治区实施的"开展创先争优强基础惠民生活动"就是这种努力的一种重要尝试。而经济社会的发展、小康社会的全面建成归根结底是人的发展，现代化和小康社会的建成，最终是依靠现代化的人来实现的。没有人的全面发展的小康社会不是真正意义上的小康社会，真正意义上的小康社会必然为人的全面发展提供无限的可能和机会。这其中，科学、教育和文化作用于人的力量是其他方面所不能替代，也是无法替代的。因此，强基惠民活动中的科教文化帮扶，对于西藏实现跨越式发展和长治久安的目标来说，则具有更为长远和深刻的意义。

一　研究背景和基础

西藏自治区民主改革50多年来，在全体人民艰苦卓绝的勤奋努力和举全国之力的长期援助下，发生了翻天覆地的变化，幅员辽阔、各方面

---

* 本节执笔人：孙丹。

基础都十分落后的西藏经济社会发展与全国的差距在不断地缩小。仅从基础设施和社会发展方面看，西藏人口由 1951 年的 114.09 万增长到 2012 年的 308 万，人均寿命从 1951 年的 35.5 岁提高到现在的 68.17 岁。城镇建设方面，从和平解放前只有少量人口居住点，城镇只有拉萨、昌都、日喀则等少数地方，到 2012 年，全区设有两个市和 140 个建制镇，城镇化率达 22.75%。全区农牧民人均纯收入达到 5719 元，连续 10 年保持两位数以上的增长，城镇居民人均可支配收入达到 18028 元。2006 年以来，实施惠及广大农牧民的安居工程，截至 2012 年年底，全区累计建成 40.83 万户安居房，占农牧民总户数的 88.7%。2013 年年底以前，所有农牧民全部住进安全适用的房屋。在世界屋脊之上，电力装机总容量达到 123 万千瓦，水、电、路、信、气、广播电视、邮政等农村综合配套设施建设逐步完善，乡镇通邮率、乡镇通公路率和行政村通公路率分别达到 90%、99.7%、94.2%。已经建成遍布全区的光缆、卫星和长途电话网，县以上地区基本实现 3G 通信技术全覆盖，基本实现乡乡通宽带、村村通电话。2012 年，电话用户数达到 276 万户，达到 91 部/百人；互联网用户数达到 147 万户，普及率为 33.3%。2012 年，西藏城镇每百户居民中拥有汽车、摩托车分别为 27 辆和 16 辆，冰箱、彩电、电脑、洗衣机分别为 86 台、129 台、63 台、88 台。拉萨市连续五年被评为中国幸福指数最高的城市。

　　改革开放以后，西藏的教育和科技真正进入大发展的阶段。目前，西藏已建立起一个涵盖学前教育、基础教育、职业教育、高等教育、成人教育、特殊教育等具有西藏地方特色和民族特点的完整的现代教育体系。从 1985 年开始，实施对接受义务教育的农牧民子女包吃、包住、包学习费用的"三包"政策，先后 12 次提高补助标准，惠及 51.04 万人。2007 年，西藏在全国率先实现九年免费义务教育，2012 年又在全国率先实现十五年免费教育（学前教育 3 年、小学 6 年、初中 3 年、高中 3 年）。截至 2012 年年底，全区有小学在校生 292016 人，小学适龄儿童入学率达到 99.4%；实施双语教学的小学在校学生 282914 人，占小学在校生总数的 96.88%；初级中学在校生 130266 人，初中入学率达到 98.6%；普通高级中学在校生 47825 人，中等职业学校在校生 18291 人，高中阶段入学率达 70.2%；在校本专科生 33452 人、研究生 1079 人，高等教育毛入学率达到 27.4%。现有双语教师 23085 人，各级各类学校有藏语专任教师3700人。全国20个省、直辖市的26所学校开办内地西藏初、高中班（校），有60所重点高中招收户籍为西藏的学生，48所国家级示范中等职业技术学校、170所高等学校招收西藏班学生，累计招收初中生42040人，高中（中专）生47492人，高校本专科生16100人。目前，内地西藏班（校）在校生总数42460人。扫盲人口覆盖率达到100%，青壮年文盲率下降到0.8%，15周岁以上人口人均受教育年限达到8.1年[①]。

西藏以高原特色产业为重点的科技队伍不断壮大，全区有专业技术人员56264人，其中，高级专业技术人员2870人，中级专业技术人员13869人，初级专业技术人员36216人，遍布在农牧业生产、工业生产、藏药产业、新能源、旅游业、文化创意、民族手工业等领域。目前，科技对经济增长的贡献率达到35%，对农牧业增长的贡献率达到42%，科学技术普及率达到85%[②]。

教育和科技不仅是推动社会进步的重要基础，更是造就千百万推动社会进步力量的孵化器。作为后发型现代化中国的落后地区，由于地处高原，受到自然环境的限制和历史文化传统的制约，西藏的地理历史文化和宗教传统在时间上与空间上与中国东中部地区历史上存在巨大差别，又是中国的现代化后发地区，经济社会整体落后于全国发展水平，发展的内生动力不足，主要依赖外来力量发展。尽管西藏的经济社会发展与东中部的差距正在不断缩小，但仍有不小的距离，要在短时间内追赶上并与其他地区同步实现全面建成小康社会的目标，要求西藏地区在现代化的制度设计和实现路径上必须有所探索、有所创新。在以人的现代化为基础的跨越式发展进程中，教育、科技和文化对提高公民文化水平、科学素养、对人的全面发展所起的作用尤为重要和突出。

长期以来，西藏的教育是典型的追赶型教育，现代意义上的科技起步也很晚，具有悠久历史的传统文化面临现代化的挑战。在地广人稀、各级各类教育资源相对短缺又极不平衡的西藏，教育、科技和文化发展不平衡问题仍然是经济社会发展中不可忽视的重要问题。强基惠民活动的开展，不仅有助于西藏彻底改变依靠援助发展的外生型发展模式，而且通过强基惠民建立起强大坚固的基层组织，动员起最广大的基层群众，

---

① 国务院新闻办：《西藏的发展与进步》白皮书（2013）。
② 同上。

开始培植发育西藏发展的内生动力和机制,这无疑为西藏科教文化事业的快速发展、均衡发展、特色发展开创了一个独具优势的新天地。

强基惠民活动规定驻村工作队的五项任务是"建强基层组织、做好维稳工作、寻找致富门路、进行感恩教育、办实事解难事"。其中的"感恩教育"要求"工作队队员在村中广泛深入开展'算富账、感党恩、要稳定、求发展'主题教育","设立新旧西藏对比展室"充分反映旧西藏百万农奴的悲惨境地和新西藏农奴当家做主的美好生活,"宣传中央关于西藏工作的指导思想、党的富民政策和区党委关于推进跨越式发展和长治久安的新思路新举措","深入揭批达赖集团祸藏乱教、制造分裂动乱的阴谋和罪行","宣传党的民族宗教政策,深入宣读马克思主义祖国观、民族观、宗教观、文化观","宣传法律知识""科普知识","宣传现代文明生活方式和先进文化,引导群众移风易俗,摒弃陈规陋习,追求文明进步","积极开展送文化、送信息、送服务、送温暖等活动"。这些举措和做法实际上就是如同毛泽东在社会主义改造时期特别强调的"重要的问题是教育农民",是以"思想、观念、文化、科技、教育、卫生、风俗"的教育,通过驻村工作队把先进文明的、科学法制的等与西藏跨越式发展相适应的思想观念、行为规范、科学文化素养和生活方式送到广袤的西藏大地,传播到世代以游牧、农耕生活为主、相对封闭的广大农牧民中间,从时间上和空间上大大缩小与全国平均水平的差距,在科教文化帮扶方面进行了积极有益的探索,为实现西藏跨越式发展奠定了坚实的基础。

强基惠民活动开展三年来,在科教文化帮扶方面做了大量工作,深受乡村农牧民的欢迎。同时,调研中农牧民也在问卷中表达出在强基惠民活动中加大科教文化帮扶力度的强烈要求,诉说了加强和丰富文化娱乐活动的强烈愿望。本节以"西藏重大现实问题课题调研组"2014年4—5月在西藏调研中发放、回收的村民问卷为样本,对问卷中强基惠民科教文化帮扶和村民对科教文化帮扶愿望和要求的情况进行统计和分析,并结合调研中掌握的第一手材料,总结强基惠民科教文化帮扶的经验,提出存在的问题和下一步继续做好科教文化帮扶工作的建议。

二 以部分村民问卷相关内容为依据的分析

这里所分析的问卷样本选自山南地区和那曲地区,共318份。山南地区的问卷分别来自加查县、扎囊县、贡嘎县、措美县、曲松县、乃东县、错那县、琼结县、隆子县和桑日县,共10个县131份;那曲地区的问卷分别来自那曲县、尼玛县、索县、嘉黎县、申扎县、班戈县、比如县、巴青县、安多县和聂荣县,也是10个县,共187份。样本选取标准是只要填写了与本节研究相关的内容即视为有效。村民问卷中与本节研究有关的内容如表4-5所示。

表4-5　　　　　村民问卷与本节研究相关的内容

三、所在村公共产品及服务情况(共4个问题,涉及本研究的有2个问题)	四、关于乡村治理及驻村工作(共16个问题,涉及本研究的有1个问题)
1. 您对村里下列事项是否满意(共列出20个方面,给出"1 满意　2 一般　3 不满意"3个选项)	14. 驻村工作队来了之后,您的生活在哪些方面有改善(共8个选项及"其他",可多选)
村里的小学校舍	(2) 村办教育
学校的设备、师资力量	(7) 技能培训
义务教育情况	(8) 文化活动
文化活动(图书馆、老年人活动中心、文艺演出)	
4. 您最希望村里在哪些方面能有所改善(如果多选按重要程度排序,共9个选项及"其他")	
(3) 加强基础教育	
(6) 生产技术推广	
(7) 加强对村民的技术培训	
(8) 文化娱乐设施	

(一)　村民年龄结构和文化程度[①]

在年龄阶段划分上,首先是将学龄人群划分出来。根据《中华人民共和国义务教育法》规定,儿童进入小学接受义务教育的年龄是年满6周岁。那么完成九年义务教育时为15岁,高中毕业时为18岁。因此,将样本人口划分为6—18岁和19岁以上两个部分。学龄前儿童总共52人,其中山南地区15人,那曲地区37人,不做统计和分析。实际统计和分析的人口为1180人,其中山南地区446人,那曲地区734人。

---

① 在318份问卷中,统计总人口为1476人,其中,填写具体信息的1233人,分别为山南地区462人,那曲地区771人。

(1) 19 岁以上人群又划分为 4 个年龄组（见表 4-6）。第一组，19—29 岁。这是 1985 年以后出生的人群。1985 年，西藏自治区已经开始实施义务教育阶段对农牧民子女包吃、包住、包学费的"三包"政策。第二组，30—39 岁，1975—1985 年出生，这部分人最早出生的人进入学龄以后，中国开始实行改革开放政策，最晚出生的人进入学龄时，改革开放事业已经在邓小平南方谈话后进入了新的时期。第三组，扩大为 40—59 岁，即新中国成立后到"文化大革命"末期出生的人口。1955 年以后出生的"50 后"，进入学龄时，西藏已经开始了民主改革。而"60 后"到 1965 年以后，西藏自治区已经成立，西藏社会完成了历史性的跨越，一跃从封建农奴制社会进入到社会主义社会。西藏的教育事业也从旧时只有数十所僧人学校和贵族学校[①]开始进入蓬勃发展的历史阶段。第四组，60 岁以上人口，全部出生于 1955 年以前，即出生于西藏民主改革以前。这部分人有文化的超过了文盲，推测应该是民主改革以后在扫盲班或工农速成学校一类地方接受的教育，可见那个时代学校为工农敞开大门的情景。而山南地区又明显好于那曲地区，与山南地区是西藏最早进行民主改革的地区这样的历史相吻合。

表 4-6　村民年龄结构和文化程度统计（19 岁以上）

文化程度	第一组：19—29 岁（山南/那曲）	第二组：30—39 岁（山南/那曲）	第三组：40—59 岁（山南/那曲）	第四组：60 岁以上（山南/那曲）	68 岁（西藏人均寿命）以上（山南/那曲）
文盲	2/14	1/3/13	10/32	13/14	
脱盲	1/10	0/6	1/27	0/6	
小学没毕业	23/57	39/42	100/85	22/10	
小学	23/57	39/42	100/85	22/10	
初中	15/19	17/6	17/9	3/1	
中专	0/0	0/0	1/0	0/0	
高中	9/3	2/1	1/0	0/0	
高中在读	10/9	0/0	0/0	0/0	
中学	2/5	0/3	0/2	0/0	

---

① 参见《当代中国的西藏》，当代中国出版社 1991 年版。

续表

文化程度	第一组： 19—29 岁 （山南/那曲）	第二组： 30—39 岁 （山南/那曲）	第三组： 40—59 岁 （山南/那曲）	第四组： 60 岁以上 （山南/那曲）	68 岁（西藏人均寿命）以上 （山南/那曲）
大专	7/4	1（女，30，村干部）/0	0/0	0/0	
大学在读	23/8	0/0	0/0	0/0	
小计	94/136	63/80	134/178	42/34	28/18
总人数	230	143	312	76	46
各年龄段登记人数	106/173	73/103	150/214	52/41	28/18
总人数	279	176	364	93	46

从统计表中我们看到，青壮年中，第二组和第三组，即30—39岁和40—59岁这两个时代的人，教育程度很接近，主要集中在小学阶段，读到初中的已是屈指可数。这两个年龄组所处的时代有着显而易见的差别，第三组的一部分人学龄是在民主改革初期，学校教育发展很有限；另一部分人则在学龄时遭遇了"文化大革命"。这一组的总体情况与内地的情况差不多。第二组这个年龄阶段的人应该是目前西藏追赶现代化、实现跨越式发展的中坚力量和生力军，但他们的文化程度之低有些出乎意料。这既要对那一时期的教育工作做些检讨，更应制定能够使这部分人跟上时代前进步伐并为西藏发展做出贡献的行之有效的政策。值得注意的是第一组，19—29岁的新生代受教育程度大大高于他们的前辈。山南地区接受高等教育的比率已达到34%，远远高于自治区27.4%的平均水平。那曲地区接受高等教育的比率也达到10.29%。

（2）18岁以下学龄人口在表中划分为义务教育阶段、小学阶段、初中阶段和高中阶段（见表4-7）。

这四个阶段，第一与第二、第三阶段是重合的。为的是更清晰地观察义务教育阶段小学和初中的在学巩固情况。目前，世界发达国家普遍实行的是十二年义务教育。有的发展中国家如朝鲜于近年开始实施十二年义务教育制度。中国部分地区如深圳、新疆也已开始实施十二年义务教育。中国的九年制义务教育制度是从1985年《中华人民共和国义务教

表 4-7　　　　　村民年龄结构和文化程度统计（18 岁以下）

地区	九年义务教育入学人数（6—15岁）/样本数	义务教育入学率%	小学入学人数（6—12岁）/样本数	小学入学率%	初中入学人数（13—15岁）/样本数	初中入学率%	高中入学人数（16—18岁）/样本数	高中入学率%
山南地区	41/46	89.13	30/33	90.91	/11/13	84.62%	15/19	78.94
那曲地区	93/139	71.22	62/88	70.45	31/50	62	37/64	57.81
自治区				99.4		98.6		70.2
备注					那曲地区样本未包含1名适龄残疾儿童			

育法》颁布开始实施的。此后，义务教育执行情况始终是各级地方政府的硬任务、硬指标，教育部每年都会公布各省市义务教育验收情况。2000 年前后，我国基本在全国实现了九年义务教育，但是入学率与保学率不同。为了保证学龄儿童不因贫困等原因中途辍学，国家采取很多措施，并以入学巩固率进行检查监督。西藏自治区从 2007 年开始在全国率先实行免费义务教育，2012 年又在全国率先实行十五年免费教育，全区对教育工作达到空前的重视。

从样本统计来看，山南地区和那曲地区的义务教育入学率、小学和初中阶段的入学率，均低于自治区平均水平。高中阶段入学率，山南已经超过自治区平均水平，那曲则低于平均水平超过 10 个百分点。

（二）问卷第三项中有关内容的统计和基本分析

1. 对村里公共产品及服务情况是否满意的问卷

这是一个了解村民对村级组织提供的公共服务供给满意程度的问卷。在与本节有关的四个问题中，对"义务教育收费情况"的满意度最高，这与西藏 2007 年以来免费义务教育政策的实施是吻合的。其他两个关于教育的问题，村民的满意度也比较高，但选择"一般"的也有不少。说明在农牧区义务教育仍有较大的提升空间。值得注意的是，在"村里的小学校舍"这个问题中，不少问卷特别注明了村里并无小学。只有经过实地调研才能理解，西藏农牧区的村落十分分散，孩子从小学甚至幼儿园时就开始集中住宿生活和学习。因此，大一些能够承担部分"工作"

的孩子，特别是牧区，如果家里人手少，孩子能够放牧以后，就很容易辍学。此外，在藏区这种特殊的环境，住宿学习的孩子如何能够不脱离家庭和社会，健康地成长，也是教育应该关注和研究的重要问题。

满意度最低的是第四个问题关于文化设施和文化活动问题的。对这个问题的参与度也最高，三个选项相加之和高于前三个问题。说明村民在追求增收致富的路上并没有放弃精神文化追求。这在调研中也得到印证，驻村工作队在村里搞文艺活动、举办展览、放映电影等都很受欢迎。在近年来基层公共文化基本建设大发展的背景下，西藏农牧区在这方面建设的滞后显得比较突出，而这一方面正是西藏发展阶段仍落后于全国所特有的问题，另一方面也是西藏这样地域辽阔、人口稀少、自然条件严酷的状况下基层基本公共文化建设所需要破解的难题。

表 4-8 "您对村里下列事项是否满意"的统计（共四件与本研究相关）

	满意（山南/那曲）	一般（山南/那曲）	不满意（山南/那曲）
1. 村里的小学校舍	57/48	21/36	1/7
2. 学校的设备、师资力量	57/50	26/43	1/10
3. 义务教育收费情况	83/70	7/37	2/3
4. 文化活动（图书馆、老年人活动中心、文艺演出）	56/48	40/66	5/19
样本数	131/187	131/187	131/187

2. 关于村民对改善村公共服务意愿的问卷

表 4-8 的四个问题与表 4-9 的不同之处在于，表 4-8 的问题可说是必答题，表 4-9 的问题则相当于选答题，共提供了 9 个选项，除与本研究有关的这四个选项，另外 5 个是"改善卫生设施和医疗条件"、"道路修建、改造、维护，改善交通条件"、"饮用水源"、"加强电网、通信等基础设施建设"、"加强环境保护管理工作"等与民生息息相关的选项。除了少数进行了全选，大多数问卷选 3—5 项。总的来看，村民对教育、科技和文化帮扶的渴望是比较强烈的。同时也说明村民在这些方面得到的满足是欠缺的。这也是调研中各地反映最强烈的问题。而将表 4-8 与表 4-7 作一比较，可以发现它们有比较高的一致性。表 4-8 中，那曲地区村民选择"满意"的比率低于山南地区，选择"一般"和"不满意"

的比率均高于山南地区,而表4-7中,那曲地区对"加强基础教育"的意愿高于山南地区5个百分点,验证了表4-8中"满意"选项相反的比率。对改善"文化娱乐"意愿的比率,两个地区相同,为35%。而对"生产技术推广""加强对村民的技能培训"这两项关于职业教育和培训方面的意愿,那曲地区虽然也比较强烈,各有37%的比率,但却明显低于山南地区的46%和55%。也就是说,在涉及个人的未来规划和发展方面,那曲地区村民的主观意识要落后于山南地区。

表4-9　　　　　　您最希望村里在哪些方面能有所改善

(共有四个与本研究相关的选项)

	加强基础教育	生产技术推广	加强对村民的技能培训	文化娱乐
山南地区(样本数131份)	51	60	72	46
那曲地区(样本数187份)	82	70	70	66

(三)问卷第四项关于乡村治理及驻村工作的统计和基本分析

1. 关于村民对驻村工作队驻村成效的反馈

关于"驻村工作队驻村后生活有哪些改善"的问题,问卷提供了八个选项,除表4-10统计的前三项,其他五项是"医疗卫生""道路交通""吃水""住房""通信条件"。两地区对"技能培训"的勾选率最低,对于包含在强基惠民"五项任务"中的"文化活动",两地都给予了积极的评价,勾选率最高。这与驻村工作队开展工作的特点比较接近。相比之下"技能培训"更具专业特征,工作队如果没有专门的计划是不大容易实施的,而文化活动的开展要容易得多,仅感党恩活动就融入了形式多样的文化活动,寓教于乐,也易于为村民接受。而那曲地区对"技能培训"这个选项的态度则比较难以判断,认为有所改善的只有18.7%。可以有两种推断:一种情况是在那曲地区目前维稳任务繁重的情况下,驻村工作队尚无暇无力顾及这方面的工作;另一种情况是驻村工作队在这方面的帮扶力度达不到满足村民需要的程度。

三　在强基惠民活动中科教文化帮扶的得失和建议

西藏在目前阶段所做的一切,都是为了实现经济社会跨越式发展和长治久安,并确保西藏与全国人民一道在2020年全面建成小康社会。所

表4-10 驻村工作队来了之后，您的生活在哪些方面有改善
（共有三个与本研究相关的选项）

	乡办教育	技能培训	文化活动	对驻村工作队的要求和希望
山南地区（样本数131份）	36	52	64	49
那曲地区（样本数187份）	101	35	77	74
总计（样本数318份）	137	87	141	123

谓"跨越式发展"，从经济学上说主要是后发理论和技术发展的跳跃式理论。这种理论认为，工业化进程的后来者能够具有先行者所不具有的后发优势。加上"后发者强烈的赶超意识和欲望，能够激发各类群体共同奋斗，形成持久的赶超态势。而且这种经过比较选择的跨越式发展方式和赶超途径，可产生人们难以预料的巨大成效"[1]，从而实现跨越式发展。而西藏现阶段所追求的跨越式发展，显然，已经超出经济学发展理论，而是要突破传统工业化道路中单纯追求"速度型"的跨越增长，追求一种速度与效率并重，当前发展与长远发展兼顾，经济和社会、生态环境协调发展的跨越式增长模式。这样的模式显然对发展提出了更高和更为全面的要求。

在强基惠民前三年的活动中，科教文化帮扶的项目和资金主要集中在与科教文化相关的部门，如科技厅、新闻出版局、教育厅等，根据各自部门工作性质，进行科教文化方面的帮扶，如送科技到农牧区，帮助新建或更新农（牧）家书屋的图书、为村里的孩子补习文化课、举办读书夏令营等。科技厅是在人力和资金投入上比较集中的部门，在强基惠民活动中，以着力推进农牧业科技创新，促进农牧业增产增收，加速民生科技创新，改善人民群众生产生活条件为主要任务，充分发挥科技工作优势，围绕拓宽致富门路、改善民生状况、提高科技致富能力，按照统一归口、分类组织、按村设计、按队实施的原则，开展了"强基惠民送科技行动"，2012年安排专项资金2300余万元，在全区农村组织实施75个强基惠民项目，项目涉及种养殖技术示范、新能源示范推广、特色资源开发、农牧民技术培训等当地亟须"短平快"项目；2013年的"强

---

[1] 牛治富主编：《西藏跨越式发展研究》，西藏人民出版社2004年版，第9页。

基惠民送科技行动"安排专项经费 2000 万元，支持 100 个驻村工作队开展强基惠民活动。新闻出版局发挥自身优势，驻林芝朗县的工作队在四个方面进行科教文化帮扶：一是开展文化宣传和保护活动。工作队在拉多乡扎村自筹资金 1000 多元，帮助组建了由 20 名村民组成的扎村文艺演出队，组织村民在农闲时间编演、排练文艺节目，在藏历新年、望果节、"3·28"等重大节点进行演出，极大地丰富了群众的文化生活，受到当地政府的肯定及群众的广泛好评。为保护和传承民间艺术文化，工作队赴老扎村搜集和整理了扎村民间传统说唱歌舞"呗谐"的历史渊源及演绎形式，并积极协调相关部门逐级申报非遗项目，目前"呗谐"被评定为"县级非物质文化遗产"。二是开展读书活动。在以"多读书、读好书"为主题的送书进校园活动中，于 2013 年"六一"儿童节时为朗县中心小学赠送了《十万个为什么系列丛书》等 50 余种，200 多册，价值 4000 多元具有科学性、知识性、趣味性儿童图书，为青少年健康成长创造了良好的文化氛围。在"4·23"世界读书日，开展了农牧民群众读书竞赛活动，工作队向群众赠送了《中国家庭应急手册》等 15 种、63 册藏文图书和《再唱山歌给党听》等 20 多种音像制品，大家在阅读的过程中享受到了读书的乐趣，进一步提高了群众的读书积极性。三是认真开展农牧村书屋建设。工作队利用农家书屋、数字传媒等有利资源，积极推进公共文化惠民工程建设，投资 25 万元，按照"十有"标准的建设目标修建了朗县建筑面积最大、功能设施最齐全的村文化室，并为其配套了农家书屋，配套了 10 个书架、600 多种、近 3000 册藏文书籍，还有桌椅板凳等阅读设备。总投资近 3 万元建成了林芝地区首家卫星数字农家书屋终端设施，扎村农家书屋被自治区评为"五星级农家书屋"。积极协调为白露村争取解决了以藏文为主的政策法规、科技文化等方面的 844 种、2500 多册（盘）出版物及 20 套书架，为该村打造精品农家书屋创造了条件。四是开展文化补习和职业教育。针对村民文化素质不高，自我发展意识淡薄等实际，工作队在扎村开办了"爱知"扫盲夜校。以文化知识学习及思想教育相结合，开设了藏文、汉文、数学及法律法规等课程。自筹资金为学员免费发放了价值 2000 多元的各科教材及学习用品 68 份，村民学习热情高涨，学习氛围浓厚，学习效果明显。积极协调县农牧局，开展了 3 期果树种植、病虫害防治、畜牧业养殖等种植养殖技术培训，参培群众 180 人次，使村民掌握一技之长，为增收致富打下了基础。

值得一提的是，新闻出版局制作了《轻松学藏语》mp4，帮助驻村汉族干部和其他少数民族干部学习藏语。

西藏从自然和历史的条件看，后发优势看似不少，但制约"瓶颈"也比较突出。从本书研究的视角出发，在目前的发展阶段，在"稳定与发展"的"发展"这个主题中，西藏所面临的所有矛盾中，突出矛盾之一是跨越式发展对各类人才的需求和各类人才短缺特别是本地人才的短缺之间的巨大矛盾，是与全国人民一道共同建成小康社会的要求与占西藏人口80%以上的广大农牧民文化水平偏低、思想和生活观念仍然比较封闭落后之间的巨大矛盾。西藏与在2020年全面建成小康社会的目标仍存在着需要加倍努力追赶的差距，教育、科技和文化既是需要下大力气追赶和跨越的，同时也是可以大有作为的重要领域。

（一）山南地区和那曲地区强基惠民活动中科教文化帮扶情况和面临的问题

从全区强基惠民活动的重点来看，一方面，是在现阶段的工作中，维护稳定是一切工作的重中之重，没有和谐稳定的社会环境，一切都无从谈起。另一方面，西藏农牧区的经济基础比较薄弱，发展的要求更为迫切。以扶贫为例，2013年，那曲地区的扶贫开发资金仍有70%投向救济绝对贫困人员，用于提高技能培训项目的仅占1.5%。[①] 经济发展得好了，人民生活富裕了，就会自觉地维护发展经济的和谐环境，就会生长出对科技文化的更多需求。在稳定和发展的关系上，稳定是发展的基础，发展是稳定的目标，没有稳定的发展和没有发展的稳定都是不合乎科学发展要求的。因此，强基惠民在目前阶段重在维护稳定、突出经济发展的思路和举措是正确的。但是，问卷调查结果显示，广大农牧民的精神文化需求也是迫切的、旺盛的。在实现稳定的基础上，有质量的发展、全面的发展，以及有丰富内涵的稳定、全面长期的稳定应该成为西藏下一步发展的工作重心。

在2011年制订的《全区深入开展创先争优强基础惠民生活动实施方案》中，并未制订专门的科教文化工作方案，但是关于科教文化帮扶的不少内容在五项任务中都有所体现，通过各项活动，极大地改变了广大

[①] 《那曲地区扶贫办汇报材料》，参见《那曲地区相关单位向西藏重大现实问题研究课题组汇报材料》，第115页。

第四章　全面建成小康社会与乡村基层治理

农牧区特别是偏远农牧区相对封闭保守的生活状态，通过送党的温暖到农牧区、送党的路线方针政策到农牧区，送科技、教育、文化、卫生、生活方式到农牧区，帮助农牧民厘清生产致富的思路、拓宽致富增收的渠道；通过建立新旧西藏对比展览、演出等丰富多样的文化活动，对农牧民进行感党恩教育活动中的文化宣传，增强各族群众对伟大祖国和中华文化的认同感和自豪感，转变观念，凝聚人心。与群众做朋友，引领农牧民接受现代生活方式，建村公共厕所、浴室，建村垃圾填埋场，安装体育健身器材，建村文化活动中心、更新村文化室设施设备，购置许多农牧业机械设备，筹措资金向贫困村赠送电视机及接收设备，组织农牧民学生到北京参加夏令营等。活动开展以来，这些举措持续不断的实施，直接为农牧民带来现代生产生活理念，正在或快或慢地、潜移默化地改变着广大农牧民传统生活方式中的陈规陋习。

强基惠民就是强基础、惠民生，驻村工作队的首要任务是巩固基层政权、强健基层组织，这一目标在各地也完成得相当好。惠民生工作的重点，在这一阶段是放在改善基础设施、生产生活条件、增收致富上面的。驻村工作队千方百计找资金、找项目，进行了大量卓有成效的工作，得到当地村民的大力支持和热烈的拥护。从三年来设立的短平快项目中，也可以发现项目内容的一些细微变化。比如，那曲地区申扎县提供的 8 个乡的强基惠民项目统计，第一批实施的 25 个短平快项目中，除了 1 个蔬菜大棚、1 个奶制品加工厂项目，其余全部是关于路桥、饮用水方面等基础设施的项目。第二批实施的 28 个短平快项目中，则有所变化，路桥项目仍占一半以上，有 17 项，但生产生活项目大幅度增加，有 2 个奶制品加工项目、4 个蔬菜大棚项目、3 个牦牛育肥项目、1 个糌粑加工项目和 1 个摩托车维修店项目。第三批 30 个短平快初审项目中，路桥项目已减少至 12 项，其余全部是生产生活方面的项目，具体是"牦牛短期育肥基地"项目 8 个，"绵羊短期育肥基地" 1 个，"民族手工艺小作坊配套工程" 3 个，"水磨糌粑加工厂" 2 个，"村办经济实体" 2 个（其中 1 个为商店、1 个为招待所），蔬菜大棚 1 个。第三十个项目，是新建村民活动中心。我们认为，这是第三批项目中一个引人注目的项目，是一个可喜、可贵的变化，说明这里的生活正在从简单温饱型向高一级的阶段演变。

从调研情况看，山南地区和那曲地区在强基惠民活动中，除了在活动规定的"五项任务"中进行科教文化帮扶,两区还都有自己的"自选动作",其中也都包括科教文化方面的内容。

山南地区结合实际提出创建"十星模范村"和"强化创业意识教育"两项任务。"十星"即爱党爱国星、民族团结星、勤劳致富星、特色经济星、管理民主星、重教尚文星、环境美化星、遵纪守法星、平安和谐星、先锋堡垒星。"重教尚文星"把科教文化建设纳入了模范村的评价体系之中。而"强化创业意识教育"则是对农牧民强化创业意识教育,引导农牧民正确处理政府扶持与自我发展的关系、外部"输血"与自身"造血"的关系,克服"等、靠、要"思想,增强市场经济意识,积极创办参与农牧区专业合作经济组织,引进增收项目,提高就业技能,拓宽致富门路,切实增强了基层干部群众创业致富的信心和本领。

那曲地区在强基惠民科教文化帮扶中把丰富群众文化生活、淡化宗教消极影响作为开展群众文化工作的重要目标,实施"文化温饱"工程和"和谐村居"系列文化建设,以村文化活动室、农家书屋为抓手,积极组建民间业余演出队和基层文艺队,充分利用民间文艺资源,鼓励群众自建班子、自搭台子,自编自演、自娱自乐。通过举办好各级赛马艺术节、中央电视台"激情广场"栏目"爱国歌曲大家唱"那曲篇等活动丰富、提升群众性文化活动。我们调研的那曲地区申扎县强基惠民科教文化帮扶的意识是比较强的,方式方法也灵活多样。申扎县62个行政村仅有1所村办幼儿园,驻村工作队驻村后得知这一情况后,在教育部门大力支持下,先后在马跃乡1村、申扎镇6村、巴扎乡7村等村创办了4所幼儿园,解决了42名儿童入园问题,并设法争取到学生"三包"经费,为缺少幼儿教师的幼儿园当代课老师,开设藏语、汉语课等。除了教育,在强基惠民活动中对文化建设也比较重视。工作队积极整合基层文化资源,清理归档书屋图书,向群众开发,并设立读书日,吸引群众养成读书看报的习惯。组织文体活动,帮助62个行政村建立了8—12人的村级文艺队,参加县、乡、村三级赛马艺术节及其他节日文化庆祝活动,全年演出达到700多场次,丰富了群众文化生活,也锻炼提高了村级文艺队的整体水平。此外,驻村工作队还开展了以"提高群众对牧业现代化知识的理解和运用"为主题的科普宣传活动,家访宣传覆盖面达到100%,各类宣传教育3003场次,受教育群众86754人次。针对近亲结婚、非婚私生等现象,加大宣传教育力度,积极宣传倡导文明的婚育观念。针对牧区脏乱差的状况，驻村工作队组织广大村民开展卫生集中整治，清理卫生死角，处理陈年垃圾，建立大扫除制度，划分卫生责任区，建设垃圾坑等，环境卫生得到有效改善。

上述情况表明，在前三年强基惠民活动中，科教文化帮扶在强基惠民各个层级、在很多举措中均有所体现，取得了较好的成效，得到村民的拥护和赞同。但是这项工作，除了科技厅，在整体上是呈现出明显的间接性、时效性、零散化、碎片化的特点，说明在强基惠民活动中科教文化帮扶尚缺乏自觉意识和主动意识，缺乏关于科技文化帮扶的明确具体的规划和周详完整的计划。而从问卷调查分析的结果看，村民对科教文化帮扶的需求和意愿是普遍存在，并且比较急迫的。授人以鱼，不如授人以渔。按照"一年打基础、两年有变化、三年大发展"的思路，强基惠民活动在前三年工作整体推进的基础上，在下一阶段应该进入重点突破、专项突破，以培育西藏自我发展能力的"造血"机制为重点的新阶段。科教文化帮扶工作应该成为新阶段强基惠民活动重点突破和专项突破的首要内容。

(二) 对强基惠民活动中强化科教文化帮扶的几点建议

在西藏社会稳定任务十分艰巨、经济社会发展水平偏低、人才人力资源比较匮乏、民生改善空间较大、经济结构相对单一和体制机制相对固化、宗教文化氛围过于浓厚、生态安全红线不可触碰的现实中，村民问卷反映出，山南地区和那曲地区科教文化现状与西藏要在2020年与全国一道实现全面建成小康社会的目标要求相比是不相适应的，如果不能迅速加以改变，在发展过程中就会越来越受到科教文化发展不足的"瓶颈"限制。因此，适时进行超常规发展是有利于实现上述目标的。除了国家和各级政府主管部门要加大对科技、教育、文化工作的力度，在强基惠民活动中，通过遍布在5464个村中的工作队，来完善、强化和巩固科教文化工作，使之能够在广大基层生根、壮大，并最终开花、结果，强基惠民活动是应该，而且是可以大有作为的。

1. 各级政府应该充分认识、高度重视文化软实力在维护稳定、实现西藏长治久安的过程中所具有的无形胜有形的巨大作用，把强基惠民活动中科教文化帮扶的重要意义提到新的高度

文化共同体是凝聚不同族群和民族的重要载体，文化的纽带作用正如母体的脐带之于婴儿的作用。进入新世纪，党和政府把建设和提升文

化软实力的重要性提到空前的高度，大力构建社会主义核心价值体系，在国家层面实施文化建设工程，实施文化走出去战略，使中华文化焕发出新的光彩，不仅在世界舞台上极大地提升了中国形象，而且在国内极大地增强了国人的文化自信和文化自觉，起到了凝聚共同实现中华民族伟大复兴之磅礴力量的重要作用。西藏的发展和繁荣，既不是藏族也不是汉族单个族群的事情，而是多元一体的中华民族的共同愿望，对中华文化的认同和热爱，能够凝聚西藏各族人民的力量，而科技、教育的进步是实现文化共同发展和繁荣的重要基础。必须持之以恒地发展繁荣科技教育和文化，才能为西藏的跨越式发展注入强大的精神动力和智力支持。

2. 强基惠民下一阶段工作中，统筹规划科教文化帮扶，以项目的形式进行

在强基惠民三年来的活动中，科教文化帮扶尽管是在强基惠民整体推进中间接性、时效性、零散化、碎片化地进行的，但所起的作用却不可替代、不可小觑，这些活动也得到了基层群众的热烈响应和极大兴趣。科技厅做的每项工作都和强基惠民活动相辅相成，科技帮扶成效十分明显，取得不少宝贵经验，应该加以总结并向全区推广。在此基础上，强基惠民活动如果能够趁热打铁，统筹规划，不再以有关部门单兵作战，而是把科技、教育、文化帮扶工作进行全盘规划，并且以项目的形式纳入强基惠民的整体项目中推进，一定会起到事半功倍的效果。

第一，要求驻村工作队像清理经济发展思路一样，帮助驻在村厘清科教文化方面发展的问题和思路，制定出符合实际情况的科教文化发展规划。

第二，以项目或者短平快的项目的形式落实科教文化发展规划，进行科教文化帮扶。

第三，在下一阶段强基惠民活动中，明确要求科教文化帮扶的项目和资金分配上在项目和资金总数中至少占有30%甚至是更高的比例。

第四，根据各地不同发展情况，项目可以引入招标形式。这样，既可以培养锻炼干部队伍，也可以锻炼村干部。

3. 重视本地人才培养和人力资源培训，为西藏跨越式发展建立内生动力体系的人才基础、储备人力资源

西藏的发展进步，归根结底是地域辽阔的农牧区的发展进步，西藏的现代化，归根结底是数以百万计生产生活方式还比较落后的农牧民的

现代化。目前西藏在发展中面临着人才和人力资源的严重制约。就人力资源来说，西藏存在着两个比较严重的问题：一是人力资源严重不足。人力不足一方面是因为青藏高原缺氧的自然环境限制了大量外来劳动力的进入，另一方面是本地由于农牧业相对落后，剩余劳动力不多，导致本地劳动力资源也极为有限。二是本地人力资源素质普遍偏低。表现为一方面是藏族劳动力的汉语水平偏低，限制了就业渠道。另一方面是藏族劳动力的文化水平偏低，限制了就业的行业。

人力资源不足的问题，受到劳动力市场的制约和自然条件的制约，难以依靠吸引外来劳动力的办法解决。因此，解决劳动力不足的问题必须立足于本地，要分外珍惜和壮大现有的人力资源。解决的办法一是提高农牧业生产的科技含量，解放生产力，释放本地的剩余劳动力，这是增加西藏劳动力资源的重要途径。在此基础上，则要迅速改变目前本地人力资源素质偏低的现状、拥有与西藏发展要求相适应、符合西藏产业发展要求的合格的劳动力，这就需要科教文化的优先发展和跨越式发展。尽管西藏在20世纪90年代就提出实施"科教兴藏"战略，但由于西藏科教底子薄、历史"欠账"多，劳动者的文化素质仍有待于进一步提高。

在释放农牧区剩余劳动力和提高劳动者素质的问题上，强基惠民活动应该并且能够发挥其独特的作用。从调研中获得的资料来看，农牧民外出打工的主要行业是门槛较低的建筑业。以西藏将要大力发展的净土健康产业和旅游产业为例，劳动力素质偏低是极为严峻的现实。调研中，旅游部门就提出，要求内地导游援藏，以解决西藏旅游业快速发展带来的导游不足的问题。这两个产业与建筑产业以及一般工厂流水线等产业相比，都是对劳动力素质要求相对较高的行业。如果不能在西藏当地解决符合要求的劳动力问题，就无法支撑这两个产业的发展和壮大。在强基惠民活动中，结合西藏产业发展规划，应与职业教育、职业培训机构联合，依靠强基惠民工作队的力量，对农牧民进行准职业培训。

4. 分类指导，针对地区特点和特色，制订相应的计划

西藏地区地广人稀，不同地区各方面条件千差万别，所有的政策、措施都必须考虑到这种差异。但由于整体发展水平的限制，掌握和执行政策的能力也比较有限，也不能赋予政策太大的灵活性而容易失去边界，从而影响政策的实施。应该在充分调研的基础上，在总的方针政策下面制定具有可操作性、可实施的具体细则。既考虑到共同发展的共性问题，

更要具体分析不同地区的不同需要，分类指导，利用各种网络、多媒体等现代化手段，实施科教文化帮扶。

强基惠民活动今后要常态化、制度化，就必须全面、科学地规划，针对不同地区、不同发展水平、不同村条件、不同居民文化水平，分类细化，量身制订有针对性的工作方案和目标计划，然后投入不同的力量，这样，才能确保西藏发展水平各不相同的地区在2020年携手跨越，实现建成小康社会的美好愿望。在这方面，可以借鉴管控重点人群、重点寺庙的方法，根据各地的实际情况和当地的需求，对科教文化帮扶的地点、人群、类型、层次进行细化分类，分别采取相应的步骤和措施。

5. 强基惠民科教文化帮扶与扶贫、援藏工作结合进行，整合各种渠道和资源力量，使帮扶效益最大化

21世纪以来，西藏已经进入经济社会发展的最好时期。中央支持力度不断加大，各省市各部委形成长期对口援助，公益援助日渐增多，特别是自治区自我发展的内生动力正在不断壮大，几股力量如能形成合力，与强基惠民活动结合起来，进行资源优化配置，避免重复建设，"输血"与"造血"结合，以"输血"建强"造血"机能，以内力融合优化输入的外力，形成内外合力。在科教文化帮扶中，统筹规划，集中力量办事。此外，像那曲、阿里这样地域极其辽阔、人口极其稀少、条件极其艰苦、教育资源极度匮乏的地区，如何保障学龄儿童入学、就学，能否探索出义务教育的新途径，是西藏教育应该破解的难题，完全可以借助强基惠民活动做一些有益的探索。

第六节　强基惠民宗旨下的生态环境保护[*]

一　作为生态安全屏障的西藏

近年来，环境的治理与保护引起了中国政府的高度重视，如何转变粗放型的经济增长模式、实现社会经济的可持续发展、减少能源的大量消耗浪费和环境污染是中国政府最为关心的命题之一，我们已经充分认

---

[*] 本节执笔人：王丹莉。

识到经济增速、GDP 总量并不是发展的全部内涵。

21 世纪以来，国家财政明显加大了对环境保护的投入和支持力度，同时，一系列推动生态环境改善与保护的政策相继出台。十八届三中全会通过的《中共中央关于全面深化改革若干重大问题的决定》明确提出加快生态文明制度建设的目标，该决定强调，建设生态文明，必须建立系统完整的生态文明制度体系，实行最严格的源头保护制度、损害赔偿制度、责任追究制度，完善环境治理和生态修复制度，用制度保护生态环境。

西藏是国家重点生态功能区，被称为"世界屋脊""地球第三极"，生态环境效应影响极大，保护好高原生态就是对中华民族生存和发展的最大贡献。习近平总书记指出：生态环境没有替代品，用之不觉，失之难存。保护环境就是保护生产力，改善环境就是发展生产力。[1] 从而将我们对绿色发展的认识提升到一个新的高度，也对西藏未来的发展指明了方向，使西藏地区可以避免"先污染，后治理"的老路。根据 2010 年 12 月国务院印发的《全国主体功能区规划》，西藏除自治区中南部以拉萨为中心的部分地区为重点开发区域外，其他地区多为限制开发或禁止开发区域。[2] 作为青藏高原主体的西藏，因其独特的地理环境而具有特殊的生态价值。西藏拥有天然草地 12.4 亿亩，是我国五大牧区之一；湖泊总面积 2.6 万平方公里，占全国湖泊面积的 28% 以上；冰川总面积 2.74 万平方公里，占全国冰川总面积的 46.7%；地表水水资源总量为 4394 亿立方米，占我国水资源总量的 1/7，是我国和亚洲重要的水源补给区；拥有野生动植物 13000 余种，是世界上生物多样性最丰富的地区之一；对我国江河源头区的水源涵养、水土保持、生物多样性保护、气候调节发挥着重要作用。

西藏的生态环境保护与建设一直受到中央政府的高度关注。在国务院 1998 年和 2000 年制定的《全国生态环境建设规划》和《全国生态环境保护纲要》中，青藏高原冻融区是全国八大生态建设区之一，国家提出了明确的建设任务和建设原则。2009 年，国务院通过《西藏生态安全

---

[1] 参见习近平《在省部级主要领导干部学习贯彻十八届五中全会精神专题研讨班上的讲话》，2016 年 1 月 18 日。

[2] 参见 2010 年 12 月 21 日国务院印发的《全国主体功能区规划》。

屏障保护与建设规划（2008—2030年）》，将西藏分为3个生态安全屏障区和10个亚区，提出了在西藏进行生态安全屏障保护与建设的近期与远期目标。2010年，国务院发布《全国主体功能区规划》，这一《规划》提出的25个国家重点生态功能区中有2个位于西藏，分别为"藏东南高原边缘森林生态功能区"和"藏西北羌塘高原荒漠生态功能区"，面积分别为97750平方公里和494381平方公里，两者总面积接近西藏面积的一半[①]。所有这些都为西藏环境保护工作的推进提供了良好的契机。

二 近年来西藏的环境保护与治理

（一）环境保护工作的主要进展

在整个"十一五"期间，西藏全区用于环境保护和生态建设的资金达106亿元，全区受保护区域面积占国土面积的1/3以上。三年来，随着国家支持力度的不断加大，西藏自治区先后批准实施了《西藏自治区生态环境功能区划》《西藏自治区"十二五"时期环境保护和生态建设规划》《西藏自治区水土保持规划》《西藏自治区农牧区环境综合整治规划》《西藏自治区城镇饮用水水源地环境保护规划》《西藏自治区重金属污染综合防治"十二五"规划》《西藏自治区生物多样性保护行动计划》等一系列生态环境保护与建设规划。此外，还系统开展了生态环境十年变化（2000—2010年）遥感调查与评估、生态功能区划、土壤污染状况调查、生态补偿研究、自然保护区基础调查等生态环境保护基础性工作。

与此同时，生态西藏的创建工作全面开展。西藏自治区政府提出了构建西藏生态安全屏障、建设生态西藏、美丽西藏的目标。拉萨市开展了国家环境保护模范城市创建工作，林芝地区开展了生态林芝建设，山南、那曲地区分别提出了建设"生态美好模范区"和"生态草原地区"的构想。自治区级生态乡镇和生态村创建工作在拉萨、那曲、林芝、山南四个地（市）相继推开，迄今为止，已经有28个乡镇被命名为"西藏自治区级生态乡镇"，356个行政村被命名为"西藏自治区级生态村"。

林业和草原的生态建设步伐也在加快，三年来，西藏自治区严格控制森林的采伐规模。江达、贡觉、芒康三县实施总面积达3.1万平方公里的天然林保护工程，全面停止天然林商品性采伐；实施全区重点区域生

[①] 2010年国务院下发的《全国主体功能区规划——构建高效、协调、可持续的国土空间开发格局》。

态公益林建设工程，建立了曲水、扎囊、日喀则、狮泉河等治沙试验示范区；在风沙危害和水土流失严重的金沙江、澜沧江、怒江上游及雅鲁藏布江流域的28个县实施退耕还林工程，全区已完成造林面积8.37万公顷，封山育林面积33.87万公顷，退耕还林以每年1.92万公顷的速度递增。西藏森林覆盖率已上升到目前的11.91%。同时，合理利用和保护草原，确保草原生态良性发展。对天然草地开展围栏和水利建设，实施草场承包经营责任制。按照以草定畜的原则，划定轮牧期和禁牧区，建设人工草地，改良退化草地，实施退牧还草工程。公益林补偿和草原生态保护奖励机制工作逐步推进[1]。以"十二五"期间西藏的森林生态保护和建设为例，2015年完成的第二次森林资源二类调查结果显示：全区森林面积1684.86万公顷，活立木总蓄积20.90亿立方米；与2002年完成的第一次调查结果相比，森林面积净增195.02万公顷，活立木总蓄积净增1.89亿立方米。落实生态保护与建设资金97.99亿元，完成"十二五"林业规划投资78亿元的125.63%，是"十一五"期间37.8亿元的2.59倍；林业生态保护与建设带动农牧民增收42.77亿元，是"十一五"期间21.2亿元的2.02倍；实现林业总产值约109亿元，是"十一五"期间约40亿元的2.73倍。实现了森林面积和蓄积量"双增长"、林业综合效益和农牧民收入"双提高"的目标[2]。

除此之外，农村的人居环境建设和环境综合整治、工业污染防治、主要污染物减排、饮水安全保障、资源开发的环境监管等各项工作都在有序开展。尽管已经取得了不小的成绩，也必须看到这里的生态环境整体脆弱、生态系统易受破坏的现状，再加上经济快速发展所带来的巨大压力，未来的西藏环境保护工作仍面临着严峻的挑战。西藏必须走一条发展与环境兼顾而不是"先污染，后治理"的道路。

进入"十三五"时期以后，在世界经济复苏乏力和全国经济转入"新常态"的大背景下，西藏自治区的经济发展不仅要继续贯彻"绿色"发展的理念。更为关键的是怎样实现"绿色"发展并达到预期发展速度和整体脱贫目标。西藏"十三五"规划提出："绿色是永续发展的必要条

---

[1] 2013年10月国务院新闻办公室：《西藏的发展与进步》白皮书。
[2] 次仁朗杰：《西藏林业"十二五"规划主要目标圆满实现》，2016年3月9日。资料来源于西藏自治区政府网站。

件和人民对美好生活追求的重要体现,也是西藏发展的独特优势所在。牢固树立保护生态环境就是保护生产力、绿水青山就是金山银山的理念,把发展建立在生态安全基础上,严守生态安全底线红线,坚定走生产发展、生活富裕、生态良好的文明发展道路。"西藏自治区政府在2016年政府工作报告中也将保护生态环境作为必须坚守的"三大底线"之一,提出:"坚守生态保护底线,编制生态功能区划,划定生态保护红线,出台加快推进生态文明建设意见,继续推进水生态补偿试点,完成造林绿化100万亩。加大环境保护与监管力度,确保生态环境持续良好。"

(二) 强基惠民活动中环境工作的推进

从2011年开始,西藏自治区启动了全区范围内的强基惠民活动,大量干部组成驻村工作队被下派基层。依托于强基惠民活动,自治区交通、水利、扶贫、林业等部门筹资359.27亿元,启动了为期三年的"农村水利建设专项行动""扶贫农发直通车行动计划""创先争优强基础生态惠民行动计划""强基惠民光明工程行动计划"等专项行动。这些项目的实施推动了农牧区环境的治理与改善。以水利方面为例,截至2013年年底,全区下达农村饮水安全工程投资54115万元、无电地区农村水电建设工程投资109738万元、小型农田水利重点县项目投资33876万元、中小河流治理防洪工程投资52080万元,四项民生水利工程建设为重点的创先争优强基惠民加快农村水利建设专项行动顺利开展。专项行动使项目覆盖区域的水利基础设施得到加强,农牧民群众喝上了干净卫生的安全饮用水、用上了安全有保障的电、抵御山洪灾害的防御措施有所加强并建成了灌溉有保障的农田渠系。一些驻村工作队的干部帮助村民清理和深埋垃圾、整治村环境,积极为所驻村庄争取人居环境项目、人工种草项目、生态安全屏障项目等,为农牧区环境的治理与改善发挥了积极的作用。

三 产业升级与生态补偿长效机制构建

(一) 草原退化现状与生态保护力度的加大

在那曲期间,中线调研组共走访调研了其所辖的嘉黎、比如、索县、那曲、尼玛、安多、班戈、申扎8个县。位于西藏北部的那曲地区平均海拔4500米以上,是全球许多重要天气系统的发源地和外来天气系统的改造场所,这里还是长江、怒江、澜沧江等中国主要江河的发源地,其生态与环境状况不仅对青藏高原有影响,对全国的江河、气候、生态与

第四章　全面建成小康社会与乡村基层治理

环境也都具有直接或间接的影响①。然而，在多种因素的共同作用下，藏北地区的环境保护状况不容乐观，其中备受关注的是不断加重的草地退化。那曲地区草原面积6.32亿亩，其中可利用草场4.69亿亩，是全国五大牧区的重要组成部分之一，全国草原面积的11%在那曲地区。根据2004年那曲地区草地退化现状遥感监测和评价结果，那曲地区未退化草地占草地总面积的49.1%，其面积约20.69万平方公里（约3.10亿亩）。轻度退化草地占27.9%，其面积约11.75平方公里（约1.76亿亩）；中度退化草地占13.2%，其面积约5.56平方公里（约0.83亿亩）；重度和极重度退化草地面积分别占8.0%和1.7%，其面积分别为3.37平方公里（约0.51亿亩）和0.73平方公里（约0.11亿亩），2004年藏北地区整体草地退化指数为1.86，已经接近中度退化等级。②

近十年来，关于草原的生态保护已经引起了政府越来越多的关注。2004—2014年，国家累计安排那曲地区安多、那曲、聂荣、班戈、巴青、索县、申扎、尼玛、双湖、嘉黎、比如十一县实施天然草原退牧还草工程2925万亩，其中，禁牧围栏1268万亩，休牧围栏1657万亩，草地补播876.5万亩，舍饲棚圈建设6800户，人工饲草地0.3万亩，草原固定监测点7处，项目总投资达88600.6万元（不含饲草料粮补助），其中，国家投资66732.1万元、地方及群众配套21868.5万元。

2009年7月，财政部、农业部批准在西藏安多、聂荣、班戈、措勤、仲巴5个县率先开展建立草原生态保护奖励机制试点工作，并将八宿、康马两个县作为试点工作对比县，开展草原生态监测工作。为了维护国家的生态安全和改善草原的生态环境，2010年10月国务院常务会议决定，从2011年起，在内蒙古、新疆、西藏、青海、四川、甘肃、宁夏和云南8个主要草原牧区省（区），全面建立草原生态保护补助奖励机制。这一工作随之在藏北草原全面铺开，那曲地区2012年度草原生态保护补助奖励机制的实施工作就涉及11个县93个纯牧业乡（镇）、944个纯牧业村和21个半农半牧乡（镇）246个行政村（居委会）的局部范围。在

---

①　高青竹、江村旺扎等编著：《藏北地区草地退化遥感监测与生态功能区划》，气象出版社2006年版，第一章绪论。

②　高青竹、江村旺扎等编著：《藏北地区草地退化遥感监测与生态功能区划》，气象出版社2006年版，第一章绪论，第129页。

2011—2013年的三年中，那曲地区共落实补奖资金147716.2万元，全地区人均达到3517.05元。这些措施的启动对牧区的生态建设和生态保护具有重要的意义，它们的逐步推行标志着对于生态环境的治理和保护已经引起了各级政府的高度重视。

　　但是应当看到，藏北草原的治理与保护仍任重而道远，草地退化的现象在有些地区并没有得到完全的遏制。如那曲地区的纯牧业县安多县，全县有天然草地1.2亿亩，其中可利用草地面积8290万亩，而极重度和重度退化草地面积分别占草地总面积的2.6%和14.3%，中度退化草地占20.5%，轻度退化草地占26.7%，未退化草地仅占35.9%，在县内长江源头地区——格拉丹东雪山周围及青藏铁路和铁路沿线等区域的草地退化尤为严重。土地沙化、优质牧草产量下降、虫害鼠害、生活垃圾污染、植被覆盖面积减少等依然是藏北草原不容回避和忽视的问题。

（二）成效与问题的并存

　　草原生态保护补助奖励机制的全面施行带来了三方面的结果。

　　第一，在短短的几年时间里，藏北草原的载畜量大幅度下降，如牧业大县班戈县在草原生态保护补助奖励机制实施以前，县内养殖牲畜147万个绵羊单位，2013年年底下降至119万个绵羊单位，一个县减畜近30万个绵羊单位。从那曲整个地区的情况来看，三年来共减畜90.59万个绵羊单位，从实施之初的1275.89万个绵羊单位减少到了2013年年底的1185万个绵羊单位。区、地两级政府对各个县的草畜平衡情况进行了严格的考核。

　　第二，在禁牧、减畜等一系列措施的大力推动下，部分草场的植被覆盖度和产草量均有了一定程度的提高，一些禁牧区的植被有所恢复。以申扎县为例，经测定，县内禁牧区草原植被平均覆盖度提高了15—25个百分点，平均高度提高了3—8厘米，草地覆盖率平均由原来的40%提高到了60%以上，这使草场超负荷运转的情况得到了一定程度的缓解。

　　第三，草原生态保护补助奖励机制的推行增加了牧民的现金收入。如那曲地区班戈县，2011年开始实施草原生态保护补助奖励机制，2012年全年兑现2011年度补助奖资金5214.25万元，人均增收1397元；2013年全年兑现2012年度补助奖资金6339.42万元，人均增加收入1698.3元。2014年兑现2013年度禁牧补助资金2694万元，奖励资金为4088.85万元，再加上生产资料综合补贴资金、监督补助奖励资金、畜牧良种补贴、牧草良种补贴资金等，限高后各种奖补资金合计发放为 8167.55 万元，人均增收 2165.3 元，户均增收 8160.2 元。尼玛县在草补资金兑现后，农牧民人均现金收入提高了 3000 元。从课题组在那曲地区回收的村民问卷中也可以看出，草补资金成为一部分牧民现金收入最重要的来源。例如尼玛县回收的村民问卷，参与问卷填写的该县牧户年均收入大多在 1 万—2 万元，而其中一般会有 1 万元的收入来自草原生态保护补助奖励。

  实施草原生态保护补助奖励机制的成效是显著的，但这一机制在推行过程中也存在着一些问题。一个普遍而突出的问题是关于草畜平衡载畜量的核定，在课题组走访的那曲地区西部各县中，几乎无一例外地都面临着较大的减畜压力。牧民以及基层政府反映最为强烈的是目前的草畜平衡点设定过低，导致牲畜出栏率高，存栏总量明显减少。

  具体来看，如申扎县，如果按照目前确定的草畜平衡点来减畜，在完全达标后，申扎县牧户人均只能养 44 只以下绵羊单位的牲畜。再如班戈县，如果将人均绵羊单位 30 个以下的牧户定为贫困户的话，那么在按照目前的标准减少牲畜后，班戈县将有 30% 的牧民成为贫困户。又如尼玛县，尼玛县有草场 1.8 亿亩，其中可利用草场面积 1.01 亿亩，目前设定的载畜量为 54 亩草地养 1 个绵羊单位牲畜，按照此标准有的牧户只能养不到 10 只羊。从那曲地区的整体情况来看，1958 年至今，这里的牲畜存栏量总体上有明显的上升，但其人均占有量却呈下降趋势，在新世纪以来的头十年中，人均占有量仅为 31.43—43.35 个绵羊单位。在此基础上再要求牧民大量减少牲畜，政策推行中遇到的困难可想而知。减畜的压力在其他牧区也同样存在，如课题组走访的山南地区措美县哲古镇，哲古镇有 310 万亩草场，目前有 7 万头牲畜，按照政府核定的 21 亩草场 1 个绵羊单位的标准，这里的牲畜要减少到 3 万头[1]左右才能达标。

  为什么减畜压力在纯牧业县或牧区如此普遍，我们或许可以从当地的经济结构以及牧民两个方面去认识。

  首先，从经济结构上看，在那曲西部的部分地区，传统牧业仍然占有十分重要的地位。各县之间的资源禀赋和发展状况并不均衡，那曲地

---

[1] 按照《西藏自治区建立草原生态保护补助奖励机制 2011 年度实施方案》规定的牲畜折算标准，1 匹马骡＝6 个绵羊单位，1 头牛＝5 个绵羊单位，1 头驴＝3 个绵羊单位，1 只山羊＝0.8 个绵羊单位，1 只绵羊＝1 个绵羊单位。

区经济发展较好的县三次产业比重大致为 10%、30% 和 60%，但一些牧业县则不同，如尼玛县三次产业比重为 21%、23% 和 56%，传统牧业仍占主导地位，全县无任何生产企业，无任何工业生产基础，第二产业产值主要依靠国家农牧业基础设施项目建设投资拉动，工业产值几乎为零；班戈县 2013 年第一、第二、第三产业产值分别为 11973.75 万元、13631.64 万元、22773.6 万元；安多县 2013 年全县 GDP 实现 5.26 亿元，其中牧业生产总值 1.15 亿元。无论是其拥有的自然资源还是其目前的经济发展水平，都决定了畜牧业的发展对于这些地区而言具有不可替代的重要意义，这种状况在短期内很难改变，牧区的产业结构调整进程相对缓慢。而牲畜数量的大幅度减少影响的不只是牧民的生产生活，还直接关系到当地畜牧业生产的发展壮大。

其次，从牧民的角度来看，由于产业结构单一、畜产品商品转化率偏低、牧区信息闭塞、基础设施建设滞后、牧民的思想观念相对陈旧等多种因素的影响，这些牧区畜牧业的生产经营仍然是粗放式的，基本上还处于靠天放养的状态，畜产品走向市场面临着重重困难，这意味着纯牧业地区广大牧民的增收渠道相当狭窄。减畜的阻力不只因为牧民的惜杀惜售，还因为牲畜是其多年积蓄下来的最主要的财产和收入来源。草原生态保护补助奖励机制增加了牧民的现金收入，但一方面补贴的标准相对较低：禁牧每亩 6 元，草畜平衡面积每亩 1.5 元，人工种草补贴每亩 10 元。另一方面执行过程中还有一些限高的要求，比如依据《西藏自治区建立草原生态保护补助奖励机制 2011 年度实施方案》的规定，"在体现政策增收作用的同时，避免贫富差距拉大，对牧户补助奖励金额实行限高，单个牧户家庭享受禁牧补助和以草定畜奖励的资金总额年人均不能高于 4500 元"。政策执行之初按照这一标准，有的区县一年少拿到的禁牧草场和以草定畜的补助和奖励资金超过 1 亿元，这必然带来部分牧民减畜积极性的下降。西藏自治区在后来的执行过程中对限高的标准进行了一定的调整，但这些标准如何制定才合适仍然值得研究。

与草原生态保护密切相关的还有野生动物保护问题。按照国家的规划，藏北高原和藏西山地生态安全屏障区的主要治理措施是"通过天然草地保护，使该区特有高寒野生动植物得到保护"。[1] 但随着野生动物保

---

[1] 国务院 2009 年通过的《西藏生态安全屏障保护与建设规划（2008—2030 年）》。

护力度的加大，野生动物繁殖速度明显增加，大量野生动物与家畜争食草场的现象并不少见。有些草场禁牧效果并不明显，原因在于家畜不去吃，而野生动物吃。那曲地区的尼玛县地处羌塘国家级野生动物自然保护区，在其开展野生动物保护后，境内的野生动物数量急剧增加。据不完全统计，尼玛县境内有藏羚羊10万只，野牦牛3万头，藏野驴8万头，藏原羚3万只，盘羊5000只，岩羊3万只，棕熊2000只。野生动物肇事，牧民可以得到政府的部分补偿，但补偿的标准远低于受损牲畜原本可能卖出的市场价格。按照《西藏陆生野生动物造成公民人身伤害及财产损失补偿办法》，由于野生动物肇事造成的损失，2岁以上牦牛补偿标准为1500元，2岁以下为150元，绵羊2岁以上250元，2岁以下50元，白绒山羊2岁以上为350元，2岁以下120元。同时，野生动物与家养牲畜争夺草场令牧民十分排斥，随着草地的承包到户，牧民的这种心理更加强烈。按尼玛县54.14亩草场饲养1只绵羊单位计算，其全县载畜量为157.66万个绵羊单位，2013年年底该县牲畜存栏数为119.7万个绵羊单位，而境内野生动物已经约为60万个绵羊单位。如果不建立相应的野生动物保护的奖励补偿机制，百姓缺乏保护野生动物的动力。

草原生态保护补助奖励机制在具体推行过程中会涉及方方面面的问题，在不同的县面临的困难也不尽相同，这其中可能包括可利用草场面积的核定、公共草场的归属与保护、载畜量和不同方式补偿的标准是否合理、牲畜折算标准的确定[①]、相关草场禁牧的期限、补偿限高的要求、野生动物与家畜饲养、草场供给之间的矛盾以及在禁牧、减畜后牧民在饲料供给、牲畜养殖等方面急需得到的资金和技术上的帮助等。什么样的补偿条件是牧民愿意接受的，一个最简单的逻辑是牧民的收入和生活不会因此而受损。然而，从草原生态保护补助奖励机制推行开始，作为被补偿对象的牧民一直只是补偿标准的被动接受者，他们很难有机会参与到补偿标准的决策过程中去，尽管关于补偿是否合理牧民的意见可能是我们做出决策时最值得关注的声音之一。

---

① 比如西藏自治区规定当年新生仔畜按"成畜折合绵羊单位×0.5"标准折算，但区外有的省（市）折算标准则，规定0—4岁的犊牛和0—2.5岁的绵山羊均属于仔畜，按照成畜的一半进行折算。如果仅将当年生的仔畜（0—1岁的仔畜）按照成畜的一半进行折算，便无形中加大了饲养牲畜的数量。

当前的草原生态保护补助奖励机制发挥了不小的作用，但也有不尽合理之处。草补机制中所涉及的各方面标准的确定仍需要权威的科研、技术部门的介入，从而对西藏近年来的草原生态现状进行全面的评估，对草补执行以来的经验和问题进行系统的总结，只有如此才能真正做到因地制宜，制定出更加科学的、细化的草补标准，既确保不同退化程度的草原能够获得不同力度的保护，也确保牧民获得合理的补偿。在草原生态保护补助奖励机制推行了一段时间之后，所有在实施过程中出现的问题都需要中央以及地方各级政府的高度关注，它们的合理解决关系到草原生态建设与保护目标的最终实现。

（三）牧民增收与草原生态补偿的长效机制

对于牧区而言，实现草、畜、人的和谐共处以及三者之间的良性互动是其生态建设最核心的内容。世代生活在草原上的牧民是这里不容忽视的群体，因此，关于草原的治理与建设必须考虑牧民的意愿与诉求。在当地的干部看来，国家与牧民之间应当有系统的法律、政策，更好地界定双方的行为，牧民对草原进行补薄施肥、禁牧、轮牧、合理养畜、保护草原上的野生动物，国家给予牧民合理的补偿和补贴，如此才能真正达到保护草原的目的。而当前的生态补偿机制下，国家与牧民之间没有具有法律意义的责任和义务，草补只是安慰性的。对于这种补偿方式能否持久以及未来将以何种方式继续，牧民并没有长远稳定的预期，这必然对他们的生产生活带来影响。当补偿或补贴中断或减少时，很有可能出现反弹，从而进一步提高环境治理的成本。

在草原生态补偿机制推行过程中，其他省份已经出现了一些问题，比如，由于禁牧而带来的禁牧区草场肥力的下降、牧民因短期内大量减畜和舍饲圈养成本大幅度上升而遭受经济损失，甚至由于禁牧造成部分牧民的失业和生活无着，由此又带来禁牧区域的偷牧现象屡禁不止等。而这些都是我们在未来藏区的草原生态保护中应该尽力避免的问题。如果我们不能让牧民离开草原，那么对环境的保护和治理就需要和牧民收入的增加以及生活的改善结合起来，要让牧民在生态保护补助奖励机制推行的同时，提升原有的生活水平和质量，而不是因为这一机制的施行走向贫困。这样对草原的生态治理和保护才可能更加长久有效，并获得牧民的理解和支持。

因此，需要在实施禁牧、以草定畜的同时推出各项配套举措尽可能减少牧民因为禁牧、减畜而遭受的损失，比如在舍饲半舍饲方面提供必要的技术和资金支持，加大由于草场围栏封育导致牲畜膘情和抵御自然灾害能力下降的饲草料补贴力度，提高由于野生动物肇事造成损失的补偿额度，等等。当然，更重要的是积极拓宽牧民的增收渠道，改变很多牧民的贫困现状。

想方设法在禁牧、减畜的过程中提高牧民的收入，是构建草原生态补偿长效机制中不可或缺的环节，生计的改善才能调动牧民保护环境的积极性，对草原和生态环境的保护应当变为牧民的内在动力和需求，而不单纯是政府的规定和命令。和农民相比，牧民的增收渠道相对单一。增加其收入的一个切实有效的方法是可以推动当地畜牧业更好地、更加科学地发展。在藏北地区，传统畜牧业改造和提升的空间非常大，当地畜牧业的产业化程度目前很低。导致其产业化程度偏低的因素是多方面的。比如，藏北牛羊肉的品质虽然很好，但牦牛7年出栏，羊3年出栏，过长的周期为商业化模式运作带来障碍。基层政府已经开始了一些加快牲畜出栏的尝试，如自然放牧和晚上补充精饲料喂养、冬季补饲等方式相结合、短期育肥试点等。但牧民对于传统生产方式的依赖性较强，这些项目的实施仍需要资金的大力支持和牧民观念的转变。

而造成产业化程度偏低的另一个重要因素在于牧民的组织化程度过低，这在很大程度上制约了规模化的经营和生产。截至2011年年底，那曲地区已通过自治区验收的承包到户草场面积4.68亿亩，占其可利用草场面积的99.79%。草场的承包使牧民的生产经营更加分散。对于一些牧业县而言，还根本谈不上城镇化的问题，要实现村庄化都并不容易，像班戈县县城距离最远乡镇170公里，乡镇距离最远的村125公里，户与户之间距离在15公里以上，安多县县城距离最远乡镇有360公里。但由于畜牧业经营自身的一些特点，使得小规模经营有时并不经济，举例而言，集体统一组织牲畜的放牧可能比每一个牧户都出一个人去放牧成本要节约得多。

分散的、小规模的经营使这里的畜牧业和真正意义上的现代产业相去甚远，正如当地干部所总结的那样，畜产品突出的问题是"三多、三少"——大路产品多、低档产品多、原料型产品多；优质产品少、高档产品少、深加工产品少。在农牧区基层，畜产品有价无市，并且价格操纵在个体商贩手中。而由于交通条件、基础设施差带来的高昂的运输成本，使这里优质的畜产品在价格上更加缺乏竞争力。这种小生产与大市场之间的矛盾，使畜牧业的产业化进程十分缓慢。同时，过于分散的经营方式也并不利于草原的整体规划和保护。

通过合作经济组织提高牧民的组织化程度是改变这一局面的一个可能途径。在课题组走访的地区中，也有一些经营十分出色的合作组织。如申扎县的下过乡那宗三村，该村于2002年创办牧民专业合作组织，开始规模化经营，成立时有37户入股，现在已经实现全村47户牧民全部入股。那宗三村的合作组织有些类似于以前的村集体，它所承担的不只是经济职能，还会力所能及地为集体成员提供相应的公共产品和服务，与以前的集体经济不同的是牧民有选择参加与否的权利。该村在创办合作组织后，2009年注册了奶渣、野葱特色产品加工厂，成立牧家书屋；2010年成立全县第一所村办幼儿园；2011年设立村商店2家、招待所1家；2012年新建光伏电站1座、短期育肥基地1个、业余文艺演出队1支；2013年新建现代化短期育肥基地1座、新建乡村公路1条，并成立村党员政策宣传队。2013年分红全村人均收入已经达到了12964元，分红的物资不仅包括现金，还有生活资料（包括牦牛肉、山羊肉、绵羊肉、酥油、奶渣、糌粑、大米、面粉，等等）。

申扎县在提高牧民的规模化经营方面主要采取了三种方式：一是通过股份合作，以村为单位，将草、畜量化入股，通过统一经营推动集体资产的增值。二是发展互助合作，在居住适度集中的条件下实行劳动力和生产统一安排，由群众自愿组合实行草场轮流、放牧轮流、联户轮牧、联户经营。畜产品由村办经济实体统一收购和销售，确保牧民畜产品的及时出售和价格的稳定。三是有意识地鼓励并培养养畜大户和专业化，通过托管牲畜、租赁草场等形式，使生产要素向一些善于经营管理的牧业大户适度集中。

班戈县采取的经营模式与申扎县的股份合作类似，让参合群众把劳力、草场、牲畜、生产工具等资源入股，以董事会统一规划管理，统一调配人力，对牲畜毛、肉、奶、皮等所有畜产品进行统一索取，统一加工和销售，统一调整畜群结构，统一制定游牧草场分布，统一分类草场，以专业养殖方式进行牲畜饲养，有计划地组织人力、物力进入第二、第三产业。年末将合作组织集体的经营收入中的10%作为发展储备基金，45%按入股劳动力分红，30%按入股牲畜分红，15%按草场股进行分红。

课题组在那曲地区随机发放的驻村干部问卷中，那些驻村期间为所驻村争取到项目资金的驻村干部，有10%的比例在填写资金用途时都提及了村里的集体经济或合作组织。这些驻村干部将争取来的资金用于帮助村里建糌粑加工厂、建手工艺品制作点、建村集体商店和合作社宾馆、扩建合作社或为合作社提供周转资金、新建合作经济组织等，以此将当地的农牧民组织起来，扩大增收渠道，组织起来的牧民的牛羊肉和奶制品都更容易卖上好价钱。这在一定程度上也提升了牧民的组织化程度，但这种推动所能发挥的作用还是有限的。

和参与到合作组织中的牧民相比，大部分牧民仍处于分散的、粗放的、小规模的家庭生产经营模式中。申扎县辖64个行政村，目前成立了14个合作组织，有11个正式注册；安多县面积占那曲地区的25%，辖74个村，目前有农牧民专业合作经济组织21个，固定资产3600万元，带动牧户1483户4637人，年户均增收为2800元；班戈县辖86个村，成立了14家专业合作组织，其中11家已注册，参合牧民群众1157户，人数4293人；尼玛县辖77个村，现有各类农牧民专业合作经济组织44个，2013年农牧民专业合作经济组织和微型企业共实现收益700余万元。在这几个纯牧业大县中，除了尼玛县专业合作经济组织的数量稍微多一些之外，其他各县仍相对较少。

尽管部分合作组织的成立与发展对增加牧民的收入发挥了重要作用，但目前合作组织的发展中存在一些值得关注的问题：第一，农牧民专业合作社普遍规模较小，实力较弱。从生产场地看，大部分合作社生产场所偏小，一般为2—3间房屋；从成员规模上看，多数合作社吸纳的社员数量在50户以下，社员数量少；从资金规模上看，出资额在50万元以下的占多数。第二，生产技术落后，产品单一且附加值低，并没有很强的市场竞争力，合作社产品主要集中在酸奶的加工销售。第三，基础设施——包括水利建设、牲畜改良、饲料供给、牲畜棚圈、交通和能源等方面投入的不足，在一定程度上制约了合作组织的发展，大部分地区交通不便，市场信息闭塞。第四，缺少能人和龙头企业的带动，合作组织应对市场的能力亟待加强。所有这些都决定了藏北草原地区在传统畜牧业经营和增长方式的转变以及牧民的增收方面还有许多工作要做，而这两者都是我们在推进草原的生态保护和生态建设时必须给予高度关注的因素。

四 强基惠民宗旨下的生态环境保护

近年来,.生态环境的治理与保护引起了西藏各级政府的高度重视,他们在各个方面进行了大量工作。为了进一步推动环境状况的改善,实现强基惠民的宗旨,就藏北草原而言,以下五个方面仍需要引起中央以及西藏各级政府的重视。

(一) 适度提高草原生态保护补助奖励标准

从长远来看,草原生态保护补助奖励机制的全面推行有利于改善藏北牧区的生态环境,加快藏北草原作为国家生态安全屏障的建设进程,具有重要意义。草原生态保护补助奖励标准的制定不仅关系到牧区广大人民群众的切身利益,还直接关系到草原生态保护的最终效果,因此需要更全面的考量和斟酌。目前各牧业大县普遍存在的减畜压力过大本身就说明补偿标准的偏低,这并不利于鼓励牧民参与草原生态保护的积极性。

"完善对重点生态功能区的生态补偿机制"是生态文明制度建设中的重要环节①。由于藏北地区特殊的地理与气候条件,畜牧业抵御风险的能力偏弱,牧民的增收渠道相对单一,为了更好地实现草原生态保护的目标,应适当提高现有的补助标准(禁牧每亩6元,草畜平衡面积每亩1.5元,人工种草补贴每亩10元,等等)。标准的制定应综合考虑藏北地区的生态现状与需求,草原的承载能力,国家的经济增速,物价指数变动,特别是牧民由于禁牧、减畜、保护野生动物而可能遭受的损失等各方面的因素,而不单纯是财政转移支付的能力和规模。根据《那曲地区草原生态功能区划》,那曲地区将继续实施天然草原退牧还草工程,把江河源区、风沙源区、沙化退化严重的草原、生态湖泊周边区域和对生态有重大影响的区域作为退牧还草重点区域,争取到2015年实现禁牧5638万亩、休牧8300万亩、轮牧1.76亿亩,这些目标的实现具有不可低估的生态意义,这需要广大牧民的配合与支持,一个合理的、牧民愿意接受的补偿标准的制定至关重要。同时,要将草原生态保护补助奖励的实施长期化,让牧民对未来的生产生活有稳定的预期。

(二) 完善牧区的防减灾体系

在开展草补的同时,应当尽快完善藏北牧区的防减灾体系。那曲地

---

① 党的十八届三中全会通过的《中共中央关于全面深化改革若干重大问题的决定》。

区自然条件恶劣、牧业基础设施落后,特别是其西部、北部地区基本没有抗灾能力。加之居民居住分散,交通不便,防抗灾物资储备不足,导致防抗灾能力很弱。在1980—2000年的20年间,那曲地区共发生较大雪灾13起,仅1990—1997年的8年间就有4个重灾年份,造成牲畜死亡361.65万头(只、匹),折合675.34万个绵羊单位,即使除去正常死亡3%,剩余仍高达655.1万个绵羊单位。有的牧业县全年以低温、大风天气为主,是雪灾、旱灾、风灾、雷电等自然灾害的高发区域,牲畜棚圈设施缺乏、牧民因灾致贫或因灾返贫的现象十分普遍。频繁的自然灾害不仅造成广大牧民生产生活和当地公共基础设施的严重损失,也加速了草场沙漠化和退化的进程。

为了改变这一状况,那曲地区在牲畜温饱工程体系、易灾区道路交通体系、气象保障服务体系、医疗卫生防治体系、牲畜疫病防控体系、抗救灾物资储备体系和商贸流通体系等方面进行了系统的规划,但全部项目实施所需要的资金和技术支持地方财政无力解决。这些项目中仅有极少部分被纳入了国务院通过的《"十二五"支持西藏经济社会发展建设项目规划方案》,这与当地畜牧业防减灾的实际需求仍有较大差距。在强基惠民活动中,一些驻村工作队通过争取物资和资金帮助当地牧民防灾抗灾,但驻村工作队的力量毕竟有限,在抵御自然灾害的基础设施建设方面仍需要国家的投资和大力支持。加大防减灾体系建设的力度,是藏北地区环境治理和牧民生活保障的一项不容忽视的工作。

(三)积极推动牧业生产经营方式的转变和牧民增收

在全面实施草原生态保护补助奖励机制的同时,必须积极推动牧业生产经营方式的转变和牧民的增收,这不仅是推动西藏实现跨越式发展和全面建成小康社会的题中应有之义,也是草原生态保护补助奖励机制长期实施的必要保障。不能让牧民因为禁牧、轮牧、保护野生动物等有利于草原生态恢复的政策而遭受经济损失,相反,必须让他们在推行这些政策的过程中同步实现收入的增加和生计的改善。只有如此,草原生态保护补助奖励机制的推行才可持续。

就藏北地区主要各牧业县的发展现状而言,传统畜牧业的生产经营方式并没有从根本上改变,大部分农牧民通过扶贫开发实现脱贫,人均现金纯收入不多,投入牧业生产资金也很少,而且生产要素分散,牧民组织化程度低,规模化经营无从谈起。因此,这里迫切需要中央以及地方各级政府在农牧区水利建设、饲料供给、牲畜防疫、牲畜种群改良、牧民合作经济组织发展资金、各种畜产品生产经营的标准化、销售渠道的拓展等方面提供政策扶持,来改变畜牧业粗放经营、产值不高、效益低下的现状。在财政转移支付中,应考虑增加一定额度的资金用于这些配套举措的推行,以促进传统畜牧业的产业升级和牧民的增收,这样草原生态保护补助奖励机制的实施效果可能会更加理想。在三年来的强基惠民活动中,一些驻村工作队将先进的理念带到基层,不少驻村干部在促进农牧民增收、提高牧民组织化程度方面进行了大量尝试和努力,在未来这仍是一个值得探索的工作方向。

(四) 加大草原监管、农牧科技等环境治理方面的基础性投入

在生态环境治理与保护的进程中,一些基础性投入必不可少,它们与生态建设的目标能否有效实现密切相关。在藏北草原,仍存在草原执法和监管滞后的问题。那曲地区的草原监理站隶属于农牧局,目前有编制6人,平均每人负责8500万亩草原的监理工作,不论是人员数量还是其装备条件都难以适应草原保护建设工作的需要,从而造成草原执法、草原生态监测、草原生物灾害的预测预警、落实草原保护制度、草原防火等各方面工作的滞后,致使非法占用、开垦、乱采滥挖草原、机动车辆随意行驶等各种违法行为得不到有效监管。对草原生态的监测和预警能力仍有待进一步加强,这样才能对草原进行更好的管护。

此外,藏北地区"草原"三害依然严重。那曲地区有鼠草原占可利用草原面积的60%,约为2.7亿亩,其中成灾面积达5400万亩,每年因鼠害造成的直接经济损失达1.4亿元;1998年以来连年发生草原毛虫灾害;毒草分布面积1.6亿亩,每年因毒草降低牲畜饲养量造成的经济损失达2100万元,其中还不包括因误食毒草引起死亡造成的损失。蔓延扩散速度很快的鼠害、虫害、毒草对草原的破坏性极强,目前的预测预警防治手段和机制都亟待加强,这些因素对生态造成的破坏不是禁牧、减畜能够缓解的。

草原的生态保护还需要一些配套的畜牧业服务体系的完善,比如农牧科技推广机构的加强,但一些边远牧区的科技推广部门缺编缺人,甚至有的县一级农牧科技推广部门都缺乏必备的仪器设备、交通工具和工作条件,只能凭经验和感官分析。现代牧业科技指导的严重缺乏为草原的集中改良、牲畜疫病防治等各方面工作的开展带来了巨大的困难。

从课题组在西藏的实地调研情况来看，即使在各方面条件相对较好的拉萨市，其所属区县中有的县都存在着环保、安全生产监管等部门编制不足或缺乏专业技术人才的情况，在经济欠发达、生活工作条件更为艰苦的藏北地区这一问题就显得更加突出。尽管各级政府都有着强烈的绝不牺牲环境求发展的意识，但对于一些资源开发可能带来的影响，当地的技术力量可能不足以做出精准的判断。为了更长远的环境保护工作的推行，应考虑为相关部门适度增加编制，并在人才引进方面给予更多的政策支持，以确保对生态环境及时有效的动态监测和当地各种环境问题、需求的及时发现与解决。

（五）产业调整与环境保护双重压力下的政策支持

和其他经济相对欠发达的地区一样，西藏面临着经济发展与环境保护的双重压力。强调环境保护的同时，不能忽视基层政府及人民群众强烈的发展意愿。构建国家生态安全屏障、保护生态环境应与推动经济的健康快速发展相结合，否则西部地区贫困、落后的现状难以得到根本性的改变。而同时，发展不能同质化，需要根据各个地区不同的资源禀赋和地缘优势，因地制宜地制定不同地区的产业发展规划。为了真正将"一产上水平、二产抓重点、三产大发展"的经济发展战略落到实处，在藏北地区除了需要加快传统畜牧业的转型和升级之外，还应适当推动第二、第三产业的发展，特别是已经具备了一定发展条件和基础又不会对环境产生破坏性影响的项目与行业领域。

在《西藏自治区"十二五"时期国民经济和社会发展规划纲要》中，明确提出积极培育现代物流业，最大限度地发挥青藏铁路的强大辐射作用，加快构建以城市物流枢纽、物流中心及城乡配送系统为主的现代物流服务体系，重点打造拉萨物流中枢和那曲、日喀则、昌都区域性物流中心等重要的发展战略。从长远来看，那曲物流中心的建成对于带动当地经济发展、提高当地的财政自给率以及藏北地区优质畜产品等特色产品区内外市场的开拓都具有重要的意义。但就目前的情况而言，那曲物流中心的发展面临着种种自身难以解决的困境，比如，由于财政体制上的变动不能继续执行之前对入驻企业承诺的优惠政策，使原本并不容易的招商引资工作更加困难；由于土地使用权限等问题的迟迟得不到解决而造成的实体企业难以落地；由于基础设施建设滞后造成的入驻企业日常生产运营成本过高；由于工商、税务等相关职能部门没有进驻园区带来的企业入驻手续、税收征返业务办理程序的复杂和周期过长等。所有这些问题都直接影响企业入驻并留在园区的积极性。

又如《西藏自治区"十二五"时期国民经济和社会发展规划纲要》中还提出，要加快推进藏药产业化，鼓励高原特色生物医药研发，增强藏药研发能力和创新能力，形成一批具有自主知识产权的藏药新品种。但地方上有的藏药厂尽管拥有一定的藏药材优势和特殊的加工技艺，但在研发新药的市场投放、资金的投入、设备的更新、必要的扶持和保护的欠缺等方面都面临着重重困难，距离藏药集约化、规模化、现代化发展的目标还很远。对于这些符合当地发展实际、有可能成为当地新的经济增长点并拓宽当地群众收入渠道的产业政府应当给予更多的政策倾斜和扶持。对于生态环境的保护应当与经济的健康发展相结合，尽快摆脱贫困落后的现状，当地才可能在环境的治理与保护上有更多的投入。当然，所有的发展都必须建立在对潜在的环境风险的科学评估基础之上，经济的增速与总量不应成为我们在对这些地区进行考核时的最主要的标准。

第五章　国家安全屏障与乡村基层治理

第一节　强基惠民与国家安全屏障建设*

近年来，按照习近平总书记"治国必治边、治边先稳藏"和俞正声同志"依法治藏长期建藏"重要战略思想的指导下，在自治区党委和政府的统一部署和领导下，西藏各边境地市和县镇大力推进强基础惠民生活动，数以百计的驻村工作队深入到全区 21 个边境县，在加强基层组织建设、做好维稳工作、提高民生水平等方面做了大量工作，为保证边境地区成为维护国家安全的钢铁屏障做出了突出贡献，取得了宝贵经验。实践证明，强基惠民活动对于抑制分裂活动、维护民族团结、促进社会稳定、保障国家安全具有重要意义。

一　当前影响西藏安全与稳定的国际和地区因素

西藏自治区作为我国边疆重要区域，对于维护我国国家安全、社会稳定、民族宗教关系和谐具有突出重要意义，是我国国家安全屏障的关键环节。当前，围绕西藏自治区国家安全、社会稳定、民族宗教关系和谐与否，我国与境外分裂集团、容留"藏独"分子的庇护国以及西方反华势力之间的矛盾与斗争依然尖锐，但近年来，总体形势在朝着对我国有利的方向发展，影响西藏安全与稳定的国际和地区消极因素趋于减弱。尽管如此，我国还需认识到在涉藏问题上，我国与外部力量之间的矛盾仍将长期存在，并且在一定的情况下有可能激化。

---

* 本节执笔人：叶海林。

（一）随着中国国力和自信心的增强，印度以及西方部分国家"打西藏牌"的难度增加，在西线挑衅中国核心利益的意愿下降

在涉藏问题上对中国"说三道四"，一度是印度以及西方部分国家的习惯。这其中有国家利益因素，也有价值观因素。不过，我们必须看到，在美国、欧盟部分国家以及印度这些在涉藏问题上关注较多也拥有较大影响力的国家看来，这两点通常是没有矛盾的。他们在历史观上不认同西藏自古以来就是中国的一部分，在道德观上不接受中国共产党对西藏的统治具有合法性，在国家利益判断上认为西藏的不稳定状态有利于增加他们的对华政策筹码、牵制中国。这两重考虑不会随着中国与他们关系的密切程度而改变，实际上，在西藏问题上，印度以及部分西方国家即使表态赞同中国立场和主张，至少是不主动出声批评中国，也往往并非因为这些国家接受了中国的观点，只不过是因为其他方面的利益权重增大，使得他们不愿意公开和中国争吵。涉藏问题上音调高还是音调低，不是出发点改变的结果，只是政策排序发生了变化而已。

对于印度及以美国为代表的部分西方国家来说，与中国的立场本来就存在着不可调和的矛盾。中国可以并且应该努力对这些国家的公众作说服解释工作，但这是一个非常缓慢的长期过程，而且会受到各种因素的干扰。基本上，中国不能也不应该指望通过改变印度及美国和西方的"西藏观"来解决涉藏问题上的中外矛盾。

的确，近年来，印度以及美西方，特别是印度，对华打"西藏牌"的意愿和力度都呈下降态势。然而我们还要看到，这除因为我们在涉藏问题上开展的对外文化交流和外交游说活动取得了一定成效以外，主要是因为随着中国国力的增强，在涉藏问题上的自信心也在增强，印度以及部分西方国家打"西藏牌"除了招致中国反感以外，并无其他效应的结果。一方面，中国国力的增强，提高了我们对西藏的管辖能力，上述国家通过自己的代理人在西藏搞破坏对我国造成实际伤害的难度增加、效果减弱。另一方面，道路自信心、理论自信心、制度自信心都越来越强的中国也越来越不在乎西方世界在涉藏问题上对中国的批评，这使得在西藏问题上摇唇鼓舌搬弄是非的成本大大增加而收益已经接近于零。

印度以及部分西方国家开始觉得打"西藏牌"不划算，这才是近年来在涉藏问题上国际社会的负面声音难以转化为某些国家的具体行动的原因，"西藏牌"开始变得功效上"没用"而非价值上"错误"。区分这

一点，对我坚定涉藏问题上对印度和西方的态度具有重要意义。我们的立场越坚定，在涉藏问题上的态度越坚决，反制手段越强硬，对于降低、减缓印度和西方在西藏方向给中国施加压力的企图和动作就越有利。这一点已经实践证明，可以预计，只要中国保持实力和自信心的双增长，在西藏问题上坚持独立自主排斥外来干扰的姿态越强硬，在西藏问题涉及中国核心力量的表态越清楚，印度和西方继续打"西藏牌"牵制、压制中国的信心就会越低落。换句话说，中国在西藏问题上维护国家安全的决心越坚定、动作越有利，我们在战略上就越主动，实际支付的成本也会越低。

（二）随着中国国际和地区影响力的进一步提高，尼泊尔、不丹等南亚弱小国家对华需求随之上升，在西藏问题上支持我立场配合我工作的意愿也在不断加强

印度长期视南亚地区为自己的禁脔，将任何中国影响力的增加视为或宣传为对印度的威胁。然而，中国实力和影响力的增加在全世界都是一个不可改变不容怀疑的事实，南亚地区也不例外。近些年来，中国与南亚国家普遍联系的紧密化、对南亚经济发展参与力度的增强，以及中国在南亚事务上态度的日渐积极，使包括尼泊尔、不丹等与西藏相邻国家对印度保持和争取独立性的信心有所提高。过去他们甚至在涉及自身主权和国家安全的核心利益问题上都不得不首先顾及印度的感受和诉求，而现在对印度"说不"至少在这些国家的官方和民间都成为可以谈论的话题，并在政策和政策实施层面得到了不同程度的体现。南亚国家借助中国力量保持国家独立和主权，平衡印度影响的意愿的增强，对于中国借助他们的力量隔离海外"藏独"势力对我渗透乃至于限制、打击他们在这些国家的反华分裂活动，都是有利的。

这就要求我们应该不断提高对他们的影响力，增强这些国家的经济与社会和中国的粘连度。要实现这一点，考虑到尼泊尔和不丹都只能主要通过陆地通道与中国开展合作的现实，强化西藏自治区与他们之间的联系，便成为中国主要的政策实施方式。西藏与尼泊尔和不丹之间的联系越密切，通过西藏，中国对尼泊尔和不丹的经济及社会生活介入越紧密，中国特别是西藏在尼泊尔和不丹的"存在感"越强，中国做这些国家的工作，争取他们的支持就越容易。不但如此，西藏临近这些国家的边境地区发展水平越高，民生改善越明显，对这些国家边民和边境地区

的吸引力就越强，这些国家即使中央政府仍要在一定程度上顾忌印度，然而在政策执行层面，他们靠近中国的地方权力机构与我们合作的主动性也会越来越强，越容易产生御敌于国门之外的积极效果。因此，对边境地区的投入，特别是中尼边境、中不边境的投入，在进行收益评估时，应把潜在和直接的国家安全收益纳入考量。即使在中不边境，由于受到印度的阻挠，一时无法建立广泛的经贸和文化联系，至少也应该努力使边境我方一侧的民生和基础设施水平显著提高，以形成类似中尼边境夏尔巴人聚居的立新社区那样的"灯塔效应"。

（三）十四世达赖集团面临重大转变，其活动手法和策略即将出现关键调整，西藏边境地区的安全压力将有所增加

海外"藏独"势力是以十四世达赖喇嘛为核心的，自"四水六岗解放军"进犯西藏的企图被击败后，"藏独"势力从事反华分裂活动基本上依靠的就是十四世达赖喇嘛的国际影响力。如今，十四世达赖喇嘛年事已高，尽管其身体状况尚可，然而无论如何，他继续从事政治活动的时间已经所剩无几。"藏独"集团从事反华分裂活动的手法在未来几年内必然要随着十四世达赖喇嘛个人健康水平的变化，而出现调整。

"藏独"集团绝不会放弃其反华活动，这是由其本质决定的。而且随着十四世达赖喇嘛国际活动能力的下降，"藏独"集团势必要在其他方向采取更加激进的方式制造事端，以维持国际社会对他们的关注。如果说十四世达赖喇嘛在时，达兰萨拉方面不用担心国际关注的话，十四世达赖喇嘛的老去，很可能会导致他们陷入以关注度求生的尴尬境地，就如同现在的"民运"及"法轮功"一样，关注度就是生存的保证，就是一切。不同的是，"藏独"集团主要活动范围除国际空间以外，还有与西藏邻近地区，特别是中印尚未划定的边界地区。国际空间由于受到不可抗力的影响而下降，相应地，在边界地区寻求突破便会成为未来"藏独"势力的重要活动方式，通过边界进行渗透，甚至在边界地区制造破坏活动的力度和频率都会增加。这要求我们除继续在国际舞台上压缩"藏独"的活动空间以外，还要有针对性地强化在西藏边境地区的力量存在，筑起安全屏障，未雨绸缪，做好应对"后达赖时代"的"藏独"集团在边境地区寻衅滋事的准备。

综上所述，在涉藏问题上，国际与地区形势的变化总体上对我有利，我国实力和自信心的增强是造成这种有利态势并且使之越来越对我有利

的根本原因。然而，具体在边境地区，未来我们承受的安全压力将有所增加，反分裂斗争呈现国际外交和话语博弈以及边境地区反恐维安两个战场同时展开的状态，其中边境地区斗争将有可能在一段时间内激化、暴力化乃至恐怖主义化。鉴于此，夯实边境存在、强化边境地区控制力，对保卫国家安全的意义是不言而喻的。

二 边境地区强基惠民活动对保卫西藏安全的意义

习近平总书记指出，"治国必治边，治边先稳藏"。这一重要战略思想，具体在西藏便体现为"治藏必治边，稳藏先稳边"。涉藏斗争错综复杂，既有国际舞台上的话语主导权斗争，也包括自治区和藏区范围内的反民分反颠覆反渗透反破坏斗争。而这两条战线的连接点就是边境地区。边境地区安全了，安全屏障铸好了，西藏自治区内部才能稳定，藏区才能稳定。

反分裂斗争的实践证明，到目前为止，由于藏区特殊的地理和人文状况，海外"藏独"对我境内发挥影响力的方式主要还是通过人员渗透，互联网和电子世界的技术手段渗透虽然比重在明显增加，但这也是在多年来"藏独"势力已经在西藏建立了一套人员渗透网络的基础上的。西藏乃至藏区的情况与新疆不同，西藏和藏区人烟稀少，交通不便，通信落后，仅仅依靠电子和互联网通联，是不足以保证"藏独"集团和我争夺藏区的控制权的。而切断海外"藏独"势力对藏区进行渗透渠道的斗争，主要也应从如下三个层面着手：一是电子和互联网世界，这要求全国一盘棋，不能仅仅依靠西藏和藏区的互联网以及电子通信安全防范；二是要防止进入藏区的外国人甚至内地香客、游客充当"藏独"思想渗透的媒介，这同样要求涉藏工作的全国统筹能力；三是强化边境边界管理，避免"藏独"集团直接穿越边境对藏区进行组织、人员、经费以及思想渗透。如果说前两者由于技术原因不可能做到万无一失的话，而后一者无论从一旦被突破的现实危害程度还是从反分裂斗争的长远群众基础衡量，都必须尽可能做到钢铁屏障无缝链接。特别是考虑到未来十四世达赖喇嘛去世后"藏独"集团可能在边境地区加大对我压力，边境边界地区在我反分裂斗争中所发挥的前沿作用便进一步增强。

自治区党委和政府开展强基惠民活动虽然是全自治区范围内的，但强化执政基础、加强基层建设、提高民生水平、争取民众支持对于边境边界地区具有特殊重要意义。

(一) 强基惠民活动密切了政民关系，强化了边境地区党和政府的存在与效能

通过强基惠民活动，大量工作队驻村，党和政府对边境人烟稀少地区的管理水平提高，群众与党和政府的接触频率增加，党和政府在边境地区群众当中的存在感进一步加强。边境地区不同于内地，政权机关存在力度的强弱，不仅仅影响到政府的执政效力，更涉及国家主权尊严的体现程度以及领土的实际控制程度。

历史上，中国作为统一的封建集权国家，对领土的控制能力基本上呈现由中心到外围的下降态势，最终政权控制力消失的地方，也就是帝国的边界，边界不体现为清晰的管理终点，而表现为控制权日渐虚弱、交叉最终消失的隔离地带。这种边界观在中国进入国际体系后给中国造成了巨大伤害，特别是在西藏，旧中国边境控制能力的下降和边界管理的缺失，是造成中印边界问题的重要历史原因。这其中，除了国力不足的因素以外，陈旧观念的责任也是不容回避的。

新中国成立后，尽管西藏边界得到了前所未有的重视，然而由于自然条件、维持成本以及外交顾虑等多方面因素的限制，自治区边境地区开发一直保持较低水平。虽然在一定程度上我们在边境地区的克制避免了和印度沿尚未划定的边界线上爆发频繁的管辖权争议，这种稳定却是以我们控制力的虚弱为代价的，极易为边境地区遭到渗透提供便利空间，从长远看来对于维稳维安工作都是不利的。

随着强基惠民活动的深入进行，一批批训练有素、年轻有为的党和国家工作人员深入到边境边界地区，等于直接把国家机关带到了边民面前，密切了党和政府与群众的关系，让边民亲身感受到国家政权的强大和效力，对于强化边民的国家认同，具有至关重要的积极意义，特别是这种存在不仅仅是以管理者姿态出现的，也是以服务者的作用体现出来的。

(二) 强基惠民活动使得军政关系军民联系进一步加强，促进了军政民之间的良性互动

长期以来，我们在边境控制上执行的是"民前军后"的政策，以边民的经济活动，特别是放牧活动体现我国主权和领土控制，武装力量，特别是边防军主要发挥支持和威慑作用。这种策略的积极方面主要包括：(1) 节约资源，避免将有限的边防力量分散在广大正面，形成攻不能攻

守不能守的被动局面；(2) 保持战场机动性，有限兵力集中配置能够发挥较大威慑力；(3) 避免意外冲突，武装力量相对后置，能够最大限度地防止双方巡逻部队发生意外接触，引发军事对峙。但这一策略也是有消极因素的，主要表现在：(1) 边民在前，一旦遭遇印度边防力量，基本上处于任人宰割的境地，既不利于我边民人身安全，也有损于国家尊严；(2) 边民主要以放牧活动为主，军队巡逻也有相对固定的线路和时间，这就导致边境地区有些我方实控范围在一定时间段内实际上处于无人控制状态，容易被人所乘；(3) 印军的相反配置方式有利于其蚕食我国领土，如果我方不能及时反击，很容易造成所谓"既成事实"，而我一旦反击，则会使我避免冲突的意图落空。

强基惠民工作队的入驻，如果配置得当，相当于我国政权机关向边境地区完成前置，以属地和属人管理相结合的方式，强化我对边境地带的控制能力，在部队和边民之间形成有效的连接纽带，并可以在需要的时候，形成和军队相互补充的交涉渠道。这两方面的潜在意义都是非常重要的。首先，部队直接和边民打交道多有不便，边民，特别是牧民，活动范围大，居无定所，很难和边防军之间保持紧密的联系，一旦有事，不论是通报还是救援，都容易出现滞后现象。而工作队地点相对固定，既可以便于边民牧民在不对军事通信造成不利影响的情况下与政府取得联系，也可以让部队突破通信及语言障碍，及时得到有效信息，做出快速反应，实现军政民之间的密切协同。

尤其是当前，自治区西藏，包括边境县在内，城市化城镇化建设水平不断提高，中心区域的吸引力不断增强，这种情况对于加快自治区经济发展显然是有利的，但具体在边境地区，如果边境县的县城吸附作用进一步加强，便有可能造成边境前沿地带我方存在的虚化和弱化，在边防力量不可能显著增加的情况下，边境县人员配置的相对集中，即边境县的城镇化，实际上是不利于边境国家安全屏障建设的。而强基惠民工作组的派出，作为国家政权机关的下沉方式，对于巩固边防，补充边防武装力量的不足，具有重要意义。

(三) 强基惠民工作加强了边境地区宗教场所和人员的管理，促进了宗教与社会和谐，有助于消除"藏独"集团利用边境寺庙建立渗透渠道的风险

寺庙一直是我与境外"藏独"集团争夺的焦点，在全民信教的西藏，

寺庙的稳定是与一个地方的稳定直接相关的。边境地区寺庙众多，但僧尼人数有限。这种情况下，仅仅依托我们的统战工作，对上层僧尼进行管理并争取他们遵循"爱国爱教"的原则自觉维护国家安全是不够的。地处边境的寺庙不但会受到我们政府掌控得住的本地大庙的影响，也更容易受到境外分裂势力的渗透。因此，对这些寺庙的管理应该比自治区腹地同等规模寺庙的管理更加用心，更加细致，投入更大的力量。

从正面理解，边境地区一座寺庙，站在党和政府这一边，站在维护国家主权和安全，反对分裂这一边，就会为阻断"藏独"集团向境内渗透增加一座堡垒。尽管这些寺庙影响的范围不大，周边人群也不会太多，然而无论如何，这都意味着"藏独"集团失去了以一座边境寺庙为跳板，从事人员、材料以及经费转运活动的可能性。从反面来说，如果有一座边境寺庙，因为疏于管理而沦入"藏独"集团的控制，则不仅一个边境地方的民众思想会产生波动，也会使这座寺庙成为"藏独"势力通过手段向西藏腹地进行渗透的桥梁。边境寺庙就是桥头堡，为谁所控制，就会为谁服务。从这个角度来说，强基惠民工作队对边境寺庙的进驻与管理，既是党的统战、民宗政策的体现，体现了我们对广大僧尼的爱护与照顾，也是国家安全前哨战的组成部分，在消除国家安全隐患的同时，以驻寺工作队构筑边境国家安全屏障的支点。

综上所述，应该从党政军民僧共同守边的角度，认识强基惠民活动的重要性和必要性，极有必要，应在总结现有经验的基础上，发现问题，改进不足，进一步提高强基惠民活动在边境地区的特殊效力。

三 从维护国家安全角度思考强基惠民活动的改进思路

自治区党委和政府开展强基惠民活动，主要工作包括加强基层组织建设、做好维稳工作、寻找致富门路、开展感恩教育等，要义在于通过加强基层组织建设和改善民生，以争取民心，巩固党的执政基础，实现自治区的稳定与安全。在自治区党委和政府的统一部署下，各地市的强基惠民工作取得了系统性的成效，基本上做到了协调一致，然而也要看到，在不同的地方，强基惠民活动的宗旨虽然是一样的，但工作侧重点仍应该有所差别。在边境地区，强基惠民活动的工作思路应该更加强调活动对于边境维稳与维安的关系，突出其安全价值，在资源配置和考核方式上也应有所不同。

第五章　国家安全屏障与乡村基层治理

(一) 强基惠民工作需要兼顾"强基"与"惠民"

自治区的边境地区不同于腹地，充当着维护国家安全和领土完整的前沿和堡垒作用。边境地区治理的基本出发点是维护安全，相对于国家安全，边境地区的经济发展需求是第二位的。然而，在西藏，两者之间并不矛盾，不论是在对印方面还是与尼泊尔和不丹的边境线上，我方的经济发展水平越高，便越容易建立起"灯塔效应"，强化对境外藏族同胞以及友好国家边民的影响力。就这一点而言，边境地区的强基惠民工作"强基"与"惠民"是协调一致并行不悖的。

但是这并不意味着两个目标在推行手法和实现手段上没有区别，边境工作的基本出发点决定了强基惠民活动应以"强基"为核心，"惠民"是"强基"产生的结果，并反过来进一步促进边境地区政权建设。这一点似乎与西藏自治区腹地的工作思路应有区别，在腹地，争取民心是一切工作的核心，"惠民"才能"强基"，加强政权基层组织建设也是以解决民生问题为首要工作内容和途径的，民生搞上去了，政权基础才能巩固，才能更好地动员群众保卫国家安全维护社会稳定。而在边境地区，不管民生状况如何，基层政权的巩固都是刻不容缓的任务。"强基"工作重在强化我国基层政权的前沿存在，这种存在不应该也不必要以其是否具有经济合理性为衡量标准，而应该优先考虑维护边境地区安全的必要性。

(二) 边境地区强基惠民需要算政治账、安全账

自治区边境地区自然条件普遍恶劣、基础设施长期投入不足，这种情况下，"强基"也好，"惠民"也罢，需要的投入都要高于自治区腹地，而且提高边民的民生水平，很大程度上要持续依靠财政负担，而不是在一定投入后依托受惠民众的经济自我发展能力。"强基"工作更加需要持续投入，以维持边境地区基层政权的连续存在。这就需要改变成本计量方式，在边境地区开展强基惠民活动要多算政治账、安全账，坚持战略思维，对产生的财政负担有合理的心理准备。

如果仅从改善边民的生活而论，在自治区日喀则市以及阿里地区，边民集中从事生产，甚至转而定居化城镇化更有利于边民生活水平的提高，节约财政资源，但是如果从维护国家安全和边境稳定的角度考虑，就必须努力让边民在边境边界最前沿维持生产生活。这一方面要依靠群众教育，使边民增强保家卫国的自觉意识；而边民的生活水平也需要改

善和提高,这种改善和提高很难通过民生建设"造血"来实现,只能主要依靠持续性的"输血",让边民维护至少不低于集中化城镇化的生活水平,保证其可支配收入的稳定增长。这就要从我们在民生辅助方面,多考虑持续性,多算"政治账"和"安全账",在边民补贴方面适时适地有所提高。

(三)"强基"工作需要基层政权建设和社会管理体系建设并重

"强基"工作的核心是强化国家力量在边境的存在,这一力量既体现为基层政权建设,也体现为边境地区不断强化的社会管理体系。驻村、驻寺工作队能够发挥重要作用,但不可能包办一切,还需要得到原有的基层政权和村社自治体系的支持。驻村、驻寺工作应将自己的工作嵌入到地方行政管理当中去,同时,有关部门也应考虑从各个层面加强边民的自我管理能力,使之进一步组织化,以便形成边境维稳维安的合力。

边境地区敌我形势复杂,我边民前置的态势短期内不能也不应改变。我们强化边境控制能力,还是要以群众为基本依托力量。我可考虑在关键地段强化民兵建设,以武装民兵弥补边防部队的部族,工作队可以在当地驻军的配合下,与武装民兵紧密合作,发挥边境控制据点的作用。同时,适当增加对武装民兵的补贴,与边民补贴拉开合理差距,以增强边民对民兵的向往,提高民兵的自豪感和荣誉感。

另外,我们还应该增加公共福利设施的前沿配置,特别是医疗机构。通过加强对边民的公共服务力度,以抵消城镇化速度加快对边民游牧生活状态的影响。

(四)边境地区强基惠民需要点线结合,形成绵密连续的边境控制壁垒

边境线上的强基惠民活动,既要坚持重点,又要顾及全面。强化基层政权应该有针对性地在不同地区形成性质不同作用不同的支撑点。经济发展水平高的地方,对外开放条件好的地方,强基惠民工作应该以建立边境"灯塔"为重点,形成对边境对侧民众的吸引力和向心力,同时,妥善解决滞留海外的藏人回国定居问题,既不能挫伤他们对祖国的向往,也不能让这些人成为境外分裂势力向境内渗透的棋子。实现这一点,关键还在我基层政权建设的成效,对聂拉木县樟木镇立新社区等地调研中发现的回国藏人安置问题应该引起重视,这些归国人员最终还是要回归主流社会的。

与此同时，在边界争端激烈矛盾复杂尖锐的地方，强基惠民活动应该注重连成"线"连成"片"，形成边界控制和边境管理的连续状态，管控住通道，并抵御印方的蚕食。这些地区的工作队，工作范围应该注意保持固定地带和机动区域的平衡，坚持属地和属人相结合。

第二节　西藏发展稳定的周边环境与国际通道*

自21世纪第二个十年以来，我周边环境发生了较大的变化，受我周边大环境影响，西藏自治区周边小环境也出现了新变化。在美国战略重心向东转移并出台"亚太再平衡战略"导致我在东部和东南部的战略压力持续增加的背景下，为适应周边环境的新变化与我国平衡东西部发展的需要，我加快了西部地区开发与对外开放的步伐，在西南方向从国家战略层面提出建设"孟中印缅次区域合作"（也称"孟中印缅经济走廊"）和建设"中巴经济走廊"。我推进南亚国际通道建设，为西藏实现交通基础设施的"十二五"规划目标、加速内外连通提供了前所未有的机遇，然而周边环境尤其是西藏外部环境也对西藏的发展与稳定产生着重要影响。本节主要讨论我周边大环境发展与西藏外部小环境变化对西藏发展与稳定的影响，以及南亚国际通道建设对西藏的机遇与挑战，并在此基础上对西藏"内外连通"的路径选择给出对策建议。

一　外部环境与西藏发展稳定

近两年来，我周边大环境发生了显著的变化，由于美国战略重心转移以及由此导致的我国周边态势发展，我国周边安全环境在一定程度上有所恶化。与此同时，印度通过多种途径进一步加深对西藏周边国家的影响与控制，对中印边界实施有效管控的难度与日俱增，达赖集团加大了对藏区民众思想渗透力度。西藏外部小环境趋于复杂。

（一）我国周边大环境的发展与趋势

2013年以来，我国周边安全形势总体上稳定可控，但朝鲜半岛问题、钓鱼岛争端、南海问题、阿富汗问题、恐怖主义威胁等热点问题仍然突

---

* 本节执笔人：吴兆礼。

出。除这些"常态化"热点问题外，日本政治加速右倾化与军事化，美国与东南亚的军事关系升级，以及南海争端相关声索国加大挑衅力度，中南半岛局势恶化，成为我周边安全环境新变化的四个显性要素。

一是日本加速右倾化和军事化，引发东亚局势持续紧张。自安倍第二次执政以来，日本政治右倾化加速发展。从安倍"侵略定义未定论"到桥下"慰安妇必要论"，从麻生"效仿纳粹修宪论"到安倍试图修改宪法解释以解禁集体自卫权，日本安倍政府在政治右倾化道路上渐行渐远。日本以"积极的和平主义"试图解禁集体自卫权并谋求在对外军事行动上采取积极的先发制人战略，加剧了日本与邻国的政治对立，成为引发东亚国家间关系紧张和地区局势动荡的主要因素。

二是美国显著强化盟国和准盟国在美东南亚战略中的支柱地位，与菲律宾、泰国、新加坡军事关系进一步提升。作为同盟关系重要补充和加大在东南亚军事存在的主要着力点，美国大力发展与印度尼西亚、马来西亚、越南等国的军事关系，"新战略关系"构建取得重大进展；积极改善与柬埔寨、老挝、缅甸等国军事关系，介入各国军事现代化和职业化进程，使美在东南亚军事链条趋于完整。随着对东南亚战略资源投入增加，美国与东盟几乎所有国家的军事关系都得到新发展，改变了美国亚太部署"北重南轻"的局面，美国在东南亚的战略布局呈现出平衡和多元、突出海上安全并寻求多点进入的态势。

三是南海争端相关声索国加大挑衅力度，南海形势趋于紧张。2013年，南海形势的主要特征表现为相关争端国家之间没有发生激烈的海上摩擦，南海问题的法理斗争突出，菲律宾就南海断续线等议题提起国际仲裁，我与东盟启动关于《南海各方行为准则》磋商。然而，自2014年以来，越南和菲律宾加大了挑衅力度，2013年出现的缓和与克制迹象出现逆转。越南国内出现反华打砸抢事件，猖狂冲击西沙群岛中建岛"981"钻井平台。在南海问题上，2014年越菲的行为不断挑战我国底线。

四是中南半岛在大国博弈中的地位日益凸显，泰国再现动荡。中南半岛长期以来一直是亚太地区多个大国力量的交汇地带，近年来，该区域在大国博弈中的地位日益凸显，美国的"亚太再平衡"，日本的"价值观外交"，印度的"东向战略"，俄罗斯的亚太战略新构想，中国的周边战略在中南半岛碰撞交集。2014年以来，部分中南半岛国家利用大国纷争从中渔利的战略意图得到进一步强化。而2013年11月以来泰国民主党与为泰党之间的政党纷争所引发的政治动荡使泰国政局的未来走向充满变数。

(二) 西藏外部小环境现状

西藏自治区地处我国西南边疆,与南亚的印度、不丹和尼泊尔毗邻而居,同时也在东南部与东南亚的缅甸接壤。南亚局势尤其是印度、尼泊尔和不丹三国局势的发展演变,是影响西藏发展与稳定的重要外部因素。

一是从宏观中印关系看,双边关系稳定发展,但战略互信仍显不足,双边存在诸多现实性问题。近年来,中印关系基本上是稳定的。总体上看,两国经济上互补大于竞争,对国际格局看法相似性多于相悖性,能够依据建立起的多种磋商和交流机制理性管控分歧,但边界问题仍是困扰中印双边关系深化的主要障碍。边界问题没有得到最终合理解决,对中印关系进一步深化产生了实质影响。这主要表现为,一是导致印度国内对中国是威胁还是发展伙伴的认知存在争论;二是影响了印度对中国政策与行为的判断,导致印度对中国的政治与战略互信有限;三是导致印度对与中国发展经贸关系有一定顾虑;四是影响到两国民众彼此的形象构建。公众的对边界问题的认知与期望,有限的民间交往和彼此形象构建负面化倾向,两国战略利益扩展、交汇与碰撞,以及地区与国际环境变化的影响等,注定中印双边关系未来发展存在现实挑战。而且,其他领域的问题,如达赖喇嘛问题、贸易不平衡问题、水资源问题、中国与南亚其他国家关系问题等,也是中印之间的现实性议题。

同时,中印在边界问题上取得的成效也是有目共睹的。目前,两国已经在涉边问题上形成了"一个"共识性的政治指导原则(2005年),建设并推进了"两个"重要会谈与磋商机制(2003年、2012年),签署了"三个"关于边界管控的协议或协定(1993年、1996年、2013年)。中印在解决边界问题上既有量的积累,也有质的突破,这为进一步推动边界问题的解决提供了重要的支撑。

二是从国际社会对印度的战略定位看,印度地位与作用处于上升通道,对印度的借重有所发展。随着中国长期和平稳定发展以及未来这种趋势不可逆转,出于平衡、限制与牵制中国发展的意图,美国和日本等相关国家加大了对印度的拉拢力度。自2008年以来,在后危机时代大国关系出现结构性调整的背景下,印美关系实现了从"一种新的伙伴关系"

到"战略伙伴关系"再到"全球伙伴关系"的"三级跳"式跨越发展。美国为进一步强调与现有盟友的关系将合作网络推广至整个亚太地区，将与印度建立长期战略合作关系作为重要一环，支持印度作为地区性经济支柱发挥作用并成为印度洋地区安全的维护者。

印度与美国、日本和东盟国家关系，尤其是军事关系发展尤为显著，印度参与的三边甚至小多边安全对话机制加速发展，尤以"美日印三边对话"最为突出。副部长级"美日印三边对话"始于2011年12月，至2012年10月已经举行三轮。美国积极推动美日印三边合作的战略目标在于借助地区国家维持美国在亚太地区的领导地位，防止新兴国家的崛起对美国的利益构成威胁。而印度则是为了借力美国与日本，应对中国实力上升的压力，拓展自身战略空间。此外，"印度—巴西—南非"（IBSA）三边对话也已经机制化，首届印度与拉美及加勒比国家共同体"三驾马车"外长会议也于2012年8月7日举行。印度与日本和韩国（印日韩）之间的学术对话也已经起步，为最终形成三国间政府对话机制探索道路。

印度与斯里兰卡和马尔代夫（印斯马）就海事安全形成对话机制。2008年2月，印度组织召开了有28个国家海军将领出席的首届"印度洋海军论坛"，该论坛每两年举行一次会议。作为论坛最大的资金提供者和支持者，印度希望能在其中发挥主导作用以及在印度洋地区扮演力量平衡者的角色。

三是印度将尼泊尔和不丹视为自家后院，继续加大政治干预与经济援助力度。印度延续了同尼泊尔和不丹的特殊条约关系，而且加紧了对这两个国家的渗透与控制。印度希望将尼纳入自己的安全框架之中，拓展自己的战略纵深。在印度与尼泊尔的关系中，中国因素是不可回避的。印度战略家始终希望将对锡金和不丹的政策应用于尼泊尔，即"不丹锡金化、尼泊尔不丹化"，对尼泊尔实行"拉压结合"的政策。除政治与军事关系外，为保持对南亚邻国的传统影响力与优势地位，印度始终向南亚邻国提供对外经济援助。印度希望通过对外援助促进两国经济社会发展，同时也将发展援助作为追求印度政治、经济和商业利益的工具。目前，不丹和尼泊尔两国是印度最大的受援国。

印度与尼泊尔有1850公里的边界线，有5个邦与尼泊尔接壤。两国边界开放，居民可自由流动，现共有600万尼泊尔人工作生活在印度境内。自2008年尼泊尔正式从"印度教君主制国家"转变为"联邦民主共和国"以来，印度对尼政策更趋务实，继续打"传统牌"，通过历史、宗教、文化、种族、语言上的传统联系强化对尼泊尔影响，继续加大对尼泊尔援助力度。印度大力援助尼泊尔基础设施建设，如建设1450公里长的特莱公路、五条铁路线路、四个联合检查点等，加强与尼泊尔的连通。在安全领域，印度通过援助安全装备和提供培训，提升尼警察与武装警察的能力。在经济领域，印度已经成为尼泊尔最大的贸易伙伴。据统计，2012—2013年双边贸易额达到47亿美元，占尼泊尔贸易总额的66%，来源于印度的FDI约占尼泊尔FDI流入的40%，印度对尼泊尔投资居第一位。2011—2012财年，印度对尼泊尔的援助居第二位，仅次于英国，达到0.51亿美元。生活在尼泊尔的印度人达60万。

印度对不丹的影响和控制程度更为深远。1949年8月签订的《印不和平友好条约》于2007年2月进行了修订，尽管去除了关于外交受印度指导的条款，但仍保留进口武器受印度控制的规定。在此条约框架下，不丹至今未与我建交，是我国唯一与之没有外交关系的邻国。印度与不丹在政治、经济、安全与其他领域形成的特殊关系近年来得到进一步发展。而且更为重要的是，印方对不丹与中国在其他多边场合的交往极为敏感。

长期以来，印度一直是不丹最大的经济援助国和第一大贸易伙伴，在过去十几年中不丹接受了印度近50%的对外援助，不丹60%的预算由印度提供融资。截至2013年的第十个"五年计划"期间（2008年7月至2013年6月），印度向不丹提供了500多亿卢比经济援助。印度计划为不丹第十一个"五年计划"（2013年7月至2018年6月）提供450亿卢比经济援助。印度不仅是不丹的发展伙伴，也是不丹的最大贸易伙伴。2012年双边贸易额达683亿卢比，从印度进口占不丹进口的79%，对印度出口约占不丹出口的94%。

（三）外部环境对西藏发展稳定的影响

西藏地处祖国西南边疆，外部环境的发展与变化对西藏自治区肩负的守土职责和跨越式发展两大任务有着直接的影响。党中央和国务院高度重视和关心西藏地区的发展和稳定，特别是党的十八大以来，习近平总书记和全国政协主席俞正声先后提出了"治国必治边，治边先稳藏"重要战略思想和"依法治藏，长期建藏"的工作要求，这都说明了西藏在我国总体发展与稳定中的战略重要地位。

鉴于我与印度关系仍面临诸多现实问题，而印度也在各个领域展开与我竞争，尤其是在对南亚邻国的影响力扩展上印度更是不遗余力。以美国为首的西方国家对印度的拉拢、印度对中国的疑虑、印度对南亚国家如尼泊尔和不丹的影响，我推进南亚国际通道建设等，都导致了西藏图发展和谋稳定的外部环境趋于复杂化。在未来的五年或更长时期内，印度仍是影响西藏外部环境的决定性因素。

印度的决定性因素作用主要表现在三个方面：一是宏观的中印关系未来发展方向取决于印度；二是南亚国家尤其是不丹和尼泊尔两国的对华政策在一定程度上受到印度的影响；三是中印边界问题的最终解决也在一定程度上取决于印度。

第一，中印关系未来的发展方向，将在很大程度上取决于印度对华政策走向。早在2006年，我国领导层就明确表示，同印度发展长期稳定的战略合作伙伴关系，是我国政府的既定政策和战略决策，绝非权宜之计。2012年以来，为化解美国重返亚太后出台再平衡战略对中国形成的战略压力，我国加大了与印度的外交力度，从主动恢复军事交流和李克强总理2013年5月首访印度，可以看出中国外交的努力方向。尽管印度对中国加强双边关系的意愿做出积极回应，并且官方明确表示愿意向外界释放中印合作的积极信号，但在评估美国"再平衡"战略的影响以及印度政策取向上，国内战略界分歧明显，其中不乏利用机遇遏制中国的言论。如何平衡对外关系，尤其是印度在中美印三国之间的互动发挥怎样的作用，是印度未来处理与中国关系的关键。

未来印度对中国政策的稳定性，尤其是对"一个中国"政策和西藏地位的立场，对中印关系的发展至关重要。长期以来，印度对中国政策在某种程度上具有双重性。目前，印度对华政策的基础，包括在"一个中国"政策和西藏的地位上的表述，都有微妙的变化。2008年的《中印关于二十一世纪的共同展望》和2010年的《中印联合公报》中，印度关于西藏地位的表述和关于"一个中国的政策没有改变"的传统立场先后缺失，而且自2010年以来，印度在中印关系文件中一直避免重申这两个承诺。而在我对印度关系中，"一个中国"政策和西藏地位是核心问题，是维持和发展双边关系的原则和基础。如果印度在这两个问题上的立场和政策出现倒退，这将对两国关系产生重大影响。

第五章　国家安全屏障与乡村基层治理

第二，印度不会放松对尼泊尔和不丹等南亚国家的影响，尤其是对不丹的影响与控制在进一步加强。不丹长期受印度控制，这种控制已经对我与不丹建立外交关系的努力以及对我与不丹的边界谈判产生了极大影响，最直接的结果就是我国目前尚未与不丹建交，中不边界谈判停滞不前。在这种背景下，不丹甚至有成为第二个锡金的可能。印度对不丹的影响使中不边界问题的解决复杂化，这种复杂性在未来几年内不会有明显的改观。随着印度对不丹与尼泊尔施加影响，西藏与这两个国家的边贸与连通都会受到负面影响。

第三，中印边界问题一方面短期内难以解决，另一方面边境地区仍是控制与反控制、渗透与反渗透的最前线。尽管中印在解决边界问题上既有量的积累也有质的突破，并且随着涉边机制不断深化，两国在边界问题上也取得了一些阶段性成果，例如，明确存在边界争端，形成通过和平谈判解决分歧的共识，确立三步走路线图，以及签署解决边界问题的政治指导原则等。然而出于东西段边界的复杂性，相关边界实控线地图的核实与交换工作停滞不前。从短期来看，中印在解决边界问题上还面临国内公众压力、民间认知、地区与国际环境等一系列因素的影响，中印就边界问题达成永久解决这一目标还有相当困难。

作为边境大省，西藏全区有4000多公里的边界线，沿线有28个传统边贸点，受制于边境问题悬而未决的影响，"控制与反控制"、"渗透与反渗透"成为边境地区的最为迫切的任务和工作，而正常的边境贸易则难以全面恢复，影响了西藏边境口岸建设与发展，影响到边境地区对内开放旅游。

从总体上看，稳定、前瞻和上升的中印关系取得于印度的对华政策取向，取决于中印边界问题以及其他显性问题的理性管控。边境稳，西藏才能稳；边境不稳，西藏发展必受其害。目前，中印有合作的基础，尤其是在多边舞台上的合作已经成为一个显著特征，但两国战略利益碰撞与战略空间的重叠也导致中印之间合作与竞争的态势更为复杂。

二　南亚国际通道建设与西藏的区位优势

我国自2000年正式提出西部大开发，并逐渐超越国内视阈，开始以区域稳定与发展的维度来推动我西部地区的发展。通过加强与南亚和中亚地区的经济联系，促进地区稳定，是我长期追求的目标。我重心向西转移的"再平衡"蕴含两层诉求：第一是国内层次，即发展我西部地区，缩小国内东西部差距，以平衡发展促进西部地区稳定；第二是周边层次，即将我西部的发展与周边国家特别是阿富汗、巴基斯坦以及中亚和中东国家联系起来，分享中国发展的红利，形成区域发展合力，营造地区的发展与稳定。2013年以来，我重心向西转移的举措更为积极。在西南方向，与印度、缅甸和孟加拉国推进中印孟缅次区域合作，倡议建设中印孟缅经济走廊；与巴基斯坦合作建设中巴经济走廊；在西面，我加强与中亚五国合作，提出建设"丝绸之路经济带"构想。我推动南亚国际通道建设包括两个方向，一是孟中印缅次区域合作，二是中巴经济走廊规划，这两个国际通道分别位于西藏的东西两侧。西藏自治区也在南部方向推动与尼泊尔的连通建设。南亚国际通道建设为西藏提升与南亚地区的互联互通、加快面向西南的对外开放提供了历史性机遇。

（一）BCIM次区域基础设施连通

1. 进展

中印缅孟次区域合作倡议是在我地方政府与学者的推动下，由学术论坛性质的"二轨"研讨逐步发展为以中国倡导其他三国回应的"一轨"倡议。1998年11月，云南学者在印度新德里举行的"中印地区发展国际研讨会"上第一次提出关于推动中印缅孟次区域经济合作的构想并得到了印方学者积极回应。1999年8月云南举行首届"中印缅孟地区经济合作国际研讨会"并签署《昆明倡议》，标志着四国次区域经济合作正式启动。截至2013年，中印缅孟地区经济合作论坛已先后在四国召开了11次会议，在多个领域达成了共识，有力地推进了地区经济合作。2013年李克强总理访问印度以及10月辛格总理访问中国，两国对建设中印缅孟经济走廊达成共识，并将其上升到国家层面的合作战略。2013年12月，四国政府部门主导的第一次联合工作组会议在昆明举行。

中印缅孟次区域合作已成为西藏外部最重要的次区域合作机制之一，对促进次区域合作与发展发挥了重要作用。这主要表现在：一是经贸合作规模不断扩大；二是互联互通水平大大提高；三是合作领域不断拓宽、合作形式日益多样化；四是地方政府之间的合作不断加强；五是人员交流日益密切。

目前，中印缅孟次区域合作机制日益完善，这主要体现在：一是论坛层次提高，从一个"二轨"会议发展为有官员、学者、企业界共同参加的"政府主导、多轨并行"的"一轨半"会议；二是有合作机制保障，

BCIM 论坛不仅已形成每年召开会议的机制，而且举办国家都有外交部等部门高官出席会议；三是有地方推动的其他配套平台，使合作内容与形式更加丰富。

2. 推进 BCIM：机遇与挑战

BCIM 有四方参与，其中孟加拉国政府多次表示支持 BCIM 经济走廊建设，在印度、缅甸和孟加拉国三国中表现最为积极。因此，从这个意义上说，BCIM 的未来推动主要取决于印度与缅甸两国。由于中印、孟缅以及中缅双边关系的现状，受一些负面因素的影响，BCIM 间交通基础设施互联互通的推进与实施既存在重大机遇，同时也面临现实挑战。

我国深入推进中印缅孟次区域合作，实现 BCIM 交通基础设施的互联互通，具有重大机遇，这主要体现在：一是 BCIM 符合各参与方的共同利益，各方有共同合作的愿望，尤其是南亚大国印度对 BCIM 次区域合作的态度已有较为积极的转变；二是中印缅孟区域地处东亚、东南亚、南亚三大市场的连接地带，具有良好的区位条件，在推动区域内市场的形成上有优势；三是合作潜力可观，合作前景广阔；四是有一定的合作基础。

我国推进中印缅孟次区域合作也存在现实挑战，这主要表现为：一是合作机制的层次有待进一步提高；二是四国差距悬殊，对参与次区域合作的立场不尽相同，要形成合力还需一个过程；三是区域内国家关系错综复杂，互信水平有待提高；四是区域内非传统安全问题突出，对四国推进次区域合作形成一定压力；五是通关便利化和自由贸易区建设滞后，影响到次区域合作进程；六是受区域外大国影响的因素仍然存在，使 BCIM 次区域合作受到一定干扰。

然而，从总体上看，相关国家在推进 BCIM 次区域合作上有共同利益，应该说，目前是机遇大于挑战。

（二）中巴跨境基础设施连通

1. 中巴跨境基础设施连通进展

2013 年 5 月，李克强总理访问巴基斯坦，提出中巴双方将加强能源、基础设施、互联互通等项目的合作，建设中巴经济走廊。中方提议得到巴基斯坦的积极响应，中巴两国签署了《关于开展中巴经济走廊远景规划合作的谅解备忘录》。两国决定着手制定中巴经济走廊远景规划，稳步推进中巴经济走廊建设。中巴经济走廊是指我国和巴基斯坦两国共同打造的中国新疆乌鲁木齐—喀什—红其拉甫—巴基斯坦苏斯特—洪扎—吉尔吉特—白沙瓦—伊斯兰堡—卡拉奇—瓜达尔港全长4625公里的交通大动脉。

为推动制定中巴经济走廊远景规划，两国成立了中巴经济走廊远景规划联合合作委员会，联委会下设综合规划、交通基础设施和能源三个工作组。2013年8月和2014年2月，联合合作委员会先后在伊斯兰堡和北京举行两次会议，确定了中巴经济走廊项目路线图，就经济走廊的规划编制、优先推进项目以及交通基础设施、能源和信息技术等领域的务实合作坦诚深入交换了意见并取得了广泛共识。

中巴经济走廊建设旨在进一步加强中巴互联互通，促进两国共同发展。经济走廊的建设贯通一方面可以扩大中巴两国的货物进出口和人员交往，促进巴国转口贸易；另一方面能有效增加我能源的进口路径，把中东石油直接运抵我国西南腹地，降低对其他能源渠道的依赖。从更宏观的角度看，中巴经济走廊贯通后，能把南亚、中亚、北非、海湾国家等通过经济、能源领域的合作紧密联合在一起，强化巴基斯坦作为桥梁和纽带连接欧亚及非洲大陆的战略地位。

2. 中巴跨境基础设施连通：优势与问题

中巴跨境连通具有的突出优势。这主要表现为：一是战略上我国与巴基斯坦历来友好，巴基斯坦是我"全天候"战略伙伴，"全天候友谊和全方位合作已成为中巴关系的显著特征"；二是政治上中巴拥有高度的政治互信，巴基斯坦始终坚持"巴中友谊不可动摇"，将发展与中国的关系作为其对外政策的基石并形成"举国共识"；我国也始终如一地努力发展与巴基斯坦关系，明确表示巴基斯坦是"四好"国家。两国始终能超越社会制度与文化的差异，彼此不分国家的大小和强弱，始终能从战略全局和两国友好的大局出发看待和处理两国关系；三是经贸关系密切。自2006年签署《中巴自由贸易协定》、2008年签订《中巴自贸协定补充议定书》以及2009年签署《中国—巴基斯坦自由贸易区服务贸易协定》以来，两国双边贸易额一直保持快速增长态势。2013年，中巴贸易总额达到140多亿美元。目前巴基斯坦是我国在南亚地区的第二大贸易伙伴，我国是巴第四大贸易贸易伙伴，促进双边贸易的机制不断深化。鉴于两国在经贸领域的互补性很强，双边经贸以及投资仍有广阔的空间；四是中巴民意基础牢固。在民意心理认知上，发展并深化双边关系已经成为两国普通民众的共识，中巴友好深入人心、基础牢固；五是巴基斯坦政府已经将发展经济列为执政的重心,对在基础设施上内外连通有较高的诉求。

中巴跨境连通也面临现实困难。这主要表现在：一是线路长、地质条件复杂、施工与维护难度大成本高；二是实现连通的投资需求大,巴财政实力有限,商业化模式推动难度大；三是巴基斯坦基础设施落后,安全环境不容乐观,电力等能源短缺；四是因巴基斯坦突出的地缘重要性,中巴基础设施连通面临美国和印度等外部因素的干扰。

(三) 西藏的机遇与区位优势

1. 机遇

西藏在交通基础设施领域的发展机遇来源于两个层面的推进：一是国内因素；二是我推进南亚国际通道建设。

从国内因素看,西藏交通基础设施面临空前的发展机遇,这主要体现在以下几个方面：一是国家针对西藏出台了诸多支持政策。党中央高度重视西藏工作,继续加大对自治区经济社会发展的支持力度。例如,《国务院办公厅关于印发〈支持西藏经济社会发展若干政策和重大项目意见〉的通知》《"十二五"支持西藏经济社会发展建设项目规划方案》等,都对西藏交通基础设施的发展给予支持。二是我国构建全国一体化的综合交通运输体系,出台《综合交通网中长期发展规划》,为西藏融入国家综合交通运输体系,实现与区外交通网络的对接与融合,提供了机遇。三是中央为加快西藏经济社会发展并争取与全国一道在2020年实现全面建成小康社会的目标,也要求对交通基础设施加大投入。四是从维护国家安全并切实起到支撑屏障的维度,也要求加大对边境省份交通基础设施的投入。

从周边环境与国家推进南亚国际通道建设上看,西藏的机遇主要体现在西部大开发战略的深入推进与南亚国际通道建设两个方面。随着我西部大开发战略的深入推进,加强"成渝经济圈"与南亚的联系,为西藏建立区域间的交通运输网络提供了历史机遇。

2. 区位优势

西藏自治区将交通基础设施建设定位于具有战略性、先导性、基础性和全局性的作用,并将其发展定位于内连全国、外接南亚、支撑屏障和服务发展。实际上,在这四个定位中,西藏的区位优势主要体现在外接南亚和支撑屏障两个方面。

第一，我国推进与南亚的互联互通主要有两个路径：一个是 BCIM，另一个是中巴经济走廊。这两条路径分位于西藏的东西两侧。其中，中巴基础设施连通的主要节点是新疆境内的红其拉甫口岸。红其拉甫口岸距西藏日土县 1400 多公里，而距新疆乌鲁木齐市 1890 公里。西藏要充分利用中巴经济走廊，不仅需要在西面形成与新疆的连通，还需要区内连通状况的显著提升，以及在东面与青海和四川的连通。因此，西藏在中巴经济走廊上的区位优势并不明显。

第二，在西藏东侧，受自治区自身发展等因素的影响，相较于云南和四川等省份，西藏在 BCIM 中的区位优势也不显著，但总体上要好于西侧的中巴经济走廊。BCIM 建设将有利于带动西藏昌都地区、林芝地区和山南地区的经济发展。

第三，自治区推进的与尼泊尔的连通则具有明显的区位优势。随着拉日铁路、中尼公路、日喀则至吉隆（樟木）口岸铁路等一批项目的规划、实施与完工，日喀则将成为自治区与南亚连通的重要节点。而且，印度与尼泊尔传统友好，通过与尼泊尔的连通发展与南亚的纵深连通，可以打消因中印边界问题导致的战略疑虑。

三　西藏内外连通：现状、规划与前景

（一）西藏区内连通现状

自"十一五"规划以来，西藏交通基础设施建设取得了巨大成就，其中公路网在规模、质量、通过深度与服务水平等方面都有了较大提升，已经初步形成了以拉萨为中心，以"三纵""两横""六个通道"为主框架，以 15 条省道、口岸公路、边防公路和众多农村公路为基础的、辐射藏中、藏东和藏西三个经济区的公路网络。其中，"三纵"包括滇藏线（G214）、青藏线（G109）和新藏线（G219）三条国道；"两横"为由 317 国道、301 省道组成的藏北线（北横线），以及由川藏公路（318 国道）、中尼公路（318 国道）拉萨至拉孜段、新藏公路（219 国道）拉孜至巴嘎段组成的藏南线（中横线）；六个通道是由藏南线延伸到各个边境口岸的公路，包括然乌—察隅、泽当—错那、日喀则—亚东、拉孜—樟木、巴嘎—普兰、昆莎—什布奇。

2010 年年末，西藏全区公路通车总里程为 58249 公里，其中骨干网络总长约 8805 公里，占全区公路总里程的 15.1%，基本覆盖了主要城镇和口岸，连接毗邻的新疆、青海、四川和云南四省区，沟通了与邻国缅

甸、印度、不丹和尼泊尔的陆路通道。

铁路方面，青藏铁路（格拉段）全长约1142公里，西藏区内701公里，成为沟通区与内地联系的重要通道。拉日铁路全长253公里，是青藏铁路延伸线，于2010年9月开工，路线于2013年12月铺轨贯通，预计2014年9月正式通车运行。

民航方面，现投入运营的机场达到5个，初步形成了以拉萨贡嘎机场为枢纽，以昌都邦达机场、林芝米林机场、阿里昆莎机场、日喀则机场为主线的航空网络建设。

客观地说，由于自然环境恶劣、历史基础薄弱以及发展条件相对落后等因素的影响，西藏全区交通基础设施相对发展不足。这主要体现在综合交通运输体系尚未形成；公路等级和通行条件亟待提高；民航机场布局覆盖范围小、密度低、运输能力需要进一步提升。

鉴于此，西藏为了实现"内连全国，外接南亚，支撑屏障，服务发展"的交通运输体系发展定位，提出了"十二五"时期综合交通运输体系发展总体目标，形成"四纵、三横、四枢纽、七通道"综合交通运输网络，争取到2015年实现综合交通网总里程73350公里，其中公路通车里程70000公里，铁路运营里程954公里，油气管道1525公里。尤其是为了加强与南亚地区的连通，规划建设第三条横向通道，即所谓的"南横线"，建设沿边横向通道，增加第七个通道，即萨嘎至吉隆通道。

（二）西藏对外连通路径

西藏主要通过青藏、川藏、新藏、滇藏、中尼公路与外界连通。在南亚地区，我积极推进的BCIM次区域合作与"中巴经济走廊"建设，为西藏全面提升对外运输能力和经济开放水平提供了前所未有的机遇。而西藏建设的"四纵"和"三横"交通运输网，也为西藏从西、南和东三个方向提升与南亚地区的互联互通奠定了基础。

1. 公路连通

在西藏的东南方向，"滇藏线"（G214）从北向南穿过西藏的昌都地区，将西藏与云南省的迪庆连接起来。"北横线"与"中横线"通过与"滇藏线"的连通，也可以出西藏入云南；同时，西藏规划建设的"南横线"，即南部沿边横向通道，从西部吉隆县吉隆口岸—定日—岗巴—错那—米林—墨脱—察隅，可以进入云南贡山县。云南省是我国推进与东南亚和南亚中印缅孟（BCIM）次区域合作的桥头堡，西藏通过提升到云南省的公路连通，可以借力 BCIM 提供的机遇，深化全区的对外开放。

在西藏的西部方向，中横线（昌都芒康至阿里巴嘎）已经与"四纵"的新藏西线贯通，形成由东向西再向北的 219 国道，可以西出西藏进入新疆，经 315 国道与 314 国道，达到红其拉甫口岸，与中巴经济走廊对接。"北横线"从昌都向西到达阿里地区的噶尔后与 G219，也就是所谓的中横线会合，然后通过新疆界内的 G315 和 G314 与中巴经济走廊对接。目前，中巴经济走廊已经列入中巴两国战略规划，两国都从战略层面积极推进走廊的规划与建设。

在西藏的南部方向，规划中的南横线与七个对外通道相连通，并进而向东进入云南贡山方向。

2. 铁路连通

2006 年 7 月竣工的青藏铁路全长 1188 公里，其中西藏自治区 550 公里，是沟通西藏与内地联系的重要通道。拉萨—日喀则铁路全长 253 公里。拉日线是西藏自治区规划建成"Y"形铁路网的重要组成部分。"Y"形铁路网指的是以西藏自治区首府拉萨为节点，将通向青海西宁的青藏铁路、通向西藏日喀则的拉日铁路、通向西藏林芝的拉林铁路三段连通组成的铁路网。拉林铁路同时与滇藏铁路、川藏铁路连通，进入云南及四川。拉日铁路规划建造延伸线，与南亚尼泊尔甚至印度铁路网接轨，以连接西藏日喀则与尼泊尔加德满都和印度锡金邦首府甘托克。

全长 612 公里年输送能力达 800 万吨的"日喀则—吉隆（樟木）口岸铁路规划"已经列入西藏自治区铁路网中长期发展规划。本项目建设将改善樟木口岸与吉隆口岸的交通运输环境，保障口岸物资运输，促进对外商贸的进一步发展。

中尼两国已经决定启动青藏铁路延伸至尼泊尔境内的相关调查工作。我国与尼泊尔的互联互通，尤其是边境口岸以及为促进边贸而规划的基础设施建设，不仅有利于我国多渠道多路径推动与南亚的互联互通，加速西进战略的推进，实现东部中部与西部的平衡发展，对于尼泊尔来说，可以推动其北部山区的经济发展，使尼泊尔对外贸易和交往渠道更加多元化，改善其在经济上过度依赖某单一国家的不利局面。

（三）西藏内外连通的现实挑战

交通基础设施建设是西藏未来发展的核心动力。根据 2013 年 4 月自治区通过的《关于公路交通建设超常规发展的决定》，到 2020 年力争完成公路建设投资2000亿元，全区公路总里程突破11万公里，一级及以上公路里程超过1200公里，西藏全区将尽快实现农村公路网络化、边防公路畅通化、国省干线高等级化目标，打造以拉萨为中心的三小时综合交通圈。然而，客观地说，由于自然环境恶劣，历史基础薄弱，发展条件相对落后，西藏全区要实现交通基础设施的内外连通以充分利用我推进南亚国际通道建设的有利时机，目前仍存在诸多现实问题。

一是自然环境恶劣，建设与维护通道基础设施的成本高。西藏地处高原，生态环境脆弱，气候条件恶劣，地形地质复杂，尤其是南部地区的陆路主要山口通道均位于世界海拔最高的地区，常年积雪。要实现我与南亚的互联互通，西藏通道建设不仅对技术的要求较高，建设与维护的成本也十分巨大。

二是对区内交通体系建设相对滞后，总体服务水平较低。与全国东中部地区的交通基础设施相比，西藏交通运输系统密度低、道路等级低、质量普遍不高，道路通达深度低。区综合交通运输发展水平在运输线路总里程、客货运量等指标上都明显偏低。"十一五"计划末期时，自治区近80%的省道路面尚未黑化，有18%的县不通柏油路，等级公路仅占总里程的56.4%，其中一、二级公路仅占1.7%。总体上看，西藏综合交通服务效率低下，与形成安全、便捷、舒适与高效的综合交通运输体系的要求仍有较大差距。

三是自治区自我发展能力较弱。近年来，中央不断加大对西藏交通基础设施建设的投资力度，公路建设规模不断扩大，但与全面建成小康社会对公路交通发展提出的要求以及我东中部其他省份的投入规模相比，西藏交通基础设施建设资金短缺的矛盾仍十分突出。

四是航空运输能力有限。由于机场基础设施建设投入不足，加之航油供应与成本问题突出，自治区的机场布局覆盖范围小、密度低，通用航空机场尚处于空白。干线机场运输压力大，其他支线机场市场份额极低，不能有效发挥支线机场的网络节点作用。同时，受自然条件影响，航空运输具有较强的季节性，无法实现区内全网络覆盖。

五是自治区因特殊的区位位置，不仅存在着繁重的维稳任务，在交通基础设施规划与建设上还涉及高原生态环境的脆弱性问题。

六是地缘政治因素的影响。鉴于中印政治与战略互信度较低，印度对参与中国推进的互联互通态度相对谨慎。于2013年6月在云南昆明举行的首届中国—南亚智库论坛上，部分来自印度的代表称，中国在开拓与南亚互联互通方面，需要处理好与印度的关系，因为印度一方面担心南亚国家对中国市场的依赖会与日俱增，另一方面担心影响到印度自身利益及其在南亚的区位优势；在中印没有就中国—南亚连通上达成谅解的情况下，印方的态度不会发生转变，其消极和抵制将在未来相当长的时期内存在。

四 对策与建议

党的十八届五中全会提出："坚持开放发展，必须顺应我国经济深度融入世界经济的趋势，奉行互利共赢的开放战略，发展更高层次的开放型经济，积极参与全球经济治理和公共产品供给，提高我国在全球经济治理中的制度性话语权，构建广泛的利益共同体。"将中国的对外开放理念、战略和格局提升到一个新的高度。

改革开放以来，无论从广度还是深度来说，中国也越来越深地融入世界经济体系。2013年，中国成为世界第一货物贸易大国。2015年，中国的服务贸易也从2001年的719亿美元增加到7130亿美元，从世界第13位上升至第2位。中国同时又是一个外汇储备最多的国家，占世界外汇储备的1/3。中国要跨越"中等收入陷阱"，实现中华民族复兴的中国梦，必须充分利用国际资源和国际市场。

在过去，西藏处于西南边陲、交通不便，边境线虽然很长，但是对外开放的条件并不好，再加上维护边疆安全的需要，西藏的对外开放具有其特殊性。近年来，随着西藏交通运输等基础设施的快速发展和国家"一带一路"倡议的实施，西藏的对外开放不仅取得明显进展，例如启动通关一体化改革，边境贸易稳步增长。西藏航空与尼泊尔合作组建喜马拉雅航空公司，吉隆口岸实现中尼双边开放。关于对外开放，西藏自治区的"十三五"规划提出："开放是繁荣发展的必由之路，也是西藏实现长足发展和长治久安的重要结合点。紧紧抓住国家建设'一带一路'和构建沿边地区开发开放'三圈三带'新格局的战略机遇，发挥西藏区位优势，全方位对内对外开放，建设面向南亚开放的重要通道，加快形成开放型经济体制。"

鉴于西藏外部环境与南亚国际通道建设两个议题对西藏稳定与发展的作用与影响的理性判断，特提出以下对策与建议。

第一，自治区要形成稳定压倒一切的共识，认清稳定是发展的首要条件这一最基本的现实。西藏地处西南边疆,长期处于同西方敌对势力和达赖集团斗争的第一线,地处反分裂、反渗透、反"自焚"和巩固边防国防的第一线。西藏的稳定压倒一切,稳定是西藏改革发展的首要前提。稳定基础上的发展,对确保西藏到 2020 年同全国一道全面建成小康社会的宏伟目标具有重大的战略意义和深远的历史意义。因此,全区上下要达成共识,需要统筹西藏的稳定与发展,要从稳定的高度来谈发展问题。

第二,要从构建综合运输体系的角度出发,统筹推进公路、铁路、民航等交通基础设施建设,提升交通运输对西藏经济社会发展的服务保障能力。为此,需要加强科技投入,针对西藏特殊的地理、地质环境开展科学研究,提升公路的技术含量,确保西藏交通快速可持续发展。同时,需要科学规划交通基础设施发展,做到既要符合实际又要有前瞻性。

第三,西藏交通基础设施建设要兼顾"稳定线""安全线"和"经济线"的三个功能与定位。巩固国防、维护社会稳定和民族团结,迫切需要提高公路交通快速机动和安全保障能力。保持西藏的政治稳定和中印、中不争议地区的领土利益,是我维护主权和领土完整的重点方向。加强公路交通基础设施建设,提高进入西藏通道的可靠性,提升公路作为西藏国防和战时生命线的定位与作用。

第四,理性对待西藏在南亚通道建设中的区位优势,重点建设以樟木口岸对接尼泊尔的通道。目前,西藏已经初步形成了以樟木、普兰为中心,以拉萨、泽当、日喀则、江孜、狮泉河为依托的区域开放格局,但为了充分发挥对外开放的区位优势,构建开放新格局,需要积极建设区位优势明显的南亚通道路径,提高西藏对外开放的广度和深度。其中,西藏在中巴经济走廊项目上的区位优势并不明显,在 BCIM 次区域合作上的区位优势与带动效应也不如其他省份(如云南与四川等),但东南西三面与尼泊尔接壤的吉隆和樟木口岸发展最为成熟,也是西藏全年开放的陆路口岸。加之尼泊尔与印度传统友好,建设对接尼泊尔并经由尼泊尔连通印度的通道,有助于打消印度的疑虑。

第五,理性判断边贸口岸未来的发展趋势。从发展趋势上看,中尼口岸因尼泊尔的国内需求空间增长有限导致未来发展潜力不足,而中印如亚东口岸的发展因印度的市场空间而有较大的发展潜力。但现实是,亚东口岸因中印双边关系以及边境管控等措施已经制约了亚东县的经济发展，与印度的边贸合作尽管有发展潜力，但中印政治与战略互信等政治因素对发展潜力产生现实影响。

第六，在西藏内外连通的重点选择以及对外连通的路径选择上，建议在"先内后外"的基础上，综合分析西藏区位优势选择"外联"路径。以"内联"为基础，可以提升交通基础设施作为"稳定线""安全线"和"经济线"的三个功能，为加快推进西藏跨越式发展和长治久安与建设小康社会提供保障。在"外联"路径选择上，应积极推动中路，即中尼通道建设；优先考虑与东西两路，即中印缅孟经济走廊（BCIM，东路）和中巴经济走廊（CPEC，西路）的连通；恢复与印度的双边连通，如通过亚东连通印度的路径。

第七，在推进交通基础设施建设上，要着力实现"四大建设"。西藏自治区"十二五"时期公路交通发展规划提出的"四大建设"，即和谐交通建设、惠民交通建设、文明交通建设和廉政交通建设，为西藏自治区交通基础设施建设指明了路径。

第八，我国实施西进战略，建设与南亚的互联互通，尽管为西藏提供了前所未有的机遇，但印度出于对我的疑虑态度比较谨慎。通过由云南经缅甸进入印度和孟加拉国等南亚国家的"南方丝绸之路"虽然有利于增进我国与南亚各国的相互了解和友好往来，深化和拓展经贸各领域的交流与合作，但从建议提出到实际运作情况看，其他三个国家除孟加拉国态度积极外，其他两个国家的立场都有倒退的可能。而且，印度有自己的构想，例如"湄公河—印度经济走廊"和绕道伊朗的"丝绸之路"等，美国的"新丝绸之路计划"也在一定程度上拉拢印度，与我国倡议形成竞争。

第九，鉴于南亚国际通道建设的难度，我国决策层应持续注入政治关注，努力争取与印度和缅甸达成谅解，积极推进通道建设。鉴于国际环境的发展，我国决策层有可能对印度的关切更为关注，在发展与印度关系考虑得更为长远，诸如"珠峰快线"项目因印度顾虑而停止修建的事例可能还会出现。这在一定程度上影响了西藏自治区的基础设施建设进程，但从影响并塑造对我国和西藏自治区稳定与发展的外部环境上看，从国家的战略全局出发深化中印战略互信，更符合我国的长期战略利益。

第六章　关于乡村基层治理情况的问卷调查[*]

为了在较短的时间内更多地了解强基惠民活动中干部驻村工作所产生的实际影响，课题组决定在走访调研的同时，发放驻村干部和村民两种调查问卷。在各地区及县乡相关部门的大力支持和协助下，我们的问卷覆盖了西藏山南、那曲、昌都、林芝、阿里、日喀则、拉萨6地1市辖区内的合计49个县，调研结束后共回收村民问卷599份，驻村干部问卷608份。以下是我们对回收问卷的分析。

第一节　驻村干部问卷分析

因为要对干部驻村工作的绩效与影响做出评估，驻村干部是"西藏实行'强基惠民'重大举措的现实作用和长远历史影响研究"课题组最为关注的一个群体。我们发放的驻村干部问卷核心内容主要包括三个部分：第一部分是驻村干部对于驻村工作的认识与意见以及他们对于未来驻村工作如何开展的建议；第二部分是驻村干部对目前村基本情况、环境和公共服务亟待解决的问题的认识；第三部分是通过一些问题了解干部驻村工作所取得的实际效果。

一　驻村干部对驻村工作的认识与意见及建议

在这一部分中，我们希望通过问卷了解三方面的问题：首先，干部驻村究竟完成了哪些日常工作。其次，驻村干部对于目前自治区党委所布置的相关工作任务及采取的各种举措的看法和认识。再次，驻村干部

---

[*] 本章执笔人：王丹莉。

对于未来驻村工作应当如何开展的建议。最后，驻村干部在驻村工作期间希望得到的帮助。

（一）关于驻村干部的日常工作可以在两个问题中得到反映

干部驻村到底能够完成哪些工作，这一问题由许多因素决定，这些因素既包括各级党委、政府对驻村工作提出的相关要求、各个地区的客观条件与支持力度，也包括驻村干部对驻村工作的认识及其个人的工作能力等。在问卷中有一道开放式的问题，要求驻村干部填写其驻村期间的日常工作，根据回收问卷中的答案，我们把填写者的填写内容大体上分为几大类，从各个事项的填写人数中大致可以看出驻村干部驻村期间的日常工作。从答案来看，宣传教育、维稳、协助村委会日常工作、加强基层党组织建设、寻找致富门路、调研走访慰问、帮助村民解决日常困难、争取项目和资金、调节村民矛盾纠纷、统计村里各项基本信息等是驻村干部填写相对集中的内容，填写其他工作的相对少一些。

问卷中还有一道开放式的问题是要求驻村干部填写其驻在村期间完成的最重要的工作，这一问题和"驻村期间的日常工作"有一定的重复内容，但有的答案却可以体现出不同驻村工作队的特点。我们同样根据填写者的填写内容分为几类，和"驻村期间的日常工作"一样，与自治区党委布置的五项任务相关的事项是填写者填写最多的内容。答案多集中在维稳、宣传教育、争取落实项目资金、建设村里的基础设施、解决群众日常生活困难等事情上。还有的填写者填的内容非常具体，比如给村里办寒假补习班、不定期为村民义诊、加强青少年法制教育、清点牲畜，等等。

（二）驻村干部对于目前自治区党委所布置的相关工作任务及采取的各种举措的看法和认识

问卷中的问题都是围绕着自治区党委在强基惠民活动中提出的相关要求和采取的措施展开的，主要包括以下六个问题。

第一个问题，问卷中有一道问题要求驻村干部对自治区党委提出的驻村工作的任务和要求做出评价。尽管各个地市根据本地情况对辖区内的驻村工作队又提出了各自的要求，但从全区的角度而言，需要驻村工作队完成的任务一共有5项：（1）加强基层组织建设；（2）维稳工作；（3）拓展致富门路；（4）感恩教育；（5）为民办实事解难事。这五项活动要求哪些更符合村实际，我们请驻村干部做出评价。在回收的问卷中，填选"为民办实事解难事"的最多，占回收问卷总数的比重为81.74%；其次是有77.3%的填写者填选了"拓展致富门路"；再次是66.45%的填写者填选了"加强基层组织建设"；最后是填选"维稳工作"的填写者占回收问卷总数的比重不足60%；五项活动要求中填选"感恩教育"的干部最少，填写者占回收问卷总数的比重低于50%。这种选择部分地反映了驻村干部对于驻村工作和基层需求的感受与认识，他们更为认同的是为当地群众解决实际困难和发展当地的经济，其次才涉及其他层面的考虑。

第二个问题，关于村组织建设的有效措施。加强基层的组织建设是西藏强基惠民、干部驻村活动的重要目标之一，在问卷中，我们请驻村干部对基层村组织建设的有效措施做出选择，问卷给出了5个选项："（1）选好村党支部书记、配好村委会主任；（2）培训村（居）'两委'班子；（3）积极发展党员；（4）加强组织活动阵地建设；（5）其他（请注明）：＿＿＿＿"选择"（1）选好村党支部书记、配好村委会主任"的填写者占全部问卷数量的77.30%；选择"（2）培训村（居）'两委'班子"的填写者占全部问卷数量的73.68%；选择"（3）积极发展党员"的填写者占全部问卷数量的38.16%；选择"（4）加强组织活动阵地建设"的填写者占全部问卷数量的40.95%；选择了"其他"的不足20人，他们填写的其他方式主要包括选好大学生村官和第一书记、提高村民文化素质、改善村委会办公条件等基础设施、提高村干部待遇、培养年轻的后备干部，等等。也就是说，绝大部分干部认为，村（居）"两委"班子的人选与培训对基层的组织建设十分重要，而认为发展党员能发挥加强基层组织建设作用的干部不足40%。

第三个问题，关于维稳工作的有效措施。基层的稳定是加强基层组织建设的重要目标，那么究竟什么样的维稳措施才是有效的值得探讨的。我们的问卷中有一道请驻村干部回答的多选题："您认为维稳工作较为有效的措施是（　　）（可多选）：（1）召开维稳宣讲大会；（2）化解社会矛盾；（3）妥善解决群众上访；（4）积极组织"双联户"；（5）其他（请注明）：＿＿＿＿"。从答案来看，选项中被填选最多的是"化解社会矛盾"，填选者数量占回收问卷总数的比重达82.07%；其次有61.51%的填写者选择了"妥善解决群众上访"；排在第三位的是填选"积极组织'双联户'"的填写者，占回收问卷总数的比重为58.39%；填选"召开维稳宣讲大会"的填写者数量占回收问卷总数的比重在40%左右；此外，还有5%左右的填写者填选了其他方式，认为还应采取开展好网格化管理、妥善处理征地问题、解决民生问题、给护村队员配备安全保护工具、开展普法教育、民兵组织常态化、强化基层责任及转变工作作风、提高和加强基层各级政府公职人员为人民服务思想、及时疏通信访渠道、加强对寺庙活佛管理力度、对重点人员和带头人员严厉打击、推动农牧区市场经济快速发展、让群众观看新旧西藏对比、深挖根源主动治理严打整治、打击干部队伍中的分裂分子、培养年轻人等举措来维护基层的稳定。

第四个问题，关于拓宽现有村致富门路的有效措施。问卷中我们就拓宽现有村致富门路的有效措施征求驻村干部的意见，并给出"（1）争取和落实项目；（2）落实资金；（3）进行经济社会发展规划；（4）启动交通、水利、扶贫等专项工程；（5）其他（请注明）：_____"5个选项，回收的问卷中选择"争取和落实项目"的干部最多，占回收问卷总数的比重达65.95%；其次有59.21%的填写者填选了"启动交通、水利、扶贫等专项工程"；其余几项的填选人数所占比重均在50%以下，选择人数排在第三位的是48.68%的填写者填选了"进行经济社会发展规划"；只有40%左右的填写者填选了"落实资金"，还有6%左右的填写者填选了其他方式，值得注意的是，这6.41%的填写者中有相当一部分认为应该加强对农牧民的教育培训，以转变其思想，并增强其自主创业的能力，还有的提出应当制定农牧区的长远发展规划、发展合作社等集体经济。也就是说，大部分的干部还是希望能够更多地通过项目来带动乡村的发展。

第五个问题，关于感党恩教育的效果。"感党恩教育"是驻村干部需要完成的一项重要工作，驻村干部需要通过宣讲、传达政策文件、组织活动等多种方式向村民进行"感党恩教育"，对于这项活动的效果，72.37%的干部认为"好"，认为"效果一般"的干部所占比重达到了22.86%，认为"不好"或未作回答的干部合计所占比重不足5%。事实上，感党恩教育的效果和驻村干部的能力、工作方式有密切关系。

第六个问题，关于为所驻村办实事解难事的措施的评价。和"感党恩教育"一样，为所驻村办实事解难事也是驻村干部必须完成的任务之一。为了支持驻村干部开展活动，区、地、县三级财政共同设立了一定额度的办实事经费，驻村干部也各尽所能通过多种渠道争取资金和各方面物资的援助。在问卷中,有一道问题是"您认为为村办实事难事较为有效的措施是(　　　)(可多选):(1)落实办事经费;(2)访贫问苦、发放慰问金;(3)调查研究、摸透情况;(4)开展送科技、送技术、送卫生、送信息活动;(5)其他(请注明):＿＿＿＿"。填选"落实办事经费"的最多,占回收问卷总数的比重为67.43%;其次是有66.12%的填写者填选了"开展送科技、送技术、送卫生、送信息活动",与第一项填选者的数量十分接近;再次,填选了"调查研究、摸透情况"的填写者数量所占比重接近60%;填选"访贫问苦、发放慰问金"的人数相对较少,只有40%左右;另有3.78%的填写者填选了"其他",填选"其他"的干部提出了关注弱势群体、转变群众观念、加强基础教育、加强政策的连续性等建议。这意味着大部分的干部还是希望能够落实经费和开展一些有针对性的活动。

(三) 驻村干部对于未来驻村工作应当如何开展的建议

目前的干部驻村工作是所有行政村全部覆盖,每个驻村干部要在所驻村进行为期一年的驻村工作,我们尝试通过一些问题了解驻村干部对于这些要求的看法。关于驻村时间,在问卷中给出的"(1)半年;(2)一年;(3)一年半;(4)两年"四个选项中,50.49%的驻村干部认为一年轮换比较合适,还有41.61%的驻村干部认为半年合适,选择其他时间的干部所占比重相对很少。

驻村干部是强基惠民活动执行群体中的主力,他们的诉求和看法应当是我们在考虑强基惠民活动日后如何开展时最应该关注的声音。在课题组发放的问卷中有一个问题是问驻村干部"您认为未来强基惠民活动的方向是(　　　)",我们提供了三个选项:(1) 继续实施下去;(2) 已见成效,可以结束了;(3) 部分村继续实施。几乎所有的问卷填写者都回答了这一问题,从统计结果来看,有56.74%的问卷填写者认为应"部分村继续实施";有22.37%的问卷填写者希望按现有方式继续实施;有20.39%的问卷填写者认为"已见成效,可以结束了"。关于未来的驻村工作应以何种方式进行,问卷中还有一道问题与此题有相近之处,我们请驻村干部回答"您认为强基惠民活动采取哪种方式比较合适?(　　　)(1) 覆盖全区所有行政村;(2) 有针对性地选择部分行政村。"回收的问卷中,有31.25%的填写者认为未来应"覆盖全区所有行政村",68.09%的填写者认为应"有针对性选择部分行政村"。

（四）驻村干部驻在村工作期间希望得到的帮助

问卷中有一道开放式的问题，要求填写问卷的驻村干部回答驻在村工作期间最希望得到的帮助。问卷设计之初笔者原本以为这道题的答案可能会更多地反映出驻村干部在生活上的困难，但得到的答案和预想还是有很大不同。有70.72%的问卷填写者在回答时提出最希望得到的帮助是相关部门能够尽快落实各种驻村干部替所驻村申请的项目和资金，有5.43%的问卷填写者希望能够解决交通工具，在回答时涉及语言交流、饮食、饮食等生活困难的填写者占回收问卷总数的比重仅为8.88%，这或许从一个侧面反映出驻村干部的工作态度和吃苦精神。

综合来看，以上几个方面反映的驻村干部及其工作等情况如图6-1至图6-11所示。

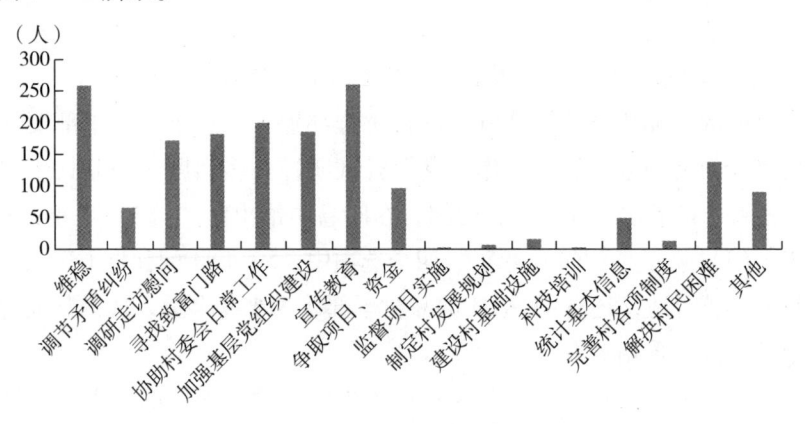

图6-1　驻村期间的日常工作

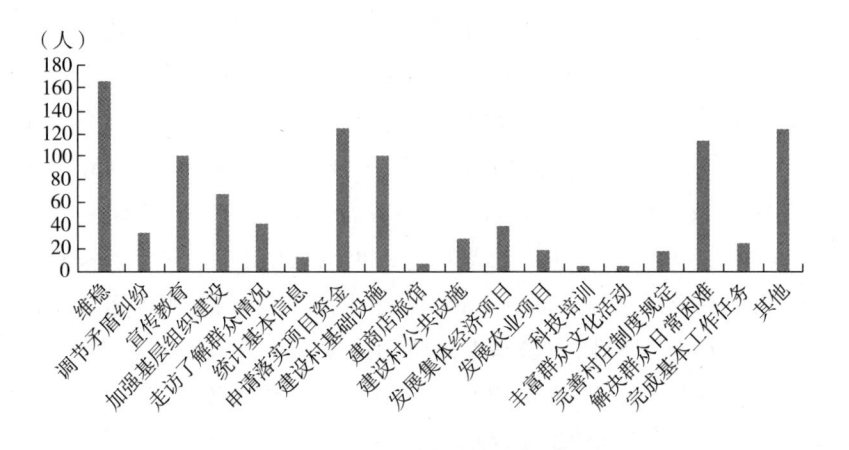

图6-2　驻村期间完成的最重要的工作

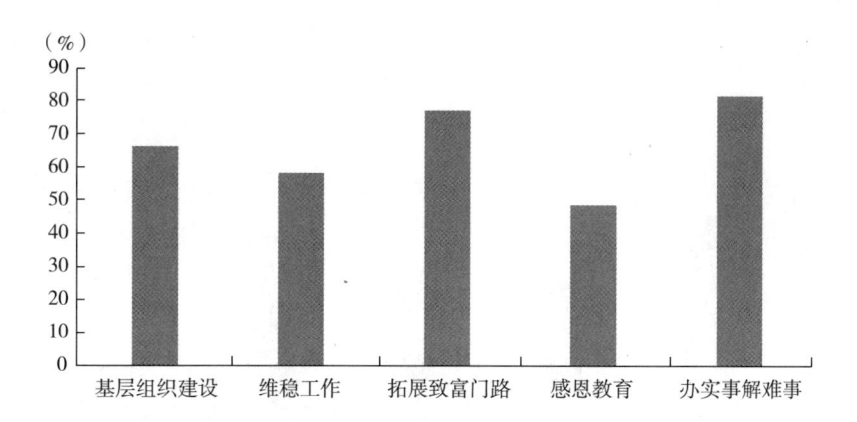

图6-3 强基惠民五项活动中哪些更符合村实际

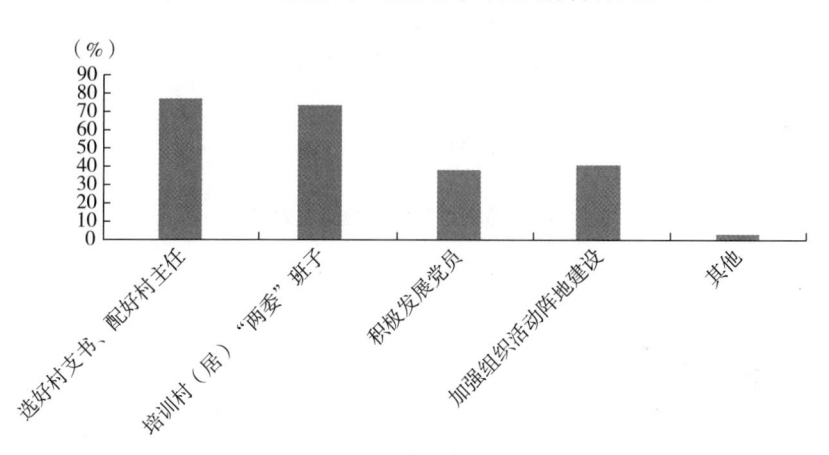

图6-4 村组织建设的有效措施

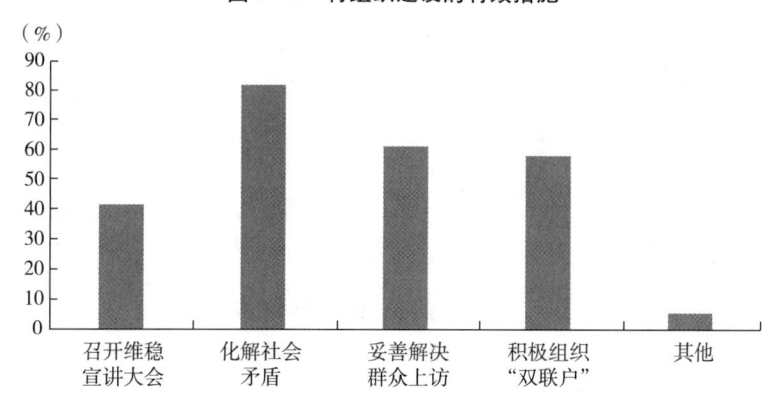

图6-5 维稳工作的有效措施

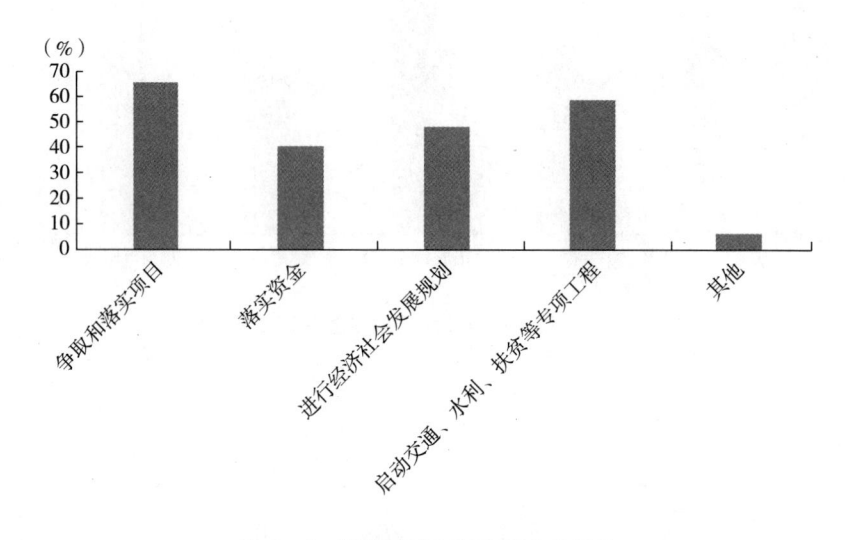

图 6-6 拓宽村致富门路的有效措施

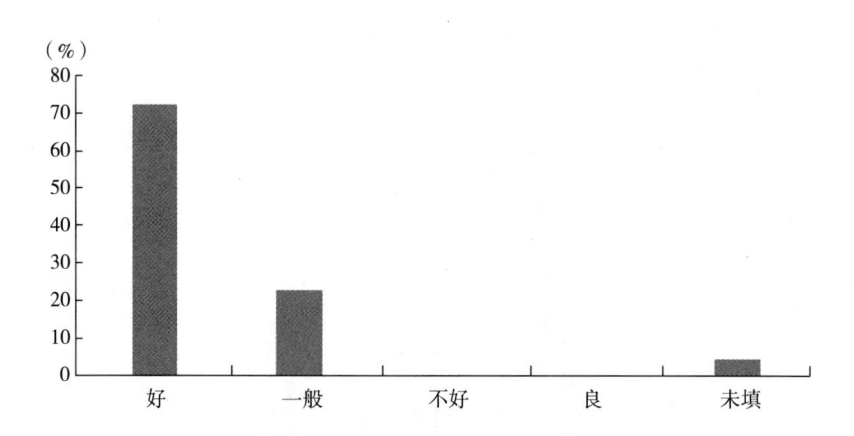

图 6-7 感党恩教育活动的效果

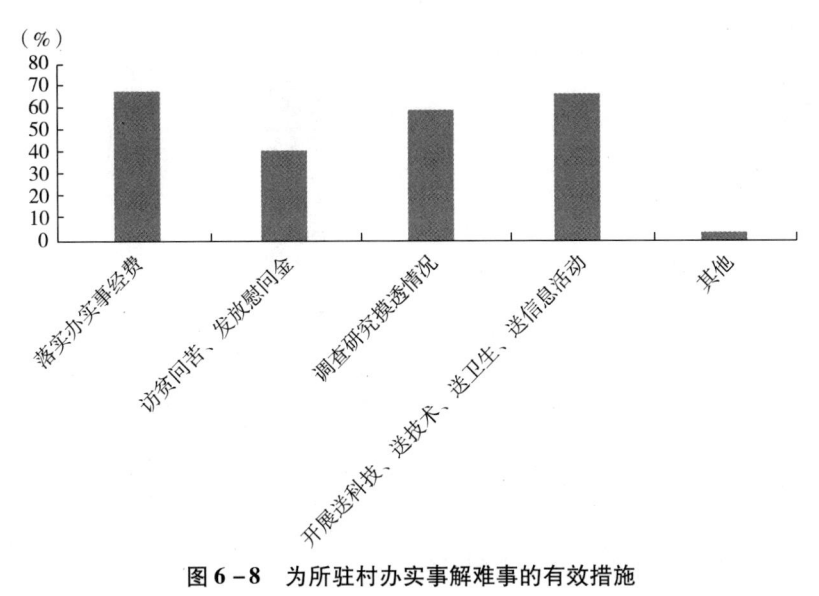

第六章　关于乡村基层治理情况的问卷调查　351

图6-8　为所驻村办实事解难事的有效措施

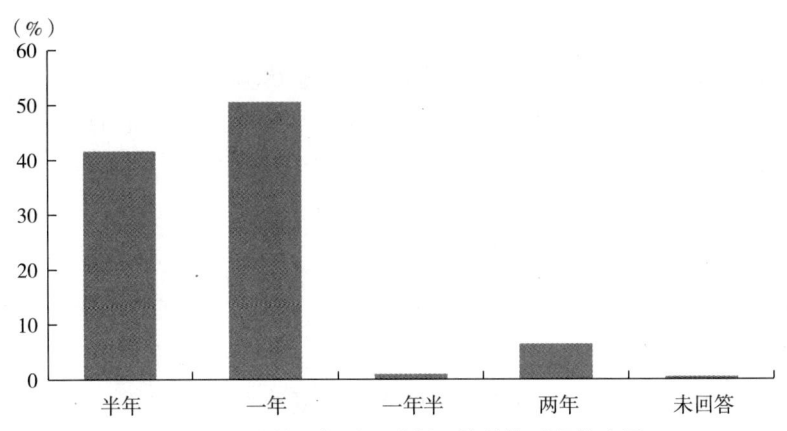

图6-9　驻村干部对于驻村工作轮换时间的意见

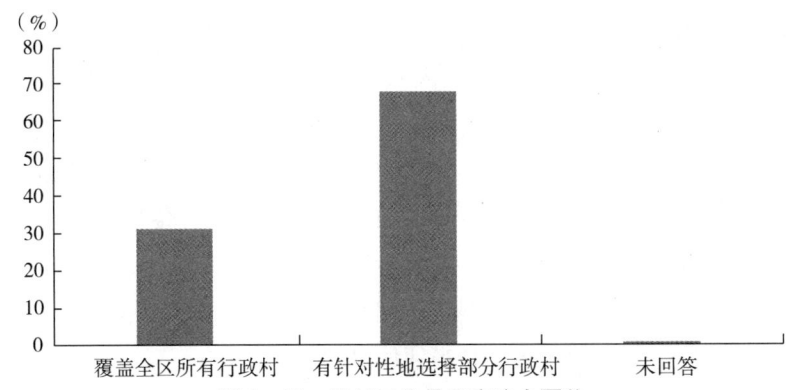

图6-10　驻村工作是否应该全覆盖

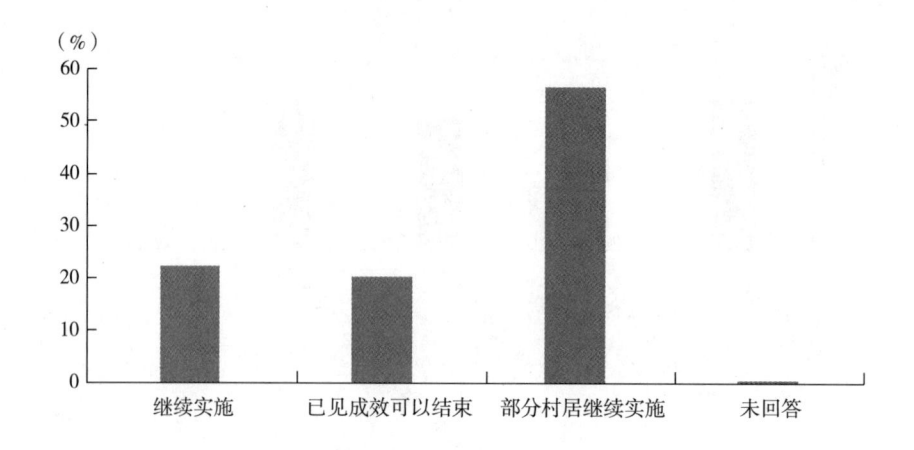

图6-11 驻村干部对强基惠民活动未来开展方式的看法

二 驻村干部对驻村基本情况的认识

驻村干部问卷中有一部分信息反映的是所驻村的基本情况和驻村干部对于该村在公共产品和公共服务方面需要解决的问题的认识。

首先是关于所驻村村民的主要收入来源。为了了解当地的经济情况,问卷中对村民的收入来源进行了提问。关于村民的收入来源,我们给出了9个选项,分别是:(1)工资;(2)农业收入;(3)牧业收入;(4)林业收入;(5)手工业收入;(6)本地集市贸易收入;(7)外出副业劳务收入;(8)商业餐饮旅游服务业收入;(9)其他(请注明):_____。在这些选项中,填选人数占回收问卷总数比重排在前三位的是,牧业收入73.19%,外出副业劳务收入53.13%,农业收入51.32%;填选手工业收入、林业收入、商业餐饮旅游服务业收入的人数占回收问卷的比重比较接近,均在24%左右;此外填选本地集市贸易收入的填写者人数占回收问卷总数比重为16.45%,填选工资收入的填写者人数占回收问卷总数比重在15%左右;有33.22%的填写者填选了"其他",而其他收入的来源主要有三项:第一是虫草以及少量林下资源,在昌都、那曲、林芝辖区内的一些虫草产区,虫草收入成为当地村民最主要的收入来源;第二是各种政策性补贴,例如在藏北牧区草原生态保护补助就是当地一些村民最重要的收入来源;第三是来自互助合作组织或集体经济组织的收益。也就是说,在问卷所涉及的村庄中,农牧业收入仍是当地居民的收入支柱。

由于藏北及藏西北牧区是课题组成员走访的重点区域之一,因此,

第六章　关于乡村基层治理情况的问卷调查

我们的问卷中对村里目前的草原生态环境给予了较多的关注。对于村里的草原现状，问卷给了填写者5个选项：（1）非常好；（2）总体还可以；（3）需要改善；（4）非常不好；（5）没有草原。回收的驻村干部问卷中有90.79%的填写者都对这一问题做出了回答（说明：0.82%的填写者村里没有草原而填写了"没有草原"），其中，选择"非常好"的填写者占回收问卷总数的比重仅为6.25%，选择"总体还可以"的填写者占回收问卷总数的比重为55.59%，选择"需要改善"的填写者占回收问卷总数的比重在25%左右，选择"非常不好"的填写者占回收问卷总数的比重为2.63%。这也说明关于草原的保护，目前仍有许多可以开展的工作，在大部分填写者看来，西藏的草原并没有处于一个"非常好"的状态当中。

关于草原退化的表现，问卷给出7个选项：（1）土地沙化；（2）优质牧草产量下降；（3）虫害鼠害；（4）生活垃圾污染；（5）植被覆盖面积减少；（6）工业污染；（7）其他（请说明）：_____。在这7个选项当中，填选人数占回收问卷总数比重相对集中的是以下5项：有38.98%的填写者选择了"土地沙化"；有34.21%的填写者选择了"虫害鼠害"；选择"优质牧草产量下降"和选择"生活垃圾污染"的填写者数量接近，均在31%左右；此外，有20%左右的填写者选择了"植被覆盖面积减少"；而选择"工业污染"和"其他"的人数非常少。填选"其他"的填写者实际上写明的是各种各样填写者认为的致使草原退化的原因，其中包括灾害、草原监管力度不够（造成车辆过多碾压草场）、虫草采集、湖泊水位上涨淹没草场、建设征地、水利设施不完善、野生动物破坏、牧草种植技术不行、不可持续等。这里值得注意的是随着人口的增多和经济发展水平的不断提高，在基础设施不够完备、垃圾处理手段滞后的农牧区，"生活垃圾污染"已经成为影响草原环境保护和治理的一个重要因素，当问及草原退化的表现时，认为生活垃圾污染严重的受访者数量几乎和认为存在土地沙化、虫害鼠害、优质牧草产量下降等问题的受访者数量一样多，这也提示我们在经济发展的过程中，需要根据当地一些新的需求去完善公共产品和公共服务。

强基惠民活动中干部驻村工作的一个积极意义在于在一定程度上改善了乡村的公共品和公共服务供给现状。和村民问卷一样，驻在村干部问卷中，笔者也希望通过驻村干部的视角了解西藏各地当前对于各类公共品和公共服务的需求，问卷中特别设计了一个问题，要求驻村干部对所驻村最需要解决的问题做出选择，并给出"（1）改善卫生设施和医疗条件；（2）道路修建、改造、维护，改善交通条件；（3）加强基础教育；（4）饮用水源；（5）加强电网、通信等基础设施建设；（6）生产技术推广；（7）加强对村民的技能培训；（8）加强环境保护管理工作；（9）文化遗产保护；（10）改善村委会的领导；（11）其他"合计11个选项。从问卷填写者的回答来看，需求最为普遍和迫切的是道路的修建改造与维护，交通条件的亟待改善是目前西藏各地区面临的共同问题，67.11%的驻村干部选择了这一项；这也与课题组成员赴藏期间调研的实地感受相吻合。以那曲地区为例，那曲总面积43万平方公里，占西藏全区总面积的1/3，辖11个县1192个村委会，但至今仍有3个县尚未通柏油路，乡镇柏油路的通畅率也只有37.7%，即使在经济条件相对较好的山南地区，也未实现县县通柏油路的目标。其次是村民技能培训，有64.80%的驻村干部填选；最后是饮用水源，选择的驻村干部占问卷填写者总数的56.25%，选择"改善卫生设施和医疗条件"的驻村干部也达到了52.63%。选择"加强电网、通信等基础设施建设""生产技术推广"和"加强基础教育"的驻村干部均在48%左右，选择"加强环境保护管理工作"的驻村干部占40.95%。选择其他选项的驻村干部比重相对要小一些，基本都在20%以下。这与村民问卷中所反映出的村民意愿是基本一致的。

综合起来看，驻村干部对驻村基本情况的认识情况如图6-12至图6-14所示。

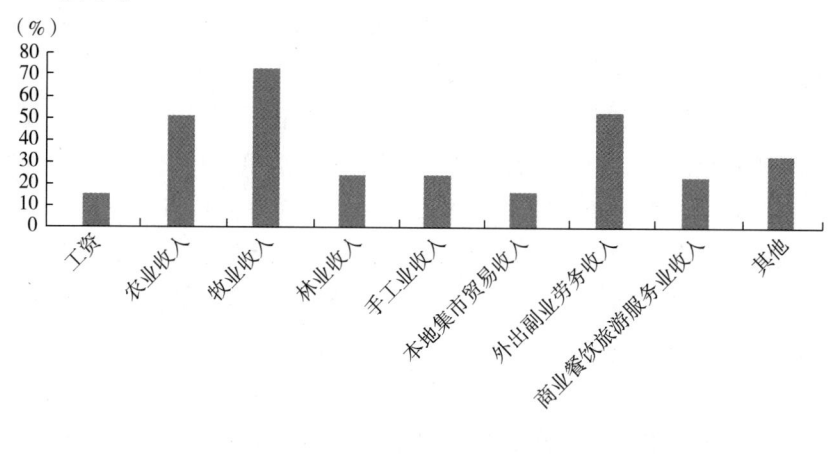

图6-12 村民的收入来源

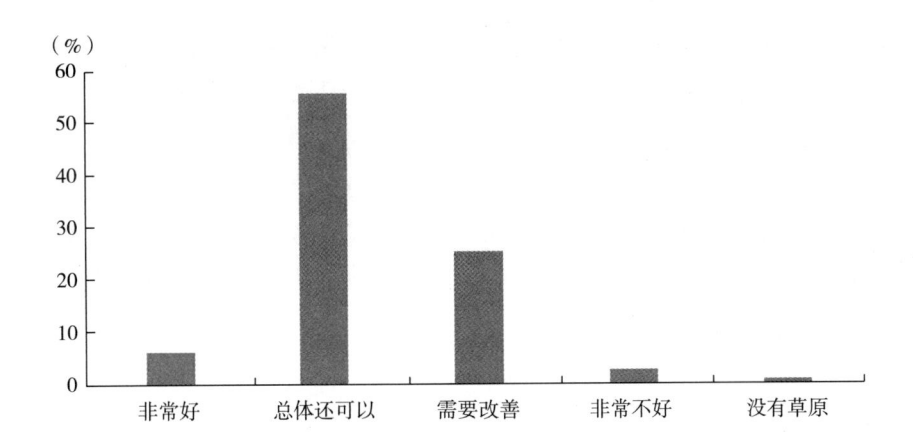

第六章 关于乡村基层治理情况的问卷调查　　355

图 6-13　村里的草原现状

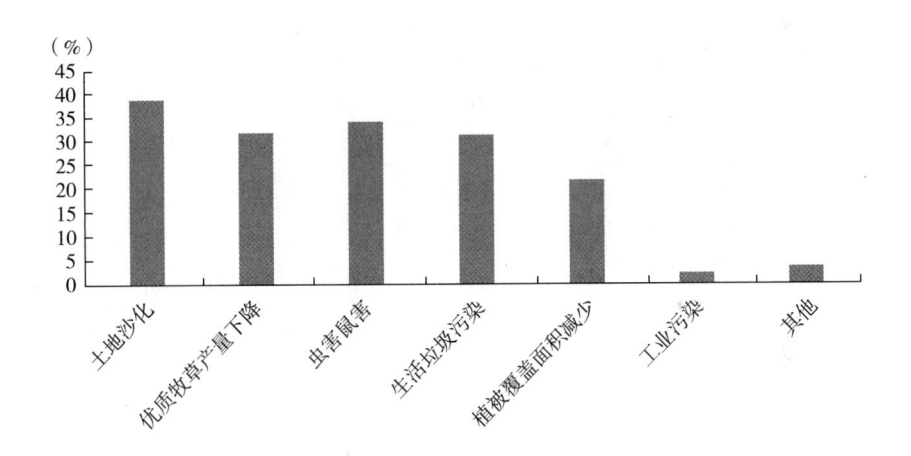

图 6-14　草原退化的表现

三　驻村工作取得的实际效果

对驻村工作的绩效和影响进行考察和评价，不可或缺的是对各个驻村工作队具体工作内容的讨论。笔者在东、中、西线三个调研组的调研区域内分别选取了昌都、那曲、阿里作为代表，连同拉萨市共计四个地区，那些能够为所驻村争取到资金的工作队，其资金的用途大体可以分为四类：第一类是为当地解决一些基础设施建设问题，如修桥、修路、修防洪堤坝、解决安全饮用水、改善村内用电、通信现状等。第二类是通过各种途径帮助当地农牧民增收，开拓新的致富门路，比如，很多驻村工作队都帮助村里建合作社、兴办畜产品加工经济实体、新建牛羊育培养殖基地、开展农牧民技能培训，或者筹资用于一些村民集体经营的招待所、商店、洗车场、茶馆，等等。第三类是改善村委会的设施和各方面办公条件，包括活动场所的整修和一些必要设备的配备。第四类是为村民提供必要的帮助以及慰问困难群体，有不少工作队会为村民送医送药，购置生活必需品，解决临时困难、灾民安置，发放慰问金或生活补助等。也就是说，一些驻村工作队发挥着改善所驻村公共品与公共服务的作用。

对于所驻村亟须解决的问题总结如图 6-15 所示。

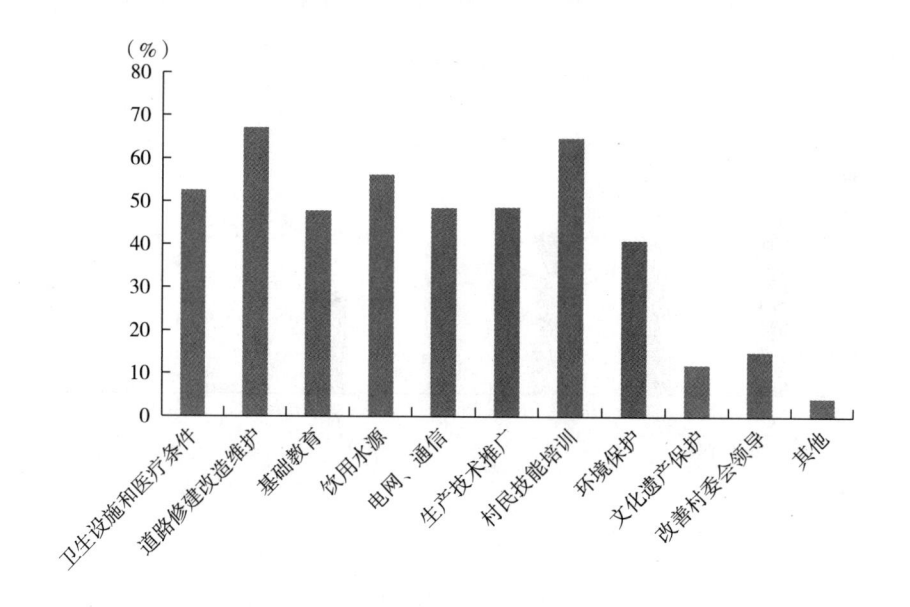

图 6-15　所驻村亟须解决的问题

第二节　村民问卷

课题组发放的村民问卷，其核心内容主要包括三个部分：第一，关于村民家庭的一些基本情况，其中包括问卷填写者的一些个人信息，如年龄、民族、受教育程度、家庭人口规模、家庭年收入、家庭全年消费支出、家庭拥有的耐用消费品基本情况等。第二，村民眼中的乡村公共品供给现状，包括村民对目前乡村基础设施、乡村医疗、乡村教育、乡村环境卫生、乡村社会保障、乡村治安、乡村文化活动等方方面面公共产品与公共服务的满意程度，以及村民对于乡村公共品的需求。第三，村民对干部驻村工作的认识和看法。这其中既包括村民对驻村干部和驻村工作绩效的看法，也包括村民对驻村工作未来开展方式的期望。在下文中，笔者将围绕上述三个方面对问卷结果进行初步的分析和归纳。

一 村民家庭基本情况

课题组发放的村民问卷覆盖西藏7个地市的49个县，共回收599份。问卷上的第一个问题是问卷填写者本人及其家庭的基本信息。

第一，问卷填写者的性别，有93.3%的问卷填写者填写了性别信息，除去少部分问卷无法辨认填写内容外，其余问卷中80.4%的填写者为男性，另外19.6%的填写者为女性。

第二，问卷填写者的年龄。在回收的村民问卷中，绝大部分问卷的填写者对自己的年龄做出了明确的回答。我们的问卷填写者以31—50岁之间的最多，合计占回收问卷总数的54.76%，30岁以下的填写者占回收问卷总数的12%，51岁以上的填写者合计占回收问卷总数的比重不足30%[①]。

第三，填写者的民族。在回收的全部村民问卷中，藏族所占的比重最高，达到96.83%；汉族填写者只有1人，门巴族和其他少数民族共10人，三者合计占回收问卷总数的比重为1.84%，即回收的问卷绝大部分是由藏族村民填写完成的。

第四，关于填写者的受教育水平。有83.79%的填写者回答了该问题，在回收的问卷中有1.83%的填写者为文盲或半文盲，受教育程度为"小学没毕业"或者"小学"的填写者数量最多，占回收问卷总数的比重达67.11%，具有"初中"学历的填写者占回收问卷总数的比重11.19%，具有高中及以上学历的填写者总数占回收问卷比重3.67%。

第五，问卷填写者的家庭人口数量。在所有回答了这一问题的问卷当中，家庭人口最少的只有1人，人口最多的有16人。人口总数1—2人的家庭占回收问卷总数的比重为8.85%，人口总数3—5人的家庭占回收问卷总数的比重为62.27%，人口总数在6—8人的家庭占回收问卷总数的比重为21.37%，人口总数在9人及9人以上的家庭占回收问卷总数的

[①] 由于计算过程中采用四舍五入的方法，因此，各分项百分比之和有时不等于100%。下同。

比重为 5.68%。

第六，关于该户村民户主的主要职业。关于户主的职业，我们给出了 16 个选项："（1）种植业；（2）养殖业；（3）其他农业活动；（4）本地乡镇企业打工；（5）外出打工（乡镇以外）；（6）交通运输；（7）个体工商业；（8）乡村干部；（9）医生；（10）教师；（11）失业待业；（12）退休；（13）家务劳动者；（14）残疾/不劳动；（15）在校学生；（16）其他。"82.9% 的问卷填写者对这一问题做出了回答，绝大多数回答者都只填选了一个选项，填选了 2—3 个选项的仅有 23 份。填写者的答案相对集中在第 1、第 2、第 7、第 8、第 13 五个选项当中，而填选其他选项的填写者人数很少，均在 10 人以下。后面的图表中列出的是填写者选择的相对集中的选项。填选"种植业"的填写者人数占回收问卷总数的比重为 36.39%，填选"养殖业"的填写者人数占回收问卷总数的比重为 21.37%，填选"乡村干部"的填写者人数占回收问卷总数的比重为 11.35%，填选"家务劳动者"的填写者人数占回收问卷总数的比重为 3.84%，填选"个体工商业"的填写者人数占回收问卷总数的比重为 2.34%。从答案中可以看出，接受问卷调查的村民家庭，绝大多数是以农牧业经营为主。

第七，关于接受问卷调查的村民家庭的年收入。年收入在 2 万元及以下的家庭数量占回收问卷总数的比重为 51.59%，年收入在 2 万—4 万元的家庭数量占回收问卷总数的比重为 18.53%，年收入在 4 万—6 万元的家庭数量占回收问卷总数的比重为 11.02%，年收入在 6 万—10 万元的家庭数量占回收问卷总数的比重为 8.85%，年收入在 10 万元以上的家庭数量占回收问卷总数的比重为 5.34%。

第八，关于填写问卷的村民家庭的全年消费支出。全年消费支出在 2 万元及以下的家庭数量占回收问卷总数比重为 53.1%，全年消费支出在 2 万—4 万元的家庭数量占回收问卷总数比重为 17.2%，全年消费支出在 4 万—6 万元的家庭数量占回收问卷总数比重为 5.34%，全年消费支出在 6 万元以上的家庭数量占回收问卷总数比重为 4.34%。

第九，填写问卷的村民家庭主要耐用消费品拥有情况。为了了解填写者所在的家庭拥有的耐用消费品情况，我们的问卷中要求填写如下信息："您家有电话_____部，手机_____部，电脑_____台，电视机_____台，冰箱_____台，洗衣机_____台，空调_____台，

第六章　关于乡村基层治理情况的问卷调查　　359

自行车＿＿＿＿＿＿辆，农机车＿＿＿＿＿＿辆，摩托车＿＿＿＿＿＿辆，轻型货车＿＿＿＿＿＿辆，轿车＿＿＿＿＿＿辆。"从填写者的回答来看，手机、电视机在村民家庭中的普及程度是相当高的，在回收的问卷中，拥有这些消费品的家庭比重可以达到90.5%和85.31%。其次是摩托车和洗衣机，这两样消费品的家庭占有率可以达到60.93%和58.76%。最后是农机车、电话和冰箱。拥有农机车、电话和冰箱的家庭占回收问卷的比重分别可以达到39.57%、38.9%和32.89%。除此之外，拥有轻型货车的家庭占回收问卷的比重为18.86%，拥有轿车的家庭占回收问卷的比重为16.03%，拥有电脑的家庭占回收问卷的比重为13.52%，拥有自行车的家庭占回收问卷的比重为14.69%，在西藏，村民家庭拥有空调的非常少，有空调的家庭占回收问卷的比重为2.67%。

对于村民家庭的基本情况总结如图6-16至图6-23所示。

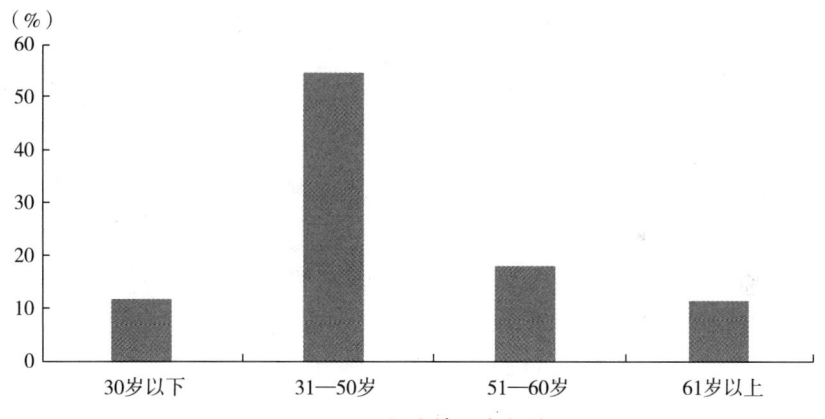

图6-16　问卷填写者年龄

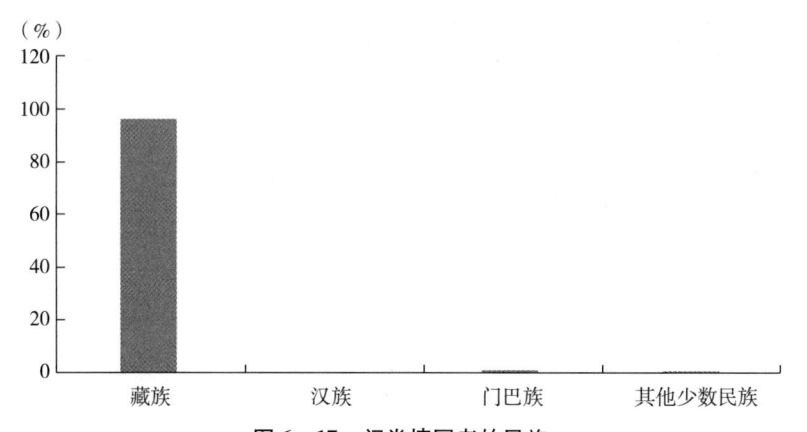

图6-17　问卷填写者的民族

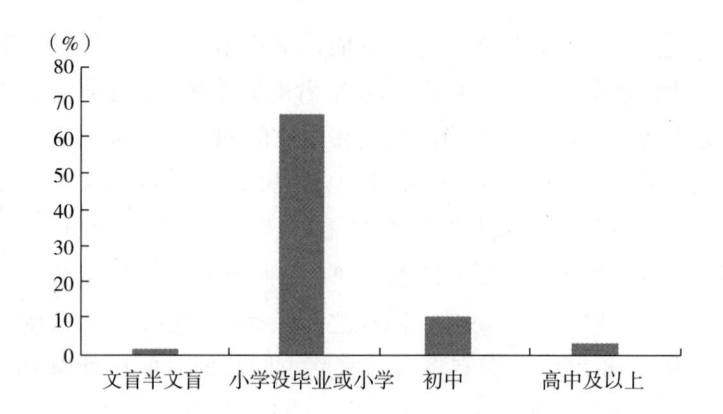

图 6-18　问卷填写者的受教育水平

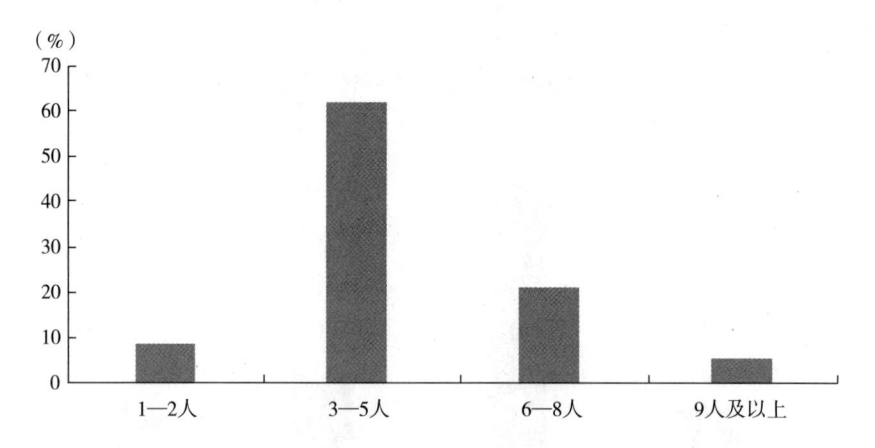

图 6-19　问卷填写者的家庭人口数量

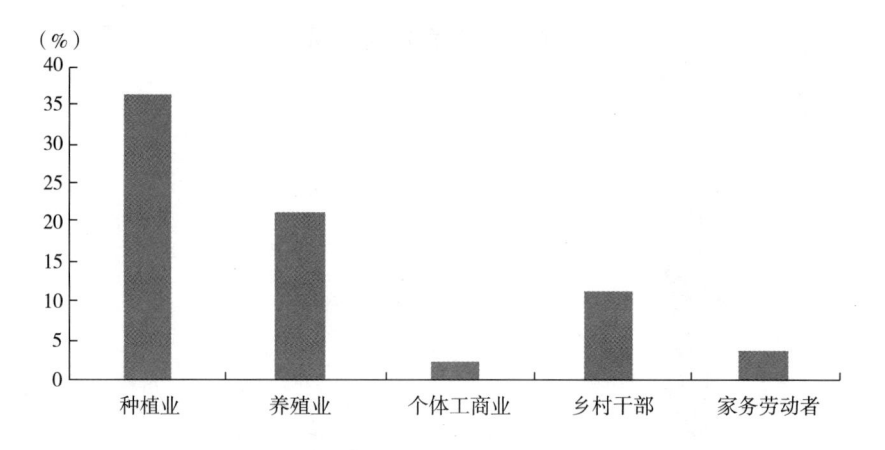

图 6-20　填写问卷的村民家庭其户主的职业

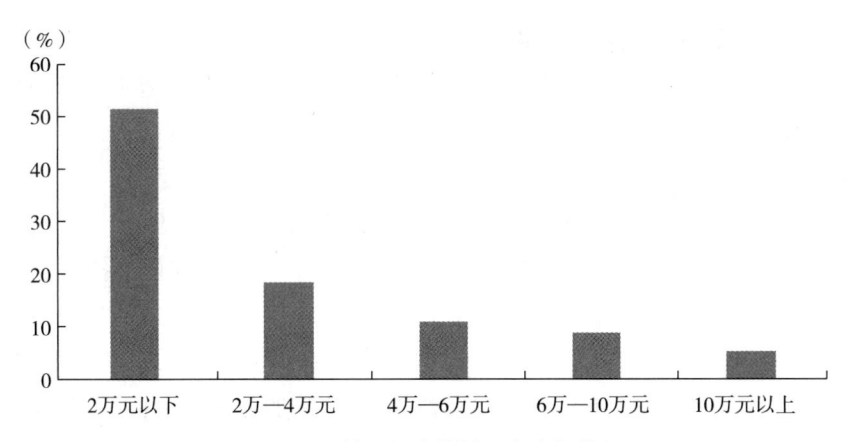

图 6-21 填写问卷的村民家庭年收入

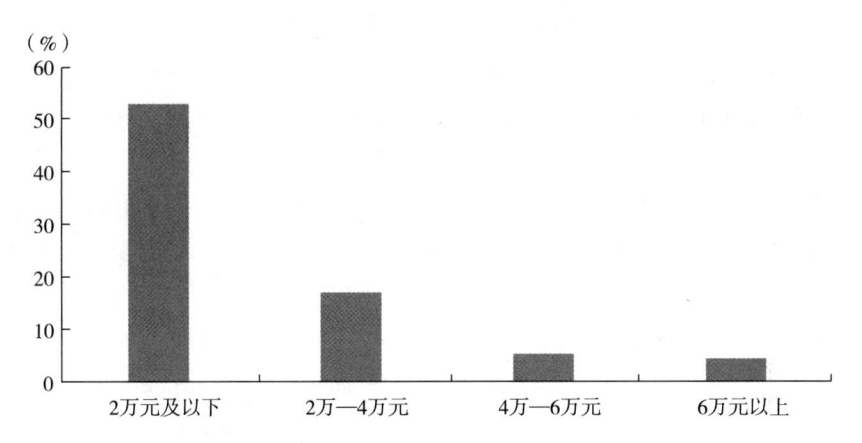

图 6-22 填写问卷的村民家庭年消费支出

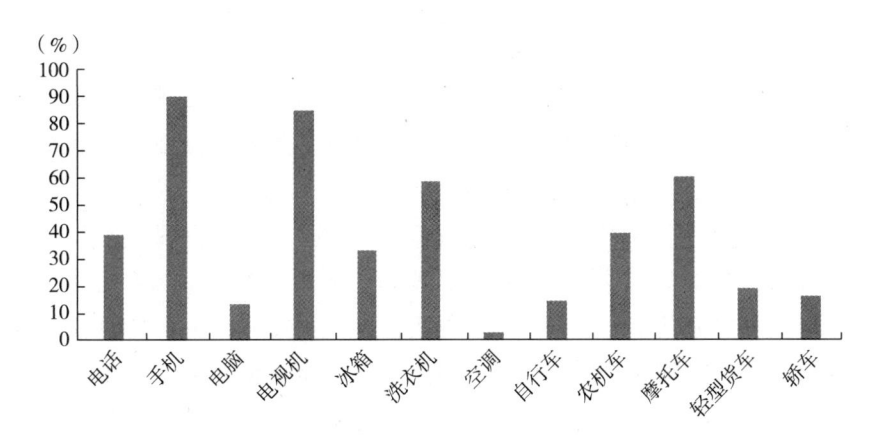

图 6-23 填写问卷的村民家庭耐用消费品拥有情况

二 村民眼中的乡村公共品供给现状

关于村民眼中的乡村公共品供给现状，我们的问卷问题主要针对两个方面展开：一是村民目前最希望村里的哪些方面能够有所改善；二是村民对目前的各类公共产品及公共服务供给情况的满意程度。

关于第一个方面，问卷中有一道多选题，要求填写者回答"您最希望村里在哪些方面能有所改善：_____"。我们给出的选项包括以下10个方面："（1）改善卫生设施和医疗条件；（2）道路修建、改造、维护，改善交通条件；（3）加强基础教育；（4）饮用水源；（5）加强电网、通信等基础设施建设；（6）生产技术推广；（7）加强对村民的技能培训；（8）加强环境保护管理工作；（9）文化娱乐设施；（10）其他。（请您填写）：_____"。在回收的问卷中，填选"道路修建、改造、维护，改善交通条件"的人最多，填选者数量占回收问卷总数的比重达到了67.45%；排在第二位的是医疗，填选"改善卫生设施和医疗条件"的人数占回收问卷总数的比重为58.6%；排在第三位的是关于饮用水，填选"饮用水源"的人数占回收问卷总数的比重为50.92%；排在第四位的是技能培训，填选"加强对村民的技能培训"的人数占回收问卷总数的比重为49.25%；排在第五位的是电网、通信条件，填选"加强电网、通信等基础设施建设"的人数占回收问卷总数的比重为45.08%。接下来，填选"加强基础教育"、"生产技术推广"、"加强环境保护管理工作"三个选项的人数相对接近，填选人数占回收问卷总数的比重均在40%左右。在前面的9个选项中，填选"文化娱乐设施"的人数最少，填选人数占回收问卷总数的比重为32.39%。

关于村民对目前各类公共产品及公共服务供给情况的满意程度。问卷调查所涉及的公共产品与公共服务大体可以分为六个方面。一是关于乡村路桥等基础设施；二是关于医疗教育等公共品；三是关于环境卫生；四是关于社会保障与社会治安；五是关于文化活动；六是关于农业技术推广。在统计问卷结果的时候，我们需要对两个方面给予关注，一个是对提及的公共产品及公共服务村民的满意程度，另一个是回答该问题的村民占回收问卷总数的比重，如果这一比重很低的话，那么这一结果本身可能已经说明该公共产品或公共服务的供给是不足的或者该地的村民根本不涉及这一问题，因此，村民无从回答对供给现状的满意程度。

第一，关于乡村路桥等基础设施。问卷涉及的乡村基础设施主要包括四类：农田水利设施，乡村路、桥，农村用电工程和生活能源。这四个项目中，对乡村路、桥供给现状是否满意做出回答的问卷填写者占回收问卷总数百分比最高，达85.64%，其次是对农田水利设施和农村用电工程供给现状满意度做出回答的问卷填写者占回收问卷总数的比重，分别达到了74.12%和77.8%。对于生活能源供给现状满意度做出回答的填写者相对较少，占回收问卷总数的比重为69.78%。而四个项目中，满意度最高的是"农田水利设施"（54.73%），其次是"农村用电工程"（51.93%），再次是乡村路、桥（50.88%），最后是"生活能源"（41.15%）。而填选"不满意"者所占比重较高的两个项目是"农村用电工程"（14.81%）和"生活能源"（14.59%）。总体而言，对于这些项目村民的满意程度并不算很高，填选"满意"者的比重最高仅在50%左右。

第二，关于医疗教育的供给满意度。问卷涉及的医疗教育问题主要包括村医疗诊所的要价，村医疗诊所的医生技术水平，学校的设备、师资力量，义务教育收费情况几个问题。相比于乡村路桥等基础设施的供给情况，村民们对于医疗教育等公共产品和公共服务供给现状的满意程度明显偏高。其中对"义务教育收费"的满意度最高，在回答了该问题的填写者中，填选"满意"的人占78.68%。其次，对"学校的设备师资"、"村医疗诊所的要价"两个项目的满意程度也相对较高，填选"满意"的人数占填写者总数的比重分别达到了61.54%和61.33%。这几个项目中满意度最低的是"村医疗诊所的医生技术水平"，填选"满意"的人数占填写者总数的比重只有40.64%。整体而言，村民对医疗教育等公共产品和公共服务的供给现状还是较为满意的，在上述几个项目中，填选"不满意"的填写者占填写者总数的比重都在10%以下，其中关于"义务教育收费"的不满意度仅为1.78%。在回收的问卷中，这几个项目里，对村医疗诊所服务态度、村医疗诊所的要价、村医疗诊所医生的技术水平满意度做出回答的问卷占回收问卷总数的比重都在75%以上。对学校的设备师资现状是否满意做出回答的问卷相对要少，因为并不是所有的自然村都有小学。对义务教育收费情况是否满意做出回答的问卷占回收问卷比重为65.78%。

第三，关于环境卫生的供给满意度。问卷涉及的环境卫生问题主要包括家庭周围生活环境卫生（厕所、垃圾、废水），生活饮用水质量，村里的空气、水的质量三个方面。从回收的问卷来看，大部分的问卷填写者都对环境卫生现状是否满意做出了回答，做出回答的人数占回收问卷总数的比重均在80%以上。值得注意的是，在这三个项目中，满意度最低的是"家庭周围生活环境卫生（厕所、垃圾、废水）"，填选"满意"的人数仅占回答该问题总人数的46.59%；其次是"生活饮用水质量"，填选"满意"的人数占回答该问题总人数的51.68%；对"村里的空气、水的质量"的满意度相对高一些，填选"满意"的人数占回答该问题总人数的比重达到了68.77%。

第四，关于社会保障（低保、五保）与社会治安。在回收的问卷中，关于目前各项公共产品与公共服务的供给情况，对社会保障（低保、五保）与社会治安现状是否满意做出回答的问卷占回收问卷总数的比重是相对较高的，分别达到了84.64%和85.14%，也就是说，绝大部分的问卷填写者都对这一问题做出了评价，更为值得注意的是，在各项公共产品与服务中，接受问卷调查的村民对社会保障（低保、五保）与社会治安的满意度也几乎是最高的，填选"满意"的人数占回答该问题总人数的比重分别达到80.47%和79.41%，这说明基层群众对于目前的社会保障与社会治安状况是比较满意的。

第五，关于文化活动。在问卷中，"文化活动"包括村里的图书馆、老年人活动中心、文艺演出等，对该问题做出回答的问卷填写者占回收问卷的百分比为74.79%。对基层文化活动的开展情况，填选"满意"的人数占回答该问题总人数的比重为46.21%，回答者中有44.42%的村民觉得"一般"，还有9.38%的村民觉得"不满意"。

第六，关于农业技术服务、农业科技推广培训和农业机械推广。在问卷中，这是作为一个问题要求填写者对现状做出评价的。相比而言，对其现状是否满意做出回答的问卷填写者并不算多，给出评价的人数占回收问卷总数的比重仅为71.45%。在回答该问题的填写者中，填选"满意"的人数所占比重为45.33%，填选"一般"的人数所占比重为47.66%，填选"不满意"的人数所占比重为7.01%。

对于村民眼中的乡村公共品供给情况总结如图6-24至图6-34所示。

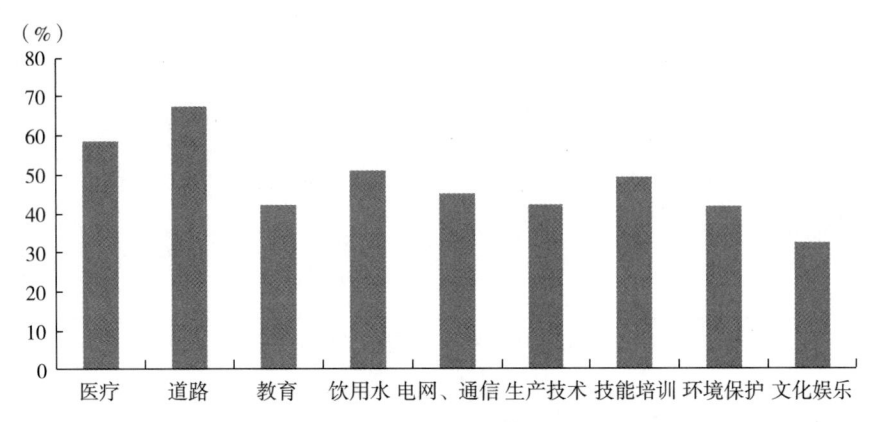

图 6-24　村民最希望村里在哪些方面能有所改善

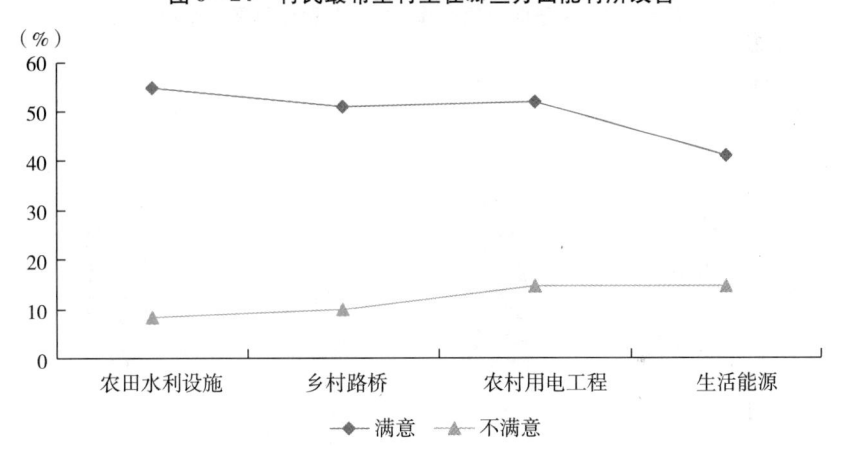

图 6-25　关于乡村路桥等基础设施的供给满意度情况

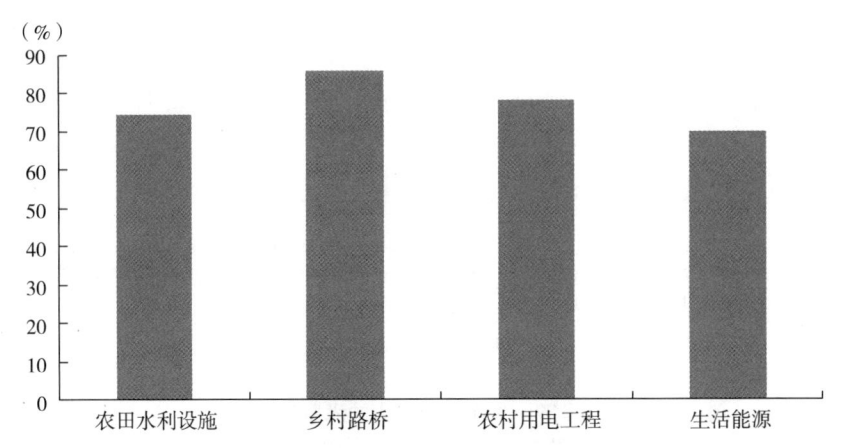

图 6-26　对乡村路桥等基础设施现状做出评价的问卷
填写者人数占回收问卷总数的比重

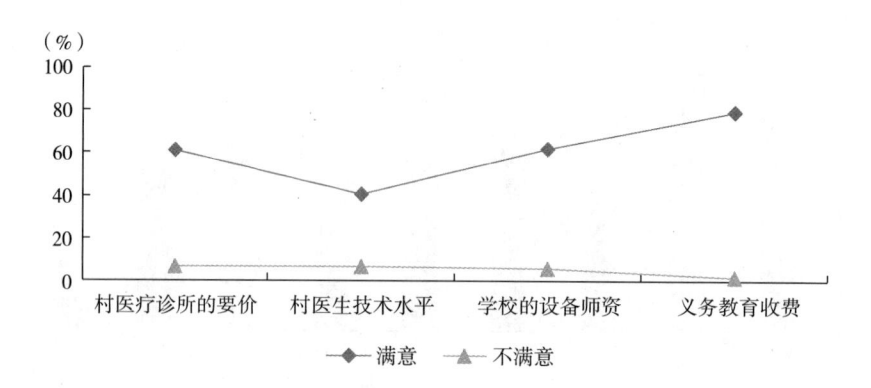

图 6-27　关于医疗教育等公共品的供给满意度情况

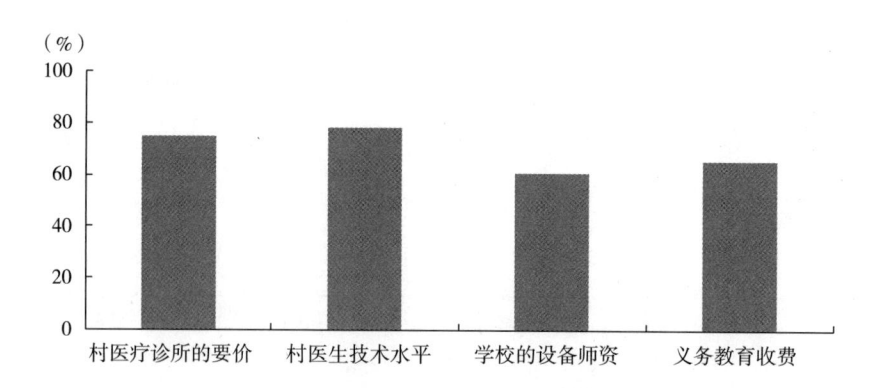

图 6-28　对医疗教育现状做出评价的问卷填写者人数占回收问卷总数的比重

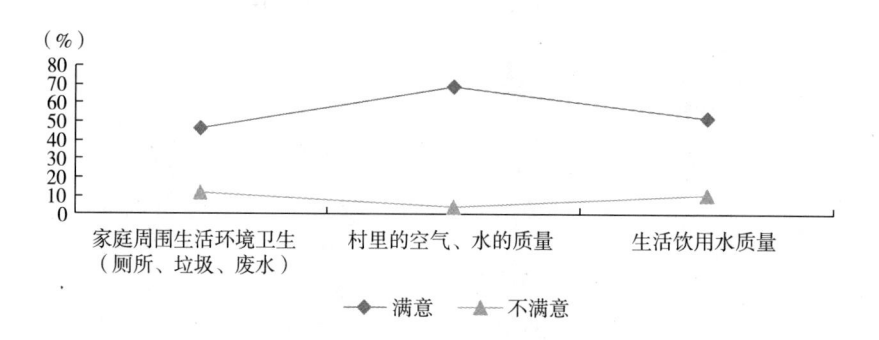

图 6-29　关于环境卫生的满意度情况

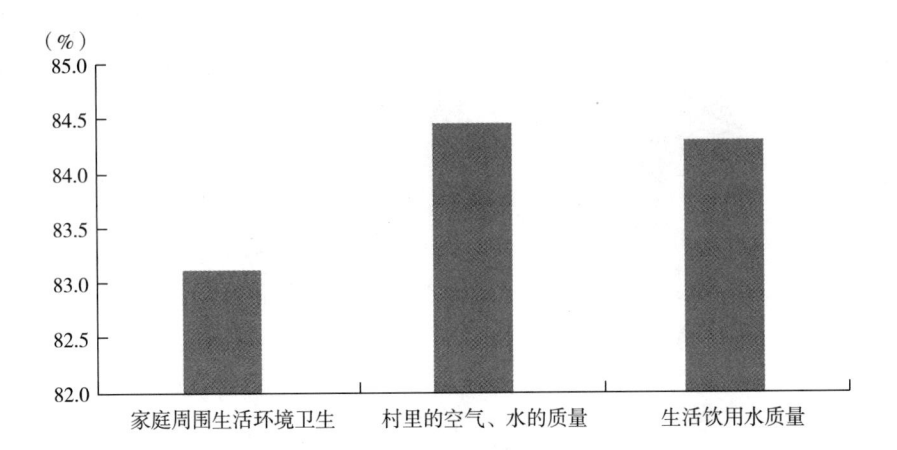

第六章 关于乡村基层治理情况的问卷调查

图 6-30 对环境卫生状况做出评价的问卷填写者人数占回收问卷总数的比重

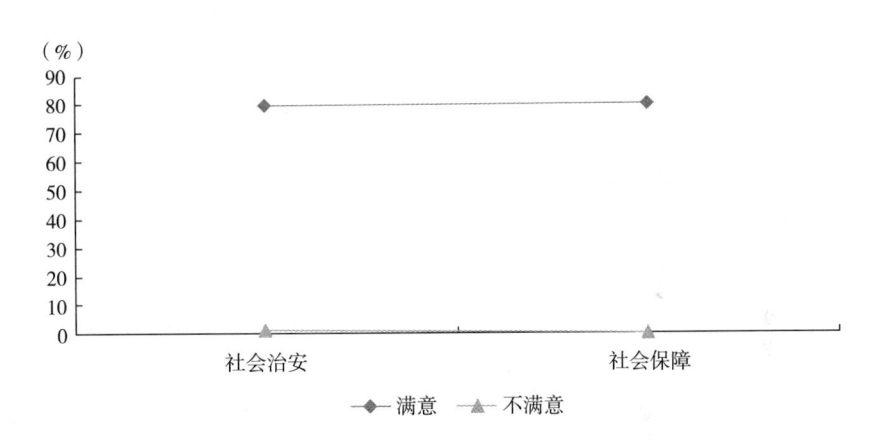

图 6-31 关于社会保障与社会治安的满意度情况

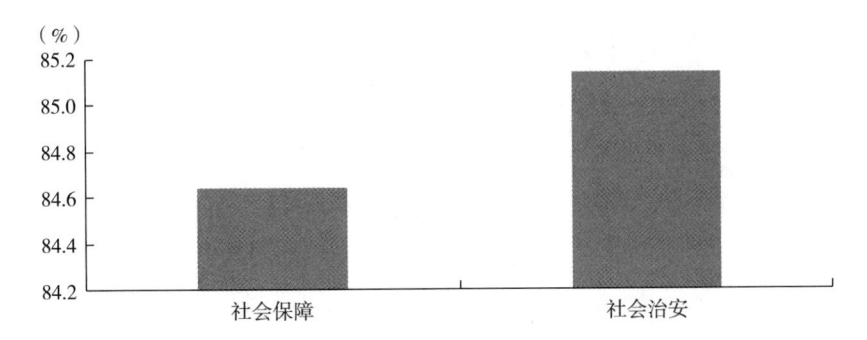

图 6-32 对社会保障与社会治安现状做出评价的问卷填写者人数占回收问卷总数的比重

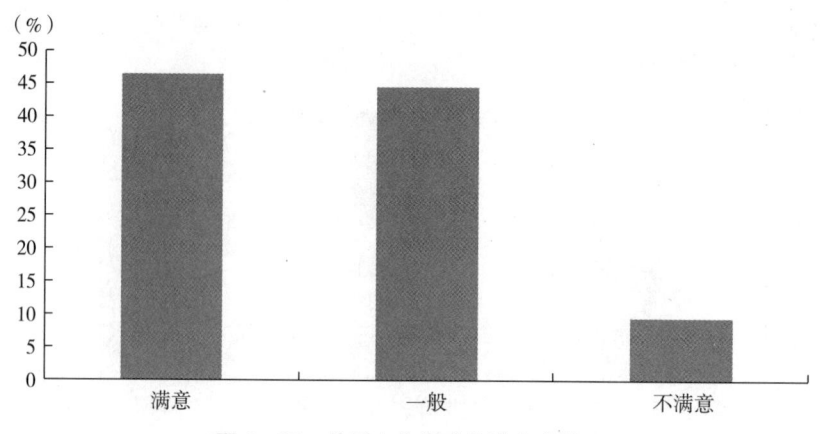

图 6-33 关于文化活动的满意度情况

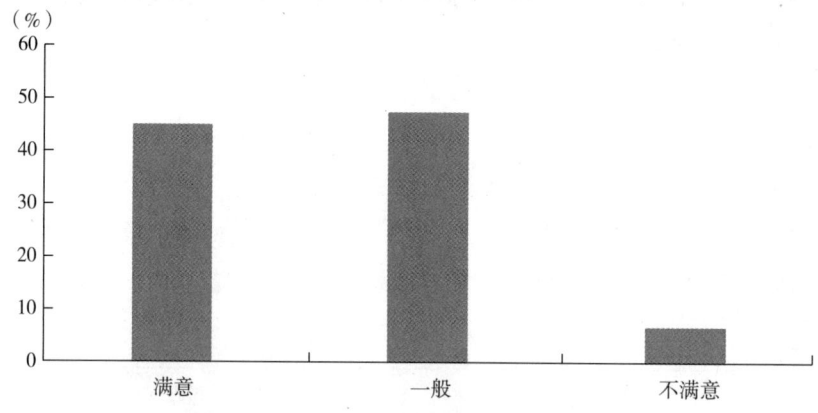

图 6-34 关于农业技术服务的满意度情况

三 村民对驻村工作的看法

村民问卷的第三部分核心内容是尝试通过一些问题了解村民对于驻村干部以及驻村干部的工作的直观认识和感受，以及村民对于未来驻村工作开展方式的意见和看法。

（一）关于村民与驻村干部之间的关系

问卷中我们要求填写者回答"您和村里的驻村工作队队员熟悉吗？"这一问题，并给出了"（1）很熟；（2）一般；（3）不认识"三个选项。在回收的问卷中，有96.5%的问卷填写者都回答了该问题。从答案来看，绝大部分的村民与驻村干部之间是非常熟悉的，填选"很熟"的填写者人数占回收问卷总数的比重为78.89%，填选"一般"的填写者人数占回收问卷总数的比重为20.41%，仅有0.69%、也就是4名填写者选择了与驻村干部"不认识"。尽管填选"一般"的村民所占比重仍有20%左右，但仍然应当看到驻村干部与村民之间的熟悉程度是非常高的。西藏不同于内地一些省份，其幅员辽阔，有的行政村所覆盖的面积很大，有时驻村干部要走访一户村民可能需要借助马、自行车、摩托车等各种交通工具奔波几十甚至上百公里，驻村干部要完成对所在村村民的逐户走访很不容易。因此，能够有78.89%的村民填选与驻村干部"很熟"，这一比重相当高。

（二）村民对驻村工作的认识和感受

问卷中和驻村工作效果有关的问题有好几个。

第一个问题是要求填写者回答"驻村工作队来了之后，你们村面貌变化大吗？（　）；（1）大；（2）不大；（3）没有变化"。回收的村民问卷中，75.96%的村民认为驻村工作队来了以后，村里的面貌发生了大的变化，17.36%的填写者认为变化不大，认为没有变化和对此问题未做出回答的村民仅占2.67%和4.01%。

第二个问题是如果有变化，那么这些变化都体现在哪些方面。对于驻村工作队的工作，村民的评价更为直观。我们的问卷中有一道题要求填写者回答"驻村工作队来了之后，您的生活在哪些方面有改善？"并给出了"（1）医疗卫生；（2）村办教育；（3）道路交通；（4）吃水；（5）住房；（6）通信条件；（7）技能培训；（8）文化活动；（9）其他"。在这9项当中，认为道路交通有所改善的村民占填写问卷村民总数的比重最高，达到了56.93%；其次是认为吃水有改善的村民所占的比重，达到45.24%；最后是文化活动，认为有改善的村民占受调查者的比重为41.57%。这意味着这些村中，道路交通状况、居民饮水条件、文化活动的丰富等方面都因为驻村工作队的到来而发生了明显的改观。除去这三项，认为村办教育、医疗卫生、技能培训等方面有所改善的村民占填写问卷者的比重也达到30%—40%。此外，认为住房条件有所改善的村民比重达27.71%，认为通信条件有所改善的村民比重相对偏少，但也达到了18.03%。选择"其他"方面有所改善的村民占5.01%，从村民们填写的结果来看，其他有所改善的方面包括办事方便、生产资料的提供、慰问品的发放、干部和群众的关系、村里水利设施的维修、草场的保护，等等。

第三个问题是请填写者回答"驻村工作队来了之后，您感觉更安全了吗？（　）（1）更安全；（2）一般；（3）不安全"。填选"更安全"

的问卷填写者人数占回收问卷总数的73.45%,填选"一般"的问卷填写者人数占回收问卷总数的20.54%,填选"不安全"的问卷填写者人数占回收问卷总数的0.33%,另有5.68%的问卷填写者未回答该问题。

第四个问题是请填写者回答"驻村工作队来了之后,您有事情找谁解决?"在"(1)村干部;(2)工作队;(3)村里有本事的人"三个选项中,很多填写者填选了不止一个答案,其中填选"驻村工作队"的人数占回收问卷总数的比重为75.63%,填选"村干部"的人数占回收问卷总数的比重为50.42%,填选"村里有本事的人"的人数占回收问卷总数的比重为2.84%,由此可以对驻村工作队的作用略窥一斑。

(三)关于村民对未来驻村工作开展方式的看法

强基惠民活动未来是否要继续实施以及应当以何种方式实施,受到了各方面的关注。关于这一问题,有两个方面的声音尤为值得重视,一个是作为活动重要参与者的驻村干部,另一个是村民。这两个群体是这一政策的实施过程中最直接的利益相关者。问卷中我们对村民们对强基惠民活动未来实施方式的看法和意愿进行了初步调查,并给出了"(1)一直实施;(2)隔几年实施一次;(3)不实施;(4)无所谓"4个选项。统计结果是在回收的问卷中63.44%的村民希望"一直实施",20.53%的村民希望"隔几年实施一次",4.17%的村民希望"不实施",觉得无所谓和没有回答的村民所占比重合计为11.85%。限于调研的时间和问卷的篇幅,我们难以对村民做出上述选择的原因进行更深入的了解和分析,但这一结果本身还是具有一定的参考价值。

关于村民对驻村工作的看法总结如图6-35至图6-40所示。

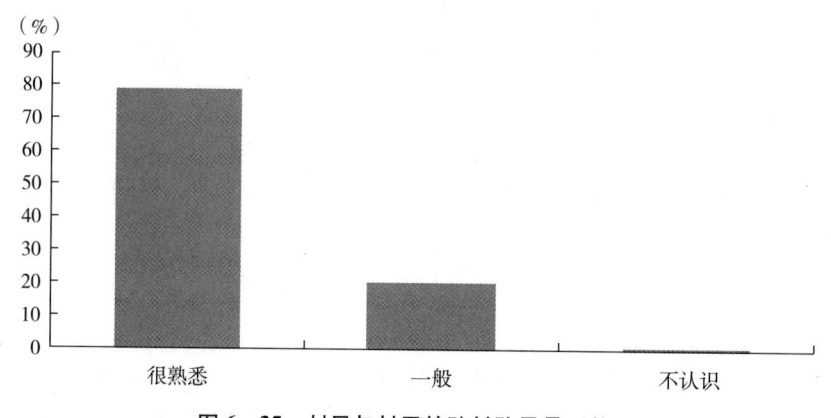

图6-35 村民与村里的驻村队员是否熟悉

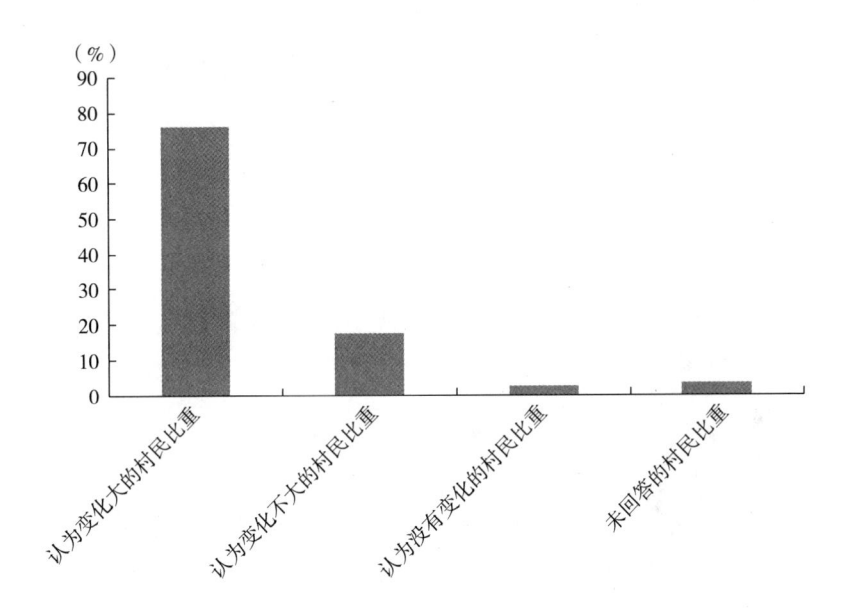

第六章 关于乡村基层治理情况的问卷调查

图 6-36 驻村工作队来了以后村里的面貌变化

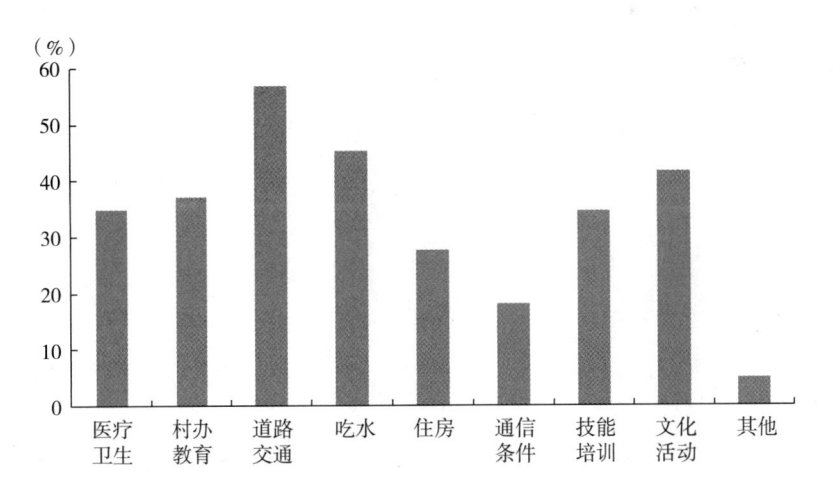

图 6-37 驻村工作开展后村里的改善体现在哪些方面

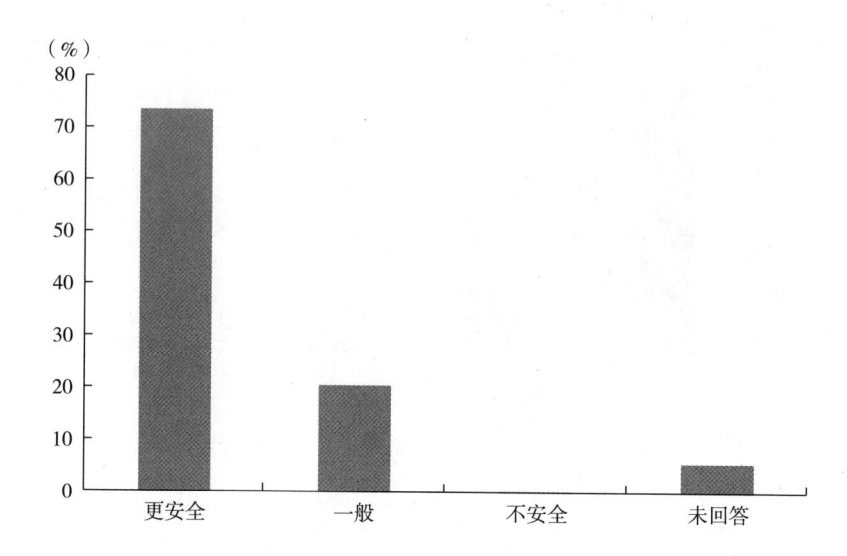

图6-38 驻村工作队来了之后是否感觉更安全

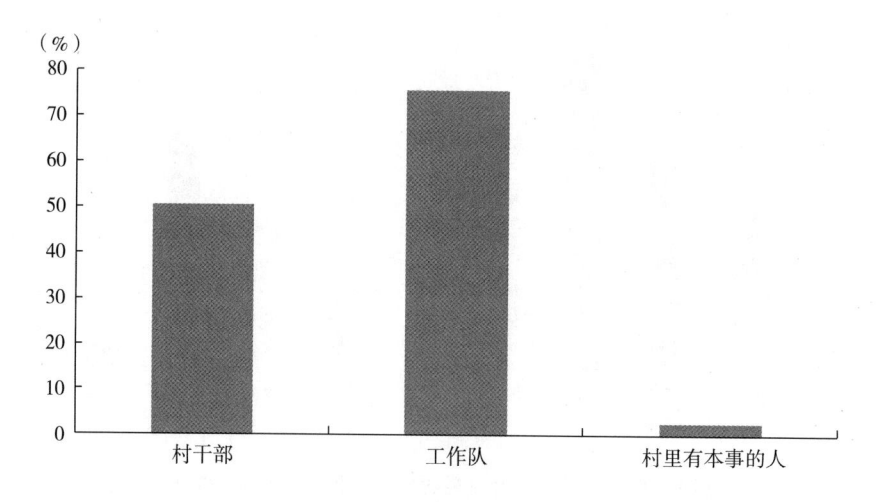

图6-39 驻村工作队进驻之后村民有事情会找谁解决

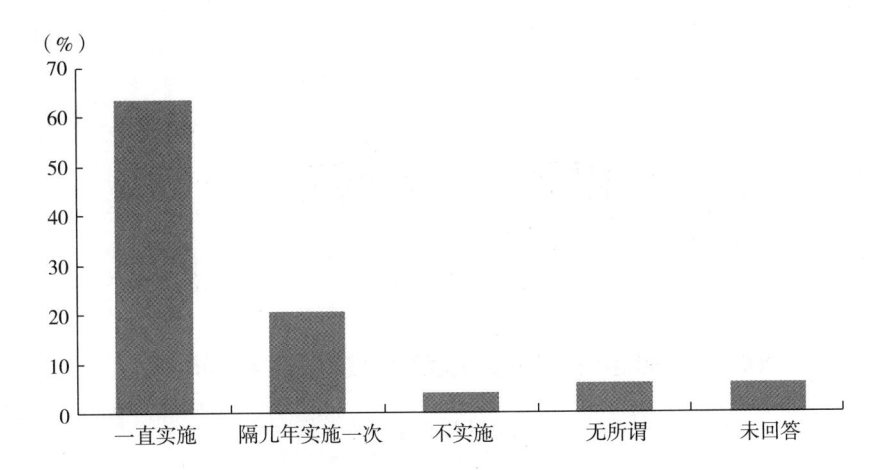

第六章 关于乡村基层治理情况的问卷调查

图 6-40 村民是否希望强基惠民活动继续实施

附录　调查问卷

西藏实行强基惠民重大举措的现实作用和长远历史影响研究

（村民填写）

课题组·2014 年 4 月

非常感谢您的支持和参与！　　　　　　　填写日期：＿＿年＿＿月＿＿日

一　基本信息

您的姓名：＿＿＿＿＿＿＿性别：＿＿＿年龄：＿＿＿民族：＿＿＿

您的地址：＿＿＿＿市＿＿＿＿县＿＿＿＿乡＿＿＿＿村

您的家庭共有＿＿人，其中男性＿＿人，女性＿＿人

您的受教育程度：（1）小学没毕业　（2）小学　（3）初中　（4）高中　（5）大学　（6）研究生

您的联系方式：＿＿＿＿＿＿＿＿＿＿＿＿

家庭人口、劳动力情况

成员	性别	民族	年龄	学历	2013 年主要从事职业及年收入	
					职业	年收入
户主						
1						
2						
3						
4						
5						

续表

成员	性别	民族	年龄	学历	2013 年主要从事职业以及年收入	
					职业	年收入
6						
7						

职业：(1) 种植业；(2) 养殖业；(3) 其他农业活动；(4) 本地乡镇企业打工；(5) 外出打工（乡镇以外）；(6) 交通运输；(7) 个体工商业；(8) 乡村干部；(9) 医生；(10)；教师；(11) 失业待业；(12) 退休；(13) 家务劳动者；(14) 残疾/不劳动；(15) 在校学生；(16) 其他。

二　家庭收支及其他情况

1. 您的家庭全年收入为_____元。

您的家庭共有牲畜_____头，其中牛_____头、羊_____头、其他：_____。

您的家庭共有住房_____间。

2. 您的家庭收入

（1）主要来自_____（　　　元），

其次来自_____（　　　元），

最后来自_____（　　　元），

其他_____（　　　元）。

（2）您的家庭每年是否会从政府得到补贴？（请画√）_____否 _____是

得到补贴的原因：_____

补贴的标准：_____

得到补贴的金额：_____元

3. 您的家庭全年消费支出为_____元。其中最主要的是用于_____，合计_____元，您的家庭需要上交地方政府的税费支出为_____元。

家庭收入、支出情况总表（注：避免同一项目重复填写）

现金总收入	金额（元） 2013 年	现金总支出	金额（元） 2013 年
粮食		种子、化肥、农药	
经济作物（蔬菜、棉、油、药材等）		地膜、薄膜、大棚	

续表

现金总收入	金额（元） 2013 年	现金总支出	金额（元） 2013 年
林业		买牲畜、家禽	
畜牧业		买饲料	
渔业		买农业生产用具	
其他农业经营		工商业经营费用	
自营商业、饮食业、服务业		买原粮、食品	
自营加工、手工业		买烟酒	
自营运输		买日常用品	
其他非农经营		买衣服	
非企业组织（干部、教师）		买电器	
本地企业劳动所得		盖房买房、建筑材料	
外出从业（乡镇以外）		买交通工具	
出租或转包土地收入		交通、通信费用	
出租其他资产租金收入		水、电、燃料费用	
政府补贴收入		看病买药	
亲友赠送收入		学费	
利息收入		送礼	
其他收入		其他支出	

4. 您家有电话____部，手机____部，电脑____台，电视机____台，冰箱____台，洗衣机____台，空调____台，自行车____辆，农机车____辆，摩托车____辆，轻型货车____辆，轿车____辆。

三 所在村公共产品及服务情况

1. 您对村里下列事项是否满意（没有可不填写）

	1. 满意	2. 一般	3. 不满意
农田水利设施（水窖、机井、灌溉渠道、排灌站）			
农业技术服务、农业科技推广培训、农业机械推广			
乡村路、桥（村级道路、村内道路、田间道路等）			
看病是否方便			
村医疗诊所服务态度			
村医疗诊所的要价			

续表

	1. 满意	2. 一般	3. 不满意
村医疗诊所的医生技术水平			
妇幼保健情况			
生活饮用水质量			
生活饮用水价格			
村里的小学校舍			
学校的设备、师资力量			
义务教育收费情况			
家庭周围生活环境卫生（厕所、垃圾、废水）			
农村用电工程			
生活能源（沼气、天然气、太阳能等清洁能源使用）			
文化活动（图书馆、老年人活动中心、文艺演出）			
社会治安			
社会保障（低保、五保）			
村里的空气、水的质量			

2. 您觉得村里的环境/草地和10年前相比：

（1）改善了　　（2）变差了　　（3）没有变化

3. 您是否参加了新型农村合作医疗保险？_____是否参加了新型农村社会养老保险？_____

（1）参加了　　（2）没参加　　（3）对该保险不了解

4. 您最希望村里在哪些方面能有所改善？

（如果多选请按您认为的重要程度排序）：_____

（1）改善卫生设施和医疗条件　　（2）道路修建、改造、维护，改善交通条件　　（3）加强基础教育　　（4）饮用水源　　（5）加强电网、通信等基础设施建设　　（6）生产技术推广　　（7）加强对村民的技能培训　　（8）加强环境保护管理工作　　（9）文化娱乐设施　　（10）其他（请您填写）：_____

四　关于乡村治理及驻村工作

1. 您对驻村工作队来之前的村委会是否满意？_____（1）满意　（2）一般　（3）不满意

2. 目前的村干部是怎么当任的？_____ （1）上面委派 （2）村民选举 （3）不清楚

3. 您是否参加过村干部选举？_____ （1）是 （2）否

4. 村里是否召开过村民代表大会？_____ （1）是 （2）否

5. 村民代表大会讨论的内容是_____

（1）村干部选举　　　　（2）乡村公益事业

（3）技术培训　　　　　（4）其他：_____

如果没有参加，原因是_____

（1）太忙没时间 （2）不在村里 （3）不知道

（4）没兴趣　　　（5）其他：_____

6. 村里的重大事项现在由谁来决定？_____

（1）村干部　　（2）村民代表大会讨论　　（3）驻村工作队

（4）大家族　　（5）不清楚

7. 村里有以下哪些组织和经济活动？_____

（1）专业协会或专业合作社

（2）各种形式的小额信贷组织

（3）"农民合作基金会""农民互助储金会"等集体金融组织（不包括信用社）

8. 您参加了以上哪种组织？_____主要为您提供了以下哪些服务？_____（1）农产品统一收购与销售 （2）生产销售信息服务 （3）种子化肥等生产资料的提供 （4）技术指导培训 （5）信贷服务 （6）其他

9. 这些协会或组织的管理者是_____

（1）大部分是村干部　　（2）村里的能人大户

（3）普通村民　　　　　（4）其他

10. 您认为你们村的村干部素质好、能力强吗？

（1）是　　　（2）不是　　　（3）没感觉

11. 您和村里的驻村工作队队员熟悉吗？

（1）很熟　　（2）一般　　（3）不认识

12. 驻村工作队来了之后，你们村面貌变化大吗？_____

（1）大　　　（2）不大　　（3）没有变化

13. 驻村工作队来了之后，您有事情找谁解决？_____

（1）村干部　　（2）工作队　　（3）村里有本事的人

14. 驻村工作队来了之后，您的生活在哪些方面有改善？_____（可多选）

（1）医疗卫生　（2）村办教育　（3）道路交通　（4）吃水

（5）住房　　　（6）通信条件　（7）技能培训　（8）文化活动

（9）其他

15. 驻村工作队来了之后，您感觉更安全了吗？_____

（1）更安全　　　　（2）一般　　　　　（3）不安全

16. 您希望强基惠民活动_____

（1）一直实施　（2）隔几年实施一次　（3）不实施　（4）无所谓

您对驻村工作队还有哪些要求和希望：_____

_____

_____

西藏实行强基惠民重大举措的现实作用和长远历史影响研究

（驻村干部填写）

课题组·2014年4月

非常感谢您的支持和参与！　　　　　填写日期：___年___月___日

一　基本信息

您的驻村时间及地点：

___年___月至___年___月，驻___市___县___乡___村

您所在的驻村工作队有___名成员

您的工作单位：_____

二　驻村工作

1. 您的工作队驻村期间日常主要的工作内容：_____

_____

_____

您的工作队驻村期间完成的最重要的工作：_____

_____
_____

2. 在您驻村期间，您所在的工作队是否为所在的村子筹集了资金或其他物资？

（1）否

（2）是（请填写以下信息）

资金合计：_____元

资金来源：_____（_____元）
　　　　　_____（_____元）。

资金用途：_____
　　　　　_____

物资来源：_____

物资用途：_____

3. 目前涉及该村村民集体利益的公共事务由_____（如果多选请您按重要程度排序）决策

（1）村委会　（2）村民代表大会　（3）驻村工作队　（4）其他：_____

4. 您觉得该村最需要解决的问题有哪些？

（如果多选请按您认为的重要程度排序）：_____

（1）改善卫生设施和医疗条件　（2）道路修建、改造、维护，改善交通条件　（3）加强基础教育　（4）饮用水源　（5）加强电网、通信等基础设施建设　（6）生产技术推广　（7）加强对村民的技能培训　（8）加强环境保护管理工作　（9）文化遗产保护　（10）改善村委会的领导　（11）其他（请您填写）：_____

5. 您认为驻村工作队员多长时间轮换比较好？_____

（1）半年　（2）一年　（3）一年半　（4）两年

6. 您认为强基惠民活动采取哪种方式比较合适？_____

（1）覆盖全区所有行政村　　（2）有针对性地选择部分行政村

7. 您认为未来强基惠民活动的方向是_____

（1）继续实施下去　　（2）已见成效，可以结束了

（3）部分村继续实施

8. 您认为村组织建设较为有效的措施是_____（可多选）

（1）选好村党支部书记、配好村委会主任

（2）培训村（居）"两委"班子

（3）积极发展党员

（4）加强组织活动阵地建设

（5）其他（请注明）：_____

9. 您认为维稳工作较为有效的措施是_____（可多选）

（1）召开维稳宣讲大会　　（2）化解社会矛盾

（3）妥善解决群众上访　　（4）积极组织"双联户"

（5）其他（请注明）：_____

10. 您认为村致富门路较为有效的措施是_____（可多选）

（1）争取和落实项目　　（2）落实资金

（3）进行经济社会发展规划

（4）启动交通、水利、扶贫等专项工程

（5）其他（请注明）：_____

11. 您认为感党恩教育活动的效果好吗？（1）好　（2）一般　（3）不好

12. 您认为为村办实事难事较为有效的措施是_____（可多选）

（1）落实办事经费　　　　（2）访贫问苦、发放慰问金

（3）调查研究、摸透情况

（4）开展送科技、送技术、送卫生、送信息活动

（5）其他（请注明）：_____

13. 在强基惠民五项活动中，您认为较符合村实际的是_____（可多选）

（1）基层组织建设　　（2）维稳工作　　（3）拓展致富门路

（4）感恩教育　　（5）为民办实事难事

14. 驻在村工作队来之前，村集体是否为村民提供以下服务（请在提供的服务下画√）：

（1）统一灌溉排水　（2）机耕服务　（3）统一防治病虫害　（4）统一购买生产资料　（5）种植规划　（6）统一收购农产品　（7）提供农产品生产、收购信息　（8）安排劳动力外出

15. 驻村工作期间您最希望得到哪方面的帮助：_____

_____

16. 您参加强基惠民活动的收获是：_____

_____

17. 您认为强基惠民活动还有哪些方面需要加强和改进：_____
_____

三 所驻村基本信息

1. 全村共有____户人家，总人口____人，其中男性____人，女性____人，少数民族人口占全村人口的____%。

2. 所在村平均每人年收入_____元，其中最高收入户平均每人年收入_____元，最低收入户平均每人年收入_____元。

村民收入主要来源：_____

请为该村居民主要收入来源排序：

（1）工资　（2）农业收入　（3）牧业收入　（4）林业收入　（5）手工业收入　（6）本地集市贸易收入　（7）外出副业劳务收入　（8）商业餐饮旅游服务业收入　（9）其他（请注明）：_____

该村村民每年是否可以从政府获得补贴（包括农业补贴、牧业补贴等各种补贴）：

补贴种类：_____；

补贴标准：_____；人均补贴金额：_____。

该村村民每年是否有上交政府或为村集体分摊的税费负担：（1）是　（2）否

如果有，税费种类包括_____；

税费负担为人均每年_____元。

3. 该村以_____为支柱产业（如果多选请按重要程度排序）。

（1）农业　（2）林业　（3）牧业　（4）渔业　（5）民族手工业　（6）采矿业　（7）制造业　（8）能源　（9）建筑业　（10）交通运输　（11）旅游餐饮　（12）租赁和商业服务业　（13）文化体育和娱乐业　（14）批发零售业　（15）房地产　（16）其他（请注明）：_____

4. 该村有____所小学，____名小学教师；（如果没有小学，则距离最近的完小____公里；）____所中学，____名中学教师。该村距离最近汽车站____公里。该村有____个卫生室，____名村医，有____人参加了新型农村合作医疗保险。该村有____人参加了新型农村社会养老保险，有____人可以按月领取养老金。

该村卫生室/卫生站是：（1）集体办　（2）乡镇卫生院设点　（3）个

附录 调查问卷

体办

该村饮用水主要依靠：（1）自来水　（2）井水　（3）水窖存水　（4）其他：＿＿＿＿

该村是否建有文化娱乐场所：（1）有　（2）没有

该村通公路时间＿＿＿＿＿，通电时间＿＿＿＿＿，通电话时间＿＿＿＿＿。

5. 该村附近有＿＿家工业企业和工厂，工厂主要生产＿＿＿＿＿，该村是否因此而面临工业污染？（请画√）（1）是　（2）否

如果存在工业污染，受到污染的主要是：

（1）水源　　　　　（2）草地　　　　　（3）空气

（4）其他：＿＿＿＿＿＿

为了保护环境，政府在当地已经采取的措施：＿＿＿＿＿＿＿＿＿＿＿＿＿＿＿＿＿＿＿＿＿＿＿＿＿＿＿＿＿＿＿＿＿＿＿＿

6. 该村农牧业生产中最缺少的要素（如果多选请您按稀缺程度排序）：

（1）资金　　　　（2）生产技术　　　　（3）销售渠道及信息

（4）基础设施　　（5）其他：＿＿＿＿＿＿

当村民需要资金时，他会选择向＿＿＿＿借款？

（1）亲戚朋友　　　　　（2）农信社或其他金融机构

（3）其他（请说明）：＿＿＿＿＿＿

7. 您认为该村目前草原的现状：

（1）非常好　　　（2）总体还可以　　　（3）需要改善

（4）非常不好

8. 该村草原退化的表现形式（可多选）：

（1）土地沙化　（2）优质牧草产量下降　（3）虫害鼠害　（4）生活垃圾污染　（5）植被覆盖面积减少　（6）工业污染　（7）其他（请说明）：＿＿＿＿＿＿

9. 您认为引起草原退化的原因主要是（可多选）：

（1）政府投入不足　（2）旅游开发　（3）过度放牧　（4）牧民缺乏环保意识　（5）林木过度砍伐　（6）企业环保责任缺失　（7）乱采滥挖草原野生植物　（8）其他（请说明）：＿＿＿＿＿＿＿

10. 当地农牧民享受到了哪些政府的生态保护补奖政策：＿＿＿＿＿

11. 该村村级行政管理情况

本村拿工资的村干部人数_____

该村村委会成员候选人是否由村民直接提名产生：（1）是　（2）否

近五年来是否换过村委会主任：（1）是　（2）否

村委会主任任命方式：（1）上级政府任命　（2）村民选举　（3）其他：_____

近五年召开村民代表大会次数_____，村民代表大会有多少人参加_____

村民大会讨论内容：（1）村委会组织问题　（2）公共项目问题　（3）村集体财务问题　（4）技术培训服务　（5）其他：_____

现在的村党支部书记当了_____年支书，年龄_____，学历_____，每月工资_____

现在的村主任当了_____年村主任，年龄_____，学历_____，每月工资_____

您对当前村里的治理模式有什么看法或建议？

后　记

　　本书是在2014年中国社会科学院党组与西藏自治区党委合作的"西藏重大现实问题"之《西藏实行强基惠民重大举措的现实作用和长远历史影响》调研报告基础上深入研究，并通过继续调研、历时两年完成的研究性著作。

　　有关新中国成立以来少数民族地区的基层社会治理历史演变与现状的研究，一直是社会治理研究的薄弱环节，更是中华人民共和国史和中共党史研究的薄弱环节。中国共产党成立95年来，特别是新中国成立67年来，中国民族平等团结和共同发展的理论及实践已成为马克思主义中国化的主要组成部分，是中国道路自信、理论自信、制度自信、文化自信的重要组成部分和突出标志，因此它自然应该成为我们哲学社会科学工作者应该深入研究、总结和宣传的重要工作，也是我们义不容辞的责任。

　　本书在调查、研究、定稿和出版过程中，得到了西藏自治区党委和各级政府以及西藏社会科学院的热情帮助和密切配合；得到了有关民族问题和西藏方面研究的著名专家朱晓明、廉湘民、李红杰、王延中、刑广程、宋月红的认真指导，题目提出的意见和建议对提高本书的质量帮助很大；这里特别要感谢中国社会科学院原副院长兼当代中国研究所所长李捷同志，他领导并亲自率队参加了前期调研工作，为后来的继续调研和后期研究工作打下了很好的基础。由于我们这个团队的学识有限，本书在领会和贯彻西藏自治区党委、中国社会科学院领导以及上述专家的要求方面肯定存在不足，既请原谅，也欢迎进一步批评和指导。

　　这里还需要说明，由于调研和写作成书的时间跨度比较长，从2014年至2016年，加上资料来源的多样性，其中很多是调研会议的汇报、口述，因此，有不少资料和数据没有标注出处；有些数据由于统计时间和统计口径的差异，与公开出版的统计年鉴不完全一致，我们为了保持调研数据的原始性，仍然使用了当时调查得到的数据。由此给读者带来的不便，还望谅解。

参加本书写作的有（按照汉语拼音排序）：陈进、丁勇、冯军旗、韩磊、贺新元、李小宁、刘建祥、刘玉满、孙丹、王春焕、王丹莉、王蕾、武力、吴兆礼、叶海林、张金才、郑丽梅。

该书在出版过程中，还得到了中国社会科学院的出版资助，并得到中国社会科学出版社赵剑英社长、卢小生主任等同志的热情帮助，在此一并表示感谢。

武力

2016 年 5 月